臺灣研究叢刊

臺灣早期歷史研究

曹永和・著

目錄

中華民族的擴展與臺灣的開發

一　開發臺灣之端緒

臺灣的開發幾乎全由閩粵沿海居民所經營，這是由於地理上的位置之毗鄰，但國人之發現臺灣爲期甚早，而大量移入墾殖，却遲至明末纔開始。中華民族發展甚早，何以臺灣之經營如此晚？這是有其特殊的歷史背景，而應由整個中華民族發展之演變，加以全盤考察，始能獲得明確的瞭解。

中華民族自有史以前，就定居於黃河流域，由於適宜於生存和發展，漸由草昧進入文明，奠定了農業社會。黃河流域之地形，東部爲大平原，西部地形較複雜，有丘陵、盆地及高原。由於地形差別而形成東西二系統，大致東部發達較早，西部文化落後。殷人居於東部平原，孕育了中國文化之基礎。周即發祥於西部渭水流域，入主中原，帶進了它的政治文化與殷商融合，發達而成爲周代文化，光被中土，惟其疆域究屬有限。後經春秋戰國時代，雜居內地之蠻夷戎狄，遂多被吸收同化，到了秦漢乃形成爲一個整合强大的中華民族，即所謂漢民族。中國文化之特性也具備並且發達起來。

中華民族之所以能吸收同化異族，乃是由於中華民族的文化比其他異族的文化先進優越。又自上古以來，就以農爲立國之本，而此種農本精神培養了和平與中庸的民族特性。由於有優越的文化和愛好和平與中庸的民族特性，所以能融和各種不同的族類而形成今日整合的中華民族。

又中國在長城以南，有聯綿的廣大肥沃平原，可供繼續耕墾，發展成爲佔有廣闊的面的國家。中國農業發源甚古，惟殷商至周初，猶重狩獵牧畜，自周代以來頗見發達，遂成爲社會生活之中心，整個社會由移遷的階段進入了定居的階段。於是就與土地發生了不可分的關係，食物生產從量與質上均有了顯著的充實與擴充。因此，在社會安定的局面下，人口就增加。人力增多，農耕技術改進，農業自更爲發達，從前未能墾種內部斥鹵之地，遂變爲可耕之地，而這又使能維持更多人口。於是人口滋繁的結果，終於變爲耕地不足，溢出的過剩人口即移墾於其他可耕之地。如此互相或爲因、或成爲果、繼續展拓，中華民族一直擴大其活動之面，人口始終滋生繁衍。於是同爲農業民族的南方異族逐漸被吸收，北方遊牧民族雖時或能以武力壓制漢族的政治生命，却不能以它的經濟力量改變漢族的農業社會的生活，入中原後反而被吸收同化。這是漢民族因着其農業民族的特性而發揮光大其民族力量。

我國版圖，秦始皇併六國後，廢封建置郡縣，更向外拓展，北攘匈奴，南略陸梁，於是確立了大概的輪廓。迨漢武帝時又攘却胡粵，開地斥境，南置交趾，北置朔方之州，漢時版圖又廣於秦。然秦漢兩代郡縣的建置，北多於南，漢水、淮河以北，郡縣多達全國之八〇%之多。由是可知漢民族繁殖區域仍在華北爲中心，凡今之陝西、甘肅、四川、湖北諸省邊境，在當時尚爲蠻夷雜居之地。兩漢時代，由於西域陸路與西南海道大開，中西交通趨於頻繁，又現在之南北洋內海航線均已開闢，於是地理知識擴大。關於東海面，據前漢書卷廿八地理志卷第八下云：「會稽海外有東鯷人，分爲二十餘國，以歲時來獻見云。」後漢書卷八五列傳卷七五東夷傳亦有東鯷人之記載。雖有人指東鯷爲今臺灣，但詳情已無從得知。在臺灣附近海洋上航行之船隻，偶爾也許會有一些和臺灣有過接觸，惟漢人活動中心仍在華北，而逐漸拓展，推進至華中之時，故似尚未有密接來往。

漢亡後，三國鼎立，中國又進入爲分裂時代。但這是漢室衰亡。以後，沒有統一的政治中心力量，而並非是漢民族的衰退，各地經營均有相當發展。如曹魏西平氐、羌，東破烏丸；蜀漢拓展境內，進而征南蠻深入雲南邊境；孫吳平山越，使其逐漸開化，啓開江南之拓闢，這是漢族實質的發展。在此時由於三國互峙，各爲鞏固其勢力，開疆拓土外，更向海上發展。魏滅公孫氏，併樂浪、帶方二郡後，倭女王卑彌呼遣使與魏通好，魏使也曾至倭邪馬臺國。吳由於建都於建業，奄有東南濱海地帶，更向海外謀求發展。北由海道與遼東公孫氏交通，南遣呂岱平交州、定九眞，遣康泰、朱應等往南海諸國招諭，又於黃龍二年（二三〇年）派兵征夷州、求亶州，赤烏五年（二四二年）遣將討珠崖儋耳，至是勢威自華南遠及南洋，扶南、林邑諸國皆來朝。

黃龍二年（二三〇年）孫權遣將軍衞溫、諸葛直，將甲士萬人浮海進征夷州，俘虜了數千人，見於三國志孫權傳。日人市村瓚次郎、和田淸兩博士皆利用太平御覽卷七八〇所引臨海水土志中之記事與隋書流求傳互相比較，詳細論斷認爲夷州即臺灣。後凌純聲教授更根據民族學的資料和古籍的記載，詳加論證，於是夷州爲今臺灣，殆爲定案。這是我國經營臺灣的最早記載，當時吳雖未曾將夷州置入版圖，但可知對臺灣有了更進一步的認識。

中國由分裂再爲晉所統一，不久因五胡相繼竄擾中原，晉室南渡，華北漢族隨之大量遷移，長江沿岸一帶，風氣大開，江南趨於發達，至是中原人士遷徙入閩亦漸多，啓開了福建之開拓。兩晉和南北朝，由於五胡入侵，造成南北對立的局面，表面上是漢族衰落之期，但南北分道發展，在北方漢族把入侵胡族吸收融和，在南方即原爲化外蠻域亦開發變爲經濟和文化的重心，其實漢民族、漢文化內容均有發展，正爲隋唐全國統一的準備。

隋統一全國，國祚雖短，在中國史上却居於頗爲重要地位。文帝是一位勤於政治，注意民生的帝王，於是國力日見充實。隋代對內部即整理行政體系與行政區域，又開鑿運河將南北連結起來，舟楫可以暢通，是爲隋唐所以能融合南北統一中國的主要原因。煬帝爲人好大喜功，對外更爲積極，北修長城，服突厥，討吐谷渾，於是西域交通發達。對南即於大業元年（六〇五年）討平林邑，後派常駿等使赤土國，於六年（六一〇年）遣陳稜、張鎭州征破流求，又東伐高句麗，對外經營頗爲積極。

征討流求一事，詳細見於隋書卷八一東夷列傳四六流求國傳和同書卷六四列傳二九陳稜傳。其經過即於大業元年（六〇五年）海師何蠻就說：每春秋二時，天淸風靜，東望依希，似有煙霧之氣，亦不知幾千里，於是即於大業三年（六〇七年）令羽騎尉朱寬偕同何蠻入海求訪異俗，結果到了流求，因言語不通，掠一人而返。次年，復令寬去慰撫，而流求不從。大業六年（六一〇年）煬帝遂遣武賁郎將陳稜，朝請大夫張鎭州率兵萬餘人擊之，虜其男女數千人而還。此次戰役經過，陳稜傳所記比流求國傳較詳，是一次相當大規模的軍事行動。隋書所記流求，其所指究爲今日臺灣，抑爲今之琉球，數十年來中外學者聚訟紛紜，各持己見，至今仍時有爭論。隋書所載流求人習俗，顯與臨海水土志所記夷州多有脗合，亦大可與今日臺灣土著民族古習俗相印證，因此學者對此雖有爭論，而大多說隋代流求即今臺灣。

煬帝北禦塞外遊牧民族，經營西域，曾遣韋節等使西方，命裴矩往張掖，監諸商胡互市，勸導其入朝，於是西域商胡往來相繼。又南定林邑，遣常駿使赤土，開拓南洋交通，自是以後南海諸國入貢漸多。從這些一連串的對外經營看起來，煬帝征流求的目的，雖他爲人好大喜功，但仍有臣服遠夷，謀求貿易發展之用意。惟當時臺灣產無奇貨，遂未能與大陸切實聯繫起來。

由於煬帝濫用國力的結果，中國復成爲紛亂之局面，後經唐再統一，極盛時其版圖更比漢代遼闊，開中國歷史上未有之盛況。然唐中葉以前，中國經濟文化之支撐，仍偏重在北方，長江流域尚未能完全開發。自唐中葉安史亂後，北方節度使跋扈，戶口南遷，中國經濟文化之撐點始轉變爲南方長江流域。閩粵原爲漢蠻雜居之區，官吏謫戍之所，至是開發漸有進展，後經五代至宋代，福建、江西、廣東全境開發殆盡。宋室南渡更促進南方的發達，中國的經濟和文化完全轉移於東南沿海，浙江變爲京畿，泉州一躍發展爲世界首要港口，南方由是達於全盛。

福建由於受山勢之限制，平原極少，其表土甚薄，江流短急，土壤沖刷至爲劇烈，其自然條件土地狹少而貧瘠，實無法維持衆多人口，這種人地失衡的現象，在北宋時代便已發生。自然農民生活困難，爲維持生計，甚至山間亦被利用，墾耕爲梯田。於是土狹人稠之下，溢出人口其一部份自不得不向山地一帶移墾，進而越境移至贛東或粵東等地覓可耕之土，或被擠於海上，以海爲田，或以販海，或以業漁，另謀其生活，在這時期，福建沿海的海上活動趨於發達，其進展雖由於波斯、阿拉伯人東來的刺戟與宋室南渡予以促成，但該地自然環境和社會背景亦爲其主因之一。

南宋乾道七年（一一七一年）汪大猷知泉州，曾遣軍民屯戍澎湖（時稱平湖），以防毗舍邪侵襲。此事見於樓鑰「攻媿集」卷八八汪大猷行狀，云：「……四月，起知泉州，到郡，……郡實瀕海，中有沙洲數萬畝，號平湖。忽爲島夷號毗舍耶者奄至，盡刈所種，他日又登岸殺略，禽四百餘人，殲其渠魁，餘分配諸郡。初則每遇南風，遣戍爲備，更迭勞擾。公即其地造屋二百間，遣將分屯，軍民皆以爲便，不敢犯境。」周必大「文忠集」卷六七亦有所撰汪大猷神道碑。文略同，惟記毗舍耶侵入澎湖事較詳，謂：「乾道七年……四月，起知泉州。海中大洲號平湖，邦人就植粟、麥、麻。有毗舍耶蠻，揚颿奄至，肌體漆黑，語言不通，種植皆爲所穫。調兵逐捕，則入水持其舟而已。俘民爲鄉導，刼掠近城赤嶼洲。於是春夏遣戍，秋暮始歸，勞費不貲，公即其地，造屋二百區，留屯水軍，蠻不復來。」文中邦人乃對毗舍邪而言，即知已有漢人種植於澎湖。趙汝适所撰諸蕃志，書成於理宗寶慶元年（一二二五年），「毗舍耶」條中，更明白說：「泉有海島曰彭湖，隸晉江縣。」此即漢民族自沿海溢出，已有居民在澎湖耕植，而政府也把澎湖正式入於中國版圖。其時對於臺灣本島的地理知識，也較前代進步，惟如諸蕃志所載，其地「無他奇貨，尤好剽掠，商賈不通」，大陸與臺灣間，仍未有密切的往還。

元自太祖成吉思汗創業，傳至世祖忽必烈汗，遂滅宋入主中國。在此時代漢人在其統治下，雖喪失了政權，但仍在國內外均有發展，尤其是在西南方面忽必烈滅大理，開啓了漢人向雲南、貴州的拓展。又由於其疆域橫跨歐亞，極爲遼闊，中西交通暢通，元世祖尤致力於海外經營，於是元代海上交通頻繁，貿易較前代爲廣。

對於臺灣，世祖於至元二十八年（一二九一年）十月命楊祥充宣撫使，翌二十九年三月二十九日自汀路尾澳往瑠求招撫，結果未有成就，成宗元貞三年（一二九七年）又有興兵討伐瑠求，僅禽生口一百三十餘人，亦毫無結果。元代兩次企圖經營臺灣，由於臺灣其時還沒有作爲國際貿易市場的價值，終毫無所成，但民間商賈漁人在臺灣海峽的活動，却有進展。元順帝時，汪大淵附搭海舶，遠遊南洋及印度洋諸國，就其見聞寫成島夷誌略一書。其中關於彭湖謂：「彭湖：島分三十有六，巨細相間，坡隴相望，乃有七澳居其間，各得其名。自泉州順風，二晝夜可至。有草無木，土瘠不宜禾稻。泉人結茅爲屋居之。氣候常暖，風俗朴野，人多眉壽。男女穿長布衫，繫以土布。煮海爲鹽，釀秫爲酒，採魚蝦螺蛤以佐食。爇牛糞以爨，魚膏爲油。地產胡麻綠豆，山羊之孳生，數萬爲羣，家以烙毛刻角爲記，晝夜不收，各遂其生育。工商興販，以樂其利。地隸泉州晉江縣。至元年間立巡檢司，以週歲額辦鹽課中統錢鈔一十錠二十五兩，別無科差。」據是可知：其時澎湖有相當人數的泉州人到澎湖定居，半耕半漁，並有商販的往來，而已置官設治了，其書關於臺灣在琉球條却有許多新的記述。云：「琉球：地勢盤穹，林木合抱，山曰翠麓，曰重曼，曰斧頭，曰大峙。其峙山極高峻，自彭湖望之甚近。余登此山，或觀海潮之消長，夜半，則望暘谷之出，紅光燭天，山頂爲之俱明。土潤田沃，宜稼穡。氣候漸暖，俗與彭湖差異。……知番主酋長之尊，有父子骨肉之義。他國之人，倘有所犯，則生割其肉以啖之，取其頭懸木竿。地產沙金、黃豆、黍子、硫黃、黃蠟、鹿、豹、麂皮。貿易之貨，用土珠、瑪瑙、金、珠、粗碗、處州磁器之屬。海外諸國，蓋由此始。」可知在南宋末，尙謂「產無奇貨，商賈不通」之臺灣，元末時雖無奇珍寶貨之產出，却已有國人行販其地，進而開拓了所謂「東洋針路」了。

明朝接替元朝，太祖起自民間，勵精圖治，並鑑於倭寇、海盜爲患，爲維持治安，鞏固新政權起見，更强化自前代以來的貿易統制，僅准朝貢的貿易，並拒絕外國商賈的來航。又顧慮一般國人民商的販海通夷，可能因之勾引倭寇，激起海盜，故對海防亦爲之留意，禁止國人下海通蕃，其對外政策轉爲消極。於是爲維持治安計，曾將沿海外島有徙民墟地之擧。在此時，自南宋元朝以來，已隸於版圖的澎湖，亦予以放棄，把居民實施內遷。成祖的海外政策，轉趨積極，曾遣鄭和出使「西洋」諸國，但這是官方經營，而仍嚴禁人民下海，因此，關於臺灣的地理知識，自明初以來又漸被遺忘，在文獻上也很難找到其記述。

二　開發臺灣之展開

明代無漢代或唐時的顯赫，版圖又遠非元代之比，世人多視爲保守時代。其實由於北元仍盤踞於塞外，中亞有帖木兒的興起，而未能向西域發展之外，嘗恢復遼東，設奴兒干都司及建州三衞，南征安南，又收服雲貴緬甸，其功業亦可謂昭著。

太祖平天下後即頗致力於賑撫流民，使其墾復荒田，將狹鄉之民，遷之寬鄉，北方稍得回蘇。後來國內安定，人口增長，人口溢出，流向至邊境拓荒，於是明代中華民族之活動，尤爲顯著者爲內地人民流入西南諸省經營與東南濱海居民向海外發展。

太祖的限制國際貿易和海禁政策，雖具有維持治安之用意以外，尙有抑止元代之重商政策，恢復爲傳統的重農政策之意義，但以海上活動爲其經濟命脈的沿海居民，自不免蒙受鉅大影響。明廷雖屢頒下海通番禁令，仍不能杜絕居民之望海謀生，私自下海通番，往往不得歸還，遂促成僑居於海外者漸多。至於漁民出海捕魚，自更不能禁絕。在臺灣海峽之漁業活動，雖遭海禁政策的阻礙，但求生之欲，固難抑制。加之，中葉以後人口壓力增高，濱海居民自然挺而走險，向海上找生路。於是被明廷予以放棄的澎湖復爲漁戶聚匿之藪，其漁業不但不衰，却反而趨盛，甚至將其漁場拓展至臺灣沿岸。在嘉靖、隆慶、萬曆之際，沿海居民來臺灣業漁者漸多，且與土著民族建立了極友好的關係發生了所謂「漢番交易」，隆慶元年（一五六七年）開海禁後，福建當局對於來往臺灣船隻，曾管給商漁船引。

關於船引，在萬曆十七年（一五八九年）依福建巡撫周寀議規定：「東西二洋共八十八隻。又有小番，名鷄籠淡水，地鄰北港（即今安平）捕魚之處，產無奇貨，水程最近，與廣東、福寧州、浙江，北港船引，一例原無限數，歲有四、五隻或七、八隻不等。」當時明當局雖尚未在臺灣設官置治，但對鷄籠、淡水、北港等地區與大陸沿海一帶港口作同等的看待，必可說明漢人前來臺灣捕魚與貿易漸趨頻繁。

明中葉以後，因工商業日趨發達，亞洲各國間貨物交流爲之促進。加之，西力東漸，西歐的商戰舞臺亦已轉移至東方，在遠東海上嘗展開了劇烈的國際商戰，遠東海上航運日見頻繁，有很多航路通過臺灣附近，臺灣遂顯出其在位置上的重要性。自萬曆年間以來變爲中日走私貿易的聚合站，爲內外所重視，其結果招致了荷蘭與西班牙之覬覦。嗣後臺灣遂爲荷蘭與西班牙所佔據，成爲國際貿易的重要轉接基地。而這更促進了臺灣內部開發的進展。

臺灣的漁業，如上述，在明中葉以來，已被我先民開發，每屆漁期就有許多漢人，來自閩南從事於漁業。萬曆四十四年（一六一六年）福建巡撫黃承玄由於村山等安遣船襲臺時，曾條議海防事宜，其疏中，云：「……至于瀕海之民，以漁爲業，其採捕於彭湖、北港之間者，數無慮數十百艘。」（皇明經世文編卷四七九所收盟鷗堂集卷之二）荷蘭據臺當初也有報告謂年有一百艘戎克船自大陸來臺從事漁業。一六三一年（崇禎四年）由於大陸沿岸海氛未靖，只有小帆船七〇～八〇艘來大員（今安平）獲魚不多，筆者也曾從荷蘭檔案中加以統計，在一六三七年（崇禎十年）前後，自金門、厦門、烈嶼等地來臺漁船已有三～四〇〇艘，漁人估計達六、〇〇〇～一〇、〇〇〇人來到臺灣從事於漁業。自一六五四年二月廿七日至十一月十八日間來臺漁船有一三七艘，人數五一二五名，輸出魚產量即鹽魚四四二、〇五七斤，烏魚七、四五六斤，大魚四、六二七斤，又四、四三六條，牡蠣二九、〇六七斤，小蝦二三、五〇三斤。一六五七年十二月至一六五八年二月烏魚汎期的烏魚產量即三九八、三三五尾，烏魚卵即三二、三四〇斤，可知明代閩南漁人在臺灣的漁業頗爲殷盛。

由於大陸漁戶來臺捕魚，漁民與漁場附近的土人之間，自不免要發生某一程度的接觸；而在接觸以後，自然會有交易的現象發生。此時，漁人所有的是米、鹽和雜貨，而土著可供給的貨物，主要的是狩獵物，故在臺灣的漢人與土著交易的開端，可說是發自大陸來臺的漁夫。東西洋考卷五鷄籠淡水條曰：「厥初，朋聚濱海，嘉靖末遭倭焚掠，稍稍避居山後。忽中國漁者，從魍港飄至，遂往以爲常。」據是可知鷄籠淡水的漢人與土著交易，是由魍港飄來的中國漁夫所開啓。陳第東番記亦曰：「……始通中國，今則日盛。漳泉之惠民、充龍、烈嶼諸澳，往往譯其語，與貿易；以瑪瑙、磁器、布、鹽、銅簪環之類，易其鹿脯皮角」。可知在萬曆三十年（一六○二年）間這種漢番交易，日趨興盛。在日本自應仁之亂後進入了戰國時代，羣雄割據而武士所用甲鎧多用鹿皮，其需甚殷。以後鹿皮並成爲日本人日常生活中所使用的皮革，而國內產出鹿皮不敷需要，其來源多靠南洋，至是臺灣亦變爲供應地之一。由於鹿皮變爲國際貿易的商品，於是促進了臺灣的漢番交易的興盛，許多漢人就進入土著部落，以鹿皮爲主要目標，從事交易，而將鹿皮蒐集後輸至日本，以肉作成鹿脯，輸回大陸。

巴達維亞城日誌一六二五年四月九日條，記曰：「據傳聞，每年可獲鹿皮二十萬張。乾燥的鹿肉及魚乾亦相當多。……在大員灣中，約有一百艘戎克船，是從中國來的，從事於漁業，並收購鹿肉，輸至中國。此項戎克船要進入內地，其中載着很多要收購鹿皮、鹿肉的中國人」。大概每一部落中有一、二名至五、六名漢人進去，用米、鹽或衣料雜貨以從事蓄產品的交易。

由於和土人交易，就漢人而言，厚利可圖，自不歡迎荷蘭人插足進來，時或不免煽動土人反抗的行爲。於是荷蘭人就攻擊土人，並放逐漢人。自一六四○年（崇禎十三年）荷蘭人爲欲驅逐對荷蘭人抱有惡意的漢人，且爲滿足土人的需要起見，遂創立了以招標包辦蓄產交易的制度，（即臺灣志書所謂「贌社」），以利控制鹿皮貿易，並謀由此以增加其收入。同年此項收入就有一、六○○里爾（real），一六四五年爲四、七七一里爾。隨其勢力範圍擴大，其收入亦增多，一六四六年爲九、七三○里爾，一六四七年爲一二、九八五里爾，至一六五○年竟達六一、五八○里爾。

又荷蘭人在勢力範圍內，從土人以貢納的方式收取鹿皮外，亦發行狩獵執照，讓貧窮漢人捕鹿。其時適值大陸動亂不安，饑饉頻起，人口壓力增强，故甚多漢人流移至臺灣，從事蓄產交易或墾荒外也有許多從事於捕鹿。自一六三七年十月起至次年五月止狩獵稅收入有二、七〇〇½里爾，自一六三七年十月底起至次年五月底止收入爲一、九九八½里爾。隨荷蘭人的勢力範圍擴大，其所能控制鹿皮產地亦擴展。一六三八年鹿皮輸出至日本數量達一五一、四〇〇張，以後鹿皮漸減少，普通每年平均約爲五萬至七、八萬張。

荷蘭人在大員獲得貿易基地以後，立即築城以謀持久。漢人即在從事漁業，作蕃產交易外，或經營貿易或零售，供應荷蘭貿易貨物以至日常生活的必需品。在當時荷蘭人的立場，中國人的活動，實係必不可缺。故盡力獎勵其移居來臺。於是在荷蘭人獎勵之下，許多漢人開始從事農耕，開墾工作相當進展。米與砂糖爲兩大主要農產品，在一六五六年開墾的田的面積達六、五一六$\frac{3}{10}$摩爾亨(morgen)，蔗園面積達一、八三七$\frac{2}{5}$摩爾亨。其時臺灣已有若干餘剩的米可以輸出；砂糖的產量一六四〇年有四〇〇〇～五〇〇〇擔，一六四五年增至一五、〇〇〇擔。斯時爪哇的糖業亦在發展中，而臺灣的產糖量遠較爪哇爲多。臺灣的糖，輸出遠至日本，波斯與歐洲等地。

如前所述，在荷西兩國分別佔據臺灣以前，漢人早在臺灣或從事漁業或作蕃產交易已相當活躍。惟其時臺灣尚屬於原始的部落社會，人口收容力甚少，此類漢人多暫時性居留，漁期或狩獵期一開始就來臺，結束即返大陸。荷蘭人獎勵農業以後，農民尚有春間自大陸來臺耕種，秋收後再返大陸，即屬季節性移民，移動性仍高，尚未作農業定居，漢人未形成獨立的村落。嗣後由於農業進展，又適逢大陸明清鼎革，戰事南移，天災人禍很劇烈，難民不斷地流移至臺灣，漸有定居，人口亦能繁衍。據一六三八年十二月廿二日荷蘭東印度總督曾致給荷蘭本國的報告云：臺灣的漢人的人口有一萬至一萬一千人，在荷蘭人勢力範圍內捕鹿、業漁或從事耕種甘蔗和稻米。

一六四八年由於大陸戰亂和饑饉，臺灣的漢人，驟增為二〇、〇〇〇人（包括婦女五〇〇人，孩孺一、〇〇〇人的流入），但饑饉過後約有八、〇〇〇人再回大陸，一六五〇年漢人人口有一五、〇〇〇人。至荷據末年漢人之人口，除婦孺外有二五、〇〇〇壯丁。由於漢人的人口增多，經濟的發展愈大，漢人社會生長，荷蘭人就感到恐懼而開始警戒。在漢人方面即臺灣的開發愈是發展，對於荷蘭人的聚歛愈是不滿。其結果就發展成為一六五二年的郭懷一事件。郭懷一起事，由於沒有武力為後盾，終於失敗，而稍後因大陸情勢的變遷，荷蘭人却不免要終日慄慄於為漢人所驅逐。暨永曆十五年（清順治十八年，一六六一年）鄭成功入臺，於翌年臺灣的荷蘭人遂為鄭氏所逐出，臺灣在實際上和名義上始皆歸屬中國。

三　漢人社會之確立

鄭成功挺身於明室覆亡之際，奮志以抵抗異族的侵凌。初起兵時，不獨實力有限，糧餉困難，更沒有一個根據地。嗣後屢次用兵，力量漸大。然鄭成功盛時所控制的區域是從廣東潮州至浙江台州一帶的沿海區域，其地盤本已極為狹長地帶，隨時可為清軍所切斷。在軍事行動上，確不一定會受致命的傷害，然自持久戰立場言之，畢竟非所以使將士安心之道，必須先要獲得安全的根據地。

又鄭成功的根據地，其地理環境山多田少，糧食一向是依賴外方接濟。鄭成功擁有制海權，財源雖不至斷絕，而對於糧食顯然無法解決。尤其自金陵戰敗以後，元氣大損，根據地祇留有金廈二地，益見窄小，在籌糧及保持眷屬安全皆益見困難。清軍達素的攻勢雖一時失敗，然隨時皆可捲土重來，故鄭成功的軍隊，在其時實岌岌不可終日，必須另找一處安全的基地，可以生聚敎訓，俾能可以進戰退守，以完成其恢復大業。

鄭氏之與臺灣，自鄭芝龍以來可說淵源有素。鄭成功在金厦兩地不能自保，要打出一條活路，而求此於臺灣，可說是自然之理了。況且其時臺灣漸見開闢，加之，荷蘭人在臺灣的統治，實力不見堅强，而大量的漢人，對於荷蘭人的統治，已極厭惡，嘗有過反抗的舉動。故鄭成功要取臺灣，在實力的對比上看，顯然是一很輕易的舉動。

於是永曆十五年（清順治十八年，一六六一年）正月，會集諸將討論攻臺，雖其部下却多懷疑懼，乃於三月二十三日自料羅開駕，走上到臺灣之路。然一到澎湖，就已缺糧，據此可推測其時在金厦兩地恐無可以供大軍之糧食，鄭成功在厦門，實已萬分危急，故不能不力排衆議，毅然渡海征荷，以爲死中求生之計。

鄭成功的軍隊，旣如此缺乏糧食，故一經登陸，鄭成功所面臨的問題，倒不是驅荷的軍事行動，而是缺糧問題。當時的臺灣，雖已開闢，然開墾範圍其實衹限於現在臺南附近的一隅，以其當時的人口與當時的生產額而言，食糧尚可有一部份輸出，然驟然要供應大軍，而且要長期供應，畢竟尚嫌不足。故「臺灣城未攻，官兵乏糧」。雖然一再派人下鄉搜糧，亦僅足敷半個月之需。自大陸糧船又不至，官兵至食木子充饑。因此，鄭成功要求糧食問題的徹底解決，衹有加强墾政，以求增產。

如上述，鄭成功入臺目的是要建立一安定的根據地，以徐圖匡復大陸上的漢人統治權，故入臺後首要措施，是安撫居民，使可爲己用，同時亦要安頓入臺軍隊和其眷屬，使有安土重遷之感，而不至離異。所以鄭成功一到臺灣，攻佔赤崁城後，即留一部份軍隊包圍臺灣城外，一方面即安輯百姓，回家樂業，並親自巡視各社撫慰蕃民；另一方面即將各鎮分派汛地，實施屯墾。又在臺灣設一府二縣，以府爲承天府，南路置萬年縣，北路設天興縣，並令府尹楊朝棟査報田園册籍，査報田園册籍這一措施，很明顯地可以看出其有兩種作用。其一，用現在的術語說，是當時的土地利用的動態調査，這在一方面可資爲徵稅的根據，一方面亦可供開發設計的參考；其二，就是承認先來漢人和已開化土人對於土地既得權益，這在安撫居民上，自亦可發生極大的作用。鄭成功諭告官兵，獎勵開墾時，亦嚴令不許混圈土民及百姓現耕之地，其用意相同。鄭成功亡故，鄭經繼嗣，任用陳永華大事經營時，對於土著居民亦力事安撫獎勵農耕，並對於蕃童施行教育。

關於屯墾的實施，鄭成功戶官楊英在其從征實錄謂：「(永曆十五年四月)二十四日，藩以臺灣孤城無援，攻打未免殺傷，圍困俟其自降。隨將各鎮分派汛地屯墾」。可知鄭成功入臺不久就已命令執行。同年五月二日，二程官兵到達，五月十八日頒布八條屯墾的諭告。內容大致可分爲五項：第一即文武各官及總鎮大小將領家眷的安頓，准隨人多少圈地，永爲世業，並創置庄屋，設立衙門。各鎮及大小將領官兵，派撥汛地，准在彼處擇地起蓋房屋，開闢田地，永爲世業。其二，不許混圈土民及百姓現耕田地，保護土著民及先來漢人利益，預防他的部下以征服者的姿態來强奪熟田。其三，即規定報墾與定賦。其四，即保護山林陂池，注意水利。其五，對漁區規定現有網位罟位由鄭成功委官徵稅外，其餘分與文武各官及總鎮大小將領照管。於是六月即將各鎮分派汛地，分紮於北路新港仔、竹塹，及南路鳳山、觀音山等地屯墾，並頒給文武官六個月俸役銀，付之開墾。

永曆十八年（清康熙三年，一六六四年），金廈兩地爲清兵所陷，鄭經撤至臺灣，其時亦繼續分撥所帶軍民屯墾。鄭氏的屯墾，目的是在寓兵於農，而沒有廢兵，這在事實上確嘗做到。永曆十九年（清康熙四年，一六六五年）清廷派施琅等準備攻臺。時鄭經即「令洪旭抽各鎮屯田者十之三，又撥勇衛、侍衛，合戴捷、薛進思、林陞、林應等舟師禦敵」（臺灣外記卷十三），其後施琅舟師爲颶風所覆，鄭經即將澎湖駐軍撤回臺灣，並照舊令屯墾。永曆二十七年即清康熙十二年（一六七三年）三藩之變，鄭經亦嘗召集屯墾的士兵而予以響應。

鄭氏開發臺灣，其勞動力的主體是其士兵，然鄭氏志在匡復，自不能以其士兵全部投入於耕種的勞動。又爲解決其糧食問題，須增加產量，在當時耕種技術的階段，祇有仰賴耕地面積的擴張，這就更顯得需要勞動力。鄭氏解決勞動力的方策，第一是嚴令將士的眷屬，自大陸遷臺；第二是招納流亡。自鄭氏入臺，其武力自大陸撤移後，清廷爲要杜塞鄭氏海外貿易的資源和兵源，嘗下遷界令，在沿海一帶作堅壁清野之計，其結果，一時引起很大混亂，流亡益多，反激走部份人民，投往鄭氏，臺灣因之增加了很多人力。鄭氏時代漢人人口，據故陳紹馨博士估計有十二萬人，鄭氏入臺之初，其糧食狀況頗爲艱窘，大概到了永曆十九年（清康熙四年，一六六五年）前後，開墾方收成效。據臺灣外記卷十三，於永曆十九年八月，陳永華啓經曰：「開闢業已就緒，屯墾略有成法，當速建聖廟立學校」。同書又曰：「（永曆二十年）……從此臺灣日盛，田疇市肆，不讓內地」。一切正步入安定的境地。

鄭氏官兵開墾所形成的土地制度，其時有三種。其一是官田，係鄭氏所接收荷蘭時代田園，所謂王田。第二即私田，係鄭氏宗黨文武官員與士庶有力者，招佃耕墾，自收其租，納課於官。

第三係各鎮營，在所駐之地，自耕自給，名曰營盤。這些各鎮營屯墾地區，皆冠以屯墾鎮營的名稱，變爲該地庄名沿襲至今。故根據文獻所載及今尙留存地名大約可考其時開墾範圍。其區域南至恒春，北及基隆淡水，然其重心却依然是承荷蘭之餘緒，是以現在臺南爲中心，營盤田的分布大都嘉南鳳山一帶，臺南市附近以外，尙屬於一種點狀的開墾。就全臺面積而言，尙不足稱道，但由於鄭氏的驅荷和墾政，始能將荷蘭時代所逐漸形成的漢人社會，便能確立和生根，具有由「點」展開爲「面」的潛能，却是鄭成功對中華民族的偉大貢獻。

四　漢人社會之生長與完成

淸以滿族崛起於東北，逮入關亡明，奠都北京，嗣內地悉爲所有。康熙二十二年（一六八三年）取臺灣，三十六年（一六九七年）親征外蒙古，乾隆二十二年（一七五七年）復平準噶爾，二十四年（一七五九年）平回疆，青海、西藏亦於雍正年間先後平定，又遠征廓爾喀，兵加於緬甸、安南、朝鮮，琉球、暹羅各國朝貢受封，淸朝之版圖及其勢威，遠非宋明所及。

中華民族的洪流，淸朝定鼎經康熙、雍正、乾隆太平盛世之後，人口大增。自康熙末年以來，人口壓力漸高；雍正即位後，頗鼓勵開墾，內地未墾或棄耕之地大多墾復，於是民族擴溢於四方，雲貴、廣西、四川方面，即因襲明制，歸順土司都授世襲職銜，民治更張，改土歸流完成，開發進展。西北方面即察哈爾、綏遠等，及新疆沙漠邊際土地，也由漢人予以開發。東北地方，由於是滿族發祥根本之地，淸廷採取封禁，不准漢人入墾；然人爲之限制終抵不住不斷上升之人口壓力，遂亦爲自華北泛濫洪流所浸潤，漢人之東三省的開發亦爲淸代顯著現象之一。至於東南濱海之民族洪流，一如明代，向海外流出；綜觀海外移民的大勢，由於臺灣已收入版圖，流入臺灣者都爲農業移民，而流向南洋者多爲商業移民。故臺灣人口收容能力較大，民族泛溢之洪流起初其主流指向臺灣，自十九世紀至二十世紀，因臺灣開發殆擴及全島，又西歐列國資本主義發展，相競努力開拓殖民地，頗需勞動力，中國勞工爲各國所歡迎，於是民族洪流改變方向，流向南洋，甚至於世界各地。故華僑的發展，其分布遍及東南亞、澳洲、南北美洲等世界各地，係十九世紀末以來至二十世紀，中華民族擴展的顯著現象。

清廷於康熙二十二年（一六八三年）派施琅征臺，其目的是在消滅臺灣之抗清復明的勢力，本無領有臺灣之意圖，故施琅攻克臺灣，把鄭氏勢力盡遷大陸，安插於各地之後，就發生了遷民棄地之議，後經施琅力陳其利害，始決保留；於康熙二十三年（一六八四年）設臺灣府隸屬於福建省，下設臺灣、鳳山、諸羅三縣，至是臺灣始歸屬與大陸同一個行政單位。但清廷唯恐臺灣成爲逋逃之藪，再度成爲反清復明之根據地，只求安定，並無積極開發經營之意，其政治措施採取消極政策，一直執行到同治十三年（一八七四年）日軍犯臺，沈葆楨主持臺防，規劃善後爲止。然儘管清廷政策消極，人民却頗爲積極，臺灣開發之成就，完全是靠這種中華民族的元氣。

臺灣在鄭氏末期，因響應三藩起事，抽丁往大陸作戰，農業勞動力頗受影響，屯墾工作漸見衰退。迨清軍入臺，將鄭氏文武官員將卒及眷口內遷安插，又有許多各省難民相率還鄉，一時人口減少，農業衰落，許多墾地重歸荒蕪。華夷變態載戊辰年（康熙二十七年，一六八八年）七月七日臺灣船一艘進入日本長崎。該船有三十五人，係六月二十一日啓碇。據稱尙有其他船二艘，在準備渡海到長崎，然因臺灣人口減少，已無種蔗者，糖產大爲減少，故恐載貨不足，不能成行。以前臺灣甚爲繁盛，居住漢人達數萬名，自隸清以後，居民紛紛回歸泉州、漳州、廈門等地，現僅有數千名居住。故糖和鹿皮的生產，已不及從前的十分之一。又郁永河到臺灣，康熙三十六年撰稗海紀遊，謂佳里興以北皆爲平埔蕃人的部落，殆不見有漢人足跡。如新港仔社、竹塹社，在鄭成功入臺之初，就已設營屯墾，而在郁氏記載中却說：「自竹塹迄南崁，八九十里不見一人一屋，求一樹就蔭不得。掘土窟，置瓦釜爲炊，就烈日下，以澗水沃之，各飽一餐。途中遇麋鹿、麏、麚逐隊行，甚夥。驅獫猲獟獲三鹿。既至南嵌，入深箐中，披荊度莽，冠履俱敗，眞狐貉之窟，非人類所宜至也」。可知清初定臺灣時，人去業荒的情形。雖已設置郡縣，鳳山、諸羅兩縣及什佐，均寄居府城遙領而已。

前在鄭氏尚據臺抗清時，清廷曾實施遷界禁止出海。臺灣歸清後，於康熙二十二年十月，浙閩廣等處即展開令民耕種採捕，翌二十三年更開海禁。准人民出海貿易與捕魚，只須領給關票而盤查其出入，故人民來臺其初並非嚴禁。所以清初幾位有政聲來臺官吏，多致力於招徠墾殖，如首任知府蔣毓英之安撫土著招集流亡；諸羅知縣張尹之招徠墾闢，流民歸者如市（以上均見於臺灣府志）。由是閩粵流民，接踵而至，墾闢漸廣，至康熙四十三年（一七〇四年）時，「流移開墾之衆，已漸過斗六門以北」（諸羅縣志卷七兵防志總論），康熙四十九年時，「數年間而流移開墾之衆，又漸過半線大肚溪以北矣，此後流移日多，乃至南日、後壠、竹塹、南崁，所在而有」（同上書）。康熙四十八年泉人陳賴章曾招民耕墾臺北大佳臘。康熙五十一年，自「分撥千總一員領兵分防澹水，自後遂以爲常，而業戶開墾往來漸衆」（臺灣使槎錄卷二武備），可知開墾進展。

其時大陸人口普遍增加，與糧食之供應脫節，然臺灣值雨水充足。連年大有，未領照偷渡來臺者激增，漸爲地方治安隱憂。於是清朝政府一面嚴禁偷渡來臺，一面定界封禁私越偷墾。康熙五十五年（一七一六年）知府周元文曾申禁無照偷渡客民，諸羅知縣周鍾瑄有清革流民以大甲溪爲界之請，鳳山令宋永清亦有棄瑯嶠之議。康熙五十七年（一七一八年）總督覺羅滿保又有申禁偷渡。嗣後屢次重申禁偷渡越界，時禁時弛，可知在這時期大陸人口壓力增高，偷渡來臺越界偷墾甚多。藍鼎元在平臺紀略書中云：「前此臺灣，止府治百餘里，鳳山、諸羅皆毒惡瘴地，令其邑者尚不敢至；今則南盡郎嬌。地窮淡水鷄籠以上千五百里，人民趨若鶩矣。前此大山之麓，人莫敢近，以爲野番嗜殺；今則羣入深山，雜耕番地；雖殺不畏，甚至傀儡內山、臺灣山後、蛤仔難、崇爻、卑南覓等社，亦有漢人敢至其地，與之貿易。生聚日繁，漸廓漸遠，雖厲禁不能使止也」。在同書又謂：「鳳山南路一營，以四五百里山海奧區，民番錯雜之所，下淡水郎嬌盜賊出沒之地。……諸羅地方千餘里，淡水營守備僻處天末，自八里坌以下尚八九百里，下加冬、笨港、斗六門、半線皆奸宄縱橫之區」。據此可知康熙末年至雍正初，漢人蕃產交易的活動範圍已擴展到宜蘭及東部，殆臺灣全島有漢人足跡，而南即下淡水、郎嬌一帶，北即下加冬、笨港、斗六門、半線等地尚是農業開墾的邊疆地帶。

雍正年析諸羅縣，設彰化縣、淡水廳，又於雍正五年（一七二七年）移駐淡水營守備，千總、把總駐八里坌地方；雍正九年（一七三一年）行政組織又有更改。臺灣縣丞移駐於羅漢門，鳳山縣萬丹地方添設縣丞一員管轄下淡水，枋寮口等處；淡水巡檢移駐大崑麓；諸羅縣笨港地方添設縣丞一員，原設佳里興巡檢移駐鹽水港。大甲溪以北歸淡水廳同知管理，淡水同知駐竹塹又添設猫霧捒、鹿仔港、竹塹、八里坌四處巡檢（以上據世宗實錄）。這亦可反映雍正年間開拓進展之情形。

開拓的一般趨勢，大致至康熙四、五十年間，臺灣縣境開發殆盡，分別向南向北開拓。至雍正年，南已至琅嶠下淡水一帶，嗣後即全由南而北，西部平原北至鷄籠淡水，肥沃易耕之地，大多經人開拓。開拓開始時，作點狀的分佈，點逐漸擴展，至與其他各點相互連接，再經擴展變爲面，面逐漸伸展，至乾隆末年西部肥沃平原地帶開盡，以後漸及較瘦地區或山麓，再進去交通不便之隔離地方。嘉慶年間即進展去開拓宜蘭平原，自嘉慶末年至道光年間，開始進入埔里地方，咸豐年間已成爲漢人部落。此時也漸入東部卑南開墾。同治十一年（一八七二年）琉球難民被牡丹社蕃所殺，同治十三年（一八七四年）日本乃藉口興師犯臺，至是淸代乃不得不放棄消極政策，依沈葆楨開山撫蕃之議，光緒元年（一八七五年）遂弛渡臺與進入蕃地之禁，至是西部開發殆盡，並進而東部，在臺灣的漢人社會，終於生長成熟。

自道咸以後，西歐經過產業革命，其勢力復東漸，中國邊疆諸地時有侵損，同光間一再割讓，國勢遂一蹶不振。臺灣雖經沈葆楨、劉銘傳銳意經營，邁向近代化，但在甲午戰爭後，遂臺灣界日。然由於臺灣的漢人社會已生長完成，雖淪於異族的統治，人口仍能繼續增長，並能保持其原來社會文化，迄至光復。

五　結論

臺灣史的基本性格是在於數千年來，發源於黃河流域的中華民族，不斷地分向四方擴展，終於自大陸濱海地方，將其活動範圍推進到臺灣來，前仆後繼，入殖經營，終於建設了漢人社會的過程。所以臺灣的經營也是整個中華民族發展史上的一章，也是中華民族所蘊蓄深厚潛力的發揮。

臺灣與福建之間，由於有臺灣海峽相隔，故臺灣的經營，須俟至福建開發完成後，人口增高到超出飽和點，始有背鄉離井，尋覓新天地，向海外謀生，入殖墾荒。然在未行墾殖之前，當經過新航路之發見，對新天地之認識，試探及移殖的若干階段。而其發現及至產生接觸，每由漁業或商業的開拓擴展所獲致的。

中國海上交通自古代以來就有相當的發展，故早就有若干有關臺灣的地理知識。於是三國吳、隋、元等列朝，每經略海外，臣服遠夷，開拓市場謀求貿易的發展時，均曾有派兵經略臺灣之舉，惟當時臺灣產無奇貨，貿易價值低微，都毫無成就。於是臺灣一直位於國際海上貿易交通線之外，故始終未引起外界注目。

在宋代，福建已發生地狹人稠，居民向海外謀生，由於漁民冒險犯難，澎湖已成爲閩南漁人的作息場地，並收入版圖，隸於泉州晉江縣。稍後漁場又遂漸擴展，至元代時，已進展至臺灣西南海岸，並且元末時已有與土著民發生某些程度的接觸，開啓了所謂「漢蕃交易」。

明代臺海之漁業活動，雖遭明廷海禁閉關政策之阻礙，澎湖被放棄，徙民墟地。但求生之欲，固難抑制，節節進展，至於中葉以後更趨以殷盛。同時又發生蕃產交易，惟迄至十七世紀初葉，臺灣與島外之貿易，在質和量仍未有若何進展。

自西力東漸，列國在遠東海上展開劇烈的國際商戰時，臺灣近海亦成爲國際貿易的活潑航路，其地理上的重要性，爲內外所重視，其結果招致了列國之覬覦，終於爲荷西兩國所分別佔據。

臺灣在荷西佔據下，成爲國際貿易的重要轉接基地，同時也促進了臺灣內部的開發，漁業、貿易、農業均有發展，雖是荷蘭統治下，而實際上是出於中國人的血汗。

中國人之開發臺灣，是以漁業和貿易把大陸與臺灣連結起來；蕃產交易和捕鹿的貧民，都是開拓的先鋒，把活動範圍逐漸擴大。其後逐漸開墾，農業逐漸發達，而活動圈乃漸見穩固與安定，遂形成了漢人社會。中國人在經濟上的發展，最後引起了荷蘭人的疑懼。迨鄭成功入臺驅逐荷蘭，漢人在臺灣的控制權，方始確立。

臺灣，在荷蘭人佔據時期，農業已稍有基礎，惟其目標仍是爲白種人重商主義下之栽植農業。至鄭氏入臺，而臺灣農業的性格乃大爲改變。在鄭氏，臺灣是光復大陸的基地，故其第一要圖是足兵足食，因之農業的性格變爲農本思想的主穀作物。

其經營方式，主要是實施屯墾，並招徠大陸人民，鼓勵開發。在荷據時代，農民仍頗多春間來臺耕種，秋收後返回大陸，雖暫有農業定居，移動性尚高。至是由於鄭氏驅逐荷蘭，在臺灣確立了漢人的控制權，又在大陸清廷實施了海禁和遷界令，遂促使流動的漢人定居了。

然在鄭氏時代，漢人的人口雖有增加，此時之人口絕對數量並不甚多。開墾區域，南起恒春，北至鷄籠淡水，分布甚廣，但仍臺南一帶爲中心，其他尚在點的開發。

鄭氏三世，爲期甚短，惟確立漢人社會，使其能生根，致能由點展開爲清代面的發展，奠定了漢人社會能生長完成的基礎，頗值得重視。

清廷於康熙二十二年（一六八三年）派施琅平臺灣，二十三年（一六八四年）收入於版圖，至是臺灣與中國名實連成一體，變爲不可分的一部。然清廷攻臺目的在於消滅臺灣之抗清復明力量，本無領有臺灣之意。故對臺灣的經營，採取消極政策，只求安定防制臺灣再成爲抗清根據地，於是限制人民渡臺，在臺灣即定界禁止人民偷越。儘管清朝政府消極，但人民却頗爲積極，冒清廷禁令，偷渡來臺，越墾蕃界。

由於經康熙、雍正、乾隆三代，太平盛世，大陸人口大增，於是中華民族泛溢洪流，自濱海地方流入臺灣，披荊斬棘，以事墾殖。開發地點逐漸擴展爲面，面又逐漸伸展，至清末，遂臺灣全境開發殆盡，在臺灣漢人社會，亦得於生長完成。於是甲午戰爭後，雖淪爲異族之統治，始終能保持原來的漢人社會文化，迄至光復。

故臺灣開發之成就，完全是我先人自動積極經營之成果，是中華民族元氣之發揮。

原載中原文化與臺灣，民國六十年十月

荷蘭與西班牙佔據時期的臺灣

一　近代世上的臺灣地位

進入近世以後，經過文藝復興（Renaisance）而近代化了的西歐的勢力，分頭向東西發展，終於環繞了整個地球。歐亞間的物產的交流，以前本來是間接的要經過阿拉伯人及其他很多人的手，至是遂成爲直接的，即歐洲人自己把貨物運至亞洲，並將亞洲的貨物販回歐洲。在歐洲諸國中，東進最早的是葡萄牙。在十五世紀末葉十六世紀開頭時，已進至南洋及中國南部的海上，明嘉靖三十六年（一五五七）並侵佔了澳門。在這一期間，西班牙一方面在新大陸獲得了廣大的殖民地，一方面又出太平洋，在明隆慶五年（一五七一）佔據馬尼拉。至是，執當時世界商業霸權的葡西兩國，遂在遠東各以澳門與馬尼拉爲根據地而經營其轉販貿易，獲利至夥。後來，在十六、十七世紀之交，新興的荷蘭與英國，又侵蝕着葡西兩國的勢力圈而漸漸東進。

另一方面，亞洲各國間，其時的工商業，亦日趨發達，這促進着亞洲各國間貨物交流的機運，因之，中國和日本的航海事業亦頗發達。其時明廷雖採取着鎖國政策，但閩南一帶的自然條件及其傳統的習慣，都促使着該地的人民，下海謀生。下海者是以漳泉一帶沿海的居民爲最多，其職業則是「私通販夷」。故此時遠東本身的海上貿易已頗繁盛，而再受着「西力東漸」的刺激，遂終於以中國爲目標，而展開着劇烈的商戰。

臺灣西部與福建之間，祇有一衣帶水之隔，北通琉球、日本，南隔巴士海峽與菲律賓相望，再向南去，便是世界寶庫的南洋，其形勢至爲優越。惟迄近世爲止，卻幾與外界完全隔絕。這一方面固是由於土人矇昧，地乏奇貨，不足以引人注意；然另一方面，其最重要的原因，卻是因臺灣是在當時的海上交通線之外。然在十六世紀中葉以後，遠東海上的航運，漸見頻繁，而有很多航路，是通過着臺灣的附近。

綜上所述，可知因東方貿易的開展，西歐的商戰舞臺遂推移至東方，而明廷又禁止夷船在沿岸停泊，臺灣遂顯出其在位置上的重要性，而爲各國所重視，並競相爭逐，而欲取以爲基地。其結果，臺灣遂爲荷蘭與西班牙所分割。

二　列國在臺灣的爭逐

作爲一個據點看，臺灣最先是中國沿海的海寇與倭寇的巢穴，發揮了相當大的作用，臺灣即由此而爲各國所注視，其地理上的重要性，亦因此漸爲一般人所認識。例如使呂宋震駭的林鳳，是以臺灣爲巢穴，使明廷困擾甚久的倭寇，亦曾從臺灣出發。我們祇要回顧這兩件歷史事實，即可知臺灣在地理上確有其重要性。後因日本戰國時代的結束，中國倭寇問題，漸告解決，但日本卻渴望與中國通商，豐臣秀吉以武力二度侵略朝鮮，明萬曆二十一年（一五九三）又有「襲臺之議」，其目的似亦不外爲求取通商的據點。

另一方面，早在萬曆十四年（一五八六），在菲律賓的西班牙人，爲要擴大其傳教範圍，並謀菲律賓的安全起見，嘗向國王呈請要攻佔包括臺灣在內的菲律賓周圍地區。西班牙國王在萬曆十七年（一五八九）亦已訓令總督亟須設法攻佔。其後菲律賓與日本間的關係，漸見惡化，故在菲律賓的西班牙人聞日本有襲臺之意，認爲這是攻擊呂宋的先聲，頗爲重視。總督達斯馬里尼亞斯（Dasmariñas）在一五九六年（萬曆二十四年）七月八日，一五九七年（萬曆二十五年）五月十四日，同年六月十九日三次上書於其本國的國王，要先佔據臺灣，以制敵機先，而維護其中菲間的貿易。同年六月二十二日西班牙人在馬尼拉開軍事會議，二十七日第．洛斯．里奧斯（Hernando de los Rios）亦附加彩色地圖一張，上書國王，進言有佔據臺灣之必要。萬曆二十六年（一五九八）菲律賓的西班牙總督派薩摩蒂奧（Don Juan de Zamudio）率船二艘，兵二百餘名往臺灣，因風期不合，未果。稍後，豐臣秀吉歿，日菲間的關係，較前稍爲鬆弛，菲律賓西班牙人佔領臺灣的企圖，亦遂無形消失。

在日本，德川氏代豐臣氏而興，其對外政策，比較溫和，然其要求與中國通商，則並無二致。萬曆三十七年（日本慶長十四年，一六〇九）命有馬晴信，四十四年（日本元和二年，一六一六）再命長崎代官村山等安遣兵船至臺灣，兩度並皆失敗。然就在這一期間，臺灣已成爲中日走私商人的會合地點，而漸漸發達，其時，在遠東有貿易關係的許多國家，對於日本的行動，深爲注意。尤其是葡萄牙，深懼日本佔據臺灣以後，對於其澳門的貿易，影響太大，故於一六一〇年（萬曆三十八年）二月十七日葡王嘗賜勅書於其在果阿（Goa）的總督，令其防患於未然。

其時，在遠東開始出現的新勢力的荷蘭和英國，亦看出臺灣在中國貿易上地位的重要。侵入葡西勢力範圍的荷蘭和英國，要想展開對中國的貿易，其可採取的途徑，祇有兩條：其一是奪取葡西的根據地；其一是開闢新據點。故荷蘭在佔據臺灣之前，實際上嘗數次襲擊澳門和馬尼拉，然因葡西兩國善於防守，荷蘭未獲達到目的。

另一方面，在萬曆二十九年（一六〇一）凡・聶克（Van Neck）到達南洋時，嘗派佛勒斯伯爾亨（Gaspar van Groesbergen）率船二艘欲開闢中國貿易，未獲成功。三十一年韋麻郎（Wijbrant van Waerwijck）遣其率引的厄拉斯莫斯（Erasmus）、拿騷（Nassau）兩船至中國沿海謀交易，亦未成功。翌年六月，爲欲親自交涉貿易，自大泥（Patani）出發，七月十五日到達廣州海岸附近處，猝遇暴風，乃於八月七日轉達澎湖，開始作貿易交涉；惟福建總兵施德政派都司沈有容，迫令自澎湖撤退，故仍一無所獲。萬曆三十五年（一六〇七），馬得利夫（Cornelis Matelief de Jonge）率商船四艘至南澳，謀開始通商，亦仍爲明室當局所拒絕。

萬曆三十七年（一六〇九），荷蘭在日本平戶設立商館，於是更深感有與中國通商之必要。萬曆四十一年（一六一三），平戶荷蘭商館長布魯瓦（Hendrick Brouwer），向東印度總督波托（Pieter Both）建議佔據臺灣，以爲對中日貿易的轉接基地。一六二〇年（明泰昌元年）九月九日東印度公司總公司（在荷蘭本國）給予東印度總督指令中，亦承認有奪取開闢中國貿易適當根據地的必要，並擧示小琉球（按即指臺灣）的名字。

英國在當時亦謀開闢中國貿易，英國駐日本平戶商館長柯克斯（Richard Cocks）在萬曆四十七年（一六一九）向本國報告臺灣的情形，並嘗委托僑居平戶的李旦斡旋與中國間的貿易交涉。

在這一期間，歐洲方面，萬曆三十七年（一六〇九），荷蘭與西班牙間訂立停戰十二年的條約，荷蘭遂有與英國爭逐商業霸權的趨勢。但在荷西停戰條約有效期間將近終了時，荷蘭又與英國接近，萬曆四十七年（一六一九）訂立荷英防守同盟，在遠東區域，則泰昌元年（一六二〇）組織荷英聯合艦隊，以威脅葡萄牙船的中、日、印度航路，封鎖馬尼拉，並捕捉到馬尼拉的中國船，以此戰利品與日本貿易。於是，在菲律賓的西班牙當局爲保護貿易，策劃馬尼拉的安全起見，明天啓元年（一六二一）又謀佔領臺灣，俾與馬尼拉成爲犄角之勢，可以呼應。荷蘭人在捕獲的西班牙船中，獲睹西班牙文書，知西班牙人有佔據臺灣之意，於是，在巴達維亞的荷蘭當局，就先發制人，總督顧恩（Coen）指令雷爾生（Cornelis Reyersen）率船十二艘，兵一、〇二四名，先襲擊澳門，如不獲成功，便改道佔據澎湖以及小琉球。荷英聯合艦隊十二艘在一六二二年（天啓二年）六月下旬攻擊澳門，死傷頗多，未獲成功。七月十一日退至澎湖，以後就專心講求開始中國貿易的方策。第一步是以兵船二艘至漳州附近海面，阻止中國船航行馬尼拉。同年七月二十七日，雷爾生（Cornelis Reyersen）又親自率二船至臺灣，調查港灣形勢，最後是在八月一日決定開始在澎湖築城。翌年春初，雷爾生（Reyersen）又航行至廈門，並循陸路至福州，交涉通商，仍無結果。初時，福建巡撫商周祚命荷蘭自澎湖撤退，及南居益繼商氏任巡撫，態度益見強硬。一方面修戰備，並於天啓三年九月五日（一六二三年九月二十八日）實施海禁。天啓四年正月二日（一六二四年二月二十日）更命守備王夢熊等率船隊攻澎湖島，五月，舟師續至，並準備火具，以圍攻荷蘭人的城寨。荷蘭人遂於天啓四年七月十三日（一六二四年八月二十六日）將城寨毀壞，而轉移至大員（Tayouan，即今安平），至是而臺灣遂爲荷蘭人所佔領。

在荷蘭人佔據臺灣以後，馬尼拉的西班牙人，深感威脅。天啓六年（一六二六），馬尼拉的西班牙總督施爾瓦（Fernando de Silva），派卡黎尼奧（Antonio Carreño de Valdes）率大划船（Galera）二艘，舢板船十二艘至臺灣。卡黎尼奧（Antonio Carreño de Valdes）於五月五日自卡迦揚（Cagayan）港出發，沿臺灣東海岸北上，十一日到達三貂角（Santiago），十二日進雞籠港，名之曰至聖三位一體（Santísima Trinidad），十六日在社寮島舉行佔領儀式，並開始築城，城名聖救主（San Salvador）。一方面又在港內山上建築堡壘，加强防禦，而在大沙灣附近，建立澗內（Parián），以爲中國人的街市。七月，范・尼諾・第・達佛拉（Juan Niño de Tavora）新任菲律賓總督，到任後即派船至臺灣，以圖向駐軍補給物資，遇風後，船即沿中國大陸漂流，至翌年四月二十九日，方獲到達臺灣。在這期間，菲律賓的西班牙總督，力修戰備，欲以船八艘，大砲一三六門，兵二、〇一五名，驅逐在臺灣的荷蘭勢力。七月二十六日，阿爾卡刺索（Pedro Alcarazo）率大划船二艘先行出發。八月十七日總督達佛拉親自乘大帆船（Galeon）聖伊爾德豐索（San Yldefonso）號，率大帆船（Galeon）二艘，三桅帆船（Ship）一艘，帕達吉（Patach）二艘自卡維得（Cavite）出發，因風折回，但憂慮臺灣駐軍缺乏糧食，遂使三桅帆船玫瑰（Rosario）號裝載多量的糧食後重新出發。艦隊經修理後，亦再行出征，但在波赫多爾（Bojeador）岬遭遇暴風，九月六日又折回卡維得。至最先出發的大划船卻到達了臺灣的南部，而僅止於偵察荷蘭的港口，這亦遭風被吹回呂宋。至是而驅逐荷蘭人的計畫，遂完全失敗。明崇禎元年（一六二八），西班牙人又佔領淡水，築聖多明我（Santo

Domingo）城，力謀鞏固其勢力。簡言之，在十六、十七世紀之交，在世界各處市場上到處爭奪的新舊兩勢力的荷蘭與西班牙二國，為要開闢並發展其對中日的貿易起見，很奇突地，竟同時割據了臺灣。

考西班牙人之所以要佔據臺灣的北部，一方面固是為要對抗荷蘭，而一方面亦是要誘致中日的商賈到臺灣北部，重開已經斷絕的對日貿易，同時又想向中日兩國傳佈其教義。其時，日本正採禁教政策，天啓四年（一六二四）與在菲律賓的西班牙人斷絕關係。在天啓四年及崇禎元年，日本人又在暹羅的湄南（Menam）河與西班牙人衝突。崇禎三年（一六三〇）及五年，日本又有佔據臺灣及遠征呂宋的計畫，後以有島原之亂，未獲實現。其後，日本在崇禎六——九年（一六三三——一六三六）間因厲行禁教，遂採鎖國政策。此時，西班牙對於日本的貿易，已完全無望，而對於日本人的襲擊，亦毋需恐懼了。留居在臺灣的西班牙人，罹風土病而死者相繼，而希望到臺灣北部的中國商船，卻遠較估計者為少，故臺灣對於西班牙人的經濟價值，並不見高，而祇能算是潛行去中國和日本的傳教師的一個立脚點。其時，在菲律賓的西班牙人，轉變政策，改對北方者為對南方，自崇禎元年以後，常與摩洛（Moro）族發生戰爭，崇禎八年（一六三五）以後，又為要專心經營民答那峨（Mindanao）、赫洛（Joro）等地起見，崇禎十一年（一六三八）先毀淡水城，後又縮減雞籠的守備。

在西班牙人佔據臺灣北部後，臺灣南部的荷蘭人自深感威脅，一六二九年（崇禎二年）二月十日，在臺灣的荷蘭長官諾易茲（Nuyts），向巴達維亞的總督報告稱：西班牙人佔據臺灣的北部，是扼住荷蘭的貿易路線，並因其資本豐富，或會將商人吸引至北部，且或將唆使土人與漢人向荷蘭人反抗。故諾易玆（Nuyts）極力建議要驅逐西班牙的勢力。同年八、九月間，遣一艦隊，欲驅逐在北部的西班牙人，未獲成功。其後，因濱田彌兵衞事件及討伐蕃社等，力求鞏固其在南部的勢力，故沒有再向北部攻擊的餘力。然亦不斷偵視北部西班牙人的動靜。後知北部的守備甚爲單薄，遂又謀將西班牙人逐出。崇禎十三年（一六四〇）派船至淡水雞籠偵察，次年八月二十四日又至雞籠偵察，因本身的兵力不足，未能攻擊。至一六四二年（崇禎十五年）八月十七日，遂以哈勞哲（Henrick Harrousee）爲指揮官，率船七艘，兵員水手等六九〇名出發，八月二十一日向雞籠攻擊。其時在前線的祇西班牙人一〇〇名，彭彭格（Pampanga）人一五〇名，在城中亦祇有八〇名。守城五日，衆寡不敵，西班牙人遂於二十六日開城投降。至是而臺灣北部遂亦爲荷蘭人所佔據。

另一方面，遠在荷蘭佔據臺灣之前，中日走私商人，早以臺灣爲會合地點，故日本商人和荷蘭人自亦處於利害衝突的地位。荷蘭人與日本人競購中國貨物，其結果，中國貨物的價格自然騰貴，而荷蘭將中國貨物在日本出售時，其售價又必然低落。於是在臺灣的荷蘭人，自天啓五年（一六二五）起，就向來臺灣的日本商人加課輸出稅。然日本人之來臺灣貿易，是先於荷蘭人，而荷蘭人在日本並不納稅，故日本商人拒絕在臺灣納稅。於是，荷蘭人就沒收了日本人所採購的生絲，其結果遂引起衝突。這就是崇禎元年（一六二八）的濱田彌兵衞事件。因此，荷蘭在平戶的貿易，爲日本所禁止。崇禎五年（一六三二），荷蘭以負責的前臺灣長官諾易玆（Nuyts）引渡給日本，荷蘭人在日本的貿易，方獲開禁。其後，日本施行鎖國政策，於是荷蘭人在臺灣又減少了日本人的競爭，毋須再爲日本人到臺灣而煩惱了。至是，荷蘭人在臺灣，始將日本和西班牙的競爭勢力完全排除。一直到被鄭成功逐出爲止，荷蘭是以臺灣爲根據地，而在遠東的國際貿易中活躍。

三　荷蘭人在臺灣的貿易

荷蘭在佔領臺灣之初，一方面努力排除競爭的勢力，一方面則力謀臺灣貿易的展開。然所謂臺灣貿易，實際上是依靠中國大陸。荷蘭人自澎湖撤退前，在和明室交涉時，其最關心的，是希望在自澎湖撤退以後，明室對於荷蘭可開放海禁，准許貿易。然明室的態度非常强硬，荷蘭乃托請以臺灣爲中心在中日貿易上甚爲活躍而僑居於平戶的李旦，出而斡旋，其結果祇是得到副總兵俞咨臯的非正式的保證，而荷蘭人終於不能不自澎湖撤退。然在明室一方面，福建當局爲對荷的戰事，支出軍餉十七萬七千餘兩，財政很困難，故在荷蘭自澎湖撤退而轉居臺灣的大員以後，對於臺灣的貿易，遂亦採取默認態度。翌年，海禁開放，荷蘭因爲得到了對中國貿易的據點，在天啓五、六年（一六二五——一六二六）時，貿易狀態，轉爲良好。天啓五年，李旦在平戶病歿，其子一官與當荷蘭翻譯的鄭一官（即鄭芝龍）之間，發生權力的爭奪，後卒爲鄭氏所壓倒，在天啓六、七年時，鄭芝龍已成爲臺灣海峽上不可輕視的勢力㊀。

㊀在此地要一說的，是鄭芝龍與顏思齊的關係。舊說皆謂鄭芝龍本是顏思齊的部下。然日人岩生成一博士在一九三六年發表「明末日本華僑甲必丹李旦考」，謂後代的文獻中對於顏思齊的記載頗詳，而在當時的中外文獻中卻不可徵考。惟當時對於李旦的事蹟，則在中外文獻中，皆有詳細的記載，且其經歷與後代所說的顏思齊者極為相似。故岩生博士對於顏思齊的存在深為懷疑，而疑所說者即為李旦。筆者認為如不能發見該一時代的有關顏思齊的有力資料，則對於顏思齊的存在，以闕疑為是。

鄭芝龍在海上猖獗的結果，幾於使大陸沿海的貿易活動完全停止。天啓七年（一六二七）在漳州出海的四十三艘船中，回到漳州者十艘，回到泉州者二艘，到廣東者十艘，溫州者一艘，而其餘二十艘，皆在海上被掠奪。因之，大陸上一時又施行海禁。在這情形之下，荷蘭人自亦受到影響。明朝對於鄭芝龍征剿無功，終於在崇禎元年（一六二八）九月加以招撫。其後鄭芝龍並奉命討伐繼彼而起的海寇李魁奇、劉香老等，而鄭氏遂成爲閩海上眞正的最大勢力。在這海上爭霸的時期，臺灣與大陸間的貿易，大受影響，因之，荷蘭人或自大員向廈門走私，或助明室征剿海寇，而希望以自由貿易爲交換條件；或是與海寇連合，以武力威脅，要求貿易。要之，荷蘭人在臺灣的貿易，其所受控制閩海的最大海商鄭氏的影響，實甚鉅大。在一六二八年(崇禎元年)十月一日，鄭芝龍與臺灣的荷蘭長官彼得・諾易茲之間，訂有爲期三年的生絲、胡椒等的貿易契約；崇禎三年（一六三〇）鄭芝龍又與臺灣長官漢斯・普特曼斯（Hans Putmans）間訂有協定，荷蘭對於鄭氏的船要加以保護；崇禎十三年（一六四〇），臺灣長官保祿士・杜拉第紐斯（Paulus Traudenius）與鄭芝龍間又訂有關於日本貿易的互惠協定。據是可知鄭氏與荷蘭人之間，在貿易上實有密切的關係。海氛平靜後，荷蘭人的臺灣貿易稍見好轉，而在這一個期間，鄭芝龍處於大陸上的明室官吏與臺灣的荷蘭人之間，利用其有利的地位，盡力發展其自己的臺灣貿易，在崇禎十三年（一六四〇）前後，並大行發展至直接與日本南海貿易，其結果就成爲荷蘭人有力的商敵。有一個時期，荷蘭人甚至考慮到要訴之武力，然未幾而明清鼎革，鄭氏的貿易，由營利性質一轉而具有軍事的意義。此項變化，在荷蘭人的臺灣貿易上，自亦受到影響。大陸上的戰事，逐漸向南推移，而其所受的打擊愈大。除硫黃、鉛等軍需品的貿易以外，絲綢已很難入手，故貿易的情況，甚爲惡劣。在明永曆八、九年（清順治十一、二年，一六五四——五五）鄭成功嘗禁止沿海商賈的臺灣貿易。荷蘭人爲欲打開其商業上的僵局，永曆十一年（清順治十四年，一六五七）嘗派何斌至鄭成功處，請求開關貿易。稍後，貿易即重行開放。然鄭氏因在大陸上的軍事失敗，欲求復興的基地，其時鄭氏執有海上的霸權，故很自然地注意到了國際貿易海上據點的臺灣和呂宋。永曆十五年（清順治十八年，一六六一）鄭成功入臺，將荷蘭人逐出，翌年即遣使招諭呂宋。觀是可知荷蘭人在臺灣貿易的盛衰，實與大陸的情勢相表裏，而其與鄭氏父子間的關係，尤爲密切。

荷蘭人在臺灣的貿易內容，是：由臺灣向大陸上輸出的主要物品，是日本歐洲運來的銀，南海方面的香料；由臺灣輸出至各地荷蘭商館的物品，是中國大陸出產的絲綢、生絲和糖。臺灣土產品中參加國際貿易的，是有很多的鹿皮運至日本。其後臺灣的農業發展，於是有臺灣糖輸出至日本、波斯等地。此外，臺灣北部的硫黃，亦嘗輸出至大陸及柬埔寨等有戰爭的地方。在上列物品中，生絲、絲綢和銀，在交易上是最爲重要。一六二七年（天啓七年）十二月二十日塞維可斯（Don Juan Cevicos）在馬尼拉所寫的西班牙佔據臺灣論中，很扼要地指出荷蘭人的臺灣貿易的性質，說：「欲與中國貿易者，不論是那一個國家，除用銀以外，沒有其他的方法。荷蘭人自歐洲攜出的銀，數量極少。荷蘭人如要日本的銀，則不能不與中國貿易，而以中國商品輸至日本。」一六二九年一月十日臺灣的荷蘭長官諾易茲（Nuyts）向巴達維亞的總督提出的中國貿易概要中敍述佔據臺灣初期的貿易說：「因爲要購買日本、印度諸國和祖國所需要的商品，故自大員（Tayowan）和福爾摩沙（Formosa）遣中國人的戎克船至漳州或厦門，將公司的貨幣送至公司的代理商店或是在中國的可以信任的商人。此項生意，幸已得軍門（Combon）即福州的最高統治者（按即福建巡撫）的默許。又有幾名中國商人來到此地，欲將貨物出售。……雖是已到了年年送船隊到日本和巴達維亞的時期，然中國的商品，沒有那麼快就可流通，故我們不能不特派二、三艘戎克船到中國去，尤其是厦門。該地當局已允許出售很多商品給我們，並允許運至此地。每絹一擔，價格約相差八至十兩。」據是可知荷蘭人在臺灣的貿易的主體，是在中、日、荷間使銀與絲綢交流的一種轉接貿易。

試檢當時的記錄：天啓七年（一六二七），從臺灣向日本送絲綢的船有五艘，向巴達維亞的有二艘。其價格達一、一八一、三四九盾（gulden）三斯泰法（stuiver）一二辨尼（penning）。貿易的利益是一〇〇%。崇禎元年（一六二八）因鄭芝龍擾亂閩海，加以貨幣不足，故貿易數量減少。崇禎八年（一六三五）貿易狀況好轉，崇禎十年，由各地開至日本的荷蘭船共十四艘，載貨總值共爲二、四六〇、七三三盾八斯泰法。其中，由臺灣去的爲二、〇四二、三〇二盾四斯泰法九辨尼，即佔總值的八〇%以上。崇禎十一年，自大陸上來的中國貨增加，在六月二十七日至九月三日的信風期間，開向日本的船隻有七艘，載貨總值達二、七七五、三八一盾。

荷蘭人在臺灣貿易所獲得的淨利，在亞洲各商館中，是次於日本而居第二位的。在明永曆三年（清順治六年，一六四九）虧損的商館有錫蘭、暹羅等共九處，獲利的商館有日本、臺灣等共十處。獲利總額爲一、八二五、六〇二盾零六辨尼。其中，日本爲七〇九、六〇三盾四斯泰法一五辨尼，佔第一位，是利益總額的三八・八%。其次是臺灣，爲四六七、五三四盾一八斯泰法一〇辨尼，佔獲利總額中的二五・六%。二者相加，則爲獲利總額中的六四・四%。然在日本之所以能夠獲利，實際上是由於臺灣所供給的絲綢等中國貨物。由是觀之，臺灣在荷蘭的東方貿易中之爲極重要的轉接基地，就很容易明白了。

四　荷蘭之經營臺灣與漢人在臺灣的活動

荷蘭人在大員獲得貿易的基地以後，立即築城以謀持久，初時因磚石不足，故以木板和土砂築假城，後即雇用中國工人燒磚，一面又自大陸輸入，將城牆逐漸改造，經八年四個月，而磚城及城內的房屋竣工。初時稱之曰奧蘭稔（Orange），天啓七年（一六二七）改稱曰熱蘭遮（Zeelandia）城。自本年起，又在北線尾築砦稱曰海堡（Zeeburg）。先是，長官宋克（Sonck）因北線尾是砂地，無清水，不適於居住，故在一六二五年一月以康甘（Cangan）布十五匹，與新港社土人易赤嵌的沿河的地，在該處建築公司的宿舍、醫院和倉庫等，並獎勵中國人居住，以造成一殷盛的市街，而稱之曰普魯岷希亞（Provintie）。荷蘭人一方面是建立堅固的據點，一方面又利用蕃社的紛爭，對於荷蘭人有好意的則予以保護，有惡意者則加懲罰，而逐漸擴大其支配範圍。崇禎八年（一六三五）攻擊麻豆等社，在明崇禎九年（一六三六）底，南北服從荷蘭人的蕃社，共達五十七社。

先是，西班牙人在佔據雞籠淡水後，在一六三二年（崇禎五年）三月，有八十餘人組織勘查隊，溯淡水河上行，發見臺北平原，並沿基隆河上行，發見到達基隆的路線。崇禎七年（一六三四）新任雞籠城守羅美洛（Alonso García Romero）討伐在二年前十二月殺害遇風遭難船員等五十人的蛤仔難（Cabaran）地方的土人，以之納入西班牙勢力範圍之內，至是，西班牙的勢力，就自淡水基隆、淡水河流域，而進入宜蘭平原。洎荷蘭人將西班牙人逐出臺灣，荷蘭人的勢力，即達於臺灣北部。荷蘭人又向東海岸勘查黃金。故荷蘭人的勢力逐漸擴展，其足跡幾遍及全島。明永曆四年（清順治七年，一六五〇），服從荷蘭人的蕃社在二百七十社以上。

荷西兩國，對於土人，皆傳佈其基督教義。關於傳教的問題，在本論文集中有方杰人教授的「臺灣的宗教」一文，詳細情形可參閱方先生大作，本文從略。惟在此願略述其特色。在歐洲，新教舊教之間，有很劇烈的爭執，而其時在臺灣的開教上，新舊教間，亦有劇烈的競爭。在荷蘭方面，牧師就是公司的職員，東印度公司是爲欲維持勢力，安定秩序，而進行其教化事業，換言之，教化是在求提高行政的效果，故佈教是東印度公司行政組織中的一環，行政是主，而教化祇是附帶的作用。惟在西班牙方面，則其對於傳教的關心，是更甚於行政，而其佔據臺灣，傳教就是目的之一。西班牙人一方面向臺灣土人佈教，一方面並以臺灣爲派人潛入中國、日本傳教的基地。

對於臺灣土人的教化和傳道，荷西兩國，雖皆相當進展，惟西班牙方面，佔領期間極短，而荷蘭方面則受着行政的牽制，故其在土人的心性方面，影響究屬如何，很難測度，祇有留待今後研究，然觀後世尚留有羅馬字的番文契據，則可知土人在當日似已受到相當的啓發，而對於土人的教化，在荷西兩國維持支配及擴展勢力上，亦必有所貢獻。

現在，我們要考慮的，是在荷西佔據狀態下的臺灣，我們的先民，其活動究屬如何？

中國大陸和臺灣間的關係，可遠溯及於很早的時代。三國時吳孫權已討伐過夷州，隋煬帝亦嘗略取流求。所謂夷州、流求，其所指都是臺灣。然以土人曚昧，交通無確實把握，故尚未及於移民拓殖，其間五胡相繼入主中原，漢族南移，江南與華南相繼開發，經唐迄宋，而福建全境，已開發殆盡。福建地瘠山多，以後就祇有在海上謀生計，故福建沿海的居民，以販海與販業漁者爲多。在宋末元初，澎湖已是商船的停泊處，並已爲閩南人的漁場。

稍後，漁場又逐漸擴展至臺灣的西海岸，在明中葉以後，臺灣南部，成爲烏魚漁場，每屆漁期，就有很多漢人，來自閩南，從事於漁業。至萬曆初年，北部的雞籠淡水，每年亦有商船四、五艘至七、八艘開入，從事黃金與硫黃的交易。此時，日本開往南洋與中國南部的船隻，亦常寄碇於臺灣。其後，臺灣就成爲中日貿易的會合地點。在日本的戰國時代，在軍需品中，很需要鹿皮，以後鹿皮並成爲日本人日常生活中所使用的皮革。初時，其來源是靠南洋。然臺灣方面，當農業未開發時，亦棲息有很多的鹿，於是，漢人就進入土人的村落，以鹿皮爲主要目標而從事蕃產交易，將鹿皮蒐集後輸至日本，以肉作成鹿脯，輸至大陸。在狩獵期中，爲此鹿皮交易，年年亦有很多漢人來至臺灣。天啓二年（一六二二）雷爾生到臺灣察勘港灣時，在其七月三十日的日記中，已記着在大員的鹿皮貿易。在巴達維亞城日誌一六二五年（天啓五年）四月九日項下記曰：「據傳聞，每年可獲鹿皮二十萬張，乾燥的鹿肉及魚乾亦相當多，故可以得到相當多的供給。……在大員灣中，約有一百艘戎克船，是從中國來的，從事於漁業，並收購鹿肉，輸至中國。此項戎克船，要進入內地，其中載着很多要收購鹿皮鹿肉的中國人。大概每一蕃社中，有一、二名至五、六名漢人進去，用米鹽或衣料以從事於蕃產品的交易。」在臺灣北部，有漢人進入蕃社從事硫黃、鹿皮的交易，亦見於西班牙人的記載中。

據上所述，可知在荷西兩國分別佔據臺灣以前，漢人早已在臺灣相當活躍。暨荷西兩國佔據臺灣以後，兩國爲欲發展貿易，故歡迎中國人的移居。於是，從大陸上就陸續有漢人進入臺灣。約在天啓六年（一六二六）時西班牙人畫的「臺灣的荷蘭人港口」的圖中，在赤嵌畫有中國人的漁寮六所，又在北線尾的對岸畫有日本人的臨時建築三所，其下註稱有中國人五、〇〇〇人，日本人一六〇人居住。這樣多的中國人，在從事漁業以外，或應土人的需要作蓄產交易，或經營貿易或零售，供應荷蘭貨物以至日常生活的必需品。在當時荷蘭人的立場，中國人的活動，實係必不可缺，故盡力獎勵其移居。

其時，適值大陸上動亂不安，故移居臺灣者日多，其中，很多的貧窮者，是從事於捕鹿與農業。漢人的捕鹿範圍，隨荷蘭人的勢力範圍的擴大，在崇禎十年（一六三七）已擴展至現今的嘉義、彰化縣境。荷蘭人是以鹿皮輸至日本，崇禎十一年（一六三八）的輸出量，達一五一、四〇〇張。以後，鹿皮漸見減少，普通每年平均約爲五萬至七、八萬張。

荷蘭人在初據臺灣時，其食糧是靠日本和暹羅的接濟，自中國人從事農耕，開墾工作相當進展以後，在明永曆十年（清順治十三年，一六五六）開墾的田的面積達六、五一六・四摩爾亨，蔗園面積達一、八三七・三摩爾亨。在這一時期，臺灣反已有若干餘剩的米可以輸出，砂糖的產量：在崇禎九年（一六三六），已向日本輸出白糖一二、〇四二斤，紅糖一一〇、四六一斤。以後年年增加，其產量：永曆三年（清順治六年，一六四九）是九〇萬斤，明永曆四年（清順治七年，一六五〇）是一二〇萬斤，永曆十二年（清順治十五年，一六五八）是一七三萬斤。斯時，爪哇的糖業亦在發展中，而臺灣的產糖量遠較爪哇爲多。臺灣的糖，輸出遠至日本、波斯等地。

漢人對於臺灣北部的硫黃亦嘗採取，並粗加提煉，以輸出於大陸和柬埔寨。據巴達維亞城日誌的記錄，崇禎十三年（一六四〇）中國人自淡水運粗製硫黃十萬斤至大員。在一六四二年一月，臺灣的庫存硫黃達二十至二十五萬斤。明清鼎革之年，運給鄭芝龍和大陸的硫黃有二十萬斤。

故在荷蘭人統治下的臺灣，中國人或是自動的，或是受着荷蘭人的獎勵，而從事於各方面的活動，而荷蘭人在臺灣所追求的，是貿易上的利潤。事實上，荷蘭人在臺灣貿易上確是得到了很大的利益。然在這一個期間，荷蘭人爲建築城寨、倉庫、商館，亦有很大的支出，其他爲維持行政、軍事以及經營商館，亦需要很多的經常費用。熱蘭遮城在崇禎五年（一六三二）完工後，又行加造，迄崇禎十三年爲止，共用去四九八、〇四四盾。崇禎十四年的陸上經費和海上經費，共計支出二一六、五〇〇盾。就這一年言，在收入中扣除支出後，尙餘淨利一六、五〇〇盾。然因支配範圍的擴大和敎化事業的發展，各項經費皆見膨脹，於是荷蘭人亦感到經費不十分寬裕，而不能不創立各項稅目，以求增加收入。

自天啓五年（一六二五）開始，荷蘭人即已征收十分之一的關稅，其後，對於入臺的中國人，每人抽取四分之一里爾的人頭稅。據一六四〇年（崇禎十三年）九月一日的調查，在大員附近繳人頭稅者有三、五六八人，如把居住在荷蘭人勢力範圍內者全部計算在內，則有一萬至一萬四千人。稍後，人頭稅提高至每人二分之一里爾。據黎斯(Riess)的臺灣島史，人頭稅收入，初時爲三、一〇〇里爾，而以後增加至三三、七〇〇里爾，增加幾近十一倍。荷蘭人對於漢人捕鹿，亦課以狩獵稅，用罟者每月一里爾，設阱者每月十五里爾。其後因鹿數日少，乃禁止用阱，以防鹿的絕種。狩獵執照，是由分駐各地的牧師發給。例如牧師勞伯篤士・俞紐斯(Robertus Junius)，自一六三七年（崇禎十年）十月起至次年五月止，收入的狩獵稅爲二、七〇〇又二分之一里爾；自一六三八年（崇禎十一年）十月底起至次年五月底止，收入爲一、九九八又二分之一里爾；又自一六三九年（崇禎十二年）十月起至次年五月止，則因狩獵受土人的阻害，故狩獵稅減少，然亦有一、九四一又八分之七里爾。以狩獵稅收入支付敎化及地方的行政費用後，每年尙可淨餘一、九〇〇至二、四〇〇盾。

就漢人而言，和土人交易，獲利較多，其交易範圍漸漸擴大至荷蘭勢力所不及的地方。愈近邊界，所獲利益亦愈大。在這邊界上，中國人畏懼荷蘭勢力的侵入，時或不免煽動土人取反抗的行爲。於是荷蘭人就攻擊土人，並放逐漢人。故就結果而言，中國人之擴大蓄產交易的範圍，無異於荷蘭擴充支配範圍的先鋒。在明崇禎十七年(清順治元年，一六四四)荷蘭人爲欲驅逐對荷蘭人抱有惡意的漢人，且爲滿足土人的需要起見，就創立蓄產交易的制度（即所謂贌社制），並謀由此以增加收入。同年此項收入達二一四〇里爾。此外，對於漁業、釀酒、市場等，則採包稅制度，自崇禎十三年（一六四〇）開始，該年獲收入一、三〇〇里爾。對於稻、糖、蠟燭、烟草以及其他雜貨，亦抽十分之一的稅，對於硫黃的採取和販賣，亦需抽一定的稅額。在建築房屋、道路、堤防而需要臨時經費時，則在人頭稅上附加稅額。在增加各項稅目以後；崇禎十六年（一六四三）計收入人頭稅及其他各稅共八八、四七七盾；明崇禎十七年(清順治元年，一六四四)爲九八、五七九盾；明弘光元年(清順治二年，一六四五)爲一一七、〇〇〇盾。明永曆七年（清順治十年，一六五三），商業收入爲三八一、九三〇盾一五斯泰法，土地收入爲二八五、七七〇盾八斯泰法一二辨尼，計共收入六六七、七〇一盾三斯泰法一二辨尼，同年的支出爲三二八、七八四盾二斯泰法七辨尼，收支相抵，計獲利三三八、九一七盾一斯泰法五辨尼。據上列數字，可以看出隨臺灣土地開發的進展，荷蘭人的收入泉源，已漸自貿易轉移至稅收了。

所謂荷蘭人稅收的增加，其實在的意義，無非是漢人在臺灣開發的進展，故開始時荷蘭人對於中國人的移住非常奬勵。或以公司的船隻運送，或免稅，以示優待。適逢大陸上正是天災人禍很劇烈的時候，故難民不斷地流居臺灣，在荷蘭佔領時代的末期，漢人在臺者，大概有十萬名左右。然漢人的人數愈多，經濟的發展愈大，荷蘭人就感到恐懼而開始警戒。明隆武元年（淸順治三年，一六四六）十一月十一日的日本長崎出島荷蘭商館日誌中記曰：「中國人到來該島（按是指臺灣）愈多，我們將很難保持該島爲自己的領土，一如以前的情形了。」在中國人方面，臺灣愈是開發，經濟愈是發展，則對於荷蘭人的聚歛，愈是不滿，其結果就發展成爲永曆六年（淸順治九年，一六五二）的郭懷一事件。郭懷一雖因沒有武力爲後盾，終於失敗；而稍後因大陸情勢的變遷，荷蘭人卻不免要終日慄慄於爲漢人所驅逐。曁明永曆十五年（淸順治十八年，一六六一）鄭成功入臺，荷蘭人在明永曆十六年（淸康熙元年，一六六二）終於不能不自臺灣撤退。以後雖嘗再佔北部，圖謀恢復，而並未成功。總之，在這一年，荷蘭人在臺灣的勢力，已完全被逐出了。

五　結語

自進入近世以後，在遠東海上，嘗展開劇烈的國際商戰。臺灣地處衝要，故爲各國所注目，其結果爲荷蘭及西班牙所分別佔據。

新與荷蘭之佔據臺灣，是攻勢的，西班牙則爲守勢的，最後，西班牙爲荷蘭所逐出。

荷蘭以臺灣爲貿易的轉接基地，嘗獲很大的利益。其貿易內容，是使中國的絲綢與日本及歐洲的銀相交流，故是一種運輸貿易（Carring trade）。貿易的盛衰，完全是看大陸供應的是否充裕。後因大陸上的事態發生變化，臺灣的荷蘭人遂爲鄭氏所逐出。

在荷蘭統治臺灣的期間，臺灣內部的開發和經營，相當進展，而這在實際上是出於中國人的血汗。中國人之開發臺灣，是以漁業和貿易，這就把大陸和臺灣聯結了起來。蕃產交易和捕鹿的貧民，都是開拓的先鋒，把活動範圍逐漸擴大。其後逐漸開墾，農業逐漸發達，而其勢力圈乃漸見穩固與安定。中國人在經濟上的發展，最後是引起了荷蘭人的疑懼。

按荷蘭、西班牙之佔領臺灣，本來是要利用以爲其在世界商業中對中國貿易的一個據點，惟在佔領以後，其對外貿易以及對內的開發，實際上都是依靠中國人。及自鄭成功將荷蘭人逐出臺灣，臺灣在實際上和名義上始皆歸屬於中國，其後更經鄭氏與清朝的經營，臺灣的漢人社會，方獲生長完成。

原載臺灣文化論集，民國四十三年九月

荷據時期臺灣開發史略

一　荷蘭佔據臺灣的背景

臺灣西部與福建之間，祇有一水之隔，而北通琉球、日本，南隔巴士海峽與菲律賓相望，再向南去，便是世界寶庫的南洋，其形勢至爲優越。然而直至西歐勢力侵入東亞海域之前，却鮮受外界所注目。

根據文獻上零星的記載，臺灣早即以「流求」或以「琉球」、「瑠求」等名爲人所知，並且在三世紀至十三世紀之間，曾有孫吳、隋、元三次政府的經略，但均無若何成就，未曾引起大量移民墾殖。按國人之海上交通頗早，漢時已經西南海道大開，其活動頗爲廣濶，其足跡已至東南亞和印度。然而這緊鄰大陸的臺灣，雖早就有若干有關其地理的知識，却一直未有密切來往。這無疑是其時國人的活動，主要是謀求貿易，而臺灣當時產無奇貨，尚未有國際貿易的市場價值，不足以引人注意，遂被遺忘於國際海上貿易交通線之外。

到了宋代，福建已發生地狹人稠，住民泛海求生，沿海的海上活動日益殷盛，澎湖附近海域已成爲其漁場，於南宋時已收入版圖，隸於泉州晉江縣。大約在此時迄至元末，國人已開拓了所謂「東洋針路」的通商航路，臺灣南端遂亦成爲通往菲律賓之跳板，並且與臺灣土著之間已有某一些程度的接觸，自亦發生交易往來。

元亡，代之明朝興起以後，明太祖鑑於自元末以來沿海倭寇海盜頻仍，爲維持治安，鞏固新政權計，更强化前代以來的貿易管制，僅准朝貢的貿易，並拒絕外國商賈的來航，禁絕國人之販海通夷。於是此時曾有徙民墟地之擧，自南宋、元朝以來已隸於版圖之澎湖，亦予以放棄，令居民內遷，嚴禁人民下海。因此，自明初以來，臺灣又漸被遺忘，文獻上亦鮮有記載。

明朝的對外關係是承襲傳統的體制，恪守朝貢制度，僅允許外國貢船進入中國的港埠。自永樂年間，曾遣鄭和出使西洋諸國後，諸國來朝入貢者極盛一時。後來由於貢舶貿易變爲明廷的沉重財政負擔，對貢期、貢船數目、貢使團的人數等逐漸加强限制，於是自東南亞和南亞細亞諸國來貢漸少。此時對日本是規定十年一貢，船止二艘，人止二百。如此以後，貢舶貿易逐漸衰退，加以國內工商業發達，促進亞洲各國間貨物交流的機運，導致下海販夷與倭寇的猖獗。其時我國商賈時常下海帶其貨物通往東南亞各地與琉球行販。明朝對沿海諸地之這種下海行販，乃屢頒海禁令，這雖旨在維持治安，但以海上活動爲命脈的沿海居民，自不免謀生不易，因而挺而走險，激起走私及海盜的行爲。因此明中葉以後，海盜之猖獗甚於往日。海盜大多佔據沿海離島以爲根據地，而劫掠沿海省份。這些海寇中有不少來自各省沿海地區，然以福建省爲最。

此時，澎湖及臺灣成爲海盜倭寇的巢穴，因而其在東亞海面位置上的重要性益形顯著。雖然明廷嚴格執行下海通番之禁，然此禁令已不復有效，沿海居民紛紛向海上發展，於是被明廷所放棄的澎湖復爲福建漁民或海盜所利用，漁業不但不衰，反而趨盛，甚至將漁場拓展至臺灣沿岸。澎湖被葡萄牙人稱爲 Pescadores（意卽漁夫）島，因此，可推知明廷所屏棄澎湖，已有不少漁民定居於其地。

十五世紀末葉的貿易新航路與新大陸的發現，是世界歷史上開了一個新紀元，爲近代世界大變局的起始。這個所謂新的「發見的時代」（Age of Discovery）是葡萄牙與西班牙佔優勢的時代。當葡萄牙人在印度的果阿建立了其根據地後，他們就開始與我國有所接觸。明正德六年（西元一五一一年）葡萄牙印度總督阿豐索·德·阿布奎克（Afonso D'Albuquerque）佔領了馬六甲時，在此處葡人曾發現了中國戎克船。兩年後有葡人抵達我國南海，正德十年（元西一五一五年）喬治·阿魯巴勒士（Jorge Alvares）將其船碇泊於屯門澳。葡人初來廣州近海，起初貿易並未發生困難。嗣後中葡發生許多衝突糾紛，他們被逐出廣東，而移向浙江的寧波及福建的漳州等地，與商人勾引互市。最後在明嘉靖三十六年（元西一五五七年）葡人在澳門取得了與中國通商的據點。其時由於倭寇爲患，明廷禁絕日本通商，葡萄牙人卽居中牟利，營轉運貿易，澳門很快地發達成爲其貿易轉口站。葡人一時控制了中國與日本及東南亞間的貿易，此時貿易主要貨物卽中國的絲綢、黃金與日本的白銀和東南亞的香藥。

正當葡萄牙人向東發展時，西班牙人也分頭向西發展。當西班牙人在新大陸獲得了廣大殖民地後，帶了其大量的白銀，橫渡太平洋將其勢力也拓展至東亞，嘉靖四十四年（西元一五六五年）佔據宿霧，尋於明隆慶五年（西元一五七一年）佔領馬尼拉作爲其根據地。西班牙人的到達菲律賓頗吸引了我國商人，許多由福建的海澄等港埠將貨物運往馬尼拉。西班牙人所攜來新大陸的白銀頗能刺激這個貿易，馬尼拉遂成爲西班牙人的中國貿易以及菲律賓與墨西哥間的橫渡太平洋的所謂 Galleon 貿易的主要貨物集散地。因此，葡萄牙人在澳門，西班牙人即在馬尼拉爲根據地，與我國經營其轉販貿易，獲利至鉅。

當葡萄牙人於嘉靖二十二年(西元一五四三年，日本天文十二年)到達日本以後，他們更爲活躍於中國沿海。當葡人航海赴日本駛近臺灣西岸時，他們在洋上爲臺灣的美麗所感動，將臺灣稱謂 Ilha Formosa（意謂美麗島）。無疑地，他們由國人口中，以「小琉球(Lequeo Pequeno)的名稱，獲知某些有關臺灣的知識。嘉靖三十三年(西元一五五四年）羅伯・歐蒙(Lopo Homem)所繪地圖中，琉球列島之南，已繪有 I. Fremosa。其子狄約哥・歐蒙(Diogo Homem)於嘉靖三十七年(西元一五五八年)等年所繪地圖也標明臺灣爲 I. Formosa。這些爲現時所知臺灣島名出現於歐洲地圖之首次。此時有些葡萄牙地圖製作者，諸如狄約哥•歐蒙、巴魯多羅美奥•貝陸(Bartholomeu Velho)、拉撒路・路易斯（Lazaro Luiz）以及斐南・瓦蘇・道拉杜(Fernão Vaz Dourado)等人，均根據實際在東方從事貿易人仕的口述資料，在其所繪地圖中，已對臺灣有明確的標示。這些地圖中所繪臺灣，多是空想的，與實在形狀不符。這些似乎是葡船的航路的關係，葡萄牙人的航海者僅看到臺灣北部所致的。

在這期間，臺灣被認爲颱風的一個中心。於嘉靖四十三年四月二十八日（西元一五六四年六月六日）葡船「聖十字號」(Santa Cruz）由澳門啓碇駛往日本，但在臺灣附近海域遇上了强烈颱風。記錄上首次到過臺灣的歐洲人是於明萬曆十年(西元一五八二年)搭乘由安得勒・費歐(André

Feio）駕駛的船隻，遇風船破而漂至臺灣西岸的耶穌會士阿朗索・桑傑士（Alonso Sanchez）神父的歷險記錄。於萬曆二十一年（西元一五九三年）范・寇保（Juan Cobo）神父由日本同帆菲律賓時，也是船隻遇風失事而死於臺灣海岸。

在這時期，日本獨裁者豐臣秀吉派兵侵略朝鮮，同時曾企圖襲臺。明廷獲知日本眞正意圖無疑是假道朝鮮或臺灣而侵略中國，乃派兵前往朝鮮，並加強南方諸省沿海的防倭，在萬曆二十五年（西元一五九七年）明廷新設澎湖遊兵，再度收入於版圖之內，春冬往汛守。

在菲律賓的西班牙當局也非常了解臺灣的戰略地位上之重要性。於萬曆十四年三月初二日（西元一五八六年四月二十日）西班牙人在馬尼拉召開了一次議會，並曾將奏議呈送國王。在這奏議中曾討論爲要擴大其傳敎範圍，並謀菲律賓的安全起見，向國王呈請要攻佔包括臺灣在內的菲律賓周圍地區。其後由於豐臣秀吉有襲臺之企圖，在馬尼拉的西班牙當局曾爭論是否出兵佔據臺灣，以免受日本南進的威脅。於是在明萬曆二十六年（西元一五九八年）派頓・范・第・薩摩蒂奥（Don Juan de Zamudio）率兵據臺，惟因遇風被迫返回菲律賓而未果。

在十七世紀初葉，東亞的國際情勢又是一個轉變的時期。其因素如下：

一、當豐臣秀吉統一了日本以後，由於日本銀產量激增，並且對於中國絲綢以及其他外國貨物的需求甚殷，日本人開始前往中國沿岸及東南亞從事海上貿易。

二、明廷雖然仍嚴禁國人通往日本貿易，但是國人私往日本直接貿易趨多。

三、新興的歐洲競爭者——荷蘭與英國開始出現於東亞水域，而此二國俱在日本設商館謀求拓展其貿易。

四、日本德川幕府成立以後，發覺日本不再需仰仗葡萄牙人獲得外國貨物，而開始推動其禁教政策。因此，對日貿易由葡萄牙人所壟斷的局面已不復存在。

由於日本人在中國沿岸的走私貿易爲明廷所嚴禁，臺灣及東南亞的各港埠變爲中日走私貿易的會合地點。於明萬曆三十七年（西元一六〇九年，日本慶長十四年）有馬晴信曾派兵來臺窺探，稍後於明萬曆四十四年（西元一六一六年，日本元和二年）長崎代官村山等安又遣兵船來臺企圖佔據。兩度日本的侵略皆失敗，但作爲一個會合地點的重要性，更爲外界所重視，在臺灣的中日走私貿易日益發達。

荷蘭人出現於東亞海域，所冀求的是中國絲綢、砂糖以及瓷器等貨，因此他們頗想覓得一處與中國互市的基地。在明萬曆二十九年（西元一六〇一年）雅各・哥路納利生・凡・聶克嘗派哈斯帕・凡・佛勒斯伯爾亨率船二艘欲開闢中國貿易，而未獲成功。稍後於明萬曆三十一年（西元一六〇三年）兩艘荷蘭的船隻厄拉斯莫斯號和拿騷號出現於澳門的海面，求市未果而虜獲了一艘葡萄牙的 Galleon 船。在萬曆三十二年（西元一六〇四年六月）由韋麻郎・凡・華艾克所引率的船隊向澳門進發，但在七月十五日到達廣州海岸附近處，猝遇暴風，乃於八月七日駛入澎湖，嗣後停留於此地，並與福建當局交涉允許其貿易。但他們仍一無所獲，遂被都司沈有容所諭令，終於十二月十五日自澎湖撤退。於明萬曆三十五年（西元一六〇七年）哥路納利斯・馬得利夫率船至南澳，謀開闢貿易，亦仍爲明當局所拒絕。其嘗試仍是徒然。

當荷蘭人於明萬曆三十七年（西元一六〇九年，日本慶長十四年），在日本平戶設立了商館後，更覺如欲與在長崎及澳門之葡萄牙人有效地爭逐貿易，必須得與中國通商。明萬曆四十一年

（西元一六一三年，日本慶長十八年）平戶的荷蘭商館長亨德利克・布魯瓦曾建議佔據臺灣爲其基地。翌年，楊・彼德生・顧恩提議攻打馬尼拉及澳門。在西元一六二〇年之後，荷蘭與英國在平戶聯合組成「防衛艦隊」（Fleet of Defence）巡弋於臺灣海峽，捕捉葡萄牙的船隻及前往馬尼拉的中國船。至西元一六二二年六月，又由可路路納利斯・雷爾生引率荷英聯合艦隊再企圖侵佔澳門，惟死傷甚多，仍然未獲成功，只得放棄圖澳門，轉據澎湖。他以後兩年據此專心謀求中國貿易，但仍未獲成功。嗣後明福建當局聚集舟師，以圖圍攻澎湖的荷蘭人並令其撤退。於是在明天啓四年七月十三日（西元一六二四年八月二十六日）將毀澎湖城寨，轉據至大員，在此構築城寨，初稱爲奧蘭稔堡，後改稱爲熱蘭遮城。

熱蘭遮城仍作爲荷蘭人襲擊葡萄牙船隻及截阻前往馬尼拉的中國船之基地。於是馬尼拉的西班牙當局，深感威脅。明天啓六年（西元一六二六年五月）西班牙佔據了臺灣北端的雞籠，稱之爲 La Santisima Trinidad，不僅欲以此地爲與荷蘭人爭衡勢力的據點，並作爲與中國通商的貨物聚散地。稍後於明崇禎元年（西元一六二八年），西班牙人又佔領淡水以加强其勢力。

西班牙人在臺灣北部構築城寨，對於佔據臺灣南部的荷蘭人自深受威脅，在臺灣的荷蘭長官彼得・諾易茲極力建議派遣遠征軍隊以驅逐在臺的西班牙勢力。嗣後，至明崇禎十四年（西元一六四一年）荷蘭人曾派兵偵察北部西班牙人的動靜，由於兵力不足，未能攻擊，遂又折回。次年荷蘭人再派兵向雞籠攻擊，而西班牙雖英勇抵抗，終因寡不敵衆，開城投降。如此，臺灣由於在中國海域具有戰略上的重要性，分別被荷蘭人與西班牙人所割據，至明崇禎十五年（西元一六四二年）西班牙人被逐出臺灣而結束了其短暫的分據局面。

在荷蘭人佔據臺灣之前，已經每年有兩三艘的日本朱印船駛至臺灣來，與中國走私商人會合交易。這種日本人的貿易日漸興盛。由於他們帶來很豐富的白銀爲資本，可以搜購所有大陸沿岸商賈所齎來貨物，因而荷蘭人在臺灣無法與日本人競爭。於是在臺灣的荷蘭人，自明天啓五年（西元一六二五年七月）決議對於所有貿易的貨品課百分之十的輸出稅，藉以打擊日人在臺的貿易。但是憤怒的日本商人，以他們來臺貿易早於荷蘭人爲理由，拒絕在臺灣納稅。這個日本商賈與在臺灣的荷蘭當局間的爭端，終于明崇禎元年（西元一六二八年，日本寬永五年）演成變爲彼得・諾易茲被來臺日人拘禁事件，荷蘭人在平戶的貿易，亦爲日本所禁止。嗣後經過巴達維亞當局不斷地交涉，終于明崇禎五年（西元一六三二年一月，日本寬永九年），荷蘭人在日本的貿易，乃獲解禁。其後迄至明崇禎十二年（西元一六三九年，日本寬永十六年）德川幕府發佈一連串的禁令，禁止任何日本人出國貿易，而且已遠渡重洋在外貿易的日本人不得返回日本。此後，僅允許中國及荷蘭船隻駛至長崎貿易。於是日本人不再前來臺灣，在臺灣日本人與荷蘭人間的有關中國貿易的爭執，終告結束。

其時，在臺的荷蘭東印度公司最關心的，係對中國的貿易。荷蘭人自澎湖撤退後，在廈門的許心素一時獨占了大陸與臺灣間的貿易，將中國貨品供給荷蘭人。天啓七年（西元一六二七年）許心素爲鄭芝龍襲掠廈門時被殺。此時，鄭芝龍曾任荷蘭東印度公司的通譯員，已成爲海盜的首腦，猖獗於福建沿岸，其結果幾乎使大陸沿海的貿易活動完全停止。福建當局對鄭芝龍征剿無功，明廷終於在崇禎元年（西元一六二八年）加以招撫。嗣後鄭芝龍即奉命肅清續彼而起的海寇，遂成爲閩海上眞正的最大勢力。他經營大規模的海外通商，控制了國際貿易，並私自課徵進出口稅。

另一方面，荷蘭臺灣長官漢斯．普特曼斯即如前在澎湖所採取方略一樣，封鎖中國海港和拘捕中國船隻，以武力威脅，圖謀獲得與中國自由貿易。但是荷蘭艦隊在大陸沿岸蒙受鄭芝龍的襲擊和遇着颱風，損失慘重，遂放棄戰鬥，駛返臺灣。明崇禎八年（西元一六三五年），他只得放棄在大陸的港埠從事自由貿易的要求，而僅對於商船被允許來臺灣表滿足而已。在荷蘭佔據臺灣後，中國商船自大陸港口駛至臺灣，有一段時期並不踴躍，稍後貿易狀態，轉爲良好，中國商人開始將其商貨運至臺灣。運銷臺灣的主要中國商品，正是荷蘭人夢寐以求的：絲綢、黃金、砂糖以及瓷器等貨。這種貿易確實有進展，臺灣遂成爲荷蘭的東西貿易中之一個極爲重要的轉接基地。

其時另一方面，於崇禎十七年（西元一六四四年）滿洲族入關攻下北京，奠立了清朝。鄭成功在其父親鄭芝龍投降滿清後，繼承其父親的海上勢力，而成爲反清的主要力量。同時他也在遠東海域，經營著龐大的國際貿易活動。他每年派遣許多船隻駛往臺灣、長崎以及東南亞各地從事貿易，並壟斷荷蘭人在臺貿易的中國商品的供應。他是以其貿易活動所獲利益，來支給其抗清的軍需兵餉。永曆十二年（清順治十五年，西元一六五八年）鄭氏勢力曾達顚峰，次年鄭成功北征，師迫南京，列營圍之，但爲清軍所敗，喪失其大部份的勢力，遂蹈踏於金廈等地而已。於是欲收復臺灣作爲其復興的基地，鄭成功於永曆十五年（清順治十八年，西元一六六一年）攻打臺灣的荷蘭人。雖然荷蘭人堅守熱蘭遮城，但終于次年投降鄭成功，遂被逐出臺灣。嗣後直至永曆三十七年（清康熙二十二年，西元一六八三年）鄭氏確保臺灣作爲其抗清及貿易的基地。

二　國人在臺灣之開發

我國漁業發達甚早，在先秦時代各種漁法、養殖以及製造等已經燦然大備。嗣後由於海鹽生產發達，隨之亦自沿岸漁業發展至近海漁業。所以澎湖近海早在宋朝已經被閩南漁戶開發，成爲其漁場。嗣後，其活動範圍更擴展至臺灣沿岸，從史籍所載零星記錄，我們可知在明中葉時，已經有國人在魍港、北港、堯港以及臺灣的其他地方捕魚。每屆漁期，就有很多漁戶，來自閩南，從事於漁業。

當哥路納利斯・雷爾生於明天啓二年（西元一六二二年）佔據澎湖時，他曾見到中國漁夫在澎湖及臺灣海域捕魚。於是年七月二十一日，他自澎湖至臺灣探測港口，其時充嚮導者，便是兩年來到過臺灣捕魚的中國人。七月三十日他也看到一艘漁船在大員作業。當荷蘭仍佔據澎湖未撤時，福建當局於天啓三年九月五日（西元一六二三年九月二十八日）曾實施海禁。但其時對於漁船，如檢查其船中，除米鹽以外確無他物時，仍可駛至北港（即大員，今安平）捕魚。當荷蘭人自澎湖撤出而轉移臺灣後，此禁令即鬆弛，在明天啓四年（西元一六二四年），大約有百餘艘漁船在大員附近捕魚。巴達維亞城日誌明崇禎四年三月一日（西元一六三一年四月二日）條記載僅有七〇至八〇艘漁船來大員捕魚，該漁期如沒有海盜猖獗於中國沿岸，漁業當更興盛。同書明崇禎十三年十二月十八日（西元一六四一年一月二十八日）亦記載臺灣沿岸漁業不振，那年僅有二〇〇艘大陸的漁船來臺。於明永曆元年（清順治四年，西元一六四七年），荷蘭東印度總督自巴達維亞城呈報本國總公司董事會的一般報告書中謂：由於中國大陸的戰亂，是年臺灣的烏魚捕獲不多。中國漁船原有二〇〇艘來，而是年來者不過一〇〇艘，所以漁課將減少。

在那時漁業之中，捕烏魚最爲重要。於明永曆五年（清順治七年，西元一六五〇年），約翰・斯托萊士（John Struys）曾至臺灣，其見聞錄中云：在臺灣島有很豐富的魚類，而烏魚特多。當地加鹽醃之如鱈魚，送至中國大陸。在中國頗受重視。其卵，帶紅色，外膜厚，以鹽漬之，中國人視爲珍品。中國人在沿岸捕魚，要獲東印度公司的准許，而要繳付十分之一的漁課。彼得・凡・達讃（Pieter van Dam）曾說：中國人每年十一月底起至翌年一月中旬爲止，有戎克船八〇至一〇〇艘至Tancoya（打狗，即今高雄）海域，進行烏魚漁業。他們可捕獲數十萬尾，而公司對此每一尾課一斯泰法的稅金，從此獲利甚富。在明永曆七年（清順治十年，西元一六五三年）烏魚的漁獲量達四十一萬二千尾。根據熱蘭遮城日誌的記載，自西元一六五七年十二月至一六五八年二月間烏魚的漁獲量是三九八、三五五尾，烏魚卵是三二、三四〇斤。

除了烏魚漁業之外，亦有中國漁民在臺灣近海與內河從事其他漁業。在西元一六四〇年九月底起至一六四一年二月底至，臺灣的荷蘭當局，除了烏魚漁業之外，對其餘漁業曾繳收了三〇〇里爾的魚課。明永曆四年（清順治七年，西元一六五〇年）近海漁業稅收爲四、七〇〇里爾而內河漁業稅收爲一、四六五里爾；翌年的近海漁業稅收爲一、六三五里爾，而內河漁業的稅收即一、二四五里爾。根據熱蘭遮城日誌的記載，西元一六五四年二月九日至十一月六日之間，由臺灣返回大陸的漁船計一三七艘，而其漁獲量爲四四二、〇五七斤的鹽魚，牡蠣二九、〇六七斤以及二三、五〇三斤的小蝦。那一年的近海漁業稅收是一、九〇〇里爾而內河漁業稅收有一、三八五里爾。其時由於大陸上的戰亂的關係，自大陸沿岸來臺捕魚漸走下坡，於明永曆十一年（清順治十四年，西元一六五七年）近海漁業稅課僅有七〇〇里爾，而內河捕魚稅收僅達五二〇里爾。

因為漁業稅在荷蘭東印度公司是一項重要稅目，是以荷蘭人曾派出他們的船隻在漁場巡邏。如大員商館日誌於西元一六三二年十二月十八日條下，有言曰：「派戎克船打狗號與新港號，為保護漁業，啓碇向南。」又西元一六四四年十二月二十四日臺灣的荷蘭駐守兵員表中有記載曰：八名士兵，搭乘一艘戎克船對漁夫巡弋。

如上，在荷蘭人的保護與管制之下，有很多季節性的漁夫，自大陸來臺灣捕魚；有許多移民搭乘漁船來臺灣定居。

當荷蘭人初入臺灣後，發覺臺灣的土著尚未開化而仍處於部落社會。只有土著婦女從事小規模的原始耕作，臺灣廣濶的沃壤大部份尚未開墾。婦女在田園工作時男人即出去狩獵或從事戰鬥。每年土人獵獲很多的鹿，而他們只留一部份為自己食用外，大部份用於與漢人交換食鹽、服飾以及什物。大員附近的新港、蕭壠等社，均有若干名的漢人居住，其中有些娶了土著婦女，更也有些土著能說漢語。由這些事實可看出：在歐洲人佔據臺灣以前，漢人早已熟悉臺灣的情形，並以貨與土著交易，建立了密切的關係。

其時，日本需要大量的皮革類供作其工藝品方面的應用，特別是鹿皮居多，所以鹿皮是一項厚利的對日貿易的商品。所以每年有許多漢人商賈，搭乘小戎克船自大陸來到臺灣，並分散到各部落從事「漢番交易」。鹿脯運回大陸，而鹿皮輸往日本。其時，臺灣、暹羅以及柬埔寨等地成為供應鹿皮輸往日本的主要產地。

在荷蘭佔據之前，臺灣早已爲中日走私貿易的會合地點。日本商人即前來臺灣購買中國貨物，並收購鹿皮。因此，臺灣鹿之豐富產量早爲外界所熟知。在荷蘭東印度總督顧恩於明天啓二年（西元一六二二年六月十九日）給司令官雷爾生的訓令中，曾提到：據中國人的情報，臺灣盛產木材、石料與鹿。巴達維亞城日誌西元一六二五年四月九日條亦云：每年鹿皮可得二十萬張，又有甚多鹿脯與魚乾。

荷蘭人在臺灣建立其基地後，日本人仍前來臺灣採購中國商品及鹿皮。明天啓六年（西元一六二六年）有兩艘日本船，携帶了超過三十萬度鎵得（ducat）的資金，前來臺灣收購生絲以及大量的臺灣鹿皮與其他中國商品。於明崇禎四年（西元一六三一年）有五艘戎克船，於北季風時，自日本駛來臺灣貿易，載運七萬張的鹿皮與砂糖、瓷器等貨，返帆日本。

荷蘭人亦每年在臺灣蒐集大批鹿皮，運銷日本。荷蘭人雖極不願有日本人作爲競爭者，但爲保持其在日本的地位，他們無法禁止日本的朱印船前來臺灣。荷蘭人以課徵稅捐，試圖阻止日本人對生絲的貿易，但却允許其鹿皮的出口。可是在其背後，荷蘭人却禁止在臺漢人，將其鹿皮出售給日本人，企圖掌握臺灣鹿皮貿易。但是自德川幕府禁止所有日本人出國貿易，這種荷蘭人與日本人，在臺灣的衝突終告解消。

如前文所述，在荷蘭人據臺之前，已有漢人冒險來臺，與靠沿岸的部落，早就建立了恆常的交易關係，而這種密切的關係却對土著人的經濟生活，已發生有顯著的影響。當荷蘭人初來時，漢人對荷人的勢力侵入土著的部族社會，將會嚴重影響他們很有利益的輸日的鹿皮貿易，極表關切。因此，他們煽動土著反抗荷蘭人。對這種土著的反抗，荷蘭人即驅逐或逮捕對其抱有惡意的漢人，並鎭壓土著人，以便建立及鞏固他們的熱蘭遮城近鄰地區的統治。稍後荷蘭人即制定了一套控制鹿皮貿易的制度。

根據荷蘭人的規定，漢人需繳款覓得狩獵執照，始能從事打獵。以罠獵鹿的每月需繳一里爾以陷阱的即每月繳十五里爾始能領給執照。起初，對於陷阱規定其狩獵期爲六個月，但爲制止濫捕，以防止鹿的減少，乃於明崇禎十一年（西元一六三八年十月）起，規定改兩個月爲限，而陷阱的數目也祇核准二十四個。於西元一六四〇年（明崇禎十三年）牧師勞伯篤士．俞紐斯曾建議該年應停發狩獵執照爲佳，蓋因缺乏船舶尚有數千張鹿皮無法輸往日本；因濫捕而鹿類大減；爲避免憤怒的土著人殺害捕鹿漢人。於是該年荷蘭當局曾決議禁獵一年。但由於漢人一再請求，於是次年明崇禎十四年（西元一六四一年）又開放他們捕鹿，惟僅准以罠，而仍禁用以陷阱捕鹿。西元一六四五年臺灣長官夫蘭索亞．卡朗（François Caron）顧及到，如年年捕殺五萬至十萬頭鹿，過不了多久，鹿將有絕種之虞。因此，他限制狩獵期，每三年僅兩年允許獵鹿，而第三年即休息的保護方法。

許多中國移民取得荷蘭當局發給的狩獵執照，在荷蘭支配區域的邊境從事狩獵並蒐集鹿皮。但是，他們時常受土著攻擊並遭其殺害。荷蘭人便派遣軍隊去懲罰土著，以維持其威信及保護中國獵人，在土著歸順荷蘭的和平條款中，他們被迫同意服從荷蘭，不再干擾漢人。又在荷蘭的文獻中，我們也可以找到：居留於部落的漢人，時常介入土著的反抗荷蘭人的敵對行爲。當土著人向荷蘭歸順時，這些來臺冒險的漢人，即擔任土著人的顧問，並作土著的代言人與荷蘭人交涉。

荷蘭人曾規定每年召開各社長老的集會。荷蘭當局的決策便是透過此集會傳達各社。荷蘭人即藉此集會建立其對土著强大的權威，而居留於各社不受歡迎的漢人，即嚴厲地被驅逐。然後，荷蘭人創設了以招標包辦番社交易的所謂「贌社」制度，以滿足土著的需要，並謀控制漢人鹿皮貿易。在每年四月，有財力的漢人包辦番產交易，而在其手下有許多貧窮的中國移民，爲他們蒐集鹿皮。

除了這些漢人在荷蘭人支配區域內從事與土著交易及狩獵之外，尚有許多漢人挺而走險，竄居於荷蘭人統轄區域外的邊疆地帶。這些漢人即常與土著携手，反抗荷蘭勢力的侵入，以保護其各社交易，而這種反荷行動，却將導致荷蘭人的另一次訴諸武力的鎮壓。然被征服後，那些新歸順的部落，又如其他各社，在荷蘭統制之下，以贌社的方式，將其番產交易包給荷蘭支配區域內之漢人。於是，這種荷蘭人的武力行動不僅擴展其支配區域，無異也是擴大漢人的經濟活動的範圍；同樣漢人之擴大番產交易的範圍，其結果無異也是荷蘭擴充支配範圍之先鋒。

荷蘭人自據臺以來，即利用各番社間的紛爭，對於荷蘭人懷有好意的則予以保護，有惡意者加以懲罰，逐漸擴大其支配範圍，至西元一六三〇年代，已經建立了其堅固的直接統治的地區。明崇禎九年（西元一六三六年）歸順荷蘭人而受東印度公司管轄的番社增至五七社，荷蘭人的勢力範圍由熱蘭遮城拓展至臺灣南端，以及東海岸的大部份。明崇禎十七年（西元一六四四年）由於荷蘭勢力大爲擴展到北部，於是歸順番社也增至七十三社。

因此，荷蘭人輸出鹿皮數量大增。在明崇禎十一年（西元一六三八年）荷蘭人輸往日本鹿皮有一五一、四〇〇張。鹿的數量雖然由於濫捕而減少，但在荷蘭人有效地管制狩獵之下，每年仍有五萬至七、八萬張鹿皮輸往日本，以及一萬擔的鹿脯出口到大陸去。從這些貿易，荷蘭人得到了很大的利益。

西元一六三七年十月末日至一六三八年五月末日之間，由陷阱狩獵執照的收入為一、九三八里爾，而由罠的狩獵稅收是七一七里爾半。自西元一六三九年二月至同年四月間，由二四個陷阱所得稅收乃七二〇里爾，而自西元一六三八年十月至一六三九年五月之間，以罠所得狩獵稅收是一、二七八里爾半。其次的狩獵期中，稅收共計獲一、九四一里爾又$\frac{7}{8}$。荷蘭當局將狩獵執照的發給，交給駐在蕃社的牧師掌管。然以執照費的收入支付為鼓勵就學而頒給土著學童的稻穀與康甘布的費用，以及其餘教化及地方行政的雜費。

自明崇禎十三年（西元一六四〇年）開始，荷蘭人對歸順各社的番產交易，採包稅的贌社制度，該年獲收入一、六〇〇里爾。荷蘭人於每年四月招標，得標者必須先付半數的現金，而其餘額須於一年後付清。荷蘭人即允許漢人在各社從事貿易的權利，而由此獲得其鹿皮的供給。從這種贌社的制度，荷蘭人每年可獲得數千里爾。西元一六四五年贌社的招標額總數達四、七七一里爾。嗣後，由於轄區之擴展及贌社制度之調整，結果收入更為增加。在西元一六四六年贌社總投標額為九、七三〇里爾，翌（一六四七）年是一二、九八五里爾；一六四八年是二〇、九〇〇里爾；一六五〇年達六一、五八〇里爾。由於鹿脯價格慘跌，明永曆五年（清順治八年，西元一六五一年）之投標總額降為三五、三八五里爾。由這些數字，我們可明瞭番產交易在荷蘭人歲收中之重要性。

如前所述，當歐洲人初抵臺灣時，他們發現已經有漢人，自大陸來寓居於臺灣各地，散開於土著間，或在靠近漁場沿岸搭蓋小棚結夥而居。他們在從事番產交易與捕魚，但由於他們僅於漁季及狩獵期間來到臺灣，漁獵季結束即返回大陸，因此尚未能構成正常的漢人社會。由於土著的生活，仍處於原始的低生產力的閉鎖性部族社會，尚無法收容多數人口。因此，移民的數量必尚留在稀少的階段。由於大多數移民是成年男人，又他們僅是季節性的暫時居留，是以這些移民殊難獨立繁衍。只有成爲較高生產力的永久性固定社會，與外界貿易接觸，變爲開放性的民間社會(Folk Society)始能發展。因此，由於巡遊性的流動漁夫所構成的村落，始終停滯於很小的規模。

荷蘭人來臺建立基地以後，有更多的漢人自大陸移住臺灣。荷蘭人爲獎勵漢人及日本人前來居住，在西元一六二五年一月(明天啓四年十二月)，他們以康甘布(Cangan)十五匹，與新港社土人易赤嵌的沿河的地，想建立一個殷盛的市街，而稱之爲普魯岷希亞。那一年十月漢人已在此構築了三、四十所住屋，但是翌年年初引起一場大火，又在同一年裡發生瘟疫。這些事情一時阻滯了這個市街的發展。

其時，中國南部沿海地方，頻遭海寇蹂躪，這更加深福建居民的貧窮。由於人口增加，耕地狹瘠，人地失衡，維生艱困，導致許多貧窮而勇敢的居民，冒險橫越海峽來到臺灣謀生。荷蘭人即盡力獎勵其移居。

這些漢人移民，由於其刻苦耐勞，深受荷蘭人所歡迎，荷蘭人甚至以公司的船隻，自大陸將漢人運送至臺灣。藉這些移民的幫助，荷蘭人不僅可繼續發展其貿易，並且在許多地區發展農業。嗣後，臺灣的農產物，對於荷蘭人漸增其重要性。

起初，在臺灣的荷蘭人，其食糧是靠來自日本與東南亞地區的接濟。稍後，他們決定鼓勵當地生產。蔗糖是荷蘭人在亞洲貿易中一項厚利又重要的商品。起初，砂糖是自華南輸至臺灣，荷蘭人再將它銷往日本、中東以及歐洲各地。後來他們亦決定在於臺灣生產。荷蘭人建立了强厲的支配，以保護農耕免受土著人的干擾，並提供開墾的方便以獎勵農耕。自荷蘭人奠基於大員以來，爲了確立其强力的地位，他們肅清在臺灣沿岸作爲基地的中國海寇，並派軍討懲未降服的土著，又傳佈基督敎及設立敎會學校，以求馴服土著人。

牧師勞伯篤士・俞紐斯在一封寄給本國的東印度公司的信中，曾報告臺灣的傳敎情形。信中提及需要派軍征討麻豆社，他說必須强迫土著遵守法律與命令，以保障中國人的糖蔗墾殖，避免土著不斷地破壞。稍後，得到了巴達維亞的增援部隊，長官漢斯・普特曼斯於明崇禎八年十月十四日（西元一六三五年十一月二十三日），派軍討伐麻豆社，以報復該社土著殺害了荷蘭兵士。他也有意謀求保護自大陸來臺從事耕作的漢人。其前一年，明崇禎七年十月初三日（西元一六三四年十一月二十三日）長官普特曼斯與其評議員曾決議：希望能鼓勵漢人移居臺灣種植糖蔗，興建一所醫院以便收容患病的種蔗漢人。於明崇禎九年（西元一六三六年）長官普特曼斯與約翰・凡・得・布律夫（Johan van der Burgh）曾下令興建一棟穀倉，並且每拉索得（last）〔按一拉索得即三〇〇〇公升〕稻米付給四十里爾，以獎勵農業及漢人的移居臺灣。

明崇禎九年（西元一六三六年）臺灣的糖蔗種植大增，這一年有臺灣產的白砂糖一二、〇四二斤，紅砂糖一一〇、四六一斤銷往日本。稻穀的收成也有增加。於明崇禎十年（西元一六三七年），曾預估大約二、三年後，稻米的生產將達到一、〇〇〇拉索得。俞紐斯牧師建議臺灣的荷蘭當局，稻米給價提高每拉索得，爲五十里爾，並選派一名有力人物作爲中國甲必丹，爲公司蒐集及供出稻米。為了更進一步地獎勵稻米的耕作，於明崇禎十年正月初六日（西元一六三七年元月三十一日），依照俞紐斯牧師之建議，決議交給俞紐斯牧師四〇〇里爾的現金，以便墊付給新港社及其鄰近的貧窮漢人。

荷蘭人的獎勵誘引了許多漢人遷移來臺定居，而稻米與蔗糖成為臺灣兩大宗農產物。這項事實極能顯示漢人人口的滋長。

根據荷蘭東印度總督安多尼奧・凡・狄孟（Antonio van Diemen），自巴達維亞於明崇禎十一年十一月十八日（西元一六三八年十二月二十二日）呈送給本國總公司十七名董事會的一般報告書內說：在臺灣的荷蘭人支配地區內，約有一萬至一萬一千名的漢人，從事捕鹿、種植稻穀與糖蔗以及捕魚等活動。農業的開發進展，而於明崇禎十三年（西元一六四〇年），蔗糖產量達四、五千擔。明崇禎十四年（西元一六四一年），荷蘭人預測生產將達到七、八千擔的蔗糖及二五〇拉索得的稻米。他們希望稻米與蔗糖的生產，不僅能供應自己的需要，尚能輸出。

於明崇禎十七年（西元一六四四年八月）夫蘭索亞・卡朗來接掌臺灣長官，而在其管理經營下，農耕面積大為拓展。糖米尤其是蔗糖的產量激增，西元一六四五年蔗糖產量增至一萬五千擔。荷蘭人將這蔗糖輸往波斯以應其需外，並銷往日本六九〇擔。該年在赤崁及其附近的耕地總面積為三、〇〇〇摩爾亨，即：稻田一、七一三摩爾亨、甘蔗園六一二摩爾亨，大麥及各種果樹園一六一摩爾亨以及新播種地、未播種地五一四摩爾亨。

滿清入主中原後，由於大陸連年戰亂及飢荒，在臺漢人人口驟增，於是臺灣農業更趨發展。明永曆元年（清順治四年、西元一六四七年），在赤崁及其附近的稻田面積為四、〇五六摩爾亨半，而蔗作面積爲一、四六九摩爾亨$\frac{1}{4}$。在這個時候，自明崇禎十七年（西元一六四四年）以來，漢人亦獲荷蘭人的准許，開始從事臺灣北部雞籠淡水地方的開墾，他們很辛勤地經營，至明永曆二年（清順治五年，西元一六四八年），淡水方面的中國人，決心要開拓這一地方，已引進了牛數匹耕耘田地。

明永曆二年（西元一六四八年），因大陸連續戰亂，饑饉甚劇，臺灣的中國人驟然增加至兩萬人，並皆從事於農業。其中竟有婦女五百名及超過一千名的孩童遷入臺灣。但翌年饑饉現象終了後，約有八千人回歸大陸。明永曆四年（清順治七年，西元一六五〇年）臺灣的中國人口計有一萬五千人，其中有一萬一千人每人繳付半里爾的人頭稅，而蔗糖產量增至一萬二千擔。明永曆八年（清順治十一年，西元一六五四年）蔗作情形良好，估計其產量將可達到一萬五千至一萬六千擔。明永曆九年（清順治十二年，西元一六五五年），赤崁附近開墾土地，稻田達五五七七·七摩爾亨，蔗園達一五一六摩爾亨。至翌年，稻田面積增加至六五一六·四摩爾亨，蔗園增加至一八三七·三摩爾亨。

「被遺誤之臺灣」（*'t Verwaerloosde Formosa*）一書，可能係臺灣最後一任荷蘭長官佛烈得勒克·揆一（Frederick Coyett）所著，其中謂：於明永曆十四年（清順治十七年，西元一六六〇年），即鄭成功入臺前一年，臺灣的農民們很辛勤地耕作，此時耕地總面積合計一二、二五二摩爾亨，僅較往年減少七六八摩爾亨。同年十月，蔗糖的產量遠較往年的豐盈。該書中更記云：在荷蘭佔據臺灣的末期，有許多漢人因戰亂而離鄉移居至臺灣，設立了一個殖民區，除了婦孺以外，壯丁有二萬五千之多。他們從事於商業和農業，種植了大量的稻子和甘蔗。

由上述耕地增加與蔗糖增產的數目，以及漢人人口的增長，我們可看出在荷蘭人佔據下的臺灣，中國人或是自動的，或是受着荷蘭人的獎勵，而從事於各方面的開發，頗有進展。

自滿清入關奪取北京，明亡變爲新朝代以後，大陸情況一時更爲惡劣，有一股難民潮，不斷地自福建橫渡海峽，流移至荷蘭佔據下之臺灣求生，在臺灣的中國人，人口急速增加。雖荷蘭人歡迎這些移民，然漢人的人數愈多，經濟發展愈大，荷蘭人就對於漢人勢力的生長，感到恐懼而開始警戒。在中國人方面來說，臺灣愈是開發，經濟愈是發展，則對於荷蘭人的聚歛，愈是不滿，其結果就發展演成爲明永曆六年（清順治九年，西元一六五二年）的郭懷一的起事。荷蘭人雖很快地鎮壓了此次事件，並屠殺了數千名漢人，但由於漢人社會逐日壯大，荷蘭人卻不免要終日慄慄於爲漢人所驅逐。荷蘭人的疑懼終於明永曆十五年（清順治十八年西元一六六一年，）成爲事實。其時，鄭成功在大陸奮志抗清復明，但自金陵敗績以後，元氣大損，其根據地衹留有金廈二地，益見窄小，岌岌可危。於是爲另覓安全的基地，生聚敎訓，俾能可以進戰退守，以完成其恢復大業，遂揮兵入臺驅逐荷蘭人。荷蘭人雖堅守熱蘭遮城，終於翌年二月一日開城投降，荷蘭人在臺灣的勢力終告結束，臺灣在實際上和名義上始皆歸屬中國。

三　結語

歐洲人於十六世紀出現於東亞海域，帶來亞洲之國際貿易激烈的競爭。由於開拓中國貿易，爲歐洲人東來的主要目的之一，每個國家都試圖獲准在中國沿岸與中國自由貿易。但是明廷厲行其閉關政策，嚴禁中國人出國貿易，並禁止外國船隻駛入中國港埠。於是，臺灣在東亞國際貿易上的戰略地位，顯得至爲重要，遂引起許多國家的重視。其結果，臺灣於明天啓四年（西元一六二四年）與明天啓六年（西元一六二六年）爲荷蘭及西班牙人所分別割據。稍後，於明崇禎十五年（西元一六四二年），西班牙人爲荷蘭人所逐出。其後直至明永曆十六年（清康熙元年，西元一六六二年），臺灣爲荷蘭人所佔據。

遠在歐洲人來侵之前，由於中國大陸沿岸漁業的發展與漁場的拓展，臺灣沿海已有數處開發成爲閩南漁民的漁場。尋而漢人也開始與沿岸的土著有若干的接觸，開啓了小規模的交易。

荷蘭人佔據臺灣後，由於福建地狹人稠，早就受人口的壓力，加以頻遭海寇的蹂躪，饑荒以及抗清戰事的蔓延，民生頗受影響。於是有許多移民，不僅是商賈、漁民，尙有農夫、工匠以及各種勞工等人，橫越海峽，移居臺灣，謀求生路。臺灣更形重要，臺灣的漁業與貿易更趨繁盛。漁業和貿易的活動，把大陸與臺灣聯結起來，許多漢人渡過海峽前來臺灣。

其時，臺灣成爲荷蘭人將中國商品輸往巴達維亞、日本、荷蘭本國以及東印度各地商館的重要貿易中心。透過漢蕃交易，漢人已與土著建立了密切的貿易關係，並對土著的經濟生活有顯著的影響。同時，在荷蘭人的獎勵與保護之下，許多漢人從事狩獵、贌社及農耕。孤立而關閉保守的部族社會乃逐漸開化，並且臺灣的產業也逐漸發展。稅捐與關稅遂成爲荷蘭當局的主要財源。

因爲當時鹿皮爲對日本貿易的一項重要商品，漢人乃爲荷蘭東印度公司，與土著交易蒐集鹿皮。這種對於鹿皮的需求，更促進了漢人的活動，許多貧窮的漢人，冒險更深入荷蘭人的勢力範圍外的地區，而與土著建立密切的關係。

其時，荷蘭人、漢人與土著人之間，有互相共存與衝突的複雜關係。漢人即介在歐洲人與土著人之間，乃作兩者之媒介者。這種在臺灣的經濟與社會生活上的複合性，却與東南亞的複合社會（Plural Society）頗類似的。

這種冒險犯難的精神就是作先驅者的漢人活動的元氣源泉。他們分散於臺灣每個角落，擴展漢人活動的範圍。其結果也有助長荷蘭人勢力擴張的功能。由於荷蘭人的獎勵，漢人移民的農耕進展而且人口滋長。於是奠定了漢人的農業社會，在臺灣的漢人經濟勢力得以伸張。及鄭成功將荷蘭人逐出臺灣後，臺灣在實際上和名義上始皆歸屬中國，其後經鄭氏與清朝兩代，我先人前仆後繼，披棘斬荊，入殖經營，臺灣的漢人社會，方獲生長完成。

原載臺灣文獻第二十六卷第四期及第二十七卷第一期，民國六十五年三月

參考文獻

一　未刊資料

Dagh-Register des Casteel Zeelandia. ('t Algemeen Rijksaarchief te 's-Gravenhage, Koloniaal Archief, Overgekomen Brieven)

二　西文資料

Blair, E. H. ,& Robertson, J. A. eds. : *The Philippine Islands, 1493-1803.* Cleveland, Ohio, 1903-1909. 55v.

Boxer, C. R. : *A true description of the Mighty Kingdom of Japan.* London, 1935.

——————: *Fidalgos in the Far East, 1550-1770.* The Hague, 1948.

——————: *The great ship from Amacon; annals of the Macao and the old Japan trade,*

1555-1640. Lisboa, 1959.

C. E. S. (Coyett et Socci) : *'t Verwaerloosde Formosa*. Amsterdam, 1675.

Campbell, William: *Formosa under the Dutch*. London, 1903.

Colenbrander, H. T. & Coolhaas, W. Ph. eds. : *Jan Pietersz. Coen, bescheiden omtrent zijn bedrijf in Indië*. 's-Gravenhage, 1919-1953. 7v. in 8.

Coolhaas, W. Ph. : Een Indisch verslag uit 1631, van de hand van Antonio van Diemen. (*Bijdr. Med. Historisch Genootschap*, LXV, 1947)

——————— : Een lastig heerschap tegenover een lastig volk. Utrecht, 1955. (*Verslag Hist. Gen*. 2 Nov. 1954)

——————— : *Generale Missiven van Gouverneurs-Generaal en Raden aan Heren XVII der Verenigde Oostindische Compagnie*. Deel I-III. 's-Gravenhage, 1960-1968. 3v.

Dagh-Register gehouden int Casteel Batavia vant passerende daer ter plaetse als over geheel Nederlandts-Indië, Anno 1624-1682. 's-Gravenhage & Batavia, 1887-1931. 31v.

Dam, Pieter van: *Beschrijvinge van de Oostindische Compagnie*, uitgegeven door F. W. Stapel. IIde boek, deel I. 's-Gravenhage, 1931.

Ginsel, W. A. : *De Gereformeerde kerk op Formosa of de lotgevallen eener handels-kerk onder de Oost-Indische-Compagnie, 1627-1662*. Leiden, 1931.

Groeneveldt, W. P. : De Nederlanders in China. Eerste Stuk : De eerste bemoeiingen om den handel in China en de vestiging in de Pescadores (1601-1624). (*Bijdr. Kon. Inst*. 48,1898).

Grothe, J. A. : *Archief voor de geschiedenis der oude Hollandsche Zending. III-IV : Formosa*.

Utrecht, 1886-1887. 2v.

Iwao, Seiichi : Li Tan, chief of the Chinese residents at Hirado, Japan in the last days of the Ming Dynasty. (*Memoires of the Research Department of the Toyo Bunko,* No. 17, 1958)

MacLeod, N. : *De Oost-Indische Compagnie als Zeemogendheid in Azië*. Rijswijk, 1927. 2v.

Nachod, Oskar : *Die Beziehungen der Niederländischen Oostindischen Kompagnie zu Japan im ziebzehnten Jahrhundert*. Lpz. 1897.

Ts'ao Yung-ho : Chinese overseas trade in the Late Ming Period. (*International Association of Historians of Asia, 2nd Biennial Conference, Proceedings,* pp. 429-458. 1962)

Valentijn, F. : *Oud en Nieuw Oost- Indiën*. Dordrecht, 1724-26. 5v.

Verhoeven, F. R. J. : *Bijdragen tot de oudere koloniale geschiedenis van het eiland Formosa*. 's-Gravenhage, 1930.

三 中日文資料

岩生成一：有馬晴信の臺灣島視察船派遣　臺北，昭和十四年（臺灣總督府博物館創立三十年記念論文集）

同：長崎代官村山等安の臺灣遠征と遣明使（臺北帝國大學文政學部史學科研究年報第一輯，昭和九年）

同：三百年前に於ける臺灣砂糖と茶の波斯進出（南方土俗第二卷第二號，昭和八年四月）

同：臺灣に於ける初期日本移民（臺法月報第三十六卷第十——十二號，昭和十七年）

同：豐臣秀吉の臺灣島招諭計畫（臺北帝國大學文政學部史學科研究年報第七輯，昭和十七年）

中村孝志：南部臺灣の鯔魚業について（天理大學學報第五卷第一號）

同：オランダ治下臺灣における地場の諸稅について（日本文化第四一、四二號，一九六三、四年）

同：オランダの臺灣經營（天理大學學報第四三輯，昭和三十九年三月）

同：臺灣に於ける蘭人の農業獎勵と發達（社會經濟史學第七卷第三號，一九三七年六月）

同：臺灣における鹿皮の產出とその日本輸出について（日本文化第三十三號，昭和二十八年七月）

拙作：中華民族的擴展與臺灣的開發（臺北市文獻委員會編：「中原文化與臺灣」所收，民國六十年）〔本書第一－二四面〕

同：荷蘭與西班牙佔據時期的臺灣　臺北　民國四十三年（「臺灣文化論集」所收）〔本書第二五－四四面〕

同：明代臺灣漁業誌略（臺灣銀行季刊第六卷第一期，民國四十二年九月）〔本書第一五七－一七四面〕

同：明代臺灣漁業誌略補說（臺灣銀行季刊第七卷第四期，民國四十四年九月）〔本書第一七五－二五三面〕

同：歐洲古地圖上之臺灣（臺北文獻第一期，民國五十一年六月）〔本書第二九五－三六八面〕

同：早期臺灣的開發與經營（臺北文獻第三期，民國五十二年四月）〔本書第七一－一五六面〕

同：從荷蘭文獻談鄭成功之研究（臺灣文獻第十二卷第一期，民國五十年三月）〔本書第三六九－三九七面〕

早期臺灣的開發與經營

一　前言

臺灣古代史之探索，由於書史闕疑甚多，未足徵信；又史料搜集不易，而浩瀚册籍，遍讀甚難，因此地下的發掘和先住民族的調查，具有重大意義。雖近年來由於考古學上的發現和民族學上的調查，關於臺灣先史時代文化，我們有了較豐富的知識，可知與大陸文化有密切關係，惟尙未能對先史文化作一個確實而具體的描寫。其與文字記載的古史之關係與銜接如何，尙須待將來再進一步的發掘和調查以及周緣各地域史前史的探討闡明。

文獻上關於臺灣早期的紀錄，隋書流求國傳記述較詳，但其所指究爲今日之臺灣，抑爲今之琉球，數十年來學者聚訟，各持其說，至今仍時有爭論。惟其所作文獻上的解釋和考據，却可謂已臻詳盡而無遺漏了。隋書記載的文獻學上的批判，大體臺灣論者佔優勢，似已成定論。惟近年來梁嘉彬教授，力說是今日琉球，爲此發表了不少文字㊀。

㊀ 關於過去歐西與日人的有關流求論爭各種文獻，可參看：

賴永祥：研究隋代流求是否臺灣之有關書目（臺灣風物第四卷第一期第一四—一六面民國四三年一月）。

近年來我國有關流求傳的文章，主要有：

梁嘉彬：流求史論正謬（國防月刊第四卷第四期第一二—二〇面；第五卷第一期第二八—四八面，民國三六年一二月—三七年一月）。

梁嘉彬：隋書流求傳的「鬪鏤樹」—兼校勘隋書流求傳一句—（公論報民國四〇年一二月一四日臺灣風土第一四七期）。

梁嘉彬：流求辨—敬質「隋代流求爲臺灣」之論者（中央日報民國四七年一月二一日學人第六七期）。

梁嘉彬：論隋書「流求」與「琉球」臺灣菲律賓諸島之發現—風帆東洋交通考之一（學術季刊第六卷第三期第九三—一〇七面，民國四七年三月）。

梁嘉彬：論「隋書」流求與臺灣琉球日本海行記錄—風帆東洋交通考之二（臺灣文獻第九卷第二期第一—一五面，民國四七年六月）。

梁嘉彬：從純學術立場論隋書流求答臺灣論者（中央日報民國四七年八月五日學人第九一期）。

梁嘉彬：論「隋書流求爲臺灣說」的虛構過程及其影響—兼論東吳夷州爲琉球（東海學報第一卷第一期第一〇一—一四八面，民國四八年六月）。

梁嘉彬：On the "Liu-ch'iu" in the Sui Shu（第二屆亞洲歷史學家會議論文集第二八三—三〇〇面，民國五一年一〇月）。

陳漢光：「琉球傳」與「東番記」（臺灣風物第五卷第一一、一二期第一—六面，民國四四年一二月）。

陳漢光：臺灣的發現與早期開發（臺灣風物第七卷第三—六合期第一—四面，民國四六年六月）。

宋　岑：隋代流求確爲臺灣（中央日報民國四六年一二月三日學人第六〇期）。

宋　岑：答「流求辨」（中央日報民國四七年二月一一日學人第七〇期）。

林鶴亭：隋書流求傳之研究（臺南文化第六卷第四期第三一—四六面，民國四八年八月；同第七卷第一期第一〇七—一一六面，民國四九年九月）。

臨海水土志所載關於夷州之記述，多與流求國傳相符；假使隋書的流求，果指今之臺灣，則三國孫吳所征夷州，當亦爲臺灣。日人市村瓚次郎博士和凌純聲教授曾根據民族學的資料和古籍的記載等，詳加論證㊁。同時梁嘉彬教授也對此問題，力主夷州是今日的琉球㊂。

至於尚書禹貢或列子湯問篇等更早的史籍所載之零星記載，雖有認爲乃我國文獻上關於臺灣之最早記錄者，但却均屬無法考定而予憑信的了。

如此在文獻上關於漢人對臺灣的發現和經營，最古而可靠文字，其年代現尚未能溯到比三國時代更早的年代。

自三國時代起至明末之間，有孫吳的討伐夷州，隋煬帝的經略流求和元代的招諭瑠求等，但這三個時期之政府的武力經營，均無若何成就。爲何三次武力經營未獲成功，而至晚明始有國人積極的移殖？臺灣與福建之間，祇有一衣帶水之隔，何故迄至近世，幾與外界完全隔絕？這些問題，雖因文獻不足，但却爲重要而值得考察之問題。

按史籍的記載，大率限於當時中樞政令所可逕達的範圍；關於所謂邊疆地域，多未有確實的記錄，故對早期臺灣的探討，在文獻上似甚難期待新資料的發現以資印證。因此我們應自散見於

㊁ 市村瓚次郎：唐以前の福建及び臺灣（東洋學報第八卷第一號，日大正七年）。
凌純聲：古代閩越人與臺灣土著族（學術季刊第一卷第二期第三六—五二面，民國四一年一二月；臺灣文化論集第一冊第一—二九面，民國四三年）。

㊂ 梁嘉彬：論「隋書流求爲臺灣說」的虛構過程及其影響—兼論東吳夷州爲琉球（東海學報第一卷第一期，民國四八年六月）。

各書的零文短語，多方推求，虛心考究；並注意其地理關係及歷史背景作整體之觀察，却是一項研究的重要途徑。自此或可獲知吾先民之活動情形的大概。

二 關於宋代以前之臺灣及澎湖

臺灣西隔海峽與福建對峙，從地理關係或歷史背景的觀點看，臺灣的開發經營，顯然與福建具有極密切的關係。而澎湖介在兩者之間，為臺灣之門戶，自我國大陸渡海東向臺灣，在帆船時代更為必然之途徑，其為漢人所開拓自應較臺灣本島為早。

澎湖良文港遺跡的發現，表示着先史時代，澎湖似已為大陸渡臺之跳板㊃。

臨海水土志關於夷州之記載，對方位、氣候、土俗等雖有相當具體的記述，但對其遠征航路却沒有明載，故是否路過此地，不得而知。隋書流求國傳記有征流求的航程，云：「帝遣武賁郎將陳稜、朝請大夫張鎮州率兵自義安浮海擊之，至高華嶼，又東行二日，至鼅鼊嶼，又一日，便至流求」。

關於高華嶼與鼅鼊嶼之地點，琉球論者以為鼅鼊嶼即今之久米島；高華嶼的位置相當於臺灣北部某地，今人梁嘉彬氏認為即基隆口外之彭佳嶼或棉花嶼或花瓶嶼㊄。日人藤田豐八博士和

㊃ 國分直一：澎湖島良文港に於ける先史遺跡について（南方民族第六卷第四號，日昭和一七年一二月）。
㊄ 梁嘉彬：流求史論正謬（續）（國防月刊第五卷第一期）第三二—三三面。
梁嘉彬：論「隋書」流求與臺灣琉球日本海行記錄（臺灣文獻第九卷第二期）第八面。

伊能嘉矩二氏，由讀音之近似，認爲黿鼊嶼即澎湖群島中之奎壁嶼；而高華嶼，藤田氏以其爲花嶼，伊能氏則以其爲大嶼或花嶼㊅。從澎湖與臺灣的距離，斷定隋書流求傳的自「黿鼊嶼又一日便至流求」的記述是相合的。但同在澎湖群島內自大嶼或花嶼至奎壁嶼的一段較近海程，似不應如流求傳的自「高華嶼又東行二日至黿鼊嶼」的合理距離，故和田清博士認爲自義安（潮洲）出發，最初泊寄的高華嶼，當爲南澳島附近，次泊之黿鼊嶼爲澎湖島，又一日到達之流求國則當爲臺南平野㊆。澎湖縣政府李紹章先生在他所編修澎湖縣志，就以地名與形象推證而支持藤田氏說，而再就以航路，云：陳稜係自潮州出海，潮州與花嶼約同緯度，在臺灣中南部之正西，如乘西風順航，可一帆直達，中無島嶼經過。自花嶼過八罩，泊奎壁山前，再東進臺灣西部海岸，航路亦頗理想㊇。

隋軍征流求一事，據隋書陳稜傳所記：自義安至流求，費時「月餘而至」，與流求國傳開端所說的「五日」之期大有出入。關於征流求，義安爲啓椗點，而其航程流求國傳只有自「至高華嶼，又東行二日，至黿鼊嶼，又一日便至流求」，而未言自義安至高華嶼所需的日數，故不宜遽定爲全程恰爲五日。流求國傳開端所說「五日而至」，可能是普遍性的記述，並不是征伐流求所費全部航程時間。故可推想：隋軍在初到之境，因軍事行動，候船隊或候風而稍事逗留，實屬可

㊅ 見於藤田豐八注的島夷誌略琉球條，及伊能嘉矩著臺灣文化志上卷第一三面。

㊆ 和田清：琉球臺灣の名稱に就いて（東洋學報第一四卷第四號，日大正一三年一二月）第五六〇面。

㊇ 李紹章編修澎湖縣志上册，民國四九年，第五八—五九面。

能。陳稜傳謂「月餘而至」，可能包括自起航點至流求的全部時間。

明清兩代琉球各貢使，自福州放洋赴琉球，所需時間，記載極不一致。水行五日至沖繩，固有其例，却甚少見，普通往返路程，倘得順風之助，各約需十日左右。故流求國傳所記「五日」之期，對於臺灣論者較爲有利。但僅就「五日而至」的時間指示，而確定流求的位置，亦不無武斷之嫌。但如隋書流求即今之琉球，則陳稜所率者爲東陽之兵，何以出海地點却選擇義安？東陽爲今之浙江金華、東陽等地；義安爲今之廣東潮安縣及其附近之地。陳稜率軍何故不自距離較近的建安郡起程，而竟繞道至義安出海？這應解釋爲義安郡，較建安郡更接近隋人所知之流求國；欲征討流求，自義安郡起程當較自建安郡起程爲便捷也。

隋書流求國傳中之土俗記載，是相當具體的民族學資料。其中雖有部份未能從今日的臺灣土著文化予以說明，但其屬於印度尼西亞系統的文化甚爲明顯。傳中所載言語，據伊能嘉矩氏㊈和白鳥庫吉博士㊉的解釋，是屬於馬來語系統；陳稜以崑崙人爲通譯，流求國傳云崑崙人頗解流求語。將隋書所載風俗、語言、物產等，與今日臺灣或琉球者比較，雖不盡相符，然從各種考察中，可獲得一項相當明顯的印象，即：隋人所知的流求國，似指今日仍有印尼文化系統土著民族棲息的臺灣較爲穩當。

㊈ 伊能嘉矩：臺灣文化志上卷第一五—二〇面。

㊉ 白鳥庫吉：隋書の流求國の言語に就いて（民族學研究第一卷第四號第六〇一—六一〇面，日昭和一〇年一〇月）。

但關於隋書流求國，有一事對於臺灣論者極爲不利，即所謂「夷邪久國」的問題。朱寬第二次赴流求慰撫，雖仍是無功而還，但曾帶歸流求人所用的布甲。其時適值倭使來朝，倭使看到此布甲謂：「此夷邪久國人所用也」。布甲是朱寬自流求携帶歸朝，而倭使謂其所用者之國名爲「夷邪久國」。夷邪久國即今之屋久島，爲薩南諸島之一，在種子島西南，琉球之北。臺灣與屋久島相隔甚遠，朱寬從何處得屋久島的布甲？雖有對「夷邪久」、「流求」等各名稱認爲僅屬一音之轉㊁，但這種論據顯然不足予以置信。但下列諸點，似應予考慮：一、此物或與倭使所知之屋久島人所用者相似，而被倭使認爲夷邪久國人之物；二、或倭使小野妹子以不知爲知，敷衍回答；三、或朱寬所至者爲琉球，陳稜所征者爲臺灣，而隋書以此二次的異處經營，混爲同處一談。

金關丈夫博士數年前曾調查八重山群島，其報告曰：「八重山的先史文化，似與南方的先史文化有密切聯繫，是與美拉尼西亞文化有過接觸的印度尼西亞人數次北上時所帶來。此項北進的文化是在琉球與自日本南下的『繩紋式』、『彌生式』文化相遇」。據金關博士的推定，「大和文化」與「大和語」的南傳到琉球，大約是在第八世紀以後㊂。這種假定，尚需更多次的調查和更多處的發掘，才能將問題解決。或者其時琉球與臺灣的情形，有許多相似之處，於是對朱寬所

㊁ 伊能嘉矩：臺灣文化志上卷第二一面。

㊂ 金關丈夫：八重山群島の古代文化—宮良當壯博士の批判に答ふ—（民族學研究第一九卷第二號，一九五五年九月）。

攜歸布甲，倭使乃有「夷邪久國人所用也」之語。

吾人以爲隋書記述流求之事，雖頗詳細，究是千餘年前古人之筆，且其材料取自短期間的觀察，自不能謂之完備；又以今日情形比較之，則其中必有甚多已時過境遷而湮沒者。故僅以隋書所載土俗、語言等項，欲確定流求何所指，證據似嫌不足。

不過隋時之琉球與臺灣，其文化狀態雖可能在同一階段，但據隋軍的發航地點、航程和時間等互相印證之，筆者仍以隋書所載之流求，係指今日之臺灣，較爲妥適。

隋代以後，我國載籍所記關於流求之事，雖諸書用字未見一致，或作「留仇」，或作「琉球」等，然其所載事實，仍多承抄襲引隋書之文。

唐代，杜佑通典所記殆全同於隋書；唐書不記流求。故唐代臺灣情形如何，不得而知。唐憲宗時，詩人施肩吾有一首詩，原題「島夷行」，曰：「腥腥海邊多鬼市，島夷居處無鄉里；黑皮年少學採珠，手把生犀照鹹水」。後被謂是詠澎湖之作，而以此爲已有國人來臺之證。連雅堂且有「率其族，遷居澎湖」之語㊂。惟藤田豐八博士對此表示懷疑，曰：「案施詩題島夷行，不名彭湖；且其所云不似彭湖，而類合浦。萬震南州異物志所云：合浦民善游採珠，兒年十餘歲，便敎入水者是也」㊃。至梁嘉彬氏則考究施肩吾之事蹟，及解釋這一首詩認爲所指是彭蠡湖，即今鄱陽湖中島民生活的題詠。然對梁氏的解釋，就詩論詩，未免牽强附會與原意相差太遠，因此有

㊂ 連雅堂：臺灣通史卷一開闢記（中華叢書本第五面；臺灣銀行經濟研究室臺灣文獻叢刊本第六面）。

㊃ 見於藤田豐八校注的島夷誌略彭湖條。

徐復觀、毛一波二氏的反駁㊄。

按施肩吾所詠，固不能確定是否指澎湖，但其被認爲題詠澎湖，却起源甚早。陳漢光氏曾指早在弘治三年（西元一四九〇年）黃仲昭的八閩通志中已載過此詩㊅。但如後述，筆者找到了在南宋時已有被人認爲詠的是澎湖的事實了。

三　宋代關於澎湖、臺灣的知識

繼隋書流求國傳之後，在宋代關於「流求」（或「琉球」）之記述，重要文字有趙汝适於寶

㊄ 梁嘉彬：論隋唐時代之「彭湖」（臺北文物第二卷第二期，民國四二年八月）。
梁嘉彬：論隋書流求與琉球臺灣菲律賓諸島之發見（學術季刊第六卷第三期，民國四七年三月）第一〇五—一〇六面。
徐復觀：與梁嘉彬先生商討唐施肩吾的一首詩的解釋問題（民主評論第一〇卷第一六期，民國四八年八月一六日）。
梁嘉彬：唐施肩吾事蹟及其「島夷行」詩考證（大陸雜誌第一九卷第九期，民國四八年一一月一五日）。
梁嘉彬：就唐施肩吾詩的解釋與治學態度並方法答徐復觀先生（臺灣風物第九卷第五、六合期，民國四八年一二月）。
徐復觀：與梁嘉彬先生的再商討（民主評論第一〇卷第二三期，民國四八年一二月）。
毛一波：與梁徐兩教授論「島夷行」（民主評論第一一卷第二期，民國四九年一月）。
㊅ 陳漢光：唐代澎湖的問題（中央日報民國四六年三月一五日副刊）。

慶元年（西元一二二五年）九月寫成的諸蕃志，和比諸蕃志稍晚出的馬端臨撰文獻通考四裔考，以及元順帝朝脫脫等修的宋史外國傳。

此三書關於流求（按文獻通考作「琉球」以下同）的記事，雖詳簡刪節有差，許多仍承襲隋書流求國傳。但其中關於流求的位置和隋書記載不同，又有毗舍耶等的新增記述。這些與隋書互異或新增部份當即可表示宋人的地理知識，是值得我們的探討的。

茲爲確辨隋書流求國傳、諸蕃志流求國和毗舍耶國以及文獻通考、宋史之流求各條的關係，將其本文每句對校如左㊆：

隋書	流求國，居海島之中，當建安郡東，水行　五日而至。土多山洞。其王姓歡
諸蕃志	流求國，　當泉州之東，舟行約五、六日程。　王姓歡
文獻通考	琉球國，居海島，在泉州之東，有島曰彭湖，煙火相望，水行　五日而至。上多山洞，其王姓歡
宋史	流求國，　在泉州之東，有海島曰彭湖，烟火相望。

隋書	斯氏，名渴剌兜，不知其由來，有國代數也。彼土人呼之爲可老羊，妻曰多拔荼。所居曰波羅檀洞，
諸蕃志	斯，　土人呼　爲可老　，王所居曰波羅檀洞，
文獻通考	斯氏，名渴剌兜，不知其由來，有國世數也。彼土人呼之爲可老羊，妻曰多拔茶。所居曰波羅檀洞，
宋史	其

㊆ 與隋書不同者，即以正體表示之。隋書、宋史係根據仁壽本二十五史。文獻通考即據商務印書館十通本。諸蕃志是根據馮承鈞校注本。

隋書	塹柵三重，環以流水，樹棘爲藩。王所居舍，其大一十六間，琱刻禽獸。多鬬鏤樹，似橘而葉密，條織
諸蕃志	塹柵三重，環以流水，植棘爲藩。殿宇多彫刻禽獸。
文獻通考	塹柵三重，環以流水，樹棘爲藩。王所居舍，其大一十六間，雕刻禽獸。多鬬鏤樹，似橘而葉密，條織
宋史	國塹柵三重，環以流水，植棘爲藩。

隋書	如髮然下垂。國有四五帥，統諸洞。洞有小王，往往有村，村有鳥了帥，並以善戰者爲之；自相樹立，理
諸蕃志	
文獻通考	如髮之下垂。國有四五帥，統諸洞。洞有小王，往往有村，村有鳥了帥，並以善戰者爲之；自相樹立，主
宋史	

隋書	一村之事。男女皆以白紵繩纏髮，從項後盤繞至額。其男子用鳥羽爲冠，裝以珠貝，飾以赤毛，形製不同
諸蕃志	男女皆以白紵繩纏髮，從頭後盤繞。
文獻通考	一村之事。男女皆以白紵繩纏髮，從項後盤繞至額。其男子用鳥羽爲冠，裝以珠貝，飾以赤毛，形製不同
宋史	

隋書	。婦人以羅紋白布爲帽，其形正方。織鬬鏤皮幷雜色紵及雜毛以爲衣，製裁不一。綴毛垂螺爲飾，雜色相
諸蕃志	及以雜紵、雜毛，爲衣，製裁不一。
文獻通考	。婦人以羅紋白布爲帽，其形方正，織鬬鏤皮幷雜毛以爲衣，製裁不一。綴毛垂螺爲飾，雜色相
宋史	

隋書	間，下垂小貝，其聲如珮，綴璫施釧，懸珠於頸。織藤爲笠，飾以毛羽。有刀矟弓箭劍鈹之屬。其處少
諸蕃志	織藤爲笠，飾以羽毛。有刀矟弓箭劍鼓之屬。
文獻通考	間，下垂小貝，其聲如珮，綴璫施釧，懸珠於頸。織籐爲笠，飾以毛羽。有刀矟弓箭劍鈹之屬。其處少
宋史	以刀矟弓矢劍鼓爲兵器。

隋書	鐵，刃皆薄小，多以骨角輔助之。編紵爲甲，或用熊豹皮。王乘木獸，令左右轝之而行，導從不過數十
諸蕃志	編熊豹皮爲甲。所乘之車，刻獸爲像，導從僅數十
文獻通考	鐵，刀皆薄小，多以骨角輔助之。編紵爲甲，或用熊豹皮。王乘木獸，令左右輿之，
宋史	而導從不過十數

隋書	人。小王乘机，鏤爲獸形。國人好相攻擊，人皆驍健善走，難死而耐創。諸洞各爲部隊，不相救助。兩陣
諸蕃志	人。
文獻通考	人。小王乘機，鏤爲獸形。國人好相攻擊，人皆驍健善走，難死　耐創。諸洞各爲部隊，不相救助。兩軍
宋史	

隋書	相當，勇者三五人，出前跳噪，交言相罵，因相擊射。如其不勝，一軍皆走，遣人致謝，即共和解。收取
諸蕃志	
文獻通考	相當，勇者三五人，出前跳噪，交言相罵，因相擊射。如其不勝，一軍皆走，遣人致謝，即共和解。收取
宋史	

隋書	鬪死者，共聚而食之。仍以髑髏將向王所，王則賜之以冠，使爲隊帥。無賦斂，有事則均稅。用刑亦無常
諸蕃志	無賦斂，有事則均稅。
文獻通考	鬪死者，聚 食之。仍以髑髏將向王所，王則賜之以冠，使爲隊帥。無賦斂，有事則均稅。用刑亦無常
宋史	

隋書	准，皆臨事科決。犯罪皆斷於鳥了帥；不伏則上請於王，王令臣下共議定之。獄無枷鎖，唯用繩縛，決死
諸蕃志	
文獻通考	準，皆臨事科決。犯罪皆斷於鳥了帥；不服則上請於王，王令臣下共議定之。獄無枷鎖，唯用繩縛，決死
宋史	

隋書	刑以鐵錐，大如筯，長尺餘，鑽頂而殺之，輕罪用杖。俗無文字，望月虧盈以紀時節，候草藥
諸蕃志	不知節朔，眂月盈虧以紀時。
文獻通考	刑以鐵錐，大如筯，長尺餘，鑽頂 殺之，輕罪用杖。俗無文字，望月虧盈以紀時節，草木
宋史	眂月盈虧以紀時。

隋書	枯以爲年歲。人深目長鼻，頗類於胡，亦有小慧。無君臣上下之節，拜伏之禮。父子同牀而寢。男子拔
諸蕃志	父子同牀而寢。
文獻通考	榮枯以爲年歲。人深目長鼻， 類於胡，亦有小慧。無君臣上下之節，拜伏之禮。父子同牀而寢。男子拔
宋史	

隋　書	去髭鬢，身上有毛之處，皆亦除去。婦人以墨黥手，爲蟲蛇之文，嫁娶以酒肴珠貝爲娉，或男女相悅，便
諸蕃志	
文獻通考	去髭鬢，身上有毛　處，皆　除去。婦人以墨黥手，爲蟲蛇之文，嫁　以酒肴珠貝爲聘，或男女相悅，便
宋　史	

隋　書	相匹偶。婦人產乳，必食子衣，產後以火自炙，令汗出，五日便平復。以木槽中，暴海水爲鹽，木汁爲酢，
諸蕃志	曝海水爲鹽，
文獻通考	相匹偶。婦人產乳，必食子衣，產後以火自炙，令汗出，五日便平復。以木槽中，暴海水爲鹽，木汁爲酢，
宋　史	

隋　書	釀米麫爲酒，其味甚薄。食皆用手，偶得異味，先進尊者。凡有宴會，執酒者必待呼名而後飲。上王酒者
諸蕃志	釀米麯爲酒，　遇　異味，先進尊者。
文獻通考	米麴爲酒，其味甚薄。食皆用手，遇得異味，先進尊者。凡有宴會，執酒者必得呼名而後飲，上王酒者
宋　史	

隋　書	，亦呼王名　御杯共飲，頗同突厥，歌呼蹋蹄，一人唱，衆皆和，音頗哀怨。扶女子上膊，搖手而舞。其
諸蕃志	
文獻通考	，亦呼王名後銜盃共飲，頗同突厥，歌呼蹋蹄，一人唱，衆皆和，音頗哀怨。扶女子上膊，搖手而舞。其
宋　史	

隋書	死者氣將絕，擧至庭，親賓哭泣相弔，浴其屍，以布帛纏之，裹以葦草，親土而殯，上不起墳，子爲
諸蕃志	
文獻通考	死者氣將絕，轝至庭前，親賓哭泣相弔，浴其尸，以布帛纏縛之，裹以葦席，襯土而殯，王不起墳，子爲
宋史	

隋書	父者數月不食肉。南境風俗少異，人有死者，邑里共食之。有熊羆豺狼，尤多猪雞，無牛羊驢馬。
諸蕃志	肉有熊羆豺狼，尤多猪雞，無牛羊驢馬。
文獻通考	父者數月不食肉。其南境風俗小異，人有死者，邑里共食之。有熊　豺狼，尤多豬雞，無羊牛驢馬。
宋史	無

隋書	厥田良沃，先以火燒，而引水灌之，持一插，以石爲刃，長尺餘，闊數寸，而墾之
諸蕃志	厥土沃壤，先用火燒，然後引水灌注，持鍤，僅數寸，而墾之
文獻通考	厥田良沃，先以火燒，而引水灌，持一插，以石爲刃，長尺餘，闊數寸，而墾之
宋史	他奇貨，商賈不通。厥土沃壤，

隋書	。土宜稻粱床黍麻豆赤豆胡豆黑豆等；木有楓栝樟松楩楠杉梓竹籐；果藥同於江表
諸蕃志	。無他奇貨，尤好剽掠，故商賈不通。土人間以所產黃蠟土金氂尾豹脯，往售於三
文獻通考	。宜稻粱禾黍麻豆赤豆胡　黑豆等；木有楓栝　松楩楠杉梓竹籐；果藥同於江表
宋史	無賦斂，有事則均稅。

隋書	。風土氣候與嶺南相類。俗事山海之神，祭以酒肴。鬪戰殺人，便將所殺人祭其神。或依茂樹起小屋，
諸蕃志	嶼。
文獻通考	。風土氣候與嶺南相類。俗事山海之神，祭以殽酒。戰鬪殺人，便將所殺人祭其神。或依茂樹起小屋，
宋史	

隋書	或懸髑髏於樹上，以箭射之，或累石繫幡以爲神主。王之所居，壁下多聚髑髏以爲佳。人間門戶上，必
諸蕃志	
文獻通考	或懸髑髏於樹上，以箭射之，或累石繫幡以爲神主。王之所居，壁下多聚髑髏以爲佳。人閒門戶上，必
宋史	

隋書	安獸頭骨角。　大業元年，海師何蠻等，每春秋二時，天淸風靜，東望依希似有煙霧之氣，亦不知幾千里
諸蕃志	
文獻通考	安獸頭骨角。隋大業元年，海師何蠻等云：每春秋二時，天淸風靜，東望依稀似有煙霧之氣，亦不知幾千里
宋史	

隋書	。三年，煬帝令羽騎尉朱寬入海求訪異俗。何蠻言之，遂與蠻俱往，因到流求國。言不相通，掠一人而返。
諸蕃志	
文獻通考	。　煬帝令羽騎尉朱寬入海求訪異俗。何蠻言，　遂與蠻俱往，同到琉球國。言語不通，掠一人而反。
宋史	

隋書	明年帝復令寬慰撫之，流求不從，寬取其布甲而還。時倭國使來朝，見之，曰：此夷邪久國人所用也。帝
諸蕃志	
文獻通考	明年，令寬慰撫之，不從，寬取其布甲而歸。時倭國使來朝，見之，曰：此夷邪久國人所用。帝
宋史	

隋書	遣武賁郎將陳稜、朝請大夫張鎮州，率兵自義安浮海擊之。至高華嶼，又東行二日，至鼅鼊嶼，又一日，
諸蕃志	
文獻通考	遣虎賁郎將陳稜等，率兵自義安浮海，至高華嶼，又東行二日，至鼅鼊嶼，又一日，
宋史	

隋書	便至流求。初稜將南方諸國人從軍，有崑崙人，頗解其語，遣人慰諭之。流求不從，拒逆官軍。稜擊走之
諸蕃志	
文獻通考	便至琉球。不從，稜擊走之
宋史	

隋書	，進至其都，頻戰皆敗。焚其宮室，虜其男女數千人，載軍實而還，自爾遂絕。
諸蕃志	旁有毗舍耶、談馬顏等國
文獻通考	，進至其都，焚其宮室，虜其男女數千人，載軍實而還，自爾遂絕。旁有毗舍耶國，
宋史	旁有毗舍邪國，

書名	文
隋書	
諸蕃志	。（毗舍耶，語言不通，商販不及，袒裸盱睢，殆畜類也。泉有海島曰彭湖，隸晋江縣，與其國密邇，煙
文獻通考	語言不通，袒裸盱睢，殆非人類。
宋史	語言不通，袒裸盱睢，殆非人類。

書名	文
隋書	
諸蕃志	火相望，時至寇掠。其來不測，多羅生噉之害，居民苦之。淳熙間，國之酋豪，常率數百輩，猝至泉
文獻通考	宋淳熙間，其國之酋豪，嘗率數百輩，猝至泉
宋史	淳熙間，國之酋豪，嘗率數百輩，猝至泉

書名	文
隋書	
諸蕃志	之水澳、圍頭等村，恣行兇暴。戕人無數，淫其婦女，已而殺之。喜鐵器及匙筯，人閉戶則免，但刓其門
文獻通考	之水澳、圍頭等村，多所殺掠。喜鐵器及匙筯，人閉戶則免，但取其門
宋史	之水澳、圍頭等村，肆行殺掠。喜鐵器及匙筯，人閉戶則免，但刓其門

書名	文
隋書	
諸蕃志	圜而去。擲以匙筯則俯拾之，可緩數步。官軍擒捕，見鐵騎則競刓其甲，駢首就戮而不知悔。臨敵用標
文獻通考	環而去。擲以匙筯則俯拾之，可緩數步。官軍擒捕，見鐵騎則競刓其甲，遂駢首就僇。臨敵用鏢
宋史	圜而去。擲以匙筯則頫拾之。見鐵騎則爭刓其甲，駢首就戮而不知悔。臨敵用標

隋書	
諸蕃志	鎗，縏繩十餘丈為操縱，蓋愛其鐵不忍棄也。不駕舟楫，惟以竹筏從事，可摺疊如屏風，急則群舁之泅水而遁）。
文獻通考	鏢，以繩十餘丈為操縱，蓋愛其鐵不忍棄。不駕舟楫，惟以竹筏從事，可摺疊如屏風，急則群舁之浮水而逃。
宋史	鎗，縏繩十餘丈為操縱，蓋惜其鐵不忍棄也。不駕舟楫，惟縛竹為筏，急則群舁之泅水而遁。

從上面對校，我們可看出：

一、諸蕃志、文獻通考、宋史等三書，字數雖不同，文獻通考字數最多，宋史最簡，但關於流求的記述很顯然地均本自隋書流求國傳。關於新增補入之毗舍耶國的記述，三書大約相同，惟文獻通考與宋史即接於琉球（流求）記事之末，合為一條，而現行的諸蕃志卻另立毗舍耶國條於流求國條之後。

二、關於流求的位置，隋書謂：「流求國，居海島之中，當建安郡東」，但三書均已改寫為「當（在）泉州之東」。

三、三書記有彭湖（即現時澎湖），而有關澎湖的記載，諸蕃志曰：「有海島曰彭湖，隸晉江縣，與其國密邇，煙火相望」。此句現行諸蕃志寫在毗舍耶國條中，而文獻通考和宋史的記載，即刪去「隸晉江縣，與其國密邇」九字，將其餘「有海島曰彭湖，煙火相望」（按文獻通考無「海」字）移於流求國條「泉州之東」之後。

四、宋史文中「無賦斂，有事則均稅」一句，完全與隋書及其他二書相同，但繫於流求的記述之末，接在毗舍耶國的記述之前。

五、關於流求國的農耕，隋書記曰：「厥田良沃，先以火燒，而引水灌之，持一插，以石爲刃，長尺餘，闊數寸而墾之」。其下面則有土宜的記載。文獻通考，字句差不多相同。諸蕃志即關於農耕，字句較簡，但大致相同。其下面關於土宜沒有寫「稻、粱、禾、黍、麻豆、赤豆、胡豆、黑豆……」等物產品名的記載，僅以「無他奇貨」四字總括之。接之曰：「尤好剽掠，故商賈不通。土人間以所產黃蠟、土金、氂尾、豹脯，往售於三嶼」爲他書所未見。宋史即刪簡爲「無他奇貨，商賈不通」八字，而接在「厥土沃壤」之前。

六、諸蕃志流求國條，末句爲「旁有毗舍耶、談馬顏等國」，文獻通考和宋史關於流求國記述末後「旁有毗舍耶國」，沒有「談馬顏國」的名字，而其下面的毗舍耶國的記述，殆與諸蕃志毗舍耶國的記事相同，顯然是承抄諸蕃志的。

從上面各書互校結果，可知如要探討宋人關於流求的地理知識，其民族學方面的記述係照抄或刪節撮抄隋書流求國傳的。故這一方面是無需費舌討論的。問題之究竟，却在關於流求的位置地界和毗舍耶等新增知識。

關於毗舍耶的侵襲澎湖寇擾泉州沿岸之事，一九一七年藤田豐八博士著「南蠻之襲來」㊅一

㊅「南蠻の襲來に就いて」（藝文第八年第六號），後收錄於他的論文集「東西交涉史の研究南海篇」第三九九—四〇五面。

文已有所述。文中引樓鑰撰攻媿集卷八十八汪大猷行狀，云：

> 「乾道七年（西元一一七一年）」四月起知泉州，到郡……，郡實瀕海，中有沙洲數萬畝，號平湖。忽為島夷號毗舍邪者奄至，盡刈所種。他日又登海岸殺略，禽四百餘人，殲其渠魁，餘分配諸郡。初則每遇南風，遣戍為備，更迭勞擾。公即其地，造屋二百間，遣將分屯，軍民皆以為便，不敢犯境。

藤田博士對這段毗舍邪人侵襲的文字，認爲前段即入侵平湖，後段爲寇擾泉州沿岸；而認「平湖」和「澎湖」爲同音異字，因此斷定平湖是澎湖。又認爲文中乾道間毗舍邪人的侵襲，與諸蕃志毗舍耶國條所傳淳熙間的事件相應，可能指同一事件。此說頗獲國人治臺灣史學者的支持，咸認爲澎湖早期確實紀錄（連琉球論者驍將梁嘉彬教授也認爲平湖即澎湖）㉙。

惟李獻璋博士在其近著「臺灣的開拓與媽祖的崇祀」㉚一文中，獨持異說，謂：樓鑰撰汪大猷行狀和諸蕃志毗舍耶國條所記，其年代與地點不同。在萬曆修泉州府志卷之二十四雜志，盜賊類項，云：「乾道七年，島夷毗舍耶掠海濱；八年島夷復以海舟入寇，始置水澳寨（即今永寧）以控禦之」。

㉙ 如陳漢光：臺灣移民史略（臺灣文化論集第一册，民國四三年）第五一面。
陳正祥：臺灣地誌上册，一九五九年，第一九面。
梁嘉彬：宋代「毗舍耶國」確在臺灣非在菲律賓考（文獻專刊第二卷第三、四期，民國四〇年一一月）第七面。

㉚ 「臺灣の開拓と媽祖の崇祀」（上）（華僑生活第一號，一九六二年六月）第二〇面。

這是以前者（樓氏文）的年代，繫於後者（諸蕃志）的地點。萬曆志係承襲以前的志書，故關於年代似是諸蕃志錯誤；地點似因沙洲與村名的差異所致的。因此，李博士的意思似是樓氏記沙洲名，趙汝适寫其村名所致名字之差，原來是同一地點，故平湖沒有可認爲澎湖的餘地。況且「平」和「彭」決不會同音。

對於音韻這一門，筆者不詳，惟毛一波氏謂：「平」可作旁音讀之。彭音滂，本與旁通，如詩騷古音，旁即音滂也。澎讀如披庚切音磅，字音亦從旁得來的，是表白「平」與「澎」爲同音異字㊂。

關於毗舍耶的入寇，諸蕃志所云水澳是在晉江縣東南海口，係置永寧寨的所在地名，明代爲永寧衞，今名亦永寧，臨於深滬灣的北端；圍頭也在晉江縣南，面臨圍頭灣，一面依陸，西南與金門遙對，兩地均爲泉州濱海重鎭。樓鑰的汪大猷行狀所記，是毗舍耶先刦掠平湖，後日又登泉州海岸殺略，係如藤田博士所說，是二段事實。諸蕃志所記是毗舍耶侵襲泉州沿岸各地的事實，是與樓氏文後段事實相應的。故不能以前段之海中大洲之名字和後段相應之泉州沿岸地名相提，認爲只因洲名與村名之差異。攻媿集所載沙洲名和諸蕃志的泉州沿岸地名根本是不同的地點，因之筆者仍認爲藤田博士所說毗舍耶侵襲地點，前段的平湖，很可能是今之澎湖，後段是泉州沿岸各地。

筆者在周必大撰文忠集卷六十七，亦覓得周氏所撰汪大猷的神道碑，文中有與樓鑰撰汪大猷

㊂ 毛一波：與梁徐兩教授論「島夷行」（民主評論第一一卷第二期，民國四九年一月）。

行狀大略相同的記事。神道碑的文係撰於嘉泰元年（西元一二〇一年），記云：

> 乾道七年……四月，起知泉州。海中大洲號平湖，邦人就植粟、麥、麻。有毗舍耶蠻，揚颿奄至，肌體漆黑，語言不通，種植皆為所穫。調兵逐捕，則入水持其舟而已。俘民為鄉導，刦掠近城赤嶼洲。於是春夏遣戍，秋暮始歸，勞費不貲。公即其地，造屋二百區，留屯水軍，蠻不復來。

對毗舍耶的侵襲記事較明瞭，顯然是先擾害海中大洲「平湖」後，俘平湖居民爲鄉導，進而刦掠泉州府近城沿海各地。

關於入寇年代，雖同在南宋孝宗年間，但樓鑰和周必大的文與趙汝适的記載，有乾道和淳熙年間之差。樓鑰㊂爲隆興元年（西元一一六三年）進士，歿於嘉定六年（西元一二一三年）；周必大㊃是紹興二十年（西元一一五〇年）進士，淳熙十四年（西元一一八七年）拜右丞相，歿於嘉泰四年（西元一二〇四年）；而汪大猷是紹興十五年（西元一一四五年）進士，乾道七年（一一七一年）四月知泉州，乾道九年（西元一一七三年）以治行優異再任，淳熙元年（西元一一七四年）知隆興府，慶元六年（西元一二〇〇年）七月卒。周必大撰神道碑於汪大猷歿後一年。周必大、樓鑰與汪大猷是同時人物，孝宗朝時均活躍於官場。故乾道年間毗舍耶人曾剽掠泉州府沿岸各地，可無置疑。藤田氏在上引文中曾引記宋葉適的水心文集卷二十四內周鼎臣墓誌銘，介紹

㊂ 宋史卷三百九十五，列傳卷一百五十四。

㊃ 宋史卷三百九十一，列傳卷一百五十。

淳熙年間白蒲延（Babuyan）刦掠漳浦的流鵝灣之事。從這些菲律賓諸族的流移活動，我們可推想：毗舍邪的侵襲在乾道間，因之遣兵屯戍於澎湖，並有設置永寧寨等，以固海防，故一時毗舍耶人不敢逞凶。後或者因防務弛鬆，淳熙年間乃又有白蒲延的入侵，或者泉州海防森嚴，於是白蒲延即轉向侵襲漳浦。因之，趙汝适關於毗舍耶人的侵襲誤繫於淳熙年間。

從上面各文字，我們可得知如下各事實。即：

一、「平湖」當爲澎湖，在南宋孝宗時，已有漢人居住，且在該島耕植。

二、毗舍耶人刦掠澎湖，似非止一次，居住澎湖的漢人，常受其害；其後更進而寇襲泉州沿岸。

三、毗舍耶人寇掠澎湖和泉州沿岸，若參照諸蕃志的記載，顯然是經由臺灣而去的。

四、汪大猷因此曾派兵屯戍澎湖，顯然與諸蕃志所云「隸晉江縣」之記載相符。

關於流求的位置，隋書謂「當建安郡東」，而諸蕃志、文獻通考和宋史等三書，雖記流求的習俗全抄或刪略隋書，但其位置的記載，却不仍隋書之舊，均改言「當泉州之東」。因此，宋人觀念中之在泉州之東，五、六日程的流求，就其方位和距離來看，當是今日之臺灣無疑。

然關於新增的澎湖記載，諸蕃志曰：「有海島曰彭湖，隸晉江縣，與其國密邇，煙火相望」。此句現行諸蕃志寫在毗舍耶國條中；如澎湖確實與毗舍耶密邇，煙火相望，毗舍耶自亦應在臺灣西部與澎湖相對的位置。但其餘二書，文獻通考和宋史的記載，即刪去「隸晉江縣，與其國密邇」九字，將其餘「有海島曰彭湖，煙火相望」（按文獻通考無「海」字），繫於流求（或琉球）國之文中，「泉州之東」之後。三書何故一即以毗舍耶與澎湖密邇相隣；一即以流求和澎湖煙火相望？與澎湖煙火相望之地，究竟是流求抑或毗舍耶？對這種矛盾，由於隋書流求國傳的論爭，隨之也引起了許多學者的討論㉔。

大致學者多認爲毗舍耶是菲律賓的Visaya族，而非指臺灣。諸蕃志稱「毗舍耶與澎湖密邇，煙火相望」，未必可信，不過由於至泉州沿岸剽掠，應自菲島經臺灣進至澎湖，其間與流求混淆或爲宋人之誤傳，致有如此錯誤的記載。惟對這種說法，梁嘉彬教授認爲是憑臆測以爲立論之基礎，未曾舉其出自誤傳之必然理由㉕。

由於梁嘉彬教授力持隋書流求爲今日琉球之說，故對此問題也以毗舍耶國確在臺灣，非在菲律賓。他說：諸蕃志流求國條文字雖甚簡短，但內容未有混淆，係全記今琉球，絕無可疑。因此諸蕃志所記，在流求國旁，而與澎湖島密邇相望的毗舍耶，確在臺灣。流求紀錄之有訛誤，毗舍耶記事之竄入流求之內，其失殆始自文獻通考和宋史。馬端臨撰文獻通考琉球國考，其記「琉球」但以雜抄隋書及宋人史料爲能事，遂成琉球、臺灣兩地揉雜記錄。是說馬端臨東抄西錄的結果，原被趙汝适記在毗舍耶國旁的彭湖島，一下子便被馬端臨搬到琉球國旁去了，致使臺灣與琉

㉔ 對此問題和田清博士所著「明代以前中國人所知之菲律賓群島」（明代以前の支那人に知られたるフイリッピン諸島）（東洋學報第一二卷第三號，後收於「東亞史論叢」）一文，網羅各家之說，所論尤爲概括，可資參閱。

㉕ 梁嘉彬：宋代「毗舍耶國」確在臺灣非在菲律賓考（文獻專刊第二卷第三、四期，民國四〇年一一月）第六一七面。

球兩者之事混而爲一，實爲後日臺琉記錄雜亂之主因㉖。

梁氏不過是以比文獻通考早出的諸蕃志，爲趙汝适在提舉福建市舶司時，詢諸賈胡，據實直書，其書內容各條，除間有撮抄前朝史志外，其體例甚嚴，取捨甚謹，所以諸蕃志沒有錯，錯在於馬端臨把彭湖移到琉球國旁去的。然我們從上面四種流求的記事及諸蕃志毗舍耶國條併在一起互校結果，可知諸蕃志、文獻通考和宋史，其資料來源相同，不過有詳簡之差別而已。

馬端臨確是全抄隋書㉗，再添增宋人之紀錄，可是諸蕃志何不是也撮抄隋書，添增宋人之見

㉖ 梁嘉彬：史地雜考（新生報民國三六年五月一二日副刊）。
梁嘉彬：流求史論正謬（續）（國防月刊第五卷第一期，民國三七年一月）第三七，四八面。
梁嘉彬：宋代「毗舍耶國」確在臺灣非在菲律賓考（文獻專刊第二卷第三、四期，民國四〇年一一月）第五面。
梁嘉彬：論隋書「流求」與琉球臺灣菲律賓諸島之發見（學術季刊第六卷第三期，民國四七年三月）第九五—九六面。

㉗ 按文獻通考琉球考中，關於琉球的習俗、歷史，如上面互校殆與隋書所記完全相同。但其字句更近北史流求國傳。如：隋書謂：「流求國居海島之中」，而文獻通考曰：「琉球國居海島」，無「之中」二字，北史也作「流求國居海島」，同樣沒有「之中」二字。隋書謂：「婦人以羅紋白布為帽，其形正方」，文獻通考作「方正」，北史也是「其形方正」。隋書謂：「織鬪鏤皮並雜色紵及雜毛以為衣」；文獻通考作「織鬪鏤皮並雜毛以為衣」；北史也云：「織鬪鏤皮並雜毛以為衣」。因此寧可謂文獻通考係全抄北史流求傳較妥。

聞。晚出之文獻通考，把彭湖繫於「琉球」之旁，却也可認爲馬端臨有意刪改更正之擧。故梁氏認爲是馬端臨的錯誤，則亦須先擧其何爲錯誤之必然理由。

然西元一九五三年日本人類學會、日本民族學協會擧行連合大會時，金關丈夫博士曾發表了「諸蕃志之談馬顏國」，謂：要比定談馬顏國，應先究明流求國究在何處？馬端臨的「琉球」的記事，除了對隋書之引用比之諸蕃志較忠實外，殆將諸蕃志之毗舍耶國條的記事，不另立別章，而按照原文轉載，並將彭湖的記事移於「琉球」之文頭。由此可知馬端臨以自澎湖煙火相望之地點，解釋爲「琉球」。大概其時代的人士如此解釋的。諸蕃志之所以將「有海島曰彭湖，……煙火相望」置於非流求國的毗舍耶之記事的文頭，將毗舍耶國另立一章在流求國條之後，大概是永樂大典編纂者由誤解所生的杜撰之一項。蓋現時我們所見諸蕃志，非屬原文，而爲出自永樂大典之所收者。比永樂大典編纂者較早見到諸蕃志之馬端臨，不將毗舍耶國另立一章，而將諸蕃志之其記事收於「琉球」中，當是諸蕃志之原形。趙氏初引隋書，後許是照其所聞，羅列新資料。即其所羅列之新資料，第一大概是自「無他奇貨」始至「毗舍耶語言不通，商販不及，袒裸盱睢，殆畲類也」之六十一字（其間原無「毗舍耶」的標題）。第二是「泉有海島曰彭湖」以下之一百五十二字。馬氏將「有島曰彭湖，煙火相望」，移於「琉球」之文頭的僅小的編輯手腕，趙氏却未揮筆。永樂大典編纂者之誤解許是從其間生者。故諸蕃志的流求國，當指澎湖之對岸地方，即臺灣中部之西海岸地方。而「談馬顏」可能是與此地方相接壤之臺灣島內的某地方。金關博士復據臺灣島內，附有如 **Tama, Taba, Tapa** 的地名的分布，與先史遺跡之所示，認爲談馬顏國，似應指位於臺灣西南部、東海岸及其附近島嶼的直接經巴士海峽之來自南方的民族；而流求可能是指直接自中國大陸遷來的先住民族㉖。

按諸蕃志一書，宋代陳振孫撰直齋書錄解題卷八已有著錄，後馬端臨、周達觀等亦多有引用。元末纂修宋史時，外國傳仍多抄襲此書。其後乃漸絕跡，僅永樂大典卷四二六二蕃字韻所引者流傳於世。四庫全書之所收，亦據大典所引本鈔出。至乾隆四十六、七年（西元一七八一、二年）李調元編刊「函海」時，亦由四庫館員自大典中錄出，收於函海。其後嘉慶十年（西元一八〇五年）張海鵬編印「學津討原」時，復採錄此書，於是乃又漸見流布。

文獻通考和宋史，均比永樂大典較早，都承抄諸蕃志，故諸蕃志之原形，或者是流求與毗舍耶原併為一條，而澎湖繫於文頭，為與流求煙火相望之地。後在明代，今之琉球已開始朝貢明

㉖ 金關丈夫著王世慶譯：諸蕃志之談馬顏國（方志通訊第三卷第三、四合期，民國四三年一二月）第一六—一九面。

按關於談馬顏早就有伊能嘉矩氏比定為紅頭嶼，藤田豐八、Hirth、Rockhill 等氏均附和此說，殆為定說。近除金關博士提出此新說外，一九五七年史林第四〇卷第二號有一篇木村宏著關於宋代「談馬顏等國」的位置（宋代「談馬顏等國」の位置に關して），也提出了異議。木村氏以為諸蕃志的「旁有毗舍耶、談馬顏等國」是流求之旁有「毗舍耶」和「談馬顏等國」，則「等」一字並非表示複數，而連在談馬顏三字一起「談馬顏等」四字為一個特定的地名名詞。而且認為流求在呂宋島，毗舍耶為 Visaya 海附近 Cebu 島為中心的 Visaya 族國家；「談馬顏等」考定為菲律賓群島中 Negros 島東南端的 Dumagette。諸蕃志所云流求，如後述，筆者認為確在臺灣，又「旁有毗舍耶、談馬顏等國」也應讀為「旁有毗舍耶、談馬顏等國」，故木村氏說不能採用。

廷，致使永樂大典編修者誤解，始把流求國當泉州之東的下面「有海島曰彭湖，隸晉江縣，與其國密邇，煙火相望」等十九字，移至毗舍耶國之後。文獻通考和宋史即照原形抄下來删略「隸晉江縣，與其國密邇」九字，於是發生了文獻通考、宋史和現行諸蕃志間記載之矛盾。

因之，關於流求的位置的考證，如我們能在此三書以外宋朝文獻中，找到與澎湖相望之地的確實記載，就可解決了。對此筆者從眞德秀的文集中，搜得一段記事，可資參證。即在其文集所收「申樞密院措置沿海事宜狀」一文中，云：

一：永寧寨（地名水澳），去法石七十里。初乾道間，毗舍耶國入寇殺害居民，遂置寨于此。其地闞臨大海，直望東洋，一日一夜可至彭湖。彭湖之人，遇夜不敢擧煙，以為流求國望見，必來作過。以此言之，置寨誠得其地㊁。

眞德秀於寧宗嘉定十年（西元一二一七年）起知泉州府事，後理宗紹定年間再次蒞任爲泉州知事。此文撰於戊寅年十一月，即嘉定十一年（西元一二一八年）十一月。時因海寇猖獗，眞德秀致力海防，修築舊水寨，增設新水寨，並添屯水軍。這是一條宋代當時的確實記錄，從此申報措置沿海事宜狀文中，我們可知：

一、置永寧寨於水澳，是因乾道年間毗舍耶人的寇掠而設者。

二、毗舍耶是經流求到彭湖，再進至泉州沿岸剽掠者。汪大猷行狀或神道碑所云海中大洲「平湖」，當爲澎湖似無問題。

㊁ 眞德秀撰西山先生眞文公文集卷八（據四部叢刊本）。

三、據宋人的地理知識，與澎湖煙火相望之地，確實是流求。因此，宋人所云流求，確在今日之臺灣。

四、從前學者多以爲「彭湖」的字顏，初見於諸蕃志㉚。然此狀文書於嘉定十一年（西元一二一八年），而諸蕃志成書於寶慶元年（西元一二二五年），比諸蕃志早七年，故彭湖的字面，見於載籍，據筆者管見，並不始自諸蕃志，以現時而論，應以眞德秀之狀文爲最早。

關於澎湖的記載，除上述者外，比諸蕃志晚二年，即成書於寶慶三年（西元一二二七年）的王象之撰輿地紀勝卷一百三十福建路泉州風俗形勝項，記有：「環島三十六」，其下有小註，說：

自泉晉江東出海間，舟行三日抵彭湖嶼，在巨浸中，環島三十六。施肩吾詩云：腥臊海邊多鬼市，島夷居處無鄉里；黑皮年少學採珠，手把生犀照鹹水㉛。

其下又有：「泉之外府」，而其小注曰：「見上」。澎湖群島大小島嶼共達六十有四，而關於其數目，古來志書之記載頗多出入。有說三十六，有說四十五，有說四十九，有說五十，有說五十五，亦有說七十二者。早期文獻以三十六嶼爲較多，而其被視爲最初紀錄者爲元汪大淵島夷誌略。但據上引文，我們可知彭湖三十六嶼之說，並不始於元末，却起自南宋。輿地紀勝的這一條記載，後被承襲徵引於八閩通志、泉郡志等書。又唐施肩吾之島夷行，被認爲題詠澎湖，見於載

㉚ 馮承鈞諸蕃志校注，於毗舍耶國條注曰：「彭湖名稱，似首見本書」。又藤田豐八島夷誌略校注彭湖條亦注云：「案隋書大業七年，帝遣陳稜率兵自義安浮海擊流求。……但當時尚無彭湖之名。至宋趙汝适諸蕃志毗舍耶條云：泉有海島，曰彭湖，隸晉江縣。載籍所見，此為始也」。

㉛ 據文選樓影宋鈔本。

籍，此條比八閩通志更早。似國人初來居住於澎湖時，當時尚有先住民族，與國人間曾有「鬼市」（暗中貿易，Silent trade），而可能與施肩吾所詠者相似，致有如此附會，而其年代不會晚於南宋。

又輿地紀勝叙述當時泉州的繁榮，引陸守修城記，云：「泉距京師五十有四驛，連海外之國，三十有六島，城內畫坊八十，生齒無慮五十萬」。萬曆重修泉州府志卷四規制志城池項，云：「……宋宣和二年（西元一一二〇年）守陸藻增築，外磚內石，基橫二丈，高過之」。陸守是宣和年間泉州府知事陸藻。吾人雖未獲其他記錄可資印證，但如文中之「三十有六島」乃指澎湖而言者，即國人關於澎湖的具體而詳細的地理知識，或者可溯及於北宋末年了。

總之，中國人對澎湖的地理知識，早在南宋以來，已經頗爲豐富。且自其時起澎湖確已有國人移殖，並曾設治，隸屬於晉江縣，爲泉之外府。故對臺灣本島的地理知識，自亦較前代進步。不過如諸蕃志之「無他奇貨，尤好剽掠，故商賈不通」等語視之，則大陸與臺灣間，當仍未有密切的往還。

四　宋代澎湖之開拓

如上所述，吾人所獲宋人關於澎湖的記載，雖是零文短語，但據此可知漢人拓殖，已伸展至於澎湖。惟欲在舊籍中求取有關詳情的可靠紀錄，甚爲困難。然筆者以爲如從該一時代的歷史背景與地理條件予以考察，則不難窺知其大概。

現先就福建開發的歷史，略作考察，以明其歷史背景。福建的地理環境，東瀕浩瀚的海洋，西部爲崎嶇山地，僅頗賴幾條孔道與中原間，維持其若斷若續的關係，其與中原之文化、經濟方面的關係亦復如是。由於此一地理因素，福建之開發較晚，在中原進入歷史時代後，福建仍爲「蠻夷荒服」之地，而爲閩越諸族繁衍之區。

福建地區與中原漢族的接觸，是始於先秦至漢代，但居民叛服不常。孫吳永安三年（西元二六〇年）以會稽郡南部設置建安郡。晉初太康三年（西元二八二年）析增晉安郡。可知孫吳經營江南，其餘力曾影響及於福建；不過吳時尚不能謂之開發，而祇是以之爲流刑之地。晉室南渡，漢族隨之遷移，南北文化因而溝通。長江沿岸一帶，風氣大開。小原人士，遷徙入閩者，亦逐漸衆多。唐初陳元光入居漳郡，其時漢人足跡幾遍全閩。惟因山岳重疊，交通隔絕，故除以爲貶竄之區；或供「僑民」避亂隱棲外，其文化、經濟仍甚落後。即在政治上，亦很少與中原交涉。山間或海濱仍多土著居住。武后垂拱二年（西元六八六年）陳元光上表請置漳州，其「請建州縣表」中曰：「況茲鎮，地極七閩，境連百粵。左衽居椎髻之半，可耕乃火田之餘」。垂拱四年（西元六八八年）陳元光在「漳州刺史謝表」中又曰：「竊念臣州背山面海，舊有蛇豕之區，椎髻卉裳，盡是妖氛之黨，治理誠難，撫綏未易」㉒。唐德宗時，杜佑關於福建風俗記述曰：「閩越遐阻，僻在一隅，憑山負海，難以德撫」㉓。

㉒ 收於「全唐文」卷一百六十四、

㉓ 通典卷一百八十二。

元和年間劉禹錫亦云：「閩有負海之饒，其民悍而俗鬼，居洞砦家桴筏者，與華言不通」㉞。直至安史亂後，北方節度使跋扈，戶口南遷，福建之開發乃漸有進展；後經五代王氏主閩，至北宋時則蔚然可觀，福建開發殆盡矣。

按福建因受山勢之限制，平原極少，海拔在二百公尺以下者，僅佔全面積之一二・四七%。稍較平坦的農耕地，大半在三角洲一帶，故其開發亦自以閩江、晉江等之下流區域的冲積層爲先。惟土壤初經開墾時，尚富有機質，被稱爲膏沃之地。但因其表土甚薄，而河流短急，土壤冲刷至爲劇烈，故此一狹少而貧瘠的土地，實不足以應付人口之快速增加。這種人地失衡的現像，在北宋間便已發生。據文獻通考卷四福建路熙寧末年之墾田數爲全國第十四位；而該書卷十一所載戶數，却佔全國第六位。這種人地失衡使農家生活困難，故爲維持生計，自非力耕不可，甚至山岳之間亦被利用，墾耕爲梯田。在北宋末南宋初，方勺記云：「七閩地狹瘠，而水源淺遠。其人雖至勤儉，而所以爲生之具，比他處終無有甚富者，墾山隴爲田，層起如階級。然每遠引溪谷水，以灌溉。中途必爲之磴，不唯碓米亦能播精。朱行中知泉州，有：『水無涓滴不爲用，山到崔嵬猶力耕』之詩。蓋紀實也」㉟。

此後史籍所載關於福建的記述，多爲「地狹人稠」，及其力耕狀況。眞德秀云：「福之爲州，土狹人稠。歲雖大熟，食且不足。田或兩收，號再有秋，其實甚薄不如一穫」㊱。又：「瀕海邦半

㉞ 劉禹錫撰劉夢得文集卷二十九「福建都團練觀察使薛公神道碑」。
㉟ 方勺撰泊宅篇卷三（據讀畫齋叢書本）。
㊱ 眞德秀撰西山先生眞文忠公文集卷四十「福州勸農文」。

是墝埆地，三時勞耕耘，收穫尚無幾。四體或不勤，將何活老稚？頻年旱且潦，生理殊匪易」㉗。於是農村人口相對的過剩，使溢出人口其一部份自不得不移徙他地，以尋覓可耕之土。山地一帶，逐漸開拓，且有由山間越境，進駐於接壤之贛東或粵東等地者。王象之輿地紀勝卷一百二廣南東路梅州條引圖經曰：「郡，土曠民惰，而業農者鮮，悉藉汀贛僑寓者耕焉」。另一部份靠海居民，則被擠於海上，以海爲田，或以販海，或以業漁，另謀其生活。同輿地紀勝泉州條引嘉祐年間人謝履所作泉南歌，云：「泉州人稠山谷瘠，雖欲就耕無地闢；州南有海浩無窮，每歲造舟通異域」。

自五代北宋以來，福建沿海的海上活動漸趨發達，至南宋元代間頗屬興盛，而泉州亦遂得「世界第一商港」之稱。沿海居民的海外活動，其進展雖謂由於波斯、阿拉伯人東來的刺戟與宋室南渡予以促成，但該地自然環境和社會背景亦爲其主因之一。至是福建變爲中國航海事業與水產業最早發達的省份。

按中國的海外活動，固發達甚早，但外國貿易的興隆則與自唐代以來波斯、阿拉伯賈船的來華有密切關聯。其時，貿易品多爲南海、印度及印度以西的香藥、象牙、犀角、琥珀、眞珠、琉璃等珍物奇貨。尤其是香藥，因佛敎自漢朝傳入我國，經南北朝與隋唐趨於隆盛，故其消費亦漸普及於一般，而其需要激增。其時的航路，多循大陸沿岸航行，由東埔寨至馬來半島，轉東到爪哇，或西進達印度洋各地；對此航路賈耽所記廣州通海夷道及周去非撰嶺外代答卷三航海外夷條

㉗ 同書「泉州勸農文」。

均有明載。這條航路爲當時東西交通的一個重要環節，東亞國際貿易航路的幹線。後代賈舶大約亦沿這條航路，明時謂之西洋針路。在宋代集於廣州和泉州的蕃貨，或供國內消費，或轉販於兩浙路；再自明州輸至日本、高麗。澎湖、臺灣其時尚在這條國際貿易幹線之外，故澎湖似由沿海漁民所開拓，而非由商賈結集而興盛。

福建港灣曲折，海岸線直線長度五三五公里，曲線長度達二、八四一公里。又沿海島嶼星佈，大小總計數達六〇三島之多。這種多島海是甚適合於從事漁業之地理環境。加以閩江、晉江、九龍江等河流之出口，有各種有機物質推進海中，浮游生物滋生繁盛，爲魚類重要飼料。因此，福建沿岸各區，頗多優良漁場。且因地勢，負山臨海，地狹土瘠，陸地謀生困難，故更促成居民向海上尋求生存，沿岸漁業發達甚早，固不難想像也。加之，福建有豐富的船料出產和很進步的造船技術；又唐宋間，閩境人口日增，城市發達，魚介類用途日廣，消費漸大，對漁業的發達也甚具影響。捕獲後的魚類，容易腐敗，故其貯藏與市場的擴展關係甚密，而鹽對於貯藏和水產製造是不可缺的。按鹽早爲國家的重要財源，歷朝對榷鹽頗費心事。唐代以前，其重心在於解州鹽池，唐中葉以後，江淮之鹽對國家財政所具之意義更爲重大。福建產鹽之發達亦始自唐代中葉。如新唐書地理志，晉江縣、南安縣等地均已有產鹽的記載。但對國家財用發生作用，却是五代宋初以後之事。唐宋間福建的鹽業興盛，對於漁業之擴展，自具有重大關係。

嗣後如市場擴大，漁法、貯運法改進，漁船變爲大型，則漁獲量顯然可有增加。由於漁業發展的結果，若沿岸的魚介數量減少，然如欲使產量增加，則不得不從沿岸出去，向海洋開拓新漁場。

大陸沿岸越過澎湖至臺灣西岸，屬淺海區，海底傾斜度緩慢平坦，爲大陸棚，最深處僅有約八十公尺。其海流有暖流和寒流以及其他由季節風所支配的潮流。暖流即所謂「黑潮」之支流，自臺灣南端七星岩附近流出於高雄海面，經由澎湖海面北上，入黃海，而在該處與由北方所流入的寒流相合。寒流則由我國東海沿岸南下，在冬季的北東風時，所受影響較大，與海岸平行，經臺灣海峽過香港向交阯流動。故在臺灣海峽有寒、暖流之交集，水族極爲豐富。又魚類因產卵覓食以及適應水溫的關係，其洄游常有一定之行徑和地區。各種魚類在各地漁期，亦因之先後不一。漁夫因乘海流追尋洄游之魚群，頗與漁場及航路的開拓和漁戶的分布移住等有密切的因果關係。

據我們現有的知識，臺灣海峽之魚類以血鯛、眞鯛、鯛、魷、黃花魚等定着性的底捿魚類爲主。這些魚類，據民國二十三年厦門大學的「福建省漁業調查報告」所收福建食品魚類概況表，其漁場、漁期有如下表：

魚類	漁場	漁期	漁法
黃花魚	兄弟島內至澎湖島附近、金門海、崇武近海、泉州灣港口、白犬洋、苔山、大庠島、烏坵、三沙港、三都澳。	九月—翌年六月	延繩釣、曳網
鯊	東山港至澎湖群島附近之海中，東碇外、長樂、梅花、崇武沿海、烏坵、金門島外海、白犬洋、臺山沿海一帶。	四月—八月	延繩釣
鰻	兄弟島外至澎湖附近、崇武近海、烏坵、東霜島、南犬島、南日島附近、東北碇至澎湖列島，平潭東南海中、東苔山、西苔山。	九月—翌年四月	延繩釣
烏鯧	烏坵嶼與澎湖群島附近海中。	四月—九月	拖網、流刺網
鯛	烏坵東南、南日島沿海、東北碇至澎湖附近、劉五店與五通間之海中。	九月—十一月	延繩釣、刺網
巴浪魚	東碇外與澎湖島間之海中。	正月—五月半	延繩釣

備註：漁期以陰曆計算。

根據上表，可以推知，閩南漁人自沿岸漁業發展爲近海漁業，進而爲海洋漁業時，則其漁場亦必擴展至澎湖之近海。倘漁場擴展至澎湖近海，則澎湖因其地近漁場，自會被利用爲寄泊汲水避風或操業的根據地。

如此，從福建的歷史背景和地理條件予以考察，我們可推定澎湖的開拓，始於其爲閩南漁人用作漁場。澎湖的地理環境，不適於耕種。樓鑰與周必大雖有如下記的記述，樓鑰稱：「……號平湖，忽爲島夷號毗舍邪者奄至，盡刈所種」。而周必大謂：「……海中大洲，號平湖，邦人就植粟、麥、麻。有毗舍耶蠻揚颿奄至，……種植皆爲所穫」。

但這僅足以說明：其時已有定居的漁戶，在澎湖以半耕半漁，以維持其生計。吾人以爲澎湖近海自成爲閩人之漁場，澎湖當被利用爲一時的操業根據地。繼之，魚種與漁期的關係爲之窺識，始進而成爲季節性的漁戶聚集地；其後稍久，乃有漁戶之定居。自漁場的開拓至於漁戶定居，其時間當非短暫。果若如此，澎湖在北宋時甚可能已由閩南漁戶，開發爲漁場；而南宋始有澎湖的記載，實因毗舍耶人的侵襲，偶然引起了當局對澎湖的注意，而加深其軍事地理上的認識而已。

綜上所述，可知在中國人初至澎湖時，即以爲一漁業場地，而其經濟地理的性格，迄今未變。不過，由於其地位介於海峽之中，如閩南海上一旦有事，澎湖實爲防衞者的前哨和攻擊者的跳板，甚具戰略地位。在南宋時，當局對其軍事地理之性格，即甚注意，是故澎湖乃有「泉之外府」之稱也。

五　政府的經營

由於澎湖與大陸間的關係趨於緊密，故對臺灣的地理知識亦逐漸豐富。於是元世祖晚年曾有遣使招諭瑠求之舉，惟未有成就。次代成宗元貞三年（西元一二九七年）又有興兵討伐之事，然亦僅禽生口一百三十餘人而已。

元代兩次企圖經營臺灣，何與吳孫權、隋煬帝時相同，均無所成？

且就元初之海外經略㊳，予以考察：元史食貨志記至元十四年（西元一二七七年）設置市舶司於泉州等地；元史卷一百二十九百家奴傳謂十四年任海外諸蕃宣慰使兼福建道市舶提舉；又至元十五年（西元一二七八年）命唆都、蒲壽庚招南海諸國諸事。此等措置均表示元初曾有積極復興貿易之計畫。惟至元十六、七年(西元一二七九、八〇年)蒲壽庚、唆都等有請招海外「諸蕃」之議，而未蒙允。桑原隲藏博士認爲這是世祖不悅唆都、蒲壽庚壟斷市舶之利，而欲由中央獨攬其事之故㊴。此外，十六年以來有數次楊庭璧等出使俱藍（現印度之Quilon）等國；十八年（西元一二八一年）設行中書省於占城；十九、二十年（西元一二八二、八三年）則有唆都等率兵伐占城。二十四、五年（西元一二八七、八八年）曾征略安南。二十六年（西元一二八九年）有征爪哇之意；而二十九年（西元一二九二年）則曾派遣史弼、高興等遠征爪哇。或云世祖之所

㊳ 參看桑田六郎博士的「元初の南海經略に就て」（收於池內博士還曆記念東洋史論叢）第二九三—三一四面。

㊴ 桑原隲藏著「蒲壽庚の事蹟」第二七三面。

以有征伐爪哇之擧，乃由於爪哇黥刺詔使孟琪之面；但這可能並非其主因。蓋遣發大軍於海外，爲一頗爲艱巨之軍事行動，當不可能一時的衝動或野心而發。自世祖至元十四年（西元一二七七年）以來的各種措置，及迭次對天妃予以晉封，並擴大其祀典等項，我們可知世祖實有掌握南海一帶的市場，並獨佔自中國至占城、爪哇等地之海上貿易之意。此實爲積極獎勵國民向海外發展之政策的表現。

按蒙古族所居住之蒙古高原，爲介於沙漠乾燥地帶和關內農耕地帶之草原，原來以遊牧爲生。但因其地氣候寒暑之差懸甚劇，雨量過少，不適於草木的滋長；且其牧養法頗屬原始，故飼養的生畜在數目上甚受限制，其生活自甚困難。若氣候不順，糧草不足，生畜無以爲食，其生活亦便發生問題。由是之故蒙古族時常入關搶掠。一旦有不世出之政治才能和軍事天才族長，則這種無組織的，小規模刦掠行爲，很快便可因諸部族的連合而成一股強大力量，稱覇於漠北，爲中國邊境的寇害。另一方面，以畜牧爲生，故平時如欲獲得其他生活必需品，便應以其所畜養之羊、馬等與人交易。又蒙古以西，雖在乾旱地帶之中，有若干狹小地帶，略有生產，可供居住，這些地方遂成駝運轉販貿易之中西交通要道。

蒙古的勃興，其經濟因素，却基於如上述之搶掠與貿易之上。其興起之初，東討塔塔兒等部，西征西域諸國，遠至歐洲，對掠奪與貿易均屬有其意義。入主中原以後，此一性格，迄未變更。如此，我國列朝之中，元朝既以商業國家爲其性格，世祖的銳意經略海外，亦自具有獨佔貿易，開拓市場之用意。招諭瑠求之擧，可視爲乃這種政府的政策與楊祥、高興等輩爭功貪利的功名心結合。

至於三國孫權與隋煬帝二次由政府的經營如何？按三國時代，蜀、魏、吳均從事境內之開發及接壤地區之經營。孫吳因領有江、浙、閩、粵等沿海地區，遂亦覓取海外之發展，謀求貿易之利。關於征夷州之舉，吳志屢有記載。孫權傳曰：

二年春，遣將軍衞溫、諸葛直，將甲士萬人浮海求夷州及亶洲。亶洲在海中，……其上人民，時有至會稽貨布。會稽東縣人海行，亦有遭風流移至亶洲者。所在絶遠，卒不可得至，但得夷州數千人還。

陸遜傳有：

權欲遣偏師取夷州及珠崖，皆以諮遜。遜上疏曰：臣愚以為四海未定，當須民力以濟時務。今兵興歷年，見衆損減，陛下憂勞聖慮，忘寢與食，將遠規夷州，以定大事。臣反覆思惟，未見其利。萬里襲取，風波難測。民易水土，必致疾疫。今驅見衆，經涉不毛，欲益更損，欲利反害。又珠崖絶險，民猶禽獸，得其民不足濟事，無其兵不足虧衆。今江東見衆，自足圖事，但當畜力而後動耳。……權遂征夷州，得不補失。

全琮傳又有：

初權將圍珠崖及夷州，皆先問琮。琮曰：以聖朝之威，何向而不克？然殊方異域，隔絶障海，水土氣毒，自古有之。兵入民出，必生疾病，轉相污染，往者懼不能反，所獲何可多致？猥虧江岸之兵，以冀萬一之利，愚臣猶所不安。權不聽。軍行經歲，士衆疾疫死者十有八、九，權深悔之。

孫權傳只記征夷州及求亶洲事，而未明載目的。後二傳爲記阻諫遠規夷州事，並略陳其理由；約爲：一、國內經營爲首要；二、距離遙遠；三、水土瘴癘；四、恐得不補失。然自陸遜、全琮之諫言，有「臣反覆思惟，未見其利」，「欲益更損，欲利反害」，「以冀萬一之利」等言，可知征夷州，自亦非全無目的，當在求取國家的利益，開疆拓土，並謀展貿易場也。

隋煬帝雖好大喜功，但其交通海外亦非無目的之擧，北史卷八十三南蠻傳所記，可以看出：

> 至於林邑、赤土、眞臘、婆利，則地隔江嶺，莫通中國。及隋氏受命，剋平九州，煬帝纂業，威加八荒，甘心遠夷，志求珍異。故師出流求，兵加林邑。

其通海目的，蓋在於搜求珍異也。隋書流求國傳亦謂：「煬帝令羽騎朱寬入海，求訪異俗」，亦非「好大喜功」一語可以蔽之也。

從上述，我們可推定三次的武力經營，雖亦有臣服遠夷的政治意圖，但亦均具有開拓新市場之用意。

三次遠征，均無所成，我們且看其失敗程度如何？關於孫吳之征夷州，吳志全琮傳，記曰：「軍行經歲，士衆疾疫，死者十有八、九，權深悔之」。吳志孫權傳却說：「得夷州數千人還」。

隋征流求，記載較詳。曰：

> 〔大業六年（西元六一〇年）二月〕，武賁郎將陳稜、朝請大夫張鎭州擊流求，破之。獻俘萬七千口，頒賜百官。（隋書卷三煬帝紀）

> ……。遣人慰諭之，流求不從，拒逆官軍。稜擊走之，進至其都，頻戰皆敗，焚其宮室，虜其男女數千人，載軍實而還。自爾遂絕。（隋書卷八十一流求國傳）

又有：

……稜率衆登岸，遣鎮周為先鋒。其主歡斯渴刺兜遣兵拒戰，鎮周頻擊破之。稜進至低沒檀洞，其小王歡斯老模率兵拒戰，稜擊敗之，斬老模。其日，霧雨晦冥，將士皆懼。稜刑白馬以祭海神。既而開霽，分為五軍，趣其都邑。渴刺兜率衆數千逆拒，稜遣鎮周又先鋒，擊走之。稜乘勝逐北至其柵。渴刺兜背山而陣，稜盡銳擊之。從辰至未，苦鬬不息。渴刺兜自以軍疲，引入柵。稜遂填塹，攻破其柵。斬渴刺兜，獲其子島槌，虜男女數千而歸。帝大悅，進稜位右光祿大夫，武賁如故。（隋書卷六十四陳稜傳）

至於元世祖的招撫，似因楊祥、吳志斗、阮鑒等輩意見不一，未得要領，其事跡也頗爲含糊。元史瑠求傳謂楊祥等於至元二十九年（西元一二九二年）三月二十九日舟行，「是日已時」已見洋中正東「有山長而低者」。祥稱是瑠求國，鑒謂：「不知的否」？已時的「已」當爲「巳」字之誤。自閩海岸出航至巳時之刻，舟行尚不到半日程，故其所見，似非臺灣。然究指何島，殊難確定。其後四月二日楊祥等始抵澎湖。但楊祥與吳志斗等發生齟齬，楊祥堅稱已到目的地，吳志斗等則持異議，但未能說服楊祥，志斗竟失蹤。故可知祥等並未完成赴瑠求的任務，而招諭亦終毫無所成。由此可知其時關於臺灣的知識，雖已爲人所知，但却甚不普遍。嗣後，成宗從福建行省平章政事高興之請，派遣省都鎮撫張浩、新軍萬戶張進再試事瑠求之招撫。由於僅有小規模之軍事行動，故只禽獲一百三十餘人而已。

如上所述，此三次的經營，除孫吳的征夷州，因疫疾遭受損失外，軍事上均不能謂一無所獲。但若就經濟方面而言，則可謂徒勞而無功了。我們在上文經已指出，歷代的海外遠征招撫是覓求珍貴奇物，開闢新市場爲目的。然當時之國際貿易所重視商品是香藥、犀角、象牙、瑠璃、琥珀、眞珠等物爲主，而臺灣對此却毫無出產。如諸蕃志謂：「產無奇貨，商賈不通」，是臺灣其時還沒有作爲市場的價值。故由何蠻、朱寬或楊祥、吳志斗等若干海上冒險家、探險家所發動的經略，自不能有成功。吾人以爲倘若臺灣有此類珍物奇貨之出產，則想孫權可能不「深悔之」而以爲「得不補失」；隋煬帝將不因獲生口頒賜文武各官而大悅，但對流求却「自爾遂絕」；而元世祖對楊祥等糊塗行徑，亦將不至於不問而了事。

六　元代臺灣的知識與東洋針路的開拓

元政府的二次招諭雖云無成，但其時民間商賈漁人在臺灣海峽的活動，却有進展。元順帝時，汪大淵附搭海船，遠遊南洋及印度洋諸國，就其見聞寫成島夷誌略一書。其中關於澎湖謂：

彭湖：島分三十有六，巨細相間，坡隴相望，乃有七澳居其間，各得其名。自泉州順風二晝夜可至。有草無木，土瘠不宜禾稻。泉人結茅爲屋居之。氣候常暖，風俗朴野，人多眉壽。男女穿長布衫，繫以土布。煮海爲鹽，釀秫爲酒，採魚、蝦、螺、蛤以佐食。爇牛糞以爨，魚膏爲油。地產胡麻、綠豆。山羊之孳生，數萬爲群，家以烙毛刻角爲記，晝夜不收，各遂其生育。工商興販，以樂其利。地隸泉州晋江縣。至元年間立巡檢司，以週歲額辦鹽課中統錢鈔一十錠二十五兩，別無科差。

據是，可知：其時澎湖有相當人數的泉州人到澎湖定居，半耕半漁，並有商販的往來，而已置官設治了。又關於琉球（即臺灣），云：

琉球：地勢盤穹，林木合抱，山曰翠麓、曰重曼、曰斧頭、曰大峙。其峙山極高峻，自彭湖望之甚近。余登此山，則觀海潮之消長。夜半，則望暘谷之出日；紅光燭天，山頂為之俱明。土潤田沃，宜稼穡。氣候漸暖。俗與彭湖差異。水無舟楫，以筏濟之。男子、婦人拳髮，以花布為衫。煮海水為鹽，釀蔗漿為酒。知番主酋長之尊，有父子骨肉之義。他國之人，倘有所犯，則生割其肉以啖之，取其頭懸木竿。地產沙金、黃豆、黍子、硫黃、黃蠟、鹿豹麂皮。貿易之貨，用土珠、瑪瑙、金、珠、粗碗、處州磁器之屬。海外諸國，蓋由此始。

按早期有關臺灣的記載，多抄襲隋書。諸蕃志雖有若干特有記述，但亦仍多承隋書，惟汪大淵此文大異於前者；即諸蕃志獨有之記述亦未予襲錄。又作者言曾登「大峙山」，故汪氏想曾親歷其地。所記云：「自彭湖望之甚近」，可知乃指相當於臺灣西南部之地而言，當無疑。又「翠麓」、「重曼」、「斧頭」、「大峙」等山名及「貿易之貨，用土珠、瑪瑙、粗碗、處州磁器之屬」之記載，均島夷誌略之新記述；而由此可知：在南宋末，仍謂「產無奇貨，商賈不通」之臺灣，元末時雖無寶貨之產出，却已有國人行販其地了。

其中特別值得我們重視者，爲其末句之「海外諸國，蓋由此始」一語。按中國的航海事業，自唐朝中期以後，受波斯、阿拉伯等之賈舶來航的刺戟，頗趨發達，已經常往來於南洋及印度洋諸國。於是對這些往來頻繁的諸國，在地理上便予以「東洋」及「西洋」之分㊃。雖然早在宋周

㊃ 山本達郎：東西洋といふ稱呼の起源に就て（東洋學報第二一卷第一號，日昭和八年一〇月）。宮崎市定：南洋を東西洋に分つ根據に就いて（東洋史研究第七卷第四號，日昭和十七年八月）。

去非撰嶺外代答一書中，已有「東南諸國」、「西南諸國」；「東南海上諸國」、「西南海上諸國」等對立的名稱，但東洋、西洋之語詞，見於載籍，却始於島夷誌略。蓋諸著誌一書，仍未有東洋、西洋之用例也㈣。島夷誌略崑崙條，記云：

……下有崑崙洋，因是名也。舶販西洋者，必掠之，順風七晝夜可渡。

古里佛條記：

當巨海之要衝，去僧加剌密邇，亦西洋諸馬頭也。

爪哇條記：

爪哇即古闍婆國。門遮把逸山係官場所居。宮室壯麗，地廣人稠，寧甲東洋諸國。

毗舍耶條又記：

僻居海東之一隅。山平曠，田地少，不多種植。氣候倍勢。俗尚虜掠。……國無酋長。地無出產時，裹乾糧，棹小舟，過外番，伏荒山窮谷無人之境。遇捕魚採薪者，輒生擒以歸，鬻於他國，每人易金二兩重。蓋彼國之人，遞相倣傚，習以為業。故東洋聞毗舍耶之名，皆畏而逃焉。

其時西洋僅指印度南部之極爲狹小的區域；東洋則包括爪哇以及其北方的相當廣濶的地域。其後國人因關於南海知識的精細之不同，東西洋的含義略有不同；明初鄭和七次出使，即爲頗顯著的事實，以後西洋所包括之區域擴大，殆指鄭和所經往全部之地。至萬曆，張燮撰東西洋考

㈣ 上引真德秀文中，雖有「東洋」之語，但未有以「西洋」並稱，故似僅指東方海洋之意。

時，東洋與西洋則分別指於東洋針路與西洋針路所經諸國了。

西洋針路即如前所說指自中國海口啓椗，沿大陸海岸，經中南半島到馬來半島的南端，轉蘇門答臘島，而從蘇門答臘島向東至爪哇，峇里（Bali）、帝汶（Timor）等地；或再折至婆羅洲的西南沿岸之一路線。

關於東洋針路，東西洋考卷九云：

> 太武山（用辰巽針七更，取彭湖嶼）；彭湖嶼（是漳、泉間一要害地也。多置游兵，防倭於此。用丙巳針五更，取虎頭山）；虎頭山（用丙巳針七更，取沙馬頭澳）；沙馬頭澳（用辰巽針十五更，取筆架山）；筆架山（遠望紅豆嶼，並浮甲山，進入為大港）大港……。

虎頭山，據續修臺灣府誌卷一山川條云：

> 虎頭山：在縣治東三十五里。

應指今臺南東方之山；沙馬頭澳當是沙馬磯頭山，府誌又謂：

> 沙馬磯頭山：在縣治南三百七十里。巃嵸磅礴，直抵海中。呂宋往來船，皆以此山為指南。

即指今恒春之西南岬貓鼻頭。浮甲山、筆架山當在巴旦（Batan）和白蒲延（Babuyan）諸島中。大港，勞法（Laufer）氏認爲乃馬尼拉，但東西洋考卷五呂宋傳交易條，云：

> 大港是東洋最先到處，彼中一大部落也。砌石為城，佛郎機以酋來鎮。米穀繁盛，他產不過皮角之屬。未至港，有筆架山。

又荷蘭據臺時的大員商館日誌西元一六三七年（明崇禎十年）三月四日條謂：中國商人Hambuang

致臺灣長官函中謂，渠與 Joxim 二人，擬儘早以戎克船二艘赴呂宋北端，中國人號稱 Toacan（大港）之處，爲公司收購鹿皮㊷。故大港應如和田清博士所說，其地當在卡迦揚地方的阿巴里（Aparri）㊸。

如上，東洋針路即自福建的港口放洋，向東南經過澎湖至大約現在之安平海面，再沿臺灣西南岸南下至臺灣南端的猫鼻頭，而望見紅頭嶼，而之浮甲山，而後經筆架山至呂宋島卡迦揚的阿巴里再沿呂宋島南下至民答那峨島；或轉東抵摩鹿加（Molucca）諸島；或取西經蘇祿（Sulu）列島而抵婆羅洲；或自呂宋經過巴拉望（Palawan）島抵婆羅洲的文萊之路線。

因爲所謂西洋諸國，位於西南亞細亞古文明國交通的要道上，或近於其分岐線；又物資豐富，故西洋針路頗早就發達，自漢代以來爲國際貿易航路的幹線或其支線。反之，東洋針路的發達却爲頗晚近之事。在西班牙佔據菲島之初，年僅有華舶二、三艘往返於中國與菲律賓群島之間，其往來趨於頻繁，乃西班牙人在菲島確立其地位以後之事。故「東洋諸國」迄至近世仍孤立於海中。

東洋針路的開創，究自何時始？關於此問題，和田清博士㊹與松田壽男氏㊺以爲：一、自

㊷ *Daghregister des Comptoirs Tayouan van 1 Nov. 1636-17 Oct. 1637.* [Koloniaal Archief, Nr. 1034bis] f864.

㊸ 和田清：明代以前の支那人に知られたるフイリツピン諸島（東洋學報第一二卷第三號；東亞史論叢）。

㊹ 同上，第五一三—五一四面。

㊺ 松田壽男：漢北と南海　日昭和一七年。第一六八—一六九面。

夷誌略一書，始有東洋、西洋之區別；二、麻逸國當即菲律賓的明多羅（Mindoro）島，三嶼即武蘇安加（Busuanga,）卡拉密安（Calamián）與巴拉望，而均見於諸蕃志。可知在宋時已爲國人所知，但其時似由西洋針路經婆羅州，再折至各該地者。在島夷誌略一書中，三嶼稱爲三島，且似經臺灣而抵該地。此似隱約表示東洋針路的起源，當不後於元順帝時。和田博士等之推定似可採信；然島夷誌略琉球條末句「海外諸國，蓋由此始」一語，乃其確證。此語釋爲琉球（即臺灣）是東洋針路的起點，而似未爲前人所提及。

史籍上所記最初之東洋針路利用者，應推曾侵襲過泉州沿岸的毗舍耶人。按一條航路的成立，原或由偶然的航行，與某地發生了接觸，之後變爲持久性的往來，始成爲航路。故毗舍耶人一時的侵襲，對於漢人的開拓東洋針路，可謂不無貢獻，惟不能認爲開拓東洋針路動因的全部；蓋須有國人主動地經東洋針路至「東洋」諸國交通後，始能成爲航路。筆者認爲東洋針路的開拓，與國人往來臺灣甚具密切關係。茲披述如下：

一、漢人開拓澎湖，成爲漁業根據地以後，其捕撈的範圍，自不限於福建、澎湖間的海域；越此界而拓展至澎湖、臺灣間的海面，嗣後順次擴張至臺灣西南部的沿岸乃爲極自然之事。元史列傳卷九十七瑠求條云：

彭湖諸島與瑠求相對，亦素不通。……西南北岸皆水，至彭湖漸低。近瑠求則謂之落漈。漈者，水趨下而不回也。凡西岸漁舟，到彭湖已下，遇颶風發作，漂流落漈，回者百一。

上文明白指出元代有漁舟在澎湖、臺灣本島間的海域活動。瑠求有落漈之說，除見於元史外並見於明一統志，續文獻通考等書；不過，後二者均爲襲抄元史者。故未有新增的記載。所謂「落漈」想是指臺灣海峽的黑水溝之險。在續修臺灣縣誌卷一地志，海道項曰：

黑水溝為澎、厦分界處，廣約六、七十里，險冠諸海。其深無底，水黑如墨，湍激悍怒，勢如稍窪。舟利乘風疾行，亂流而渡，遲則波濤衝擊，易致針路差失（按黑水溝有二：其在澎湖之西者，廣可八十餘里，為澎厦分界處，水黑如墨，名曰大洋。其在澎湖之東者。廣亦八十餘里，則為臺、澎分界處，名曰小洋。小洋水比大洋更黑，其深無底。大洋風靜時尚可寄椗，小洋則不可寄椗；其險過於大洋。此前輩諸書紀載所未及辨也）。

是故元史所云：「遇颶風發作，漂流落漈，回者百一」，不能視為全是虛構之事；似可表示：其時當與大陸沿海漁人橫越臺灣海峽開拓其漁場，擴展至瑠求之時間，相隔不遠。因此，致遭海難特多，遂有「落漈」之說。

二、臺灣西南沿岸，因有寒、暖流之關係，為極優良的沿岸漁業區。自澎湖，漁人將其活動擴展至臺灣西海岸時，此一地區成為主要漁場之一為極自然的事。現時烏魚旋網漁業為臺灣西南部沿岸漁業之一大宗。考其起源甚早，在明季已甚興旺㊻。烏魚有成群洄游之特性㊼，而追尋洄

㊻ 中村孝志：南部臺灣の鯔漁業のついて（天理大學學報第五卷第一號第一九—三六面）；漢譯參閱臺灣銀行經濟研究室編：臺灣經濟史二集第四三—五二面。
拙作：明代臺灣漁業誌略（臺灣銀行季刊第六卷第一期第一六九—一七五面；臺灣經濟史初集第三一—三七面）；〔本書第一五七—一七四面〕。
拙作：明代臺灣漁業誌略補說（臺灣銀行季刊第七卷第四期第二三二—二六三面；臺灣經濟史四集第一六—四七面）；〔本書第一七五—二五三面〕。

㊼ 中村孝志著北叟譯：荷領時代臺灣南部之鯔魚漁業（臺灣經濟史二集）第五〇—五一面譯者註。

游魚類的蹤跡，往往爲漁民發見航路和遷徙移動之動因。東洋針路的自澎湖至安平附近，南折至臺灣南端之一部份，恰與烏魚的洄游路線相符，而據記載此一段路程正是明末大陸沿海漁戶到臺灣捕撈烏魚的航線。因此，我們雖不能確定是烏魚漁業，但從這事例，可推測：南宋以後，如自澎湖進至臺灣西南沿岸，開拓新漁區時，其與東洋針路當有密切關係，似無疑。

三、在臺灣東部沿岸至臺灣西南部一帶，由先史時代遺跡之所示，有其共通的特徵。可能爲直接經巴士(Bashi)海峽之來自南方之文化。鹿野忠雄曾將臺灣的史前文化分爲七層，其中從臺灣東海岸諸遺址出土之文化，認爲乃由菲島傳入者，而名之爲菲律賓鐵器文化層。其傳入年代鹿野氏根據貝葉(Beyer)教授的編年，認爲屬菲律賓鐵器時代的後期(約在西元六〇〇—九〇〇年間)㊼。

菲島鐵器時代的人種，貝葉教授認爲乃屬馬來人，可分二型㊽。一爲北方型，即現居住於呂宋山岳地帶之居民，即：蓬托克(Bontok)、伊夫加奧(Ifugao)、伊哥洛托(Igorot)、丁義安(Tinguian)各族；一爲南方型，爲現在菲島文化的擔當者，包括毗舍耶(Visaya)、達加鹿格(Tagalog)、伊羅卡諾(Ilocano)、米科爾(Bikol)、彭彭加(Pampangan)、馮嘉施蘭(Pangasinan)、伊巴那格(Ibanag)、桑峇里(Sambali)諸族。中期鐵器文化似由這些北方型的半開化馬來人傳入於菲島；其初居住於海岸地方，後乃爲新來的開化馬來人所逐，而轉移徙居於山地。晚期鐵器文化與中期之間，不能截然分開；同時晚期鐵器文化與次期瓷器時代之交替

㊼ 鹿野忠雄著，宋文薰譯：臺灣考古學民族學概觀，第一一五面。

㊽ Beyer's *Table of Philippine racial ancestry*, 1918, rev. in 1923 and 1930. *Quoted in* Kalaw, M. M.: *An introduction to Philippine social science*. Manila, 1938. p. 31.

，在各地之時間亦不相同。惟晚期鐵器文化的傳入於菲島及開化馬來人的渡來，學者多認為在於室利佛誓（Śrīvijaya）和滿者伯夷（Madjapahit）兩帝國的興隆期之前後[50]。

按南洋各地的高度文化，因深受印度文化的影響而發達。南海印度文化諸國中，以蘇門答臘島巨港（Palembang）為中心的佛教帝國 Śrīvijaya（中國文獻唐時作室利佛逝國，後作三佛齊）最盛[51]。勃興於西曆七世紀後半期，據東西交通的要衝，獨佔貿易之利，而稱霸南海。最盛時，馬來諸島均在其勢力下，可能其時菲律賓亦為其所控制。毗舍耶（Visaya）的名稱，或謂即起自室利佛逝（Śrīvijaya）帝國之名稱。八世紀中葉以後，國勢衰頹，而由爪哇中部之賽連陀拉（Śailendra）王朝取代之。至宋初受印度東南岸 Chola（注輦國）的入侵而滅亡。嗣後復淪為 Jambi（詹卑）之屬地。爪哇物產豐富，自古為南海貿易要地。十三世紀初，爪哇東部有都馬佩（Tumapel）王國之勃興，逐漸發展，開創婆羅門帝國滿者伯夷王朝，征服爪哇全島，併馬都拉（Madoera），收峇里，至十四世紀時，南海全域殆盡在其掌握之下。

在這種南海霸權興替移轉之中，菲島自不免受其影響；開化馬來人的渡來，印度文化的浸透，引起了菲島內部之民族的興代，落伍民族被驅逐於山區，或被逼迫於別島。

[50] Kalaw, M. M.: *op. cit.*, p. 52.

[51] 桑田六郎：三佛齊考（臺北帝國大學文政學部史學科研究年報第三輯）。
桑田六郎：三佛齊補考（臺北帝國大學文政學部史學科研究年報第五輯）。
桑田六郎：三佛齊考附補考（南方人文研究所論叢第一輯）。
費瑯著馮承鈞譯：蘇門答剌古國考，臺灣商務印書館（史地叢書）。

據藤田安二氏的研究[三]，臺灣土著民族的植物名彙中，有數語起源於梵語及南方塔米耳(Tamil)語，則可視爲印度文化北漸的餘波，曾間接波及於臺灣。由於開化馬來族的北進，引起了屢次的原始馬來人的遷移；而在其過程中，可能亦曾影響及於臺灣，爲臺灣東海岸南洋系統民族入植之一因。

自菲律賓經巴丹諸島至臺灣的民族移徙，除上述原因以外，可能這些漁撈民族先因偶然的漂流，後因小島嶼之人口過剩，乘暖流，向北開拓其新漁場，亦爲其一因。諸蕃志曾有談馬顏的記載，則菲島民族之移動來臺，建設其殖民地，在南宋時已爲漢人所知了。然其時可能乃自卡迦揚經巴丹諸島、紅頭嶼而至臺灣東部、西南部之間；且其往返比現在較密切。故毗舍耶人的時常寇掠，想不過是乘熟路侵襲而已。

漢人漁民在臺灣西部開拓其漁場後，與漁場附近的土著民之間，自不免要發生某一程度之接觸，故自有交易的現象之產生。這種交易關係諸蕃志尚未有記載，而島夷誌畧之時代已發生了。這種交易關係發達，自會依土人來往的航路，再擴展至菲島，可促進所謂「東洋針路」之形成。如上述，我們可推測，臺灣和大陸之關係，乃自南宋以來，因漁戶的活動日趨發達。先則有橫越臺灣海峽的航路之形成；其後復延長至包括臺灣、菲島間之一段，亦促進了臺灣、大陸間的

[三] 藤田安二：各地に於けるキンマの土名に就いて（臺灣博物學會報第二六卷第一五一號第一九〇—一九六面，日昭和一一年四月）。
藤田安二：古事記植物考（同誌第三〇卷第二〇〇—二〇一號第二四五—二四七面，日昭和一五年六月）。
藤田安二：林投の土名に關する一考察（同誌第三二卷第二二八—二二九號，第三二一—三二三面，日昭和一七年一〇月）。

關係進展。島夷誌略彭湖條所說，在澎湖有「工商興販，以樂其利」，或者已指經東洋針路與「東洋諸國」間營轉販貿易亦未可知。不過，元史仍記：「澎湖諸島與瑠求相對，亦素不通」；「瑠求在外夷最小而險者也。漢以來，史所不載。近代諸蕃市舶，不聞至其國」，可知：臺灣與大陸間雖日漸趨於緊密，但其關係仍限於福建局部之民間，其交易的量與質，亦尚未引起了一般的注目。

七　明初之放棄澎湖

明代自太祖起，即精勵圖治，並鑑於倭寇、海盜為患，為維持治安，鞏固新政權起見，更強化自前代以來的貿易統制；即在原則上只准朝貢的貿易，而拒絕外國商賈的來航。嗣後對於貢期、貢道、貢船及人數之規定更為繁細。又顧慮一般國人民商的販海通夷，可能因之勾引倭寇，激起海盜，故對海防亦至留意，甚至禁止國人下海通蕃；其對外政策轉為頗消極的。於是為維持治安計，將自南宋、元朝以來，已隸於版圖的澎湖亦予以放棄。陳懋仁撰泉南雜志卷上引泉郡志云：

東出海門，舟行二日程，曰彭湖嶼。在巨浸中，環島三十六，如排衙然。昔人多僑寓其上，苫茅為廬，推年大者為長，不蓄妻女，耕漁為業。牧牛羊，散食山谷間，各剺耳為記，訟者取決於晋江縣。城外貿易，歲數十艘，為泉之外府。後屢以倭患，墟其地。或云抗于縣官，故墟之。今鄉落屋址尚存。㉟

㉟　按明代泉州府志的纂修，初修於嘉靖四年，次即於隆慶二年重修，後再於萬曆四十年重修。泉南雜誌所載泉郡志文與萬曆重修泉州府志校對，即萬曆志在「環島三十六」之後面，沒有「如排衙然」四字，故陳懋仁所引泉郡志，可能是隆慶郡志或嘉靖修府志。

就其放棄澎湖原因列有倭寇和抗官二說，而沒說其年代。

關於徙民墟地的年代，臺灣志書中有各種的說法。

一、洪武五年（西元一三七二年），因澎湖居民叛服不常，徙置於漳泉間之說。見於黃叔璥撰臺海使槎錄卷一赤嵌筆談形勢項，曰：「彭湖一名彭蠡湖。樵書二編：彭蠡湖嶼，環島三十六。洪武五年，以居民叛服不常，遂大出兵，驅其大族，徙置漳、泉間」，係原引自樵書二編的。抄襲此說者，有：范咸重修臺灣府志與余文儀續修府志，均見於卷一封域志建置項；胡建偉修澎湖紀略卷之三官師紀建官項；澎湖廳誌卷二規制志建置沿革項，均有大致相同的記載。

二、洪武五年，由湯和經略海上，徙民墟地之說。見於胡建偉的澎湖紀略卷之二地理紀建置項，謂：「明洪武五年，信國公湯和經略海上，以澎湖島居民叛服靡常，因盡徙歸內郡，置於漳、泉之間，廢巡檢而墟其地」。抄襲此說者，有：李元春撰臺灣志略，見於卷一地志；續修臺灣縣誌卷一地志建置項；澎湖廳誌卷十一舊事志紀兵項。

三、洪武五年湯和議徙，至洪武二十一年（西元一三八八年）徙民墟地。此說也見於臺海使槎錄。其卷二赤嵌筆談武備項，引顧祖禹的讀史方輿紀要，曰：「洪武五年，湯信國經略海上。以島民叛服難信，議徙近郭。二十一年，盡徙嶼民，廢巡司而墟其地」。襲此說者，有范咸重修府誌與余文儀續修府誌，見於其卷一封域志建置附考；重修臺灣縣誌卷一疆域志沿革項；澎湖廳誌卷二規制志建置沿革附考等。

四、僅說由湯和而沒有年代者，有：明陳仁錫撰皇明世法錄卷七五澎湖圖說，曰：「我朝信國，以島中餘民，叛服難諶，故徙之以實內，湖中虛無人矣」。又澎湖廳誌卷五武備志營制，謂：「明洪武初，信國公湯和，經略海疆，棄如敝蹝，以致海盜跳梁」。

五、由周德興，墟地徙民之說。記此說者有諸羅縣誌和藍鼎元的平臺紀略。諸羅縣志卷七兵防志總論曰：「明初漳、潮間有深澳（即南澳）、泉屬有澎湖，江夏侯周德興皆遷其民而墟之，且塞深澳之口，使舟不得入；慮島嶼險遠，勞師而匱餉也」。藍鼎元云：「如澎湖、南澳皆爲海外荒陬，明初江夏侯周德興皆嘗遷其民而墟其地，其後皆爲賊窠，閩廣罷敝。及設兵戍守，迄今皆爲重鎭」[54]。

六、僅說明初或洪武初者，有：胡格的澎湖志略，謂：「明洪武初，徙其民於近郭，遂墟其地」。朱景英撰海東札記、丁紹儀撰東瀛識略等均有大致相同記事。

七、於嘉靖年間，以地遙遠而放棄之說。見於高拱乾修臺灣府志，曰：「明嘉靖間，澎湖屬泉同安，設巡檢守之。旋以海天遙阻，棄之」。周元文重修臺灣府志及陳文達修臺灣縣志均同樣記事。

八、明季，因催科不便而放棄之說。見於林謙光撰澎湖紀略，云：「澎湖，舊屬同安縣。明季，因地居海中，人民散處，催科所不能及，乃議棄之。後內地苦徭役，往往逃於其中；而同安、漳州之民爲最多」。

這幾種說法中，最爲衆所周知者，爲一、二、三、等說。四、與六、是其刪略，無需討論，七、與八、均以爲嘉靖年間或明季，與事實不符，不足採用。臺灣各志書中採用一、及三、者均

---

[54] 臺灣銀行經濟研究室編臺灣文獻叢刊第一四種，第三一面。

抄自臺海使槎錄，而一、原引自樵書二編，三、即引自顧祖禹的讀史方輿紀要卷九十九之彭湖嶼條。按顧祖禹生於崇禎四年（西元一六三一年），讀史方輿紀要一書是他於順治十六年（西元一六五九年）著手編纂，經二十年，至康熙十七年（西元一六七八年）始完成的。至於樵書二編，因黃叔璥撰臺海使槎錄為治臺灣史重要文獻，許多臺灣方志頗多徵引，而使槎錄尚在水程項，對於「更」也有引樵書二編。故對這本樵書甚想知道其究竟，卻未見有人提起，不知其詳。後在四庫全書總目卷一三二子部雜家類存目九，見有「倘湖樵書」十二卷的著錄，曰：

> 倘湖樵書十二卷（安徽巡撫採進本）。明來集之撰。集之有讀易隅通已著錄。是書初編六卷；二編六卷。皆採摭唐宋元明諸家之說，以類相從，排纂其文，而總括立一標目；或雜引古書而論之；或先立論而以古書證之。徵摭繁富，頗有考證之處，而細大不捐，蕪雜特甚。……

按來集之，字元成，蕭山人，崇禎庚辰十三年（西元一六五六年）進士，官安慶推官。在四庫全書總目尚有「博學彙書十二卷」等的著錄。筆者疑以為樵書即倘湖樵書，惟國立臺灣大學、中央研究院歷史語言研究所和國立中央圖書館，均無藏有此書，而南港的中央研究院藏有一部博學彙書。於是順便借閱，卻知道：博學彙書十二卷，也分為初編六卷，二編六卷共十二卷。版心刻有「倘湖小築」四字，有康熙二十二年（西元一六八三年）十月毛奇齡序及康熙壬戌（二十一年）十月來集之自序。其二編卷九之上，有「遷海」一項，之中，恰好有臺海使槎錄所引放棄澎湖的文字，云：「按彭蠡湖嶼，環島三十六。洪武五年，以居民叛服不常，遂大出兵，驅其大族，徙置漳、泉間」。同書卷九中「海程」一項，亦有「更」的記載，惟文字略有差。因此，更相信臺海使槎錄所引樵書二編，當即「倘湖樵書」二編。後翻查目錄，獲知日本內閣文庫藏有一部倘湖樵書，日本京都大學人文科學研究所藏有一部博學彙書。於是民國四十七年十月曾函請中村孝志教授代為查閱；十二月接到覆信，證實倘湖樵書載有使槎錄所引原文，而與博學彙書文字相同㉟。可知放棄澎湖的第一說與第三說均引自清初文獻，而二、似為一、與三、之折衷。一、二、三、各說

㉟ 據中村孝志教授函告：內閣文庫本倘湖樵書，是乾隆戊申（五十三年）來集之玄孫來廷楫等重刊本。卷端即：「蕭山來元成先生纂輯倘湖樵書乾隆戊申重鐫，慎儉堂藏板」。卷首有毛奇齡序：「康熙二十二年十月同邑西河後學毛奇齡頓首拜撰並書」，次為來集之自序：「康熙壬戌（二十一年）十月來集之自識於嘯山堂」；兩篇序文均是草書。初編是卷一至卷六；二編即卷七至卷十二。卷末有：「乾隆五十三年戊申倘湖元孫來廷楫、同族來肇畿、來大夏、來翔然、來萃、來嘉楠重鐫；來嘉佑合校」。京都大學人文科學研究所的博學彙書，卷首缺毛序，來集之自序即：「康熙癸亥（二十二年）十月來集之自識於嘯山堂」。京都大學藏本似曾散落後，再裝訂為十二冊，卷末略有缺葉，故卷首或亦原有缺頁。版心與樵書一樣有「倘湖小築」四字。京大本博學彙書本文有標點，而內閣文庫本倘湖樵書無標點。南港中央研究院歷史語言研究所藏「博學彙集」即裝為二十四冊。毛奇齡序：「康熙二十二年十月同邑西河後學毛奇齡頓首拜譔並書」，自序：「康熙壬戌（二十一年）十月來集之自識於嘯山堂」。即南港本的自序年代與內閣文庫本樵書相同，而與京大本即相差一年。一在東京，一在京都和臺灣，故無法同時對校，但據中村教授云：據他所翻閱的印象，雖內閣文庫本樵書與京大本博學彙書序文略不同，但兩書本文似完全相同。又京大本博學彙書卷末有范經暉的題記，云：「來集之，字元成。雍正（按雍正當為崇禎之誤）朝進士。司李皖城，有經濟才。左良玉心折之。馬士英亦稔其才，薦授兵科給事。時馬、阮比周，恥附其門。士英恚，改樞部。未幾晉太常少卿。歸蕭山。初壬午分校南畿得士戚藩等九人，海內咸推公明馬。生平博極群書，所著有：易圖親見、讀易隅通、卦義一得、春秋志莊四傳、權衡、樵書初二編、南行載筆、彙書初二編其殿也。所刊各籍板行，早經散失，書亦留存無幾。可嘆也夫！光緒丁未歲仲春之月蕭山范經暉誌于廉讓舊廬之如如室」。樵書在黃叔璥撰寫臺海使槎錄時，似是當時極普通的類書，後似流傳不多，現時不多見。

歸納起來，可以說：放棄澎湖，其年代有洪武五年和洪武二十一年之說，而由湯和經營或從其建議。但我們如對湯和的事蹟，略加以考察，却可發現：以湯和於洪武五年（西元一三七二年）經略海上，放棄澎湖，或議棄澎湖一事，似有問題。按湯和於元末從太祖朱元璋經略江南，張士誠敗亡後，丁未年（元順帝二十七年，西元一三六七年）十月拜征南將軍，討方國珍而定浙東；伐陳友定而平福州；再進而陷漳、泉、延平，並執友定；翌年洪武元年（西元一三六七年）師還明州。其八月拜偏將軍，從大將軍徐達北伐，二年九月自平涼還京。三年正月再任右副副將軍，從徐達敗擴廓帖木兒定寧夏；十一月封中山侯；四年(西元一三七一年)拜征西將軍，溯江伐四川夏王明昇。但五年正月以後又從徐達等三次北征，討伐逃亡於塞外之元朝遺裔，迄至洪武十四年（西元一三八一年）十年間，殆均致力從事於北邊的經營。其間，於十一年正月進封信國公。十六年（西元一三八三年）坐鎭於四川永寧，十七年正月受命防倭，巡親浙閩沿岸。故湯和於洪武五年經略海上，放棄澎湖；或議徙民棄澎湖，卻與史實不符。所謂湯和經略海上，未知何指？討伐方國珍、陳友定則當在洪武元年以前；但若防倭事，則應在洪武十七年以後。

按倭寇的襲掠沿海一事，元代以來多在高麗、山東海面。迨元末明初甚爲猖獗，且逐漸南移，江浙福建等地亦時遭寇掠。太祖實錄有如下諸記載：

洪武三年六月。是月倭夷寇山東，轉掠溫、臺、明州傍海之民，遂寇福建沿海郡縣。福州衛出軍捕之。獲倭舡一十三艘，擒三百餘人㊱。

㊱ 太祖洪武實錄卷五十三。

洪武五年六月丙戌。倭夷寇福州之寧德縣[57]。

洪武五年八月甲申。詔浙江福建瀕海九衛，造海舟六百六十艘以禦倭寇[58]。

洪武八年四月丙申。命靖寧侯葉昇巡行溫、臺、福、興、漳、泉、潮州等衛，督造防倭海船[59]。

洪武十七年正月壬戌。信國公湯和巡視浙江、福建沿海城池，禁民入海捕魚，以防倭故也[60]。

洪武二十年四月戊子。命江夏侯周德興往福建，以福、興、漳、泉四府民戶，三丁取一，為緣海衛所戍兵，以防倭寇。其原置軍衛，非要害之所，即移置之。德興至福建，按籍抽兵，相視要害，可為城守之處，見圖以進。凡選丁壯萬五千餘人，築城一十六，增置巡檢司四十有五，分隸諸衛，以為防衛[61]。

洪武二十年六月丁亥。廢寧波府昌國縣，徙其民為寧波衛卒。以昌國瀕海，民嘗從倭為寇，故徙之[62]。

---

[57] 太祖洪武實錄卷七十四。

[58] 同書卷七十五。

[59] 同書卷九十九。

[60] 同書卷一百五十九。

[61] 同書卷一百八十一。

[62] 同書卷一百八十二。

洪武二十年六月甲辰。徙福建海洋孤山斷嶼之民，居沿海新城，官給田耕種。從左參議王鈍請也[63]。

洪武二十年十一月己丑。信國公湯和奏言：寧海臨山諸衛濱海之地，見築五十九城。籍紹興等府民四丁以上者以一丁為戍兵，凡得兵五萬八千七百五十餘人。先是命和往浙西沿海，築城籍兵戍守，以防倭寇，至是事畢還奏之[64]。

據上所引，我們可知：

一、湯和巡視海上防衞倭寇，有洪武十七年（西元一三八四年）與二十年（西元一三八七年）二次。第一次之巡視地域爲浙江福建沿海。第二次之巡視却僅至浙西而止。

二、周德興巡視沿海，爲洪武二十年，經營福建之福、興、漳、泉四府。

三、洪武二十年間巡視海上防務，分別由周德興經營福建；湯和經營浙西沿海地區。兩人均從事築寨設衞，籍民戍守，防衞工作頗費致力。

四、關於福建的防務，湯和於十七年有禁出海之舉。然洪武二十年實施福建之徙民墟地，却是在周德興籌劃時，從王鈍之請。

據上引明實錄洪武二十年六月甲辰條和顧祖禹等之記載，可推知放棄澎湖之年代，當在洪武二十年間。關此吾人自下列事例，亦可資參證。萬曆重修泉州府志卷二輿地志中：「曰古浪嶼。

---

[63] 同書卷一百八十二。

[64] 同書卷一百八十七。

……洪武二十年以此嶼與大登、小登俱在海中，徙其居民，入附各里居住，遂虛其地。成化間復舊」。又在顧祖禹的讀史方輿紀要之中，亦記有頗多衞所、巡司均爲周德興於二十年設置之記載外，並云：「大登嶼。在縣東南海中。又南有小登嶼，皆廣六、七里。其西有鼓浪嶼及夾嶼，舊皆有民居。洪武二十年悉遷入內地。成化以後漸復舊土」。從上面所述，可推知。澎湖於洪武二十年，因防倭計，曾有過徙民墟地之舉。而洪武五年之說，可能與洪武五年福建興造海舟以備倭之事，結合而得之訛傳。以爲由湯和經營海上，徙民墟地之說，可能是嘉靖年間，倭寇海盜猖獗，沿海居民頗受其害，而江浙受禍尤甚。後經朱紈、王忬、張經、胡宗憲、兪大猷、戚繼光等極力征剿，始能戡定。在這時期，有頗多論剿倭防海之議。論者均指摘武備廢弛，而江浙沿海防倭衞戍是湯和所規劃，多追思其功。因之，湯和的名字與明初海防連結起來，由其名聲隆赫，蔽遮了其他周德興等名聲，致有此說。然許多都以爲湯和所經營，而只第四說以爲是周德興。諸羅縣誌是由知縣周鍾瑄主修，聘漳浦人陳夢林編纂；平臺紀略撰者藍鼎元也是漳浦人，故第四說都是閩南人士的著作，却值得尋味的。

由於沿海居民總須靠海以爲生。故明當局的這種漁民被禁出海，而澎湖居民被迫遷居於內地之政策，自不能爲居民所恪守。尤以澎湖，因其地在海中，催科所不及，故其後自亦不免有大陸上之逃亡漁戶，復隱匿其間，於是乎澎湖又漸成爲福建沿海漁民的移居地和漁場。

太祖的限制國際貿易和海禁之消極政策，雖具有維持治安的意義以外，亦有抑止自宋元以來所育成的商品經濟的發達，將元代之重商政策復爲傳統之重農政策，故以海上活動爲其經濟命脈的沿海地方，尤其是福建漳泉一帶自不免蒙受鉅大的影響。如吾人在前文經有所述，漳泉一帶山多田少，地盡斥鹵，故一般居民不得不以海爲田，在海上謀生計。又福建的農業，因氣候、土壤及雨量等之關係，農作物中以茶、甘蔗等商品農作物較占優越條件。況且福建自唐宋以來，即以泉州爲中心對外貿易，宋末以迄元代期間，臻於極盛。明代遽逢政府禁制，不但港口趨於衰落，整個地方亦因之貧窮。故政府雖因重國防，而絕市舶禁販海，屢頒禁令，如：

洪武十四年（西元一三八一年）十月己巳。禁瀕海民私通海外諸國[65]。

洪武三十年（西元一三九七年）四月乙酉。申禁人民無得擅出海，與外國互市[66]。

永樂二年（西元一四〇四年）正月辛酉。禁民下海。時福建瀕海居民，私載海舡，交通外國，因而為寇。郡縣以聞。遂下令禁民間海船，原有海船者悉改為平頭船，所在有司防其出入[67]。

但仍不能杜絕居民之向外發展，即頗多形成私自擁有武力的變相的走私商人團。亦有下海通番，而往往不得歸還，遂僑居於海外者。政府之此一政策在相反之一面，且成爲一促進動力，使僑居海外之國人數目自明初逐漸增加[68]。

在永樂初年，沿海的海寇與海外的逃民，曾互通聲氣，騷擾沿海。太宗永樂實錄有下列諸段

---

[65] 同書卷一百三十九。

[66] 同書卷二百五十二。

[67] 太宗永樂實錄卷二十七。

[68] 藤田豐八：東西交涉史の研究　南海篇，第一三八——一三九面。

之記載：

永樂元年(西元一四〇三年)六月丁卯。泉州衛金門千戶所械送所獲海島逃兵至京師，言其數嘗刼掠海濱，請誅之。上曰：或者其初窘于貧，不然則有司失于綏撫，逃聚為盜，蓋非得已。命釋之。且問曰：尚有逃聚未歸者乎？對曰：多有之。因遣賫勅往諭之。……[69]。

永樂元年閏十一月辛酉。福建都指揮司言：比者海寇至牛嶺海。遣金門千戶所正千戶王斌、巡檢解廸督衆追捕。斌等生擒賊首八人，斬首十一級，賊被傷溺死者十三人。就遣斌等獻俘京師。上諭兵部議陞賞之，謫邊[70]。

永樂元年十二月丁丑。錦衣衛臣奏：福建送至海寇若干人，法當棄市。上曰：朕嘗許以不殺。今殺之，是不信；不信則後來者之路塞矣。俱宥之，謫邊[71]。

永樂二年六月癸酉。百戶李誠等，招諭流移海島軍民陳義甫等來歸。上嘉勞之。義甫等言：流民葉得義等尚在東洋平湖未歸。復遣誠及義甫賫勅往招諭之，謫邊[72]。

桑田六郎博士曾介紹永樂二年(西元一四〇四年)六月癸酉條之「東洋平湖」一節，並因武備志的

[69] 太宗永樂實錄卷二十一。

[70] 同書卷二十五。

[71] 同書卷二十六。

[72] 同書卷三十二。

所謂「鄭和航海圖」中，有「平湖嶼」於漳泉東方海上（參看下圖），故認為平湖即今之澎湖㉓。澎湖因其地接近大陸，向南可達「西洋諸國」，橫越到臺灣又可延伸到「東洋諸國」往北可通日本，為航海的要津；況且元末似即已為轉販基地。故由上引各例，加以判斷其時情勢，我們可推知：澎湖因政府棄之於版圖之外，反而復為「東洋」海域逃民蝟集之所。此等逃民當以走私海商和逃亡漁戶為主。因之成祖乃有招諭之舉。

招諭平湖的流民葉得義等之結果雖不得而知，但同在二年五月壬寅清遠伯王友充總兵官，曾率舟師，巡哨海道㉔，八月曾奏獲寇㉕。可知其時明廷因維持治安及肅清惠帝餘黨，對經略海上曾予注意。因此在這時期，又有徙民墟地之舉，乃不難於設想之事。

如上所記，明初放棄澎湖，徙民墟地，可能非止一次，而其原因列舉倭患與抗官之二說，似均屬可信。

永樂、宣德年間，鄭和曾七次出使西洋諸國，對外政策轉趨積極。由朝貢貿易的興盛，因禁海所引起的矛盾一時緩和下來。不過，這種傾向並未持久。宣德八年（西元一四三三年）㉖，正統十四年（西元一四四九年）㉗，景泰三年（西元一四五二年）㉘又屢頒禁令。此亦適足以說明

㉓ 桑田六郎：明實錄より見たる明初の南洋（臺北帝國大學文政學部史學科研究年報第四輯）第四三五面。
桑田六郎：上代の臺灣（民族學研究第一八卷第一、二號，一九五四年三月）第一一一面。

㉔ 太宗永樂實錄卷二十九；明史卷六本紀成祖二。

㉕ 太宗永樂實錄卷三十。永樂二年八月癸巳條。

㉖ 宣宗宣德實錄卷一百三。宣德七年七月己未條。

㉗ 英宗正統實錄卷一百七十九。正統十四年六月壬申條。

㉘ 英宗實錄卷二百十七景泰附錄三十五。景泰三年六月辛巳條。

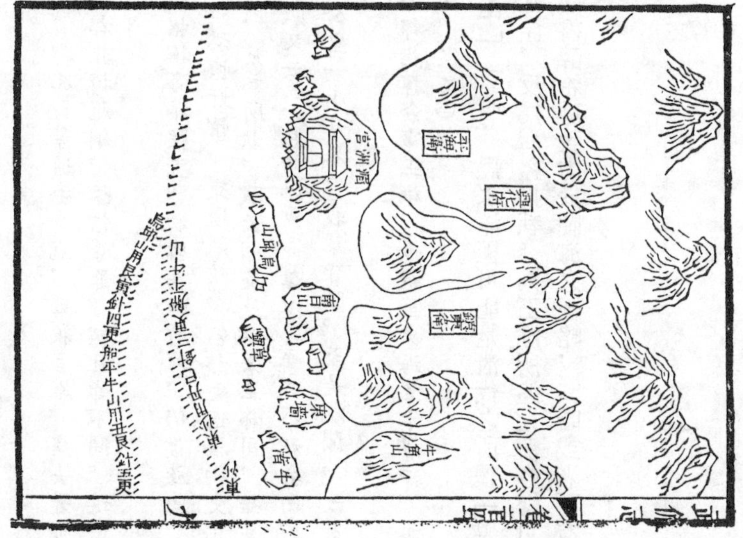
湄洲
烏頭山
南日山
東墻
牛角山
興化衛
平海衛

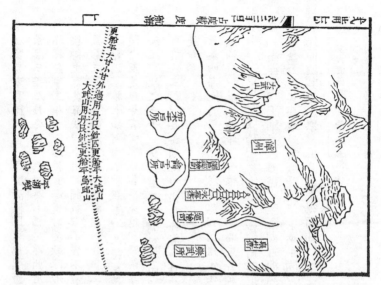

海外走私貿易未嘗絕跡也。下記諸條即可爲引證：

景泰三年九月癸巳。兵部奏：福建漳州府賊首鄭孔目等通番為寇，敵殺官軍，虜去署都指揮僉事王雄。乞治提督海道右參政陳誠、都指揮趙鋼、陳信等罪。詔且皆不問。遣巡按御史取其罪狀，令用心捕賊，不獲不宥[79]。

景泰三年九日丙辰。勅福建都指揮僉事王雄招撫海洋強盜。初雄為賊所執，仍復放回。兵部議：雄未知何由不被殺害，又得生還？恐懷奸情，交通賊情，乞移文巡按御史究問。至是鎮等官言：雄輕率先進，賊衆軍寡，反為所執，賊云：汝是喫菜王都司，姑貰汝死，杖之三十，桎梏三日，而後放回。賊又云：我罪深重，難以復業。今放公回，可言於三司，具奏朝廷，曲賜矜宥。只須公坐一小舟來，我輩皆服。至是以聞，故有是命[80]。

景泰四年九月甲子。都察院奏：福建備倭署都指揮僉事王雄，追賊至東海黑水洋中，被賊拘執，求免而歸。當依例降為事官立功。從之[81]。

上引文中，特別值得我們注意者爲「東洋黑水洋中」一語。黑水洋極可能是淸代之所謂「黑水溝」或「墨洋」。王雄追逐海盜，至澎湖近海黑水洋，反爲海盜拘執。則王雄所追之海盜，可能以澎湖或臺灣爲其基地，當無疑問。景泰年間，尙書薛希璉致力於閩海之經略，其時或者再有徙澎湖居民而墟其地之舉，但詳細不得而知。

---

[79] 英宗實錄卷二百二十景泰附錄三十八。
[80] 同書。
[81] 同書卷二百三十三景泰附錄五十一。

八　明末之澎湖與臺灣的地位

如前文所述，政府雖屢次徙民墟地，但澎湖却仍爲漁戶聚匿之藪，其漁業不但不衰，却反而趨盛。至明中葉以後發展更速。至是臺灣亦因之與大陸接觸頻仍，其間北部臺灣亦已開始了在某一程度以硫黃、黃金等爲目的之行販。在嘉靖三十四年（西元一五五五年）鄭舜功去日本，回國後著「日本一鑑」，其中載有臺灣島圖，繪島上鷄籠山，並記其附近噴出硫黃氣的情狀。其言有曰：「自回頭徑取小東島，島即小琉球，彼云大惠國。按此海島，自泉永寧間，抽一脈渡海，乃結彭湖等島，再渡諸海，乃結小東之島。自島一脈之渡，西南乃結門雷等島；一脈之渡，東北乃結大琉球、日本等島。小東之域，有鷄籠山。山乃石峯，特高於衆中，有淡水出焉」。對臺灣已有比較清晰的記載。又在同書記鳥島註云：「按硫黃之山非特一處，小東、日本皆有之。小東島即小琉球」。據是可知國人已有行販臺灣北部之硫黃的事實。

至於中葉以後，雖然海禁仍嚴，但因國內的工商業日趨發達，亦自然而然的促進了對外貿易之開展。又日本早就渴望中國商品，故或向明廷朝貢，作正式的通商；或進行海上刼奪，時斷時續。在由室町時代過渡到日本歷史上所謂近代史開始之安土桃山時代，因一時大小諸侯紛紛割據，各自經營開發其領有地，商業資本的發展因之孕育。這更是促進了中日兩國間貨物交流的機運。日本的朝貢貿易，於嘉靖二年（西元一五二三年）在寧波搆亂後，明對日採取閉關絕貢的政策，這反引起了嘉靖之倭寇擾亂。且因受葡人東漸的刺戟，更促使其在中國沿海，尤其是雙嶼、月港等地作私梟貿易。下述諸文即可見之：

市舶既罷，日本商賈往來自如，海上姦豪與之交通，法禁無所施㈡。嘉靖十九年（西元一五四〇年），賊首李光頭、許棟引倭聚雙嶼港爲巢。光頭者福人李七，許棟歙人許二也。皆以罪繫福建獄，逸入海，勾引倭奴，結巢於霩䨮之雙嶼港。其黨有王直、徐惟學、葉宗滿、謝和、方廷助等，出沒諸番，分跡剽掠，而海上始多事矣㈢。

嘉靖中葉以後，倭寇、海盜頻起，荼毒東南沿海，海道不靖；雖有朱紈强力執行其禦倭絕盜的政策，但反助長其聲勢，一時未能消弭。迨至嘉靖末年至萬曆初年，始爲俞大猷、戚繼光等所戡平。隆慶萬曆間，福建開洋，准人民販東西二洋，而給引於漳州月港（海澄），閩人興販海外更趨興旺。不過人民往販日本仍被嚴禁，故嘉靖年間以雙嶼、月港、浯嶼等地爲其會合地之中日貿易，因明廷肅清沿海盜藪，至是亦轉移於呂宋、暹羅、交趾等地。然臺灣澎湖因其地最近大陸，且爲明政府控制力鞭長莫及之處，故原僅爲漁業根據地及少量的「漢番交易」之所，亦遂成爲中外通商之秘密經營之理想地點了。

按籌海圖編一書所記沿海寇盜事，止於嘉靖四十年（西元一五六一年），而書中關於臺灣僅在卷二有兩處的記載。其一則在福建使往日本針路中，云：

梅花東外山開船，用單辰針、乙辰針，或用辰巽針十更，船取小琉球。小琉球套北過船，見鷄籠嶼及梅花、瓶嘉山。……。

另一則在同卷二倭國事略中，曰：

㈡　明史食貨志五市舶。

㈢　籌海圖編卷之五。

其入寇則隨風所之，東北風猛則由薩摩或由五島至大小琉球，而視風之變遷；北多則犯廣東；東多則犯福建。

而其小注曰：「彭湖島分䑸，或之泉州等處；或之梅花所、長樂等處」㊃。據此記載，也許可以視爲嘉靖年間，倭寇擾害沿海，澎湖僅爲倭奴往來，停泊取水，必經之地，而對國際貿易上，尙未具有重大意義，勾引接濟仍在於沿海各地。迨至嘉靖四十二年（西元一五六三年）十月福建巡撫譚綸條陳防海善後事宜，恢復沿海五水寨，嚴會哨，以靖海氛㊄，於是勾引接濟之地，自沿海轉移至海外各地。

在沿海繼起的群盜中，與臺灣最早發生關係的，據臺灣各志書的記載，多以爲是林道乾；於嘉靖四十二年，擾亂沿海，被俞大猷，追至澎湖，道乾即遁入臺灣。大猷偵知臺灣港道行迴，水淺舟膠，不敢偪迫，留偏師駐澎湖。道乾遂從安平遁出占城，或云逃至浡泥㊅。但林道乾是吳平的餘黨，而吳平跳梁於沿海是在嘉靖四十四、五年（西元一六六五、六六年）間。吳平被擒後，林道乾即自嘉靖四十五年六月以後漸擡頭，隆慶二——三年（西元一五六八——一五六九年）尤肆猖獗。後一時就撫而復叛，爲俞大猷等所征剿；隆慶末、萬曆元年（西元一六七二、七三年）間奔至柬埔寨。萬曆初年時出沒於東南沿海，萬曆六年（西元一五七八年）又竄至暹羅。其間未

㊃ 當時記倭寇侵擾之航路的書本上，大致均有同樣的記載。

㊄ 世宗嘉靖實錄，嘉靖四十二年十月辛未條。

㊅ 明史列傳卷二百十一雞籠山；高拱乾修臺灣府志卷一封域志沿革等書。

有逃至臺灣的確實記載。這可能是與林鳳逃至臺灣一事，混爲一所致的(八七)。

現時據記錄所載，與臺灣最早發生關係的，似首推漳州海寇陳老，他曾在嘉靖三十三年（西元一五五四年）間結巢於澎湖，擾害大陸沿岸。據卜大同輯備倭圖記所收王忬的奏復沿海逃亡軍士餘剩糧疏，云：

嘉靖三十三年，該戶部題福建清吏司案呈，奉本部送准兵部咨職方清吏案呈，奉本部送兵科抄出巡撫浙江兼管福興泉漳都御史王題：臣聞東南倭逆之禍，雖肆於昔年之黃岩，蔓延於上年之蘇淞、兩浙，然自中國姦民通番起釁，內勾外連，地方官司，文恬武嬉，下欺上蔽，其所由來者非一日矣。……臣自知才識淺薄，終誤國事。然而未敢寧求去者，蓋仰仗陛下之威德，俯恃一念之血誠，必欲畢其區區而後已也。即今浙驚稍緩，措備漸密，臣因見廣賊許老等逼近漳境；漳賊陳老等結巢彭湖。萬一風汛之月，倭寇不利於浙，南趨合艅，則閩中之受患。

據此可確知：自嘉靖中葉，倭寇海盜跳梁於大陸沿海時，澎湖由於其地理條件的優越，已成爲其巢穴。嗣後，嘉靖末年至萬曆初年間，張璉、林朝曦、吳平、林道乾、曾一本、諸（朱）良寶、林鳳等諸海盜，相繼騷擾大陸沿海。明廷極力征剿，頗致力於沿海防備。其時對澎湖、臺灣的地位也已有極清楚的認識。大約在隆慶二——三年（西元一五六八——一五六九年）間，福建巡撫

(八七) 中村孝志：臺灣史概要（近代）（民族學研究第一八卷第一、二號，一九五四年三月）第一一四——一一五面；中譯文可參看臺灣文獻第六卷第二期，民國四四年六月，第五五——五六面。又明實錄世宗、穆宗、神宗各朝。

塗澤民與俞、李二總兵書，云：

途中訪問人言，紛紛皆說曾賊（按即曾一本）逃遁外洋之意，十有八、九。蓋聞兩省船兵既集，彼則暫避他地。俟其久而撤備，彼又復來，此賊人之常套也。今若縱之不擊而去，將來不免人言；若欲乘便擊之，未知兩省兵將志力，果足一戰滅之否？將在外，君令有所不受，前柬所謂風有可乘，勢有可擧，人有可用，計有可施，隨機便宜而圖之。此明公今日之事也。如何如何？昨承教畫圖，具悉神算，第此賊甚狡，入穴探驪，彼必不蹈此險。惟速加整搠，相機捕勦，毋容遠遁。此所當圖者，兵難遙度，亦難遙制；生固不敢執為當急，亦不敢執為當緩，惟在豪傑虛心而力任之可也。至祝至祝。又訪此賊北來圖遁之地有三。一彭湖；一小琉球；一倭國。彭湖死地，水米難繼。此策之下者也。為官兵數月之憂。小琉球可濟水米，夷人不從彼，惟自去自來。此策之中者也。為兩省數年之憂。若入倭國勾引，則既通水米，又得附從，為國家無窮之憂矣。此杞人之過計也。不知高明以何如？此三路者，有要害可扼否？在大將軍熟知海防，留心康濟，必能蚤見而預待之矣㊅！

是說：當局頗懼曾一本會竄至澎湖、臺灣等地爲巢穴。隆慶三年（西元一五六九年）曾一本死後，自隆慶末年，諸良寶、林鳳漸擡頭，惟時僅盤踞粵境海面，其聲勢尚未太大。故俞大猷曾估量林鳳不致進擾閩境。大猷在隆慶六年，云：

㊅ 皇明經世文編卷三百五十三，塗中丞軍務集錄。

隆慶六年七月初一日（西元一五七二年八月八日），為軍務事，准監軍道副使鄧手本，奉欽差提督軍門殷批。據本道呈議，調撥船兵預防廣賊林鳳等突犯緣由，奉批：依行興泉道會同團練道議擬的確呈奪，省河船隻，聽臨時請發，仍會總鎮衙門酌議報繳。奉此，備用手本，煩照備奉批呈內事理酌議停妥由覆轉報等因。准此，照得：賊首林鳳雖稱閩人，其徒黨則多雷、廉、瓊之人。向在此三府海洋往來偷珠。熟於彼方水勢，而在山又有熟人接濟。計此賊，決當再回彼方。若來住泊南澳，則與林道乾、莫應敷、朱良寶諸巢相邇。彭湖海上無人之境，又閩之兵船亦其素慣，以此逆知其必不來此二地也。向在甲子澳，今在白沙湖，是已向西退去矣。且其白艚等船三十八隻、烏船只五隻。五隻烏船，豈敢犯閩境，敵閩之大尖艚船乎？其為今之計，銅山水寨大小兵船，宜照舊脩備。防守不可拘於收汛，浯嶼兵船，宜整搠一半，聽候策應銅山。秦經國所部兵，宜發福河船大三隻、中五隻、小六隻，照依近議，只策應浯嶼。又玄鍾澳，決不可泊兵船。勢小，則賊船忽然而至，難以抵敵；勢大，則港路多淺，一時出船不及。故大勢兵船，只宜屯泊於銅山與浯嶼，聲勢相連，自有虎豹在山之威也。若林道乾、朱良寶等，兩廣軍門撫之，出於誠心。其召募水陸各兵，為他盜耳。職前議謂：水兵宜時時整搠防備，正與團練道之見相同。恃吾有以待之意也。惟陸兵則決可盡掣，無容疑也。為此合用手本，前去貴道，請煩裁酌，轉報施行[89]。

[89] 俞大猷撰正氣堂集卷之又十六鎮閩議稿。

據此可知：其時林鳳僅在粵境擾亂，未爲閩地之患，而澎湖，僉大猷認爲無人之境，其防備重點仍在銅山、浯嶼等地。自萬曆元年（西元一五七三年）以來，林鳳的實力漸大，後打倒林道乾，併其黨羽，實力已頗雄厚，閩粵海上，時見其踪跡，於是兩廣與福建官兵協力會勦。萬曆二年（西元一五七四年）爲總兵胡守仁所追，逃竄至澎湖，而後復抵臺灣魍港。又遇官兵急追，乃改赴菲島。至菲島時，曾襲擊馬尼拉，失敗後，航回犯大陸沿岸，又留舟於魍港爲基地，侵擾閩粵沿海，但又被胡守仁征剿，敗於淡水洋，後逃往西番，不復爲中國邊患(九〇)。且看下列諸記載：

彭湖一島，在漳泉遠洋之外，隣界東番。……明朝徙其民而虛其地。自是常為盜賊假息淵藪。倭奴往來，停泊取水必經之要害。嘉隆之季、萬曆初年，海寇曾一本、林鳳等常嘯聚往來，分艘入寇，至煩大舉搗之始平。蓋閩海極遠險島也(九一)。

萬曆二年六月戊申（西元一五七四年六月二十三日）。福建巡撫劉堯誨揭報：廣賊諸良

(九〇) 張星烺：斐律賓史上李馬奔之真人考（燕京學報第八期）
李長傳：斐律賓史上李馬奔之真人考補遺（燕京學報第九期）
黎光明：斐律賓史上之李馬奔真人考補正（燕京學報第一〇期）
陳荊和：林鳳襲馬尼拉事件及其前後（學術季刊第二卷第一期）。
Wang Teh-ming: Lim-Ah-Hong's affairs. (*Journal of East Asiatic Studies.* VIII (1/2) : 21-41, Jan./Apr., 1959)
按林道乾在臺事蹟，恐與林鳳傳相混為一。參閱中村孝志前引文第一一四—一一五面。

(九一) 顧炎武撰天下郡國利病書卷九十三。

寶，總兵張元勳督兵誅剿。其遁賊林鳳鳴擁其黨萬人，東走福建；總兵胡守仁追逐之，因招漁民劉以道諭東番合剿遠遯[82]。

萬曆二年十月辛酉（西元一五七四年十一月三日）。福建海賊林鳳自彭湖往東番魍港，總兵胡宗仁（按宗係守字之誤）、參將呼良朋追擊之。傳諭番文（按文係人之誤）夾攻；賊船煨燼，鳳等逃散。巡撫劉堯誨請賞賚有差。部覆從之[83]。

萬曆三年十一月辛酉（西元一五七五年十二月二十七日）。海寇林鳳復犯閩。不利，更入廣而留船于魍港爲窟宅[84]。

關於倭寇犯澎湖以爲巢穴一事，明史卷三二二列傳卷二一〇，日本傳曰：「萬曆八年（西元一五八〇年），犯浙江韮山及福建澎湖、東湧」。又神宗實錄亦謂：

萬曆九年二月丁酉（西元一五八一年三月七日）。福建道御史安九域勘上倭犯彭湖等處功罪官兵。先後犂倭船五，擒斬倭賊二十名顆，奪回被虜三十一名[85]。

萬曆十年八月戊申（西元一五八二年九月九日）。兵部覆福建巡撫勞堪題：倭寇，一自北洋；一自廣海突入。意在窺犯興化、漳南地方。又有夥船出沒東湧、彭湖，欲圖聯勢

---

[82] 神宗萬曆實錄卷二十六。

[83] 同書卷三十。

[84] 同書卷四十四。

[85] 同書卷一百九。

刼掠，寔係內地奸徒勾引。各官兵奮勇撲勦兩賊皆勝[96]。

從上引各例，可知：臺灣、澎湖，尤其是澎湖於嘉靖中葉至萬曆初年之間，已爲倭寇，海盜聚集場所；而在國際貿易市場中，則漸變爲勾引之基地了。又據萬曆二年六月戊申條之所載，總兵胡守仁招漁民劉以道，諭東番合勦林鳳；可知在其時以前，閩南人在臺灣沿海業漁，已臻極盛，且與土著民族曾建立了極友好的關係；而明當局即對這種捕魚與「漢番交易」，曾由福建地方當局管給商漁船引[97]。關於船引，在萬曆十七年（西元一五八九年），依福建巡撫周寀議所改的規定，是：「東西二洋共八十八隻。又有小番，名鷄籠、淡水，地隣北港捕魚之處，產無奇貨，水程最近，與廣東、福寧州、浙江，北港船引，一例原無限數，歲有四、五隻或七、八隻不等」。當時明當局，雖尚未在臺灣設官置治，但對鷄籠、淡水、北港等地區與大陸沿海一帶港口作同等的看待，這當然是因臺灣產無奇貨，市場的價値不如東西二洋，但卻也可說明漢人前來臺灣貿易或捕魚的頻繁及對這些地區情形熟悉的程度了。

其時由於日本戰國時代的結束，倭寇暫告平熄，但因日本國內昇平，卻更渴望與中國通商，豐臣秀吉是擬以武力謀求解決。萬曆十九年（西元一五九一年）以來，就有琉球貢使等頻報倭警，其年末豐臣秀吉竟派兵侵略朝鮮，萬曆二十一年（西元一五九三年）又有襲臺之議，於是沿

---

[96] 同書卷一百二十七。

[97] 參看拙作「明代臺灣漁業誌略」（臺灣銀行季刊第六卷第一期，第一七一—一七二面；臺灣經濟史初集第三三—三四面）。〔本書第一六四面〕

海的海禁復嚴。在萬曆十九年八月福建巡撫趙參魯就任不久，就鑒於倭警，曾頒示水陸總令一十四條，寨遊號令五條，陸營號令五條等令，提早出汛半個月，增添兵船營伍，更選將領，以鞏固防備。其時趙參魯並發佈「漁船禁約」，云：

漁船禁約。

為軍務事。照得沿海漁船，係小民生理，原無拘留久候之令。有司止照澳甲查理，以防出海接濟，以便偶然抽調；而無知訛傳者妄謂拘留，甚非本院便民至意。但發汛之後，緊要海洋，若有漁船出沒，有妨哨探。且先年夷寇往往刼奪漁船，扮作漁人，混入內地，所宜深防諭禁。為此示仰各澳漁戶知悉：目下各船俱聽州縣查籍在官，一面照常捕採為活。但不許在海非為，及藉以捕魚陰行接濟。查出，許官兵拿解究治，船貨充賞。其發汛之後，各船止許內地駕使。如：烽火之臺山、礵山；小埕之東湧；浯嶼之彭湖、料羅；南日之東滬、烏坵；銅山之沙洲，諸如此類緊要海洋，皆孤懸島外，為夷寇必由之地，並不許隻船片網，在彼往來，致難瞭哨。收汛之後，仍聽照常生理。如有故違潛往，即拿解究以軍法。如或有警之時，各船有能自為禦敵，及奉官調用有功，一體給賞，的不虛示。

萬曆十九年八月　日刊行（九八）。

據此可知：其時閩南沿海漁民，每年有許多到澎湖捕魚；而因倭警，汛哨期間，嚴禁漁船出海。

（九八）玄覽堂叢書續集第十六冊「倭志」所收。

然閩海實施海禁，禁止行販貿易與出海捕魚，有礙於沿海的民生，反使挺而走險，不若開禁之反可綏靖地方。故福建巡撫許孚遠、巡按陳子貞於萬曆二十一年題請疏通海禁。同年八月一日（西元一五九三年八月二十六日）明廷從其請，閩省復通海，惟日本仍嚴禁如初[99]。

在這時期，又有頗多防海禦倭之論議，而由於澎湖曾爲倭寇、海盜的巢穴，入犯之門戶，當然重新引起了當局的對澎湖戰略基地的認識和警覺。章潢撰圖書編一書，是抄輯各書的記載而成，始於嘉靖四十一年（西元一五六二年），而成書於萬曆五年（西元一五七七年），嗣後仍有補苴罅漏，而潢卒於萬曆三十六年（西元一六〇八年）。在其卷四十，福建海寇條，論澎湖，曰：

> ……至于外島可略而言，在漳曰：南澳；在泉曰：彭湖；在興曰：湄州；在福曰：海壇。夫南澳有重鎮矣；海壇有遊兵矣；湄州在目睫之間，亦無所伏姦矣。脫有侵軼而竊據者其彭湖乎！夫彭湖遠在海外，去泉二千餘里。其山迂迴，有三十六嶼，羅列如排衙然。內澳可容千艘，又周遭平山為障，止一隘口，進不得方舟。令賊得先據，所謂一人守險，千人不能過者也。矧山水多礁，風信不常，吹之戰艦難久泊矣；而曰可以攻者否也。往民居恃險為不軌，乃徙而虛其地。今不可以民實之，明矣。若分兵以守，則兵分者於法為弱；遠輸者於法為貧。且絕島孤懸，混芒萬影，脫輸不足而援後時，是委軍以予敵也；而曰可以守者，否也。亦嘗測其水勢，沈舟則不盡其深，輸石則難扞其急；而

---

[99] 神宗萬曆實錄卷二百六十二。
皇明經世文編卷四〇〇，許孚遠撰敬和堂集疏通海禁疏。

曰可以塞者，亦非也。夫地利，我與賊共者也。塞不可，守不可，攻又不可，則將委之乎。惟謹修內治而已。法曰：佚能勞之，飽能饑之。賊之所資者糧食，所給者硝磺也。惟峻接濟之防，而數陳整旅以需其至，則賊既失其所恃，而海上軍事又絕不相聞，雖舳艫軋笏，詎能為久頓謀哉？以我之逸，待賊之勞；以我之飽，待賊之饑，稍逼內地，則或給接濟，以掩擒，或假漁商而襲擊，此營平致敵之術也。法有不以兵勝而以計困者，此之謂也。

又同書卷五十七，海防條福建事宜，云：

海上有三山，彭湖其一也。山界海洋之外，突兀迂迴，居然天險，實與南澳、海壇並峙為三，島夷所必窺也。往林鳳、何遷輝跳梁海上，潛伏于此。比倭夷入寇，亦往往藉為水國焉。險要可知矣。今南澳有重師，海壇有遊兵，獨委此海賊，豈計之得乎？愚謂不必更為益兵，以滋紛擾，惟就浯、銅兩部各量捐其艦十之三，調其兵十之四，慎簡材官，部署其衆往守之。又就漢人中，擇其黠而力者，署數人為長，以助我兵聲援。遇有俘獲賞倍內地，其遇寇而不助聲援及觀望助寇者，罰亦倍之。則有所覬而其氣激，有所畏而其志堅，漁人皆兵矣。三山之犄角既成，五寨之門，萬不益固矣。

又閩長樂人謝杰撰虔臺倭纂一書，刊於萬曆二十三年（西元一五九五年）。書內所收，多爲迄至萬曆初年事蹟。書中亦云：

以海糴之通，而足食；以海防之設，而足兵，閩復何慮於倭者？曰：閩而苦無食也。則彭湖也者，可寨而亦可田者也，何為而棄之也？其險可據，據之以為城；其田可耕，耕之以為食，觸非計乎？曰：是見其一，而未睹其二者也。彭湖石田也。非南澳、海壇比也。雖云山環數百里，澳容千餘艘，然去内地甚遠。既不可實之以民，又不可守之以兵。絶島孤懸，茫茫萬頃，縱使得而田之，而養兵之費，猶將十倍，於此所云，利什而害佰者也。其棄之非得已也。曰：民不可實矣，兵則何為不可守？曰：分兵者於法為弱，遠輸者於法為貧，是皆兵之所禁也，矧寇大至，糧輸兵援，一或後時，且委軍以予敵，何論貧與弱也。曰：然則棄以資敵可乎？曰：内備既修，外禁既嚴，其在彭湖，猶其在日本耳。漢棄珠崖亦其故事也。昔余之論廣曰：元氣既固，濠鏡非腹心之憂，今余之論閩，亦曰：内治既嚴，彭湖非門庭之患。故善論治者，治内而已矣㊂。

據這些，可知：萬曆初年至中葉，明人對澎湖認識的程度。其時對澎湖的海防上的價值，雖已有清楚的認識，但論者，猶認為民不可實，兵不可守於其地。按福建的防海備倭，洪武年間，置衞設所，規劃詳盡。惟嗣後昇平日久，防務廢弛。迨景泰二年（西元一四五一年），薛希璉經略海上時，將修復原來已設之烽火、南日、浯嶼三水寨，再增添銅山，小埕為五寨。後又世久人玩，武備復漸弛，至嘉靖四十二年（西元一五六三年）巡撫譚綸修復五水寨。世宗實錄嘉靖四十二年十月辛未條：「福建巡撫譚綸條陳防海善後事宜。兵部覆行其五事。一：復水寨。舊制自福寧南下達漳泉，置五水寨，以扼外洋，法甚周密。今宜復舊，以烽火門、南日山、浯嶼三䑸為正兵；銅山、小埕二䑸為遊兵寨。設把總一員領之，而為之分信地，明斥堠，嚴會哨」。萬曆三年

㊂ 玄覽堂叢書續集第十八冊。

（西元一五七五年）由於林鳳等海寇跳梁，福建巡撫劉堯誨會同兩廣題設南澳鎮，又添設玄鍾、浯銅、海壇之遊兵。於是閩海有三遊五寨，以爲犄角，分信地，明斥堠，嚴會哨，防海之制，可謂相當嚴密了。在豐臣秀吉襲朝鮮之際，東南沿岸又鞏固防海備倭，其時對於孤懸海中的外島，亦有屯墾實邊之議。神宗萬曆實錄萬曆二十二年四月庚戌（西元一五九四年五月二十一日）條云：「福建巡按陳子貞奏：一、請闢海山。海壇、南日二處，頗稱肥沃，已墾者又量歸戶，未墾者令民酌畝輸價執帖開闢。俟三年成熟，起科充本處兵費」⑩。翌二十三年（西元一五九五年）巡撫許孚遠奏報海壇開墾情形。他的議處海壇疏云：

> 臣查得：海壇與福清相對四十里，而近為福州之門戶；南日界於莆田、福清之間，為興化之上游，素稱險害，而此二山者，開墾已多成熟，可因為疆理保障之圖。除南日山行分守福寧道轉行福、興兩府會勘未報。惟海壇查勘年餘，已有成議。據該縣丈量田地八萬三千八百有奇，數尚未盡，豈得荒棄而不耕。其所議稅銀，田之上者，不過五分；地之下者，僅止三釐。民情已無不輸服，所議量追價值，似亦甚輕。然據該司參議陳應芳覆詳，良為有理。山澤之利，本宜與民共之。彼既有開墾之費，難責以價值之輸，盡從損豁以示大公，未為不可。至於造城建營，建倉健署，該縣逐一查議，頗為詳確。各項公費，不過六千有餘，即以本山田地稅銀三千充之，可以不勞而辦。及今議定之日，該司先動稅銀，發與福清，責成知縣丁永祚，趲時興工，則朞月之間，便可就緒。城郭既

⑩ 神宗萬曆實錄卷二百七十二。

完，營房又建，海壇遊兵一枝，就可常川屯聚其中。有田可耕，有兵可守，雖有寇至，可以無虞。海壇屹然，足為雄鎮，則福州門戶扃固，寇無越海壇而直抵福城之理。外禦盜賊，內護省會，下保兵民，此一方千百年長久之利也。其南日一山，僅比海壇三分之一。以俟查勘明白，將來亦可為屯守之計。及查彭湖，屬晉江地面，遙峙海中，為東西二洋，暹羅、呂宋、琉球、日本必經之地。其山周遭五、六百里，中多平原曠野，膏腴之田，度可十萬，若於此設將屯兵，築城置營，且耕且守，據海洋之要害，斷諸夷之往來，則尤為長駕遠馭之策。但彭湖去內地稍遠，見無民居，未易輕議。須待海壇經理已有成效，然後次第查議而行之。……[32]

這是因為海壇為倭寇入犯福州之門戶，故有墾闢屯兵，以固疆實邊之舉；而其時澎湖，定居民戶尚不多，似多是季節性之撈漁移民，明當局雖清楚其地之要害，仍嫌其稍遠，尚未有經理設防。

萬曆二十四年（西元一五九六年）明廷遣使，冊封豐臣秀吉為日本國王，但和議不成，翌二十五年春秀吉復遣兵入侵朝鮮，故東南沿海又實施戒嚴。同年七月己巳（西元一五九六年七月二十八日）福建巡撫金學曾條陳：守要害，議節制，設應援，明賞罰等防海四事。其一，守要害，

---

[32] 許孚遠撰敬和堂集卷六。皇明經世文編卷四〇〇。敬和堂集是藏於日本內閣文庫，蒙受中村孝志教授代為查閱抄寄的。又可參看明實錄萬曆二十三年四月丁卯條；明史卷七十七食貨志；明史卷二百八十三許孚遠傳。

謂：「倭自浙犯閩，必自陳錢、南麂分綜，臺、礵二山乃門戶重地，已令北路參將統舟師守之。惟彭湖去泉州程僅一日，綿亘延袤，恐爲倭據。議以南路遊擊，汛期往守」㉓。萬曆重修泉州府志卷十一武衞志上，其水寨官項：「萬曆二十五年新設彭湖遊兵」。其水寨軍兵項：「彭湖遊兵八百五十名。春汛，糧支給于泉；冬汛，糧支給于漳」。又其兵船項曰：「彭湖遊管哨船二十隻」。在其信地項云：「惟彭湖遊兵，專過彭湖防守。凡汛春以淸明前十日出，三個月收；冬以霜降前十日出，二個月收。收汛畢日，軍兵放班，其看船兵，撥信地小防」。據是可知：澎湖雖閩省防海禦倭之要害，早就爲當局所認識。惟其地孤懸絕海，對其棄守自萬曆初年來，又時有論議。迄至萬曆二十五年，因豐臣秀吉再襲朝鮮，東南海域復緊時，明廷遂新設澎湖遊兵八百五十名，管哨船二十隻，於春冬汛守，加强了防備。後萬曆三十二年（西元一六〇四年）荷蘭入據澎湖，謀求互市貿易，而乃有沈有容之迫令撤退㉔。萬曆三十七年（西元一六〇九年）、萬曆四十四年（西元一六一六年）日本又二次窺臺㉕，可見澎湖、臺灣之位置在國際貿易上的重要性，已爲各國所重視，並競相爭逐，欲據以爲基地。於是明廷在澎湖遂有增防長戍之舉，如：

萬曆丁酉（二五年；西元一五九七年），始議設遊兵，春冬往汛守，迨丁巳（四五年；

㉓ 神宗萬曆實錄卷三百十二。

㉔ 中村孝志：沈有容諭退紅毛番碑について（臺灣總督府博物館創立三十年紀念論文集所收）。
沈有容輯閩海贈言（臺灣銀行經濟研究室編臺灣文獻叢刊第五六種）。

㉕ 岩生成一：有馬晴信の臺灣視察船派遣（臺灣總督府博物館創立三十年紀念論文集所收）。
岩生成一：長崎代官村山等安の臺灣遠征と遣明使（臺北帝國大學文政學部史學科研究年報第一輯）。

西元一六一七年）倭入犯龍門港，遂有長戍之令，兼增衝鋒遊兵以厚其勢[36]。

萬曆二十年倭犯朝鮮。哨者云：將侵雞籠、淡水。雞籠密邇澎湖，於是議設兵戍險。二十五年增設遊兵，春冬汛守。四十五年倭入犯龍門港，遂有長戍之令，兼增衝鋒遊兵，以厚其勢[37]。

由於明廷比臺灣本島較重視澎湖，加强其防備，於是走私貿易的會合地，自萬曆末年逐漸從澎湖轉移到臺灣。後天啓二年（西元一六二二年）荷蘭再據澎湖，因明廷更切實認識澎湖爲漳泉之門戶，故再實施海禁，極力備戰，終迫使荷蘭自澎湖撤退，而荷蘭即轉據臺灣。

九　結語

以上筆者將早期的臺灣的一些零細事實，略作介紹，並檢討其歷史背景，提出一些解釋。由於問題牽涉過廣，故在記述時頗多頭緒。玆復綜記如次：

臺灣的開發經營，乃大陸沿海之開發經營之延長。這雖然由於地理上位置之毗鄰，但亦有其特殊的歷史背景。按人類背鄉離井，渡海尋覓新天地，披荊斬棘，以事墾殖，建設新社區，自應有其內在與外在的因素。然在未行墾殖前，當經過新航路之發見，對新天地之試探及至移殖的若干階段。而其發現及至與新舊的世界產生接觸，每由漁業或商業的開拓擴張所獲致的。這從世界

[36] 陳仁錫撰皇明世法錄卷之七十五。

[37] 顧祖禹撰讀史方輿紀要卷九十九。

各國拓殖史，如古代希臘、羅馬移殖於地中海各地；印度拓殖於南洋各地；或近代美洲大陸的殖民的開端等，均可得到印證。

臺灣在明末淸初，移民大量入殖，從事拓墾以前，亦同樣經過漁業和貿易的階段，把大陸與臺灣連結起來。由於這種接觸，國人對臺灣的地理知識漸有增加，故因之更促進國人向臺灣發展的興趣，建立了漢人活動的基礎。

按漢人自五胡相繼入主中原以後，由於政治、社會及經濟諸原因，被動的或主動的南移，因之江南與華南相繼開發。後經唐、宋，福建全境開發殆盡。由於福建地瘠山多，故住民以復就不得不向海上求謀生之計，是以其時福建沿海居民，多從事販海與業漁。惟其時澎湖、臺灣位於國際海上貿易交通線之外，故未引起世人注意。

至北宋、南宋之間，由於漁民冒險犯難，爲臺海開拓先鋒，銳意經營，澎湖已成爲閩南漁人的作息場地，並且已有定居耕種於其間者。

稍後漁場又逐漸擴展，迨宋末元初時，已進而包括臺灣西南海岸。而元末時已有與土著民發生某一種程度之接觸，開啓所謂「漢番交易」者。

在此時期，由於橫越臺灣海峽航路之開拓，終於進而發現東洋針路。而東洋針路對於臺澎的開擴更具有促進之功效。

明代臺海之漁業活動，雖遭禁海政策的阻礙，但求生之欲，固難制抑，故仍節節進展；自文獻所記，吾人可知至明中葉以後，尤以明末，其況更盛。

至於大陸與臺灣間之貿易，自文獻所記推知，乃由元代漁夫所開啓。然因「土人矇昧，地乏奇貨」，故這種「番產交易」，由於質、量均微，因之未爲外界所重視。

孫吳、隋、元三次政府的經略臺灣，在政治意義外，筆者認其兼具有開拓新市場之用意的成份較多。然其所以無所成就，其要因亦當在其貿易價值之低微也。

有明一代，臺灣之南部爲漁業根據地，但亦兼營「番產交易」；而在北部則僅有若干硫磺、黃金等的交易而已。迄至十七世紀初葉，臺灣與島外之貿易，在質、量仍未有若何發展。

明代因當局施行閉關鎖國的政策，禁止夷船在沿岸停泊市易，不准國人販海通番，但反而招致沿海居民的走私貿易。澎湖在此時間甚發揮其位置上的優越，而爲勾引接濟之地。明廷雖曾屢次徙民墟其地，始終無效。

明中葉以後，因工商業日趨發達，亞洲各國間貨物交流爲之促進。加之，西歐的商戰舞臺，亦已推移至東方，在遠東海上，嘗展開劇烈的國際商戰，臺灣近海亦成爲國際貿易的活潑航路。嘉靖中葉大陸沿海諸島嶼，遂成爲秘密貿易地。嘉靖萬曆間，明廷極力征勦倭寇、海盜，肅清沿岸海道，於是萬曆初年以後，澎湖似更進而爲國際貿易之轉接基地。

自萬曆中期以後，明廷復加强沿海警備，澎湖被認爲漳泉的門戶，再收入於版圖之內。但澎湖的防務加强以後，國際貿易的中繼站，却因之而轉移至臺灣。明廷對澎湖政策的轉變，係由於豐臣秀吉侵擾朝鮮所引起的。明廷圖保澎湖，臺灣在會合貿易的位置上乃因之而擡高，於是自萬曆末年至天啓初，臺灣遂成爲中日走私貿易的聚合站。

就因此故，臺灣之地理上的重要性，在明末漸爲內外所重視，其結果招致了荷蘭及西班牙之覬覦。嗣後，臺灣在荷西佔據下成爲國際貿易的重要轉接基地，這更促動了臺灣內部的開發的進展，因之，臺灣便進入了新的歷史時代。

附記：本文一部份，寫於民國四十三年十一月，原爲拙作「明代臺灣漁業誌略補說」之前半部。但因文中有與明代漁業無直接關聯，故於補說發表時，暫予保留，民國四十五年春則承陳紹馨、陳奇祿兩位教授的鼓勵，改寫擬於「臺灣研究」第一期刊載；後因自感需補正尚多，未能如期刊出；嗣後蒙日本天理大學中村孝志教授抄示資料，又承國立中央圖書館館長蔣蔚堂先生雅意，得翻閱皇明經世文編，及中央研究院歷史語言研究所圖書館王寶先先生惠予許多閱覽的便利，始獲得一些新資料。謹此向賜助諸位先生表示衷心的謝意。

原載臺北文獻第三期，民國五十二年四月

明代臺灣漁業誌略

一　緒言

國人之發見臺灣，最早在隋時㊀；但大量入臺，披荊斬棘，以事墾殖，則始於明末。然在未行墾殖前，臺灣區域却早已是福建沿海商人的負販和漁民的採捕之地。當時臺灣土人的經濟狀態，尚在 Hackbau 的階段，故臺灣物產，可引起漢人注意的，祇有金、硫磺等礦物及鹿皮、鹿脯等狩獲物和野生的藤類植物，其他就是沿岸的豐富水族。前者，是海商主要的交易對象，而後者則引起了福建沿海漁民的很多的活動。

㊀ 此處所謂臺灣，是指臺灣區域，不一定指臺灣本島。在元汪大淵撰「島夷誌略」彭湖條下，日本藤田豐八注曰：「案隋書大業七年帝遣陳稜率兵，自義安（今潮州府）浮海擊流球。至高華嶼，又東行二日，至鼅鼊嶼，又一日便至流球。考高華嶼即今花嶼，鼅鼊嶼即今奎壁嶼，而奎壁嶼屬彭湖，……但當時尚無彭湖之名。至宋趙汝适「諸蕃志」毗舍耶國條云：泉有海島曰彭湖，隸晉江縣。載籍所見，此為始也。」

臺灣西隔海峽與福建相峙，澎湖介於其中。海峽底部極淺，又因有寒暖流交集，故水族極富，而是很優良的漁區。對岸的漳泉一帶，則因山多田少，地狹人稠，故居民一向多在海上謀生。稍有資財者，是經商，其次是從事漁業，貧窮者則投爲賈船上的水手。故臺灣海峽早已成爲賈船出入之處和漁民活躍的漁區㊀。

二　初期之澎湖漁業

福建沿海居民之移居於臺灣，最先是到澎湖。趙汝适「諸蕃志」（南宋寶慶元年，一二二五）卷上毗舍耶國條云：「泉有海島曰彭湖，隸晉江縣。與其國密邇，煙火相望，時至寇掠，其來不測，多罹生噉之害，居民苦之。」是爲南宋時已有漢人入居澎湖之明證。元汪大淵記載澎湖，較爲詳細。其「島夷誌略」中有云：「彭湖，島分三十有六，巨細相間，坡隴相望，乃有七澳居其間，各得其名。自泉州順風二晝夜可至。有草無木，土瘠不宜禾稻。泉人結茅爲屋居之。氣候常暖。風俗朴野。人多眉壽。男女穿長布衫，繫以土布。煮海爲鹽，釀秫爲酒，採魚、蝦、螺、蛤以佐食，爇牛糞以爨，魚膏爲油。地產胡麻綠豆。山羊之孳生，數萬爲群，家以烙毛刻角爲記，

㊀ 明萬曆間，福建巡撫許孚遠曰：「東南濱海之地，以販海爲生，其來已久，而閩爲甚。閩之福興泉漳，襟山帶海，田不足耕，非市舶無以助衣食。其民恬波濤而輕生死，亦其習使然，而漳爲甚。」（敬和堂集卷五疏通海禁疏）。又明福建巡撫南居益曰：「海上之民，以海爲田。大者爲商賈，販於東西洋，官爲給引，軍國且半資之，法所不禁。……其次則捕魚。舴艋不可以數計，雖曰禁其雙桅巨艦，編甲連坐，不許出洋遠涉，而東番諸島，乃其從來採捕之所。……」（據熹宗哲皇帝實錄卷五十三）

晝夜不收，各遂其生育。工商興販，以樂其利。地隸泉州晉江縣。至元年間立巡檢司。以週歲額辦鹽課中統錢鈔一十錠二十五兩，別無科差。」據是，可知元時在澎湖已設官置治。「元史列傳」卷九七瑠求條云：「……西南北岸皆水，至彭湖漸低，近瑠求則謂之落漈。漈者，水趨下而不同也。凡西岸漁舟，到彭湖以下，遇颶風發作，漂流落漈，回者百一。」㊂是明白指出在元時有漁舟往來澎湖。

降至明代，洪武間，信國公湯和經略海上，以海上居民叛服不常，遂驅澎湖居民，徙置漳泉間，墟其地。然明初棄澎湖，尚有別說。陳懋仁「泉南雜志」卷上引「泉郡志」云：「東出海門，舟行二日程，曰彭湖嶼，在亘浸中，環島三十六，如排衙。然昔人多僑寓其上，苫茅爲廬，推年大者爲長，不蓄妻女，耕漁爲業。……後屢以倭患墟其地。或云抗於縣官，故墟之。今鄉落屋址尚存。」然其時內地漁戶，正苦於催課。顧炎武「天下郡國利病書」卷九一「福建」一項下云：「國初立河泊所榷魚利，遣校尉點視，以所點爲額，納課米。其後漁戶逃絕。」故在明初澎湖居民雖被迫遷於內地，而因其地在海中，催科所不及，大陸上的逃亡漁戶，逐漸又隱匿於其中。於是澎湖又漸成爲福建沿海漁民的移居地和漁場。

嘉靖間，葡萄牙人開始至中國沿海貿易，稍後又至日本。日本在此時亦開始至漳州月港、潮州南澳等地交易。漳泉海商之出海行販，亦趨興盛，此時，臺灣近海遂成爲活潑的國際貿易的航路，澎湖與臺灣本島，皆逐漸爲人注目，尤其是澎湖，更爲要津。澎湖、臺灣之記載，散見於史

㊂ 續文獻通考，大明一統志，關於落漈，皆有同樣記載。

籍，自此漸多。此時，澎湖的漁業，依然昌盛。澎湖島的西名，爲 Pescadores 出自葡萄牙語。Pesca 是捕魚，加語尾 dor 後，意爲漁夫。故在西方人目中，澎湖是「漁夫島」。顧名思義，便可看出當時澎湖的情形。

萬曆三十二年（一六〇四），荷蘭艦隊司令官韋麻郎・凡・華艾克至東方求互市，與居住大泥的漢人李錦勾結，抵達澎湖，並令李錦潛入漳州，刺探消息。「東西洋考」卷六「紅毛番」條，載其事甚詳。其中有云：「李錦徐拏得一漁舟，附之入漳偵探。詭云爲夷所擄逃還。」「皇明世法錄」卷八二「南蠻」條亦有同樣記載。據此可知當時確有閩南漁舟到澎湖捕魚。

「皇明世法錄」卷七五又載：「萬曆三十七年（一六〇九），偶有一舟入泊彭湖，島中漁民驚竄歸來。……」同書「澎湖圖說」又載：「萬曆丁巳（即萬曆四十五年，一六一七）倭流刼大金，所餘船突犯泊此，遷延至十餘日，始徙去。漁寮中人云，每倭足跡所到，舉網輒多得魚。亦時從漁民索酒，持杯向唉摩手，若胥慶漁。黠者議欲庣而醉之，而擒以獻官，然竟不果。既去住東番竹篸港，遊船追剿，爲所敗。」按此項船隻，或爲前年（一六一六）村山等安派遣侵略臺灣而遇風飄散的船隊的一部分。據此記錄，亦可窺知其時澎湖捕魚的事實。

天啓二年（一六二二），荷蘭又要求互市。陽曆七月十一日，哥路納利斯・雷爾生率艦隊駛抵澎湖時，其日記曰：「七月十一日，星期一，上午。諸船揚帆向海灣。正午，三桅帆船吉里克海號（Zierickzee）停泊於深約八尋的粘土質處。即以小艇向小堂（kercken）邁進，發見看守小堂之漢人三名。又在該處見有山羊及猪數隻，牛四隻。據云，在島之北面，有甚多漁夫居住。」㊃即在荷蘭艦隊司令官的日記中，亦記載澎湖有漁夫居住。雷爾生又到達臺灣探測港口，再回澎湖，並決定在澎湖築城居住。翌年初春，雷爾生至厦門，由陸路赴福州求市，不果而歸。六月，巡撫商周祚，遣使令荷蘭自澎湖撤退。南居益代商周祚後，態度益強硬，積極備戰。天啓三年（一六二三）九月五日頒海禁。並於天啓四年正月對於佔據澎湖的荷蘭人開始攻擊，至七月終，荷蘭人不敵，乃毀城撤至臺灣。

事後，明廷對於澎湖的善後事宜，甚爲關切。天啓五年（一六二五）四月，兵部「條陳彭湖善後事宜」中列十款，其第七款是議屯田屯漁，曰：「一議屯田。彭湖險島，越在海外。惟餽運一節，向稱艱險。聞此頗稱饒沃，議者以爲開墾耕屯，可佐軍需。查彭地故沙礫鹹鹵，四面平坦，無高山以闌之，颱颶搏射，不堪種植。……又彭湖固漁藪也。若招致沿海漁船，聽其搭蓋漁寮，給與繇票，行什一之稅，以海爲田，固海濱之長利，莫非軍需之借資，何必播植，乃稱屯田哉。此亦一議也。」㊄由此可知明廷在荷蘭人佔據澎湖時，雖嚴頒海禁，但在逐出荷蘭人以後，又擬聽任漁民至澎湖搭寮捕魚。

澎湖的地理環境，在上列兵部疏中，已指出其不適於耕種。「皇明世法錄」亦云：「一望蒼莽，所謂中墩太武等山，不過如行川原。其地，熱多寒少，風多雨少，石多泥少，且下盡斥鹵，水源鹹澁。每夏秋之交，飛沙揚湍，豕狎葺而蛇鬭拱。寘嘉禾美稻之所不蓄。惟平蕪芊芊，牧畜

㊃ 村上直次郎譯，抄譯バタビヤ城日誌上卷序說第十三面，文中云「小堂」，是指媽祖廟。

㊄ 明清史料乙編第七册。

或可耳。」其不適於耕種的情形，可稱已指摘無遺。清初林謙光撰「澎湖紀略」，寫澎湖的情形，曰：「澎湖初無水田可種。人或採捕爲生，或治圃以自給。今幸大師底定，貿易輻輳，漸成樂土。」亦是指出澎湖祇有漁業，而可爲商船停泊之所。

據上所述，可知在中國人在開始到澎湖時，即以之爲一漁業場所，而其經濟地理的性格，始終未變。

三　明代之臺灣漁業

國人之入澎湖捕魚，已略如上述，然國人究於何時進入臺灣本島？

福建沿海居民在海上出入時，早已知有臺灣，其時是稱曰小琉球。惟關於島上的情形，則不見於載籍。嘉靖三十四年（一五五五）鄭舜功去日本，回國後在嘉靖末年著「日本一鑑」，其中始載有臺灣島圖，繪島上雞籠山，並記其附近噴出硫黃氣的情狀。其言有曰：「自回頭徑取小東島，島即小琉球，彼云大惠國。按此海島，自泉永寧衞間，抽一脈渡海，乃結澎湖等島，再渡諸海，乃結小東之島。自島一脈之渡，西南乃結門雷等島；一脈之渡，東北乃結大琉球、日本等島。小東之域，有雞籠山。山乃石峯，特高於衆中，有淡水出焉。」中國文書中，對於臺灣之比較清晰的記載，大概是自此開始。惟沿海漁民與海盜之入臺灣，或尚稍早。

「明史」卷三二三外國傳「雞籠山」條云：「嘉靖末，倭寇擾閩，大將戚繼光敗之。倭遁居於此。其黨林道乾從之。已，道乾懼爲倭所併，又懼官軍追擊，揚帆直抵浡泥，攘其邊地以居，號道乾港。而雞籠遭倭焚掠，國遂殘破。初，悉居海濱，既遭倭難，稍稍避居山後。忽中國漁舟從魍港飄至，遂往來通販以爲常。至萬曆末，紅毛番泊舟於此，因事耕鑿，設闤闠，稱臺灣焉。」按戚繼光破福建倭寇與林道乾事，據「東西洋考」㈥，「續修臺灣府誌」㈦，「續修臺灣縣誌」㈧，皆作嘉靖四十二年（一五六三）㈨。

又明史文中所謂魍港，究是何地？查魍港之名，見於「東西洋考」，是臺灣地名。據伊能嘉矩之說㈩，魍港即蚊港，即塭港，係一音之轉，是在八奬溪出海處。約在今新虎尾溪口之蚊港庄附近。據和田清⑪，則謂按當時的開發程度，或尚不及新虎尾溪一帶，故認爲魍港是現今的鹽水港北的蚊港口。要之，二氏所云，都是在臺灣南部。據是可知中國漁舟之到臺灣南部，是在到北部之前。

後，潮州海寇林鳳，與倭合伙，以臺灣澎湖爲巢穴，橫行南海，西班牙人嘗爲之膽寒。在萬曆二年（一五七四）底，大擧侵寇呂宋，連延三月。

據是可知在明嘉靖、隆慶、萬曆之際，沿海居民，結隊入臺灣本島者，數目似已不少。而類似明史所記飄泊的漁舟，我們似有理由可想像其入臺更早。

㈥ 東西洋考，卷六，外紀考日本項。
㈦ 續修臺灣府誌，卷一，封域志建置附考。據此則林道乾是從安平二鯤身隙間遁去占城。
㈧ 續修臺灣縣誌，卷一，據此則都晉俞大猷追至澎湖，以水道險遠，法不輕進，留偏師駐澎湖，以哨鹿耳門。
㈨ 明史，卷三二三，呂宋項，據是則戚繼光破林道乾是萬曆四年（一五七六）。
㈩ 大日本地名辭書，第六卷，臺灣，第一一一面。
⑪ 和田清：琉球臺灣名稱ニ就イテ，（東洋學報，第一四卷）第五六九面。

其時倭患頗劇，政府是嚴行海禁，而實際上其時福建的海上貿易，頗爲隆盛。故一時頗多是否要施海禁的議論。隆慶元年（一五六七），依福建巡撫塗澤民議，准販東西兩洋，發船引五十張。萬曆十七年（一五八九）四月，依巡撫周寀議，規定往兩洋的船隻爲八十八隻，並統制通商區域與各區域的船隻數。周氏文中有云：「東西二洋共八十八隻。又有小番，名雞籠、淡水，地隣北港捕魚之處，產無奇貨，水程最近，與廣東、福寧州、浙江、北港船引，一例原無限數，歲有四、五隻或七、八隻不等。」㊂據是可知在萬曆初年，確已有漁舟進入雞籠、淡水、北港等處。關於此事，顧炎武亦有明白記載。顧氏「天下郡國利病書」卷九三「福建」三有云：「凡販東西二洋雞籠、淡水諸番及廣東、高雷州、北港等處商漁船引，俱海防官爲管給。每引納稅銀多寡有差。名曰引稅。」又曰：「東西洋每引納稅銀三兩，雞籠、淡水及廣東引稅銀一兩。其後加增，東西洋稅銀六兩，雞籠、淡水銀二兩。萬曆十八年，商漁引歸沿海州縣給發，番部仍舊。」北港，大約是指現今的臺南附近（參閱後引「巴達維亞城日誌」），而福建船到北港，是以捕魚爲主。萬曆二十年（一五九二），日本豐臣秀吉擾朝鮮，東南海上，同時報警，沿海實施海禁。然海禁有礙於沿海的民生，反使挺而走險㊃，不若開禁之反可綏靖地方。故翌年巡撫許孚遠即疏請疏通海禁，其言曰：「東南濱海之地，以販海爲生，其來已久，而閩爲甚。閩之福興泉漳，襟

㊂ 據岩生成一，是引自敬和堂集卷七。作者未見原書，係自岩生之豐臣秀吉之臺灣招諭計劃一文轉引。

㊃ 漳州府海防同知王應乾呈稱：「漳屬龍溪，海澄二縣，地臨濱海，半係斥鹵之邑，多賴海市爲業。先年官司慮其勾引，曾一禁之。民靡所措，漸生邪謀，遂致煽亂，貽禍地方。」

山帶海，田不足耕，非市舶無以助衣食，其民恬波濤而輕生死，亦其習使然，而漳爲甚。先是海禁未開，民業私販，吳越之豪，淵藪卵翼，橫行諸夷，積有歲月。海波漸動，當事者嘗爲厲禁，然急之而盜興。」其後述開禁之利，謂：「兩洋開禁，幾三十歲，幸大盜不作，而海宇晏如㊃。」許氏在同一疏中，又說到北港捕魚，其文曰：「臣又訪得是中同安、海澄、龍溪、漳浦、詔安等處姦徒，每年於四、五月間，告給文引，駕使鳥船，稱往福寧載鐵，北港捕魚及販雞籠、淡水者，往往私裝鉛、硝等貨，潛去倭國，但秋及冬或來春方回，亦藉言潮惠廣高等處糴買糧食，徑從大洋入倭。無販番之名，有通倭之實。」其中說到假借北港捕魚之名，而私去日本。然既有名可假，亦必有其實。故其時在福建沿海一帶，對於所謂北港捕魚，大概是已經知道得相當清楚的。其時發給到北港、雞籠的船引，是和航行大陸沿岸的船隻一樣，而和航行東西兩洋者不同，則已是如上述。

據是，我們可以知道：自嘉靖末年以來，最遲是萬曆初年以來，大陸上已有許多商船和漁船，進入臺灣本島，南起北港，而北部一直到淡水、雞籠。

明天啓二年（一六二二），哥路那利斯・雷爾生受巴達維亞總督命攻澳門，受挫後，至澎湖，旋又至臺灣探測港口，其時充嚮導者，便是從前到過臺灣捕魚的中國漁人。雷爾生的日記曰：㊄

㊃ 見敬和堂集，卷五，作者是由小葉田淳「明代漳泉人之海外通商發展」一文轉引。

㊄ 據村上直次郎譯：抄譯バタビヤ城日誌上卷序說，第一五—一九面。

七月二十一日，星期四，晨。有在福爾摩沙（Formosa）島捕魚二年的一中國人來我船上。自稱熟知福爾摩沙島的情形。他說在大員（Tejoan）灣中有很好的停泊處，並謂有足夠的水，可供進口，如果我們希望，他可以率領我們去看，並可指示附近的其他地方。我們就和他約定給以酬報五十里爾。

七月二十六日，先要中國漁人領水，巡視在澎湖大島的視界中可看到的許多島，七月二十七日，就開到臺灣，在大員附近測量。其七月三十日的日記曰：

七月三十日，星期六，晨。天明即入港。發見港內的水，在最低潮時為十二呎。故推算在滿潮時約為十五至十六呎。海岸多砂丘，有叢林散播其間，在稍遠處可見有樹木和竹林。但要得到這些材料，甚為困難，若能得到材料，則在港口的南邊，很適合於築城。築城以後，外船即很難入港。每年有日本帆船二——三艘來到此港進行貿易。據中國人之說，此地衹有鹿皮，日本人是從土人購取。中國方面，每年有三——四艘帆船載絹綢來此，和日本人交易。我們沒有看到什麼人，衹見有漁船一艘，沒有能和他們講話。這港就是葡萄牙人所稱 Lamangh 之處。

據日記所載，其時臺灣祇是一荒島，所見僅有漁舟。

是時，因荷蘭佔據澎湖未撤，明政府於天啓三年九月五日（一六二三年九月二十六日）實施海禁，期杜絕走私通番，並禁荷船自澎湖駛抵閩南沿岸。同時又佈告嚴禁沿海漁民以北港捕魚爲名，出海與荷蘭交往。佈告原文，已不可查。惟當時在中國沿岸的荷蘭軍官却摘述其大要，報告巴達維亞的總督，其摘要收載於「巴達維亞城日誌」中㈥，現試轉為節譯其大要如下：

泉州方面：

福建行政長官對於在澎湖島的荷蘭船舶，通告其不得進入中國。

中國人不得偽稱去北港（別稱大員）捕魚，而與荷蘭人交易，故禁止中國戎克船去北港。

荷蘭船舶尚停留澎湖。若真為捕魚，自可去北港。然在監督人員檢視船舶時，雖在船中除米鹽以外，不見有他物，而他們仍可進行秘密交易。故所有船須暫留內地，不得去北港。

如荷蘭人離澎湖，則可符合汝等之望，任何人皆可去北港。

漳州方面：

漳州海防同知聞知中國人在澎湖與北港與荷蘭人進行秘密貿易。若荷蘭人再逗留澎湖，而禁止中國人去澎湖與北港，則人民將不滿而抱怨。

故為防止不滿起見，凡欲去北港者，可先提出請求，俟檢查其船中除米鹽以外，確無他物時，可准許其行駛。

經檢查後，船舶祇可駛往北港，不得去澎湖。

據此，則其時去北港捕魚，在閩南沿海居民的生計上，已非常重要。這在我們的史料中，亦

㈥ *Dagh-Register. Casteel Batavia.* A° 1624–1629. Bl. 16–17. 村上譯書上卷，第一五—一七面。

可互相印證。天啓五年（一六二五）四月兵部題行「條陳彭湖善後事宜」殘稿中，論私自通倭事，其中有云：

> 海上之民，以海為田。大者為商賈，販於東西洋，官為給引，軍國且半資之，法之所不禁也。……其次則捕魚舴艋，村村戶戶，不可以數計。雖曰禁其雙桅巨艦，編甲連坐，不許出洋遠涉，而東番諸島，乃其從來採捕之所。操之急則謂斷絕生路，有挺而走險耳。利之所在，法有時窮。卒且奈何！……

明天啓四年（一六二四）荷蘭人自澎湖撤退，轉據臺灣。荷蘭第一代臺灣長官馬丁努士・宋克對於巴達維亞的總督，報告臺灣的情形，其要略見於「巴達維亞城日誌」一六二五年四月九日條下㊆，茲抽譯一部分有關中國人者如下：

> 中國人對於我們來福爾摩沙（Formosa），並不喜悅。他們在煽動土人。這是因為他們恐懼我們去阻礙他們的鹿皮鹿肉和魚類的貿易。
>
> 據說，鹿皮每年有二十萬張，鹿脯和魚乾很多，可供給相當的數量。
>
> 從中國，每年約有一百艘戎克船進大員灣，從事漁業，並購買鹿脯，運至中國。這戎克船上載有很多要購買鹿皮和鹿肉的中國人進入內地。

據是，可知中國人初到臺灣，主要的是從事漁業。荷蘭人之入臺灣，其目標是在獵取商業上的利益，並沒有作農業移民的決心。他們要努力，故在其入臺之初，即設法要吸收人口。「巴達

㊆ *Ibid. A° 1624–1629.* Bl. 145-146. 村上譯書上卷，第六四－六五面。

維亞城日誌」同日的記載中，記錄自新港社收購赤嵌的經過後說㉗：

選定的地點，一方有淡水的河川，土地肥沃，野獵群生，又有很多魚類棲息的沼澤，沿岸亦有很多魚類，故中國人和日本人一定會移住前來，毫無疑義。

可見荷蘭人亦以魚爲吸引中國人的香餌。後來赤嵌一帶，確是逐漸發達。中國官吏對於這一點，亦知道得很清楚。「明史」卷三二三「雞籠山」條，崇禎八年（一六三五）給事中何楷陳靖海之策，其中有云：

臺灣在澎湖島外，距漳泉止兩日夜程，地廣而腴。初，貧民時至其地，規魚鹽之利。後見兵威不及，往往聚而為盜。近則紅毛築城其中，與奸民互市，屹然一大部落。

其時，實際上到臺灣捕魚者益多。「巴達維亞城日誌」一六三一年四月二日條曰㉘：

在季節風期間，有小帆船七十——八十艘來大員，獲魚不多。如沒有海盜襲擊中國沿岸，則深信漁業當更昌盛。

同書一六四二年一月二十八日條，又曰㉙：

福爾摩沙海岸內的漁業（Binnenkust），今年甚為不振。中國漁船，來者不過二百艘

據此記錄，我們似可推測：在該一時期中：自福建到臺灣捕魚的漁舟，年年有增加的傾向。至此，尙有一點，要特加注意。即荷蘭人在臺灣的初期，其勢力是局限於南部。然中國人之捕

㉗ *Ibid*. 4° *1624-1629*. Bl. 145. 村上譯書上卷，第六二面。
㉘ *Ibid*. 4° *1631-1634*. Bl. 10. 村上譯書上卷，第一〇六面。
㉙ *Ibid*. 4° *1641-1642*. Bl. 111. 村上譯書中卷，第二四二面。

魚，却不一定祇限於南部。上引中國漁人率領荷蘭軍官至臺灣測量文中，已說到這中國漁人，對於臺灣各部分非常熟悉，並且似嘗率領荷人去南端的琉球嶼，故中國人在臺的漁業，可能不限於南部，但在荷蘭人前期的記錄中，却祇說南部。嗣後，荷蘭人逐走基隆的西班牙人，勢力擴張到中北部時，對於中國人在臺灣北部的漁業，亦有記錄㉛。

中國人在臺灣的漁業既相當發達，惟利是務的荷蘭人當然不會不注意及此。荷蘭人的辦法，是抽魚稅。黎斯在「臺灣島史」中說㉜：

在本島南部從事鯊魚漁業的漢人，要輸出至中國時，一尾鯊魚，要繳稅金一斯泰法。公司由此獲利一萬盾。

一六五〇年（順治七年）五月，斯托萊士（Struys）至臺灣，其見聞錄中有曰㉝：

在臺灣可捕獲很豐富的魚類，而烏魚（harders）特多。此魚較黑絲鱉（haddock）稍大，當地加鹽醃之如鱉（Cod），送至中國。在中國頗受重視。其卵，帶紅色，外膜厚，以鹽漬之，中國人視為珍品，中國人在沿岸捕魚，要獲公司的准許，而要繳付十分之一的魚稅。

其時，中國人在臺灣捕魚，並不限沿海，亦進及於內河。一六四五年十月二十五日臺灣評議

㉛ *Ibid.* *A*° *1640–1641.* Bl. 114.: Campbell, Wm.: *Formosa under the Dutch.* pp. 210-211. etc.

㉜ Riess, L.: *Geschichte der Insel Formosa.* S. 427。

㉝ 自Campbell, Wm.: *Formosa under the Dutch.* p. 254 轉引。

會寄給東印度政廳評議會的報告書中，略曰㉔：

煽動土人的中國人，已經制服，故在臺灣的西岸，南起大員北至雞籠、淡水間的旅行，已無危險。這肅清運動的引導者，是布倫(S. van Breen)牧師。他發見很多我們以前所不知道的河川。在這些河川中，有中國人在佯為捕魚。他們在這些河川部分，享有很多的自由，並煽動土人，反抗公司。在我們到達時，他們或逃至山中，或逃至淡水，或脫身至船上，啓帆逃走。我們懷獲四名，加以嚴厲的拷問。他們承認秘密住在那裡，已有多年，和土人很親密，並與土人交易。其中，有一名是海盜餘黨，按例以車裂刑處死。其餘是驅逐出境。這些通路，現都已閉塞。並決定在今後如無旅行執照，或漁業執照，則任何人不准在北部居住。

據此記錄，可知中國人在臺灣北部活動，是遠在荷蘭人勢力到達北部之前，並可知荷蘭人對於中國漁人，是要在其繳稅後，方給照准許捕魚。根據斯托萊士，則在現今我們珍視的烏魚子，在當時亦已受到珍視了。

荷蘭人在臺灣征收魚稅的方法，在「巴達維亞城日誌」中留有記錄。該書一六四一年四月二十一日條曰㉕：

自九月底起至二月底止，共抽人頭稅三、八九〇里爾。又為要知道漁人和釀酒者

㉔ *Ibid.* pp. 210–211。

㉕ *Dagh-Register. Casteel Batavia. A° 1640–1641.* Bl. 266. 村上譯書 中卷第一四五—一四六面。

的納稅額有多少，故招幾個人試行包繳該項稅額一年，其承包額如下：

猪的專賣	三八〇 里爾
漁場（烏魚漁業除外）	三〇〇
造酒及市場	四二〇
生牛酪	二〇〇
共計	一、三〇〇
……………	
一年收入概算	一三、九五〇

憑此收入的數額，對於既往及今後的開支，似稍可輕減。

據此可知荷蘭人之抽魚稅，至少有一個時期，是用包稅制度。鄭氏時代，依然沿襲此制，稱曰贌港，「諸羅縣誌」卷六：

> 贌港抽稅于港內捕魚之衆，而總輸於官。謂之港餉。港口潴水飼魚為塭。大者有征，謂之塭餉。雜稅者為罟、為罾、為縺、為[illegible]、為縗、為蠔，所以取魚、蝦、牡蠣者也。

在荷蘭人時代，中國人捕魚，有時亦受蕃害，荷蘭人爲維護其利益，嘗加以保護。「巴達維亞城日誌」一六三六年十一月二十六日條下，記云㉖：

㉖ *Ibid. A° 1636. Bl. 286.* 村上譯書，上卷，第三三六面。

Vavorolangh 的土人，對於魍港（Wanckan）附近的中國漁民和燒石灰者，時加傷害或殺死，應予懲罰。

一六三七年二月十日條下曰㊆：

以前議告過的 Vavorolangh 的土人，依然殘虐，於十一月二十八日襲擊在 Caleken 島北端的中國漁船，殺一人，傷十一人。派高級商務員亞伯拉罕・戴克爾（Abraham Duijcker）和少尉貝得爾（Pedel）率士兵十八人乘船去救中國船，但因北風強烈，未能到達。

四　結語

據上所述，可知有明一代，臺灣地區已是閩南漁戶的漁場，最先是到澎湖，以後逐漸擴展到臺灣本島。在明代末葉，閩南漁戶對於臺灣西岸，已非常熟悉。

臺灣區域的漁業，此時已不僅影響閩南沿海居民的生計，且亦有關國家的收入。同時，大陸上對於臺灣之能夠逐漸瞭解與注意，亦端賴此輩出入風濤的漁戶。

就臺灣本身而言，國人發見當時，在經濟上本以漁業佔優勢。在荷人入據前後，因臺灣處於大陸南洋與日本之間，佔地理上的形勝，遂傾向於貿易。嗣後荷人提倡土產，適值大陸混亂，有大量移民入臺，於是臺灣農業的性格，遂漸形成而確定，漁業乃降而爲副業。清初，爲防禦鄭成功反攻，大陸上下遷界令，勒令濱海居民內遷，而閩南漁戶之到臺灣捕魚者，亦轉趨零落。

㊆ *Ibid. A° 1637. Bl. 37.* 村上譯書，上卷，第三六四面。

然中國之有臺灣，而我人今日可生息於斯土，固閩南漁人之功也！

原載臺灣銀行季刊第六卷第一期，民國四十二年九月

明代臺灣漁業誌略補說

一　引言

筆者於一九五二年寫過一篇「明代臺灣漁業志略」㈠，對於漁業在臺灣開發史上的任務，約略有所說明。惟深感所言尚有不足之處，故對於這一問題，仍繼續蒐集資料。最近讀到日本中村孝志教授的「論臺灣南部的鯔魚漁業」㈡，頗受啓發。中村氏之視臺灣南部的鯔魚漁業，是荷蘭東印度公司在亞洲活動中的一個關節，其研究結果殊值得貴重。筆者想一方面參照中村氏的研究結果，一方面加以自己新發見的資料，對於前文所說，稍事補充。

㈠　臺灣銀行季刊第六卷第一期第一六九—一七五面；臺灣銀行經濟研究室編：臺灣經濟史初集第三一—三七面。

㈡　日本天理大學學報第五卷第一號漢譯參閱臺灣銀行經濟研究室編：臺灣經濟史二集第四三—五二面。

二　明末臺灣的漁業

在明末時的臺灣的漁業情形，前文已經說過，而自一六二四年（天啓四年）荷蘭人佔據臺灣以後，我人對於臺灣的漁業，所知者更爲具體，亦更爲詳細。在當時捕獲的魚類中，筆者在前文中根據斯托萊士的見聞錄，已說過是烏魚最多，亦最爲重要。中村教授則另據大員商館日誌等，指出：

一、打狗、堯港、下淡水等南部地方是漁業的中心地區；

二、魚類是以鯔魚（即烏魚）爲多；

三、漁期是在十二—二月間。

關於漁期，筆者在前文脫稿以後，亦發見有二處記載。其一是奧吉爾比（Ogilby）的 *Atlas Chinensis* ⑬。關於這一條，中村氏在其文中已經引用。另一是現在西班牙塞維爾(Sevilla)的印度古文書館中所收藏的葡萄牙商人安布羅西奧·貝洛索（Ambrosio Veloso）氏的報告。氏嘗爲荷蘭人的俘虜，居於臺灣，報告是在一六三二年（崇禎五年）寫成，是給葡萄牙的印度總督的。此一報告書，在記述荷蘭人在臺灣的城堡堡壘後，說：

> 在新鮮的河流的對岸，有很好的土地，其上有很多牲畜的羣，有若干馬，有很多耕地和菜園，有很多可屠殺的鹿，並出產 azafrán（saffron 草）。另外在該島上可得到的利

---

⑬ Ogilby, John: *Atlas Chinensis.* London, 1691. p. 19.

益，是在和中國人的貿易中抽取稅金（tributos）。此外，自十二月起至二月中為止的大量游來的魚羣，亦非常重要㊃。

這就是報告着烏魚的漁期是在十二月至二月間㊄。在這漁期中，自大陸方面有很多漁船來至大員（Taijouan），以後再出發至打狗附近的漁場。故在這一期間，漁船的出入，很顯著地增加。現試據大員商館日誌舉示其一斑如下㊅：

一六三二年十二月四日：有漁船二艘向南出發，午後有漁船三十八艘載着鹽和漁網到達大員。

一六三二年十二月五日：三十八艘戎克船為捕魚向南出發。自大陸方面，有船十艘到達。

一六三二年十二月六日：長官普特曼斯閣下、包溫士（Bouwers）和候補牧師彭紐斯（Bonnius）等乘馬去新港。有二十五艘戎克船到達。除公司的二艘戎克船自大陸沿岸裝載 Zement（筆者按：大概是指石灰）之外，有一艘是大官一官的母親大媽

㊃ Archivo de Indias, estante 67, caja 6, legajo 8. quoted in Alvarez, José María.: *Formosa, geográfica e históricamente considerada*. tom. II. pp. 32-33 nota.

㊄ 關於烏魚的漁期，承中村教授指示兩點：(1)在小琉球嶼（Lamey 島）記中，記有：「中國人在一、二月間來至該島」；(2) Van Dam 謂：自十一月底至一月中旬為止，有中國的戎克船八十至一百艘來到：見一六六二年六月十二日總督 Jan Maetsuijcker 發給 Balthasar Both 的訓令中。該項訓令是在尚未刊行的文書中。

㊅ *Extract uijt het daghregister van het comptoir Tayouan, sedert 8 Oct. 1632–17 Januari 1633*. [Koloniaal Archief, Nr. 1021.]

（Taijma moeder vanden mandorijn Yquan，筆者按這是指鄭芝龍的母親）的船，該船並載有砂糖三百擔和生絲三擔。同日有漁船十艘向南方出發。

一六三二年十二月七日：有六艘戎克船向南方出發，自大陸方面有船四十五艘到達大員。大抵皆為漁業的關係，載有鹽、網和其他的必需品。

一六三二年十二月八日：有四十五艘戎克船為捕魚而向南方出發，午後自大陸方面又有船十艘到達大員。

一六三二年十二月九日：有船十五艘為捕魚而向南方出發，自大陸方面有船十四艘到達大員。

一六三二年十二月二十三日：有戎克船一艘裝載鹽魚和鹿肉，向安海（Anhaij）出發。

一六三二年十二月二十六日：有戎克船二艘裝載鹽魚、鹿肉和蘇枋木向安海出發。正午，自北方開始有強風吹來。因之，該二船又回至大員。……

一六三二年十二月三十一日：有戎克船二艘自魍港到達，該船在魍港獲烏魚一千條，為繳納什一稅而來大員。

一六三三年一月二至三日：自南方有漁船四艘到達，收稅處徵取其烏魚二百條的什一稅。

一六三三年一月四日：自南方有戎克船七艘到達，徵取其烏魚二千條的什一稅。

一六三三年一月七至八日：有戎克船十艘裝魚若干向大陸沿岸出發。傍晚又有戎克船五艘自南方到達。

按上例以觀，可知在漁期中連日有漁船出入甚盛。在大員商館日誌中，關於大陸、臺灣及各地的商船漁船的出入狀況，記載雖容有精疏，而每年都是有記載的。故如檢視此一年中的船隻的往還，我們就相當精密地可以推察出該項商船和漁船的活動狀況。現試就一六三六年九月一日至一九三七年十月十七日及一六三七年十月十八日至一六三八年十二月十四日二年間的大員商館日誌中檢視大陸與臺灣間的船隻往返的記錄，則有如下表所示㈦。筆者之所以選擇此二年度爲例的理由，則有如下列：第一、是因此二年度的記錄，比較上最爲完整。如一六三一年十月十五日至一六三二年十月十四日，亦全年完整無缺，但祇有一年；而其他則在一年中往往祇有幾個月有記錄，例如一六三九年三月十八日至一六三九年十一月四日。連續二年有記錄者，是祇有上列一例較爲完整（一六三七－三八年中有脫落處）。第二、荷蘭人佔據臺灣以後，有鄭芝龍、李魁奇、劉香等相繼活躍於臺灣海峽，對於臺灣海峽中的商船與漁船的活動，皆有影響。此等海盜，是在一六三五年（崇禎八年）受招撫的鄭芝龍征剿劉香後，方見平息。嗣後，臺灣與大陸間的漁船、商船的活動情形方見好轉，並漸見隆盛。第三、各年度的日誌，其記載有精粗，已略如上述，而筆者所舉示的兩個年度，關於船隻的來往以及裝貨的情形，其記載似較其他年度爲詳細。故筆者認爲選取此二年度的記錄，比較上是可以代表當時的正常狀況的。

㈦ *Daghregister des Comptoirs Tayouan van 1 Nov. 1636–17 Oct. 1637.* [Koloniaal Archief, Nr. 1034. bis.] *Copie-daghregister 't sedert 18 Oct. 1637–14 Dec. 1638.* [Koloniaal Archief, Nr. 1038.] 以下如不特別註明，則皆係根據此二項文書。

表一　臺灣、大陸間船隻往還狀況表

航路／項目／年月日	自大陸各地至大員（Taijouan）					自大員（Taijouan）往大陸各地				
	出發地	船種	船數	搭載人數	目的及搭載物品	目的地	船種	船數	搭載人數	目的及搭載物品
一六三六 十一、										
二						厦門		三		胡椒、蘇木等
五						烈嶼		一		少量的魚
十二	中國沿岸		二		生絲、絲綢、金等					
十七	福州		一		瓷器					
二十一	烈嶼 厦門	漁船	十七		鹽、磚					
	厦門		一		砂糖、金條等					
二十二	烈嶼		四		捕魚；鹽、米					
二十四	烈嶼	漁船	七		鹽、米					
	厦門		一		砂糖、金條					
二十五	烈嶼		一		鹽、米					
二十六	烈嶼		一		鹽、米					
二十八	厦門		四		生絲、絲綢、金、砂糖等					
	烈嶼	漁船	七		鹽、米					

一六三六 十二、

二	廈門商船	五	砂糖、金條、茶、絲綢			
五	廈門	四	捕魚;鹽、米			
六	廈門	三	砂糖、生絲、絲綢等			
九	廈門	一	捕魚;鹽、米			
十				廈門	二	鹿肉、其他雜貨
十二				廈門	一	鹿肉、其他雜貨
十三	中國沿岸漁船	三十五				
	廈門	一	粗瓷器			
十五	廈門	五	砂糖、生絲、粗瓷器			
十六	烈嶼	四	鹽、米	廈門	一	鹿肉、其他雜貨
十八	廈門	一	絲綢、砂糖等	廈門	一	鉛、丁香等
二十	廈門漁船	三				
二十五	福州	一	各種瓷器			
	廈門	一	砂糖、生薑、瓷器			
二十六	廈門	一	砂糖、生薑	廈門	五	丁香、鉛、銅、鹽魚等

一六三七 一、	四				中國	一	
	五				廈門	三	鹿肉、魚
	六				中國沿岸	四	魚
	七				中國沿岸漁船	三十六	魚
	十三				中國漁船	二十	鹽烏魚、鹿肉
	十四	廈門商船	一	砂糖、生絲等	中國	二十六	鹽魚、鹿肉
	十五	廈門	一	砂糖、粗瓷器	中國	二十	鹽烏魚
	十六	廈門	一	砂糖、砂糖桶的板	中國漁船	十二	
	十九				中國漁船	九	魚、鹿肉
	二十	廈門商船	八	生絲、絲綢、砂糖、瓷器			
		福州商船	一	瓷器、壺			
	二十一	廈門	一	瓷器、鐵鍋等			
	二十五	烈嶼	一	鹽、米	廈門	三	鹽烏魚、鹿肉
	二十七	烈嶼	一	鹽、米			
一六三七 二、	一				中國	三	鹿肉、鹽魚
	二				中國	三	鹿肉、鹽魚

三	厦門漁船	一	砂糖桶的			
	厦門漁船	一	鹽、米			
四				中國	二	(經魍港)
五	厦門	一	砂糖、絲綢、金條等			
	福州	一	瓷器			
九				中國沿岸	三	鹿肉、鹽魚
十二				中國沿岸商船	四	各種商品
十四				銅山	一	烏魚、魚卵等
十五	厦門	一	米、瓷器等			
十六				厦門	一	銅、白檀等
十七	烈嶼	四	少量的鹽、米及柱			
十九				中國沿岸	三	鹽烏魚、魚卵等
二十二	中國沿岸商船	一	砂糖、生絲、絲綢等	厦門	一	烏魚三〇〇條、魚卵、鹿脯
二十七	中國沿岸商船	一	白生絲、絲綢、砂糖等			
一六三七						
三、一	安海	一	生絲、織物類、糖			
四	中國沿岸	一	生絲、各種織物			
六	厦門	一	瓷器、壺、鹽等			

七	福州	一	瓷器			
	廈門	四	金、瓷器、砂糖、絲綢等			
	烈嶼	二	瓦			
	銅山	一	瓦			
十	廈門	八	瓷器、砂糖等			
	烈嶼	九	鹽、米、壺、瓦等			
十一	廈門	一	瓷器			
	烈嶼	七	鹽、米等			
十二				廈門	一	
十六				廈門	一	在打狗所獲鹽烏魚
十七				廈門	一	在打狗所獲鹽烏魚
二十二	廈門	三	瓷器、砂糖、板、柱、瓦			
	烈嶼	七	鹽、米			
二十三	廈門	三	瓷器、薑、生絲、糖等			
	烈嶼	二	赤瓦五・〇〇〇、板一〇〇			
二十四	烈嶼	二	鹽、米			
二十五				銅山	一	鹽烏魚
二十八				廈門	一	鹽魚

日期	地點	船種	船數	貨物	地點	船數	貨物
三十一					烈嶼	一	鹽魚
					銅山	一	鹽烏魚
一六三七 四、							
二					中國沿岸	五	鹽魚
三					中國沿岸商船	二	銅、鉛等
六					中國沿岸	四	鹽魚等
七	烈嶼		一	少量的鹽、米、柱十五枝	烈嶼	一	鹿脯一〇〇隻、銅
八					銅山	一	鹽魚
九	烈嶼		一	鹽、米			
十					中國沿岸	六	鹽魚、柴薪
十一					烈嶼漁船	二	鹽魚
十二	廈門	大商船	四	生絲、絲綢、瓷器、砂糖等			
	烈嶼	小戎克船	十五	赤瓦一七・〇〇〇、柱五十、板三〇〇〇等			
十三	烈嶼		三	砂糖桶的板、瓦、柱、板等			
十五	烈嶼		二	赤瓦四・〇〇〇、柱十八等			
二十一					廈門烈嶼	二	少量的鹽魚等
二十五					中國沿岸商船	二	鹿脯六十擔等

一六三七								
五、								
二十七					中國沿岸		四	鹽魚等
二十九					烈嶼	漁船	六	鹽魚
					廈門	商船	一	壓艙物
三十	安海		一	白砂糖二〇〇擔	烈嶼		五	少量的鹽魚等
	烈嶼		三	捕魚；鹽、米				
四					廈門	商船	一	鹿脯五擔等
六	中國沿岸		三	砂糖、白蠟、瓦、柱、板等	廈門	商船	一	銅、鉛、鹿脯
七					廈門		一	鹿脯二十五擔、少量的鹽魚
八	烈嶼		一	赤瓦一〇・〇〇〇、柱三十及少量的鹽	廈門	糖船	一	鹽魚
十	廈門	商船	一	白糖、各種織物等				
十四					烈嶼		二	鹽魚
十五	廈門		二	白糖一・〇〇〇擔、白蠟、瓷器、	廈門		一	鹽魚
	烈嶼		一	柱二十六、板三〇〇〜四〇〇、瓦一五、〇〇〇等	烈嶼		二	鹽魚
十六					烈嶼		一	壓艙物
十七	烈嶼		一	柱四十、板三〇〇、赤瓦一〇・〇〇〇				
十八	烈嶼	漁船	二	捕魚；米、鹽				

二十二	廈門商船	二		白生絲、Cangan、白糖等	烈嶼漁船	一	鹽魚
二十五	烈嶼	二		柱二〇〇、赤瓦八・〇〇〇等	烈嶼漁船	三	鹽魚、柴薪
二十八	廣東商船	六		砂糖、Pangzis、柱	中國沿岸商船	二	銅、鹿脯
					烈嶼漁船	一	少量的鹽魚
一六三七 六、							
八	廈門	一		白砂糖、桶板等	中國沿岸漁船	四	鹽藏魚
	烈嶼	九		赤瓦五九・〇〇〇、柱一八〇、板三三〇、少量的鹽、米			
九	中國沿岸商船	三					
十四	烈嶼	一		赤瓦一五・〇〇〇、鹽、米	廈門	一	銅
十五					廈門	二	壓艙物
十六	廈門商船	一		砂糖五〇〇擔			
	烈嶼	五		柱一七〇、瓦三・〇〇〇			
十七	廣東	三	二三〇（三船合計）	白砂糖、明礬	廈門商船	一	鹽魚、鹿脯
	廈門	一		砂糖、絲綢等	廈門漁船	一	鹽魚
	烈嶼	一		赤瓦一〇・〇〇〇、鹽、米			
十八	廈門	一	七〇	白砂糖、白蠟、水銀、Cangan			
十九	廈門商船	三	一五〇（二船合計）	白砂糖、明礬、白蠟、生絲等			
	烈嶼漁船	一		赤瓦一二・〇〇〇、柱三十二			

日期	港口	船種	數	貨物	港口	船種	數	貨物
二十一					廈門	商船	七	一五〇 壓艙物
二十二					烈嶼		二	一隻鹽魚；一隻壓艙物
二十三	廈門		一	四十四 白砂糖六〇〇擔	烈嶼		一	十七 壓艙物
二十四					廈門	商船	二	五十 壓艙物
					烈嶼	漁船	二	各十七 鹽魚
二十七					廈門	商船	一	壓艙物
					烈嶼	漁船	一	鹽魚
一六三七 七、								
一	安海		一	六〇 白砂糖、水銀、各種織物				
	烈嶼	漁船	三	各十五〜十六 少量的鹽、米				
二	烈嶼		二	四十五 鹽、米				
三	烈嶼		一	大柱八、赤瓦七・〇〇〇				
六					廈門		二	(經由澎湖)
					烈嶼		一	(經由澎湖)
八					烈嶼	漁船	一	十九 鹽魚
九	廈門	商船	二	七十三 砂糖六〇〇擔等	烈嶼		二	三十四 鹽魚
十	廈門	販糖船	二	六〇〇 砂糖桶板六〇〇〇				

十二		大販糖船	二	一〇〇	白砂糖二・三〇〇簍、織物等					
十四	廈門		一	三〇	白砂糖四〇〇擔	烈嶼	漁船	一		鹽魚
十五	廈門	販糖船	二	各約三〇	白砂糖六〇〇擔等					
十七						烈嶼	漁船	二	三十六	鹽魚
十九	廈門	販糖船	二	約三〇	白砂糖一・一〇〇擔 各種織物、金、白蠟、水銀	廈門	商船	三	一三〇	壓艙物
二十四			二							
二十六	烈嶼		二		木器					
二十九	廈門	糖船	一		白砂糖三〇〇擔等					
三十	廈門	商船	二		白砂糖、白蠟、明礬、生絲					
三十一	廈門		一	二〇	白砂糖四〇〇擔					
一六三七 八、										
一	廈門	販糖船	二	七〇	白砂糖八〇〇擔					
三	廈門		二		白砂糖、明礬等					
六	廈門		一?	一二〇	白砂糖、生絲等					
七	廣東		一	四〇	砂糖五〇〇擔					
八	廣東	商船	二	九〇	白砂糖、白蠟等					
九	烈嶼	漁船	一	十七	米鹽	中國	商船	一	四十七	壓艙物

十	中國		一		生絲、各種織物、水銀					
十三	廈門		一	各十五～十六	砂糖桶的板					
	烈嶼		一		少量的鹽、米					
十五	廈門	商船	三	各六〇	絲綢、白蠟、白糖、小麥等					
十八						廈門	商船	二		壓艙物
二十	廈門	商船	三	各三〇	白糖、生絲、絲綢、小麥等					
二十一	廈門		二	各二十五	小麥、米					
二十二	中國沿岸		四	八〇	小麥三〇〇擔、米十六擔					
二十三						烈嶼		二		少量的鹽魚
二十四	廈門		二	八十四	小麥、Cangan布等					
二十五	烈嶼		二	六十七	三〇〇擔或十五last的米、中國酒一·〇〇〇瓶					
二十七	安海	商船	一	八〇	生絲、白蠟、水銀等					
	廈門		一	四十三	白砂糖一五〇擔					
二十九	烈嶼		一		米二last、鹽¼last	廈門	販糖船	二	各四十	壓艙物
三十一	廈門		一	四十三	白砂糖六〇〇簍	烈嶼	漁船	一		少量的鹽魚
一六三七										
九、三	廈門		三	各九	白砂糖、柱、赤瓦等					

四	厦門		二	二〇〇	白砂糖、白Cangan布	厦門	商船	三	一三五	壓艙物
五						厦門		?		
六	厦門	販絹絲船	一	一八〇	生絲、白蠟、絲綢、糖	銅山		?	十七?	少量的鹽魚
九	安海		一	八十五	白蠟一六〇擔					
	烈嶼	漁船	二							
十						中國沿岸		一?		少量的銅等
十一	福州		一			中國沿岸		三	七〇	
						厦門		一	六十五（厦門、烈嶼合計）	
						烈嶼		一		
十四						中國		四		銅等
十五						安海		三	八〇五（安海、厦門合計）	銅、鉛等
						厦門		七		
十六						烈嶼	漁船	二	五十一	鹽魚
十七	烈嶼		三							
〔十九?〕	厦門		一	七十八	砂糖桶用板四〇〇、米六last					
〔二十?〕						厦門	商船	二	七十三	壓艙物
二十六						厦門	商船	?	?	壓艙物

一六三七										
二十七	烈嶼		一	十八	米					
二十八						廈門		?	?	各銅五〇擔、暹羅產鉛
二十九	安海	商船	四	?	瓷器、米					
三十						?		二	一二〇	銅、鉛等
十、一						烈嶼		二	各十八～十九	鹽魚、其他雜貨
三						廈門		二	一二六	銅、鉛等
四						烈嶼	漁船	二	三十二	少量的鹽魚
五						烈嶼		一	十七	鹽魚
七	廈門		一	十九	米五last、鹽1last					
八	廈門		一	一八五	砂糖桶用板、米、生薑等					
	烈嶼		五		米三〇〇袋					
十	烈嶼		九		米一・〇〇〇袋					
	安海		一		米一〇〇袋、小麥粉一〇〇袋					
十一	廈門	商船	一	五〇	Cangan 布等					
	烈嶼		二	各十二～十三	米?・last、鹽1last					
十八	?		一?		糖桶用的板、瓦等	烈嶼		一		鹽〔魚〕

二十	烈嶼	漁船	一	十七½ last	米二 last、〔鹽〕					
二十一	?		三	二〇〇	米、糖桶用的板等	烈嶼	漁船	一		
二十三						烈嶼		一		少量的鹽魚
二十六						?	糖船	一	一六〇	
						?	漁船	二		
二十七	?		?							
二十八	?		一		白〔砂糖〕四〇擔等	?		?		
	?		二							
二十九						烈嶼	漁船	一	八～九	鹽魚
三十	烈嶼		二		米三 last、鹽½ last					
一六三七 十一、一	福州		一	六〇	瓷器					
二						廈門	商船	一	三十六	壓艙物
三						廈門		一		Calituijrshout
九						烈嶼		一		鹽魚
十三	安海		一		白生絲、絲綢等					
十九	中國沿岸漁船		一?	二〇	捕魚					

〔二十二?〕	烈嶼		一		米?last、鹽一last					
二十六	烈嶼		四	八〇	捕魚;少量的鹽、米、白蠟、金條、水銀、米、酒					
二十七	廈門		一							
	烈嶼	漁船	二	十二~十三	米、鹽					
二十八	廈門		?	一六〇	瓷器、糖桶用的板、米					
〔二十九?〕	烈嶼	漁船	?	計九十六	鹽、米					
一六三七 十二、										
二						?		一	十三~十四	少量的鹽魚
三						安海	商船	一		
						廈門		二	六十七	
四	烈嶼金門		十五	一九〇	捕魚					
六	烈嶼		五	七〇	米、鹽					
	安海	商船	一	七〇	絲綢、水銀等					
〔七?〕	中國沿岸	漁船	一〇〇	?	捕魚;鹽、米					
八	烈嶼及其附近		二十三		捕魚;鹽、米					
十一	?	漁船	?	十五~十八		廈門	商船	二		鹿脯
十三	各地		五十五	八二五	捕魚	廈門安海	商船	二	一一〇	

十八	烈嶼		七	十五～十六	生薑、Cangan布、金條等					
	?	商船	一	九〇						
十九	烈嶼		一	十六	捕魚					
一六三八、一、二	廈門	商船	三		砂糖、生絲、金、絲綢等	廈門		二	二十五～三十	少量的鹽魚
三	廈門		一	九十六	砂糖、鐵鍋、米、金等	廈門		一	六十	鹿肉十三擔
	安海		二?	十九 二十四	瓷器等					
	烈嶼		三	十九～二十 計六十	鹽七十擔、米六十擔、酒四〇〇瓶					
五～六	廈門		一	四十	瓷器、糖、米、酒等	中國沿岸		?		
〔七?〕						中國		一	十三	
八	廈門		一	一〇〇	糖桶的板、米、麵粉等					
九						烈嶼		三	五十四	鹽魚
〔十?〕						烈嶼		二	十九 十七	魚
〔十八?〕						中國沿岸		十	一三五	
〔十九?〕						烈嶼、金門等地		七十九	各十～十三 計一、〇〇〇	鹽魚

二十	福州	商船	一	二十三	絲絹三擔、米十袋、酒二·○○○瓶	中國沿岸	漁船	三五	四五〇	鹽魚
	烈嶼	漁船	一		捕魚;米十last、鹽1/2 last					
二十三						中國沿岸	商漁船	二十三	五七〇	鹽魚、鹿肉
〔二十四?〕	廈門		一	三十五	砂糖桶的板、米、糖等	莆頭廈門		三	七十五	鹽魚、鹿肉
三十一						烈嶼		一	十七	鹽魚
一六三八 二、一	中國沿岸		一	一八〇	生絲、各種織物、金等	廈門	商船	二	四六〇	日本銀、鹿肉
						安海	商船	一		
二						烈嶼		三	五十五	鹽魚
						廈門		一		
〔五?〕						廈門	商船	?	二四〇	壓艙物
						烈嶼	漁船	一		鹽魚
六	廈門		一	六十	糖桶的板、米、Cangan					
八						廈門	販瓷器的船	二	八十六	鹿肉等
						金門	漁船	一		魚
十一						廈門		一	七十五	鹿肉
十二						金門及烈嶼	漁船	二	十六 十一	鹽烏魚

日期								
十五					烈嶼		一?	二十二少量的鹽魚
十六					?		?	
十七					廈門	商船	一	壓艙物
					烈嶼	漁船	二	各十五鹽魚
十八					安海	販絹絲船	一	一七〇鹿肉等
〔二十三?〕	烈嶼	小戎克船	一	三十五米 五last				
二十七					烈嶼		二	十七 十五〔鹽魚〕
					?		一	十一
一六三八 三、三	烈嶼		一	米 三last、鹽½last				
七					烈嶼		一	十七鹽魚二十擔
〔八?〕					烈嶼		一	二十四鹿肉
〔九?〕	安海		一	三十三瓷器、米、金				
	廈門	商船	一	七十瓷器、米				
	Quesetay	漁船	一	十五米 二½ last				
	廈門	漁船	一	十四鹽 1½ last、米一last				
十	中國沿岸		一	生絲、各種織物、金				

	中國沿岸		二	十六 十七 米十二½ last				
十一					廈門		一	五十三 鹿肉
十四	廈門		二	? 糖、米	廈門		二	八十二 鹿〔肉〕、少量的鹽魚
十五	烈嶼		一	三十五 米 五½ last				
二十	中國沿岸		一	絲綢等				
二十一					廈門	小商船	二	十五 九 鹿肉
二十四					烈嶼		一	十八 鹽魚、柴薪、其他雜貨
二十五~二十六	安海	販絹絲船	一	? 生絲、各種織物、金	廈門		三	九十六 鹿肉
	廈門 烈嶼	小商漁船	四	八十九 砂糖、米、鹽	烈嶼		一	十六
二十九	廈門		一	一五〇 瓷器、砂糖、生絲等				
	福州		一	十六 瓷器				
三十					安海	販絹絲船	一	一一〇 胡椒六〇〇擔
一六三八 四〔二~四?〕	安海		一	二十五 白生絲、各種織物	金門		一	鹽魚
七~八	銅山		一	十五				
	安海		一	十六 瓷器				
九					烈嶼		一	二十五 鹽魚

十	烈嶼		三	七十六	捕魚及鹿皮貿易；米六last、鹽一½ last					
〔十二?〕	烈嶼、銅山等		八	一四二	鹽、米等	厦門		一	五十	鹿肉六十擔
十三	安海	商船	一	八十五	生絲、砂糖、白蠟等					
	烈嶼	漁船	二	? 二十四	米?·last、鹽½ last					
十四	厦門		一	八十五	金、瓷器、砂糖等					
一六三八 四、十六						厦門		一	三十五	鹿肉等
十八						烈嶼		二	五十三	鹽魚各八~九擔
十九						安海	商船	二	一六〇 五十六	胡椒六〇〇擔、鹿脯三十擔
二十						安海		一	二十五	胡椒六十擔
二十三	厦門	商船	四	二三六	白砂糖、Cangan、米等					
	烈嶼	漁船	七	二三九	米二一三擔、鹽二三〇擔					
二十四	安海		一	五十	砂糖二五〇擔、鹽五十擔					
二十九	烈嶼		一		米三十九擔、鹽三十擔					
一六三八 五、一	厦門		一		砂糖、Cangan布等					

日	出發地	船種	艘數	噸數	貨物
二	烈嶼		二	三十?	米六十擔、鹽
四					
六					
八					
十一				四十	瓦六·〇〇〇、
十二	廈門		二	一七八	板、白蠟等
				一三八	白糖、黑糖、米
	烈嶼		一	九	鹽、米
〔十六?〕	廈門		一	一〇〇	Cangan、瓷器、砂糖
	烈嶼		〔五〕	一二一	米二六六袋、鹽一五八擔
十八					
二十	福州		一	十五	米三〇〇袋、瓷器、中國酒三·〇〇〇瓶
	烈嶼		一	三十	鹽三〇擔、米五〇袋
二十一	烈嶼		四	一一八	米二九五袋、鹽一五〇擔

出發地	船種	艘數	噸數	貨物
安海	販糖船	一	五〇	壓艙物
烈嶼	漁船	一	十六	鹽魚十擔
廈門		四	四〇二 (three ships: 廈門, 安海, 福州)	鹿肉
安海		一		胡椒
福州		一		壓艙物
烈嶼	漁船	一	二十六	鹽魚四十擔
烈嶼		一	三十	魚六十擔
廈門		一	一〇〇	鹿肉
烈嶼		一	二十四	鹽魚四十擔

	福州	一	十七	柱二五〇、瓦六・〇〇〇、壺三・〇〇〇				
	金門	一	三十	瓦三・〇〇〇、鹽二十五擔等				
二十三	金門	一	三十七	米一六〇袋及？	烈嶼	二		鹽魚一〇四擔
	烈嶼	一	二十四	米七十三袋及？四十五				
二十五	烈嶼	一	十四	米八十袋、鹽三十五擔	厦門	二	一〇〇	鹽魚七十擔、鹿肉
	厦門	一	八十六	中國酒五〇〇瓶、砂糖、Cangan、米	金門	一	九	鹽魚五十六擔
〔三十一？〕					安海	一	三十七	柴薪、壓艙物
					烈嶼	一	二十八	鹽魚
一六三八								
六、〔一？〕	金門	一		米五十袋、鹽十二擔	烈嶼	三	一五三	鹽魚、柴薪
					厦門	一	六十	鹿〔肉〕六十五簍
二	安海	一		砂糖四五〇擔、Cangan、米五〇袋	？	一	二十四	壓艙物
三					厦門	一	四十	？二二〇簍
四	厦門	一	三十五	鹽七十擔、米八十袋、瓦一・〇〇〇				
六					烈嶼	一	三十二	？七十
八	厦門	二	四十一	鹽五十二擔、米一七五袋、瓦三・〇〇〇				

九						烈嶼		二	八十三	鹽魚一五〇擔
十						廈門		一	三十五	鹿肉七十簍、鹽五十擔
						安海		一	六十	胡椒二二五擔、鹿二隻
						福州		〔一〕	三十二	鉛二十擔
〔十一?〕	安海		五	九十七	砂糖一・九三〇擔、米三十袋					
十二	安海		五	八十六	砂糖一・四二〇擔	廈門		一	九十	胡椒
	烈嶼		一	十九	米一五〇袋、〔鹽?〕十五〔擔〕	烈嶼		一	二十三	鹿肉三十簍、鹽魚三十五擔
十四	廈門		二	七十 六十	瓷器、砂糖、酒、 生薑等					
十五	安海		一	三十四	砂糖四〇〇擔					
	廈門		一	三十	砂糖、衣服					
十六	安海		一	二十二	砂糖四〇〇擔					
十七	安海		一	十二	砂糖二六五擔	廈門		一	一一〇	鹿肉
						烈嶼		一	三十八	鹽魚五十四擔
十八						烈嶼		二	七十九	鹽魚一〇八擔
						廈門		一	二十二	鹿肉
〔十九〜二十?〕						烈嶼		二	四十九	一隻魚三十五擔；另一隻只壓艙物
						金門		〔一〕	三十三	壓艙物

二十一	廈門		二	四十七砂糖一・一五〇擔	廈門	?	五十鹿肉
					?	六?	一六六壓艙物
					廈門	三	五十三
					烈嶼	一	十八
二十三	Oenlay		二	二十三砂糖 十四			
	廈門		一	一〇〇砂糖、米、Cangan等			
二十四	?		一	十七?			
	?		二	十七?二五〇袋、?二〇〇袋			
二十五	廈門		二	一〇〇砂糖、金、Cangan 十布			
	烈嶼		一	十八米五十袋、鹽一擔			
二十六	廈門		一	一〇〇砂糖、米、Cangan 布、酒			
二十七	烈嶼		一	三十六米一〇〇袋	安海	三	
〔二十八?〕	廈門		〔一〕	一〇〇各種織物、砂糖、金			
	安海		二	二十 一〇〇砂糖、各種織物			
二十九	廈門		一	?	?	一	八十?
	烈嶼		一	?二〇〇袋			
三〇	廈門		一	砂糖、米			

一六三八 七、		烈嶼	一	三十	米一五〇袋				
	一	安海	一	一〇〇	生絲、各種織物、金				
	七	Soupha	一	二十五	砂糖				
	八	安海	一		砂糖	烈嶼	一	三十二	壓艙物
		Koe-tingh	一	三十五	砂糖				
	〔九?〕					烈嶼	四	一三三	一隻載鹽魚四十擔
						厦門	二	八十三	壓艙物
						金門	二	五十一	壓艙物
	十一					烈嶼	四	一〇四	壓艙物
						厦門	二	八十一	擔一隻載鹽魚三十五
						金門	一	十九	壓艙物
	十二	烈嶼	四	九十五	米	厦門	二	五十	
		厦門	一	七十五	Cangan布、砂糖	烈嶼	一	十四	
	十六	安海	一	八十	布類、瓷器、砂糖				
		烈嶼	一	四十五	瓦五・〇〇〇、米七十袋、柱十三				
	〔二十〕					烈嶼	一	二十四	

二十二	中國		一		砂糖				
二十五	Hunlay		一	二十	砂糖				
一六三八 八、〔二?〕	金門		一	二十八	砂糖	廈門		一	胡椒
五						中國		八	
六~七	福州		一		中國酒、米				
二十三	中國沿岸		二		砂糖				
二十四	中國沿岸		三		砂糖				
二十六	?		一		砂糖、米				
二十七	中國沿岸		?		砂糖六〇〇擔、米二〇〇袋等				
二十八	安海		一		米五十袋等				
一六三八 九、〔四?〕	安海		一		砂糖、米、白蠟、酒				
六	Coetinge		一?		?少量	廈門		一	
七						廈門		一	
八	?		一		砂糖、Cangan布	安海		?	胡椒等
十	Hunlay		三		砂糖	金門		一	壓艙物

十一	金門		一		鹽八擔				
十三	中國沿岸		三		瓦、柱、砂糖、米、酒	安海		一	胡椒等
十五	Coetinge		一		砂糖	廈門	五		胡椒
十六						廈門	一		無載貨
十七						廈門	一	十三	無載貨
十八	Koe-tingh		一	三十五	砂糖				
二十二						廈門	一?		壓艙物
二十五						廈門	一	五十	胡椒
						安海	一	四十五	胡椒
一六三八									
十、〔一?〕	安海		一	十八	砂糖、米				
二	烈嶼		五		鹽、〔米〕				
	安海		二	一〇〇 二十八	砂糖、米等				
	福州		一	十八	?四〇〇袋				
	廈門		一	一二〇	瓦一四・〇〇〇塊、米一五〇袋				
三〜四						烈嶼	一		（無載貨）
七	烈嶼		一	三十五	米七十袋、鹽三十擔				

日期	港口		船數	載貨	港口		船數	載貨
〔九?〕	厦門		二	八十砂糖、糖桶的板	烈嶼		三	一〇四（無載貨）
	海澄		一	二十七砂糖、米	厦門		一	六十五（無載貨）
十					安海		一	二十五胡椒
					厦門		一	六十胡椒
十一					厦門		一	三十六（無載貨）
十三	福州		一	砂糖、米				
十四					厦門		一	八（無載貨）
十六	厦門		三	二五〇米、鹽、金、Cangan				
	福州		一	二十五米、酒				
	San-chieu		一	三十鹽二十擔				
十八	Lam-choo		一	二十五砂糖				
二十三	厦門		一	十米十袋、鹽八擔	厦門		四	一七五壓艙物
〔二十八?〕					烈嶼		二	五十壓艙物
					厦門		二	五十胡椒、柴薪、壓艙 三十八物
三十					厦門		二	（無載貨）
一六三八 十一、一	厦門		二	一七〇〇砂糖、Cangan、二〇〇米等				

四	廈門		一	二十五米	廈門		二	三十、三十五壓艙物
六	〔安海〕		一	一〇〇各種織物、金				
七	？	商船	三	一五〇、一二〇、二十二各種織物、砂糖				
九	安海		一	八米二〇〇擔				
十四					廈門		一	八十五鹿肉
二十	廈門		一	六十五米五〇〇袋				
二十一					安海		一	六十五日本銀
					廈門		一	二十五無載貨
二十五					廈門		二	五十六一隻載鹿肉；一隻三十五無載貨
三十	Po……	漁船	四	七十三				
	烈嶼	漁船	二	鹽				
	Chimboy	漁船	二	鹽				
	安海	販絲綢船	一	各種織物、水銀、金				
一六三八 十二、一	烈嶼	漁船	二十九	鹽				
	Chimboy	漁船	一〇	鹽				
	Pathouw	漁船	九	鹽				

	Lammi	漁船	一		鹽				
	Sape-cangh	漁船	七		鹽				
	金門	漁船	四		鹽				
	廈門	漁船	三		鹽				
	廈門	商船	一		金、Cangan 布等				
二		漁船	七		捕烏魚；鹽				
五	？		八		要獲執照到南方；鹽				
八	中國沿岸	漁船	二	十三	鹽二十四擔	廈門？			
九	烈嶼		八		米、鹽、（六隻無載貨）	（Aim...）		一	（無載貨）
	Chim-boy Pathau		一		鹽三十擔				
			一		鹽三十擔				
	金門		一		鹽二十擔				
十	烈嶼		三		鹽七十五擔				
十二	廈門		三		鹽八十擔				
	烈嶼		四		鹽一〇〇擔				
	Maniha Pat-thauw		一		鹽五十擔				
			一		鹽二十擔				

據上表所示，可知除說明是漁船（visschersjoncxken）、商船（handeljoncque）、糖船（zuijckerjonxken）、販糖船（zuijckerhandeljoncque）和販絹絲船（zijdehandeljoncq）者以外，其他都祇記明是戎克船（jonxken, joncken, joncq）；例如在一六三六年（崇禎九年）十一月二十二日條下云：

> 在港內有自烈嶼（Lissouw）來的戎克船四艘，其中載有鹽和米，都是為到福爾摩沙捕魚而來。

在一六三七年（崇禎十年）四月三十日條下云：

> 自大陸沿岸陸續有船來到本地，有一艘戎克船是從安海裝白糖二百擔來，又有三艘戎克船是從烈嶼裝載鹽和米為要在福爾摩沙沿岸捕魚而來到本地。

據是可知自大陸沿岸來臺灣捕魚的船，其中皆載有鹽和米。在前一篇文字中，筆者已介紹過：在一六二二年（天啓二年）荷蘭艦隊佔據澎湖之後，明廷於天啓三年九月五日（一六二三年九月二十六日）爲要杜絕走私通番，實施海禁，在其告示中曰：

> 荷蘭船舶尚停留澎湖。若真為捕魚，自可去北港。然在監督人員檢視船舶時，雖在船中除米鹽以外，不見有他物，而他們仍可進行秘密交易。故所有船隻須暫留內地，不得去北港。

這似不妨視爲漁船中所裝載的主要的物品是鹽和米的旁證。米是捕魚期間的食糧，而鹽則是在獲魚以後供醃漬之用。故在記錄中裝有鹽米的船，大體上皆可視爲漁船。在上引一六三二年十二月四日和一六三二年十二月七日條下，皆記明裝有漁網及其他漁具。不過像這樣的記載，並不多見。故祇根據當時的記錄，對於其漁具與漁法，無從推測。但大體上和淸代文獻中所記錄者，當無多大差別。

在從大陸沿岸到達臺灣的船隻中，有不寫明是漁船，亦不寫明是爲捕魚而來的，例如在一六三七年一月二十七日條下，是說：

自南方有戎克船二艘到達本地，又有一艘載鹽與米自烈嶼到達本地。

又在一六三七年十月七日條下是說：

自厦門（Aijmoij）有戎克船一艘載米五拉索得、鹽一拉索得、船員十九人，到達本地。

像這一種船中的裝載品主要的是米和鹽者，我們可以判斷其爲捕魚的船隻。

關於自大員囘到大陸的船隻的記載，是較自大陸來到大員者的記載爲簡單。這大概是因荷蘭人對於自大陸來的貿易物資的供應較爲注意之故。然自大員囘向大陸的船隻中，亦有許多寫明是漁船，並寫明其裝載的貨物是鹽魚。同時，商船亦有載鹽魚囘去的；例如一六三七年五月八日條下記載着囘到厦門去的糖船所裝載的貨品是鹽魚，一六三七年六月十七日條下囘到厦門去的商船所裝載的是鹽魚和少量的鹿脯。

現試在往返於大陸與臺灣間的船隻中：將來到臺灣而裝載貨物主爲鹽和米者視爲漁船，將囘大陸的船隻，其裝載貨物中包括有魚，而除寫明是商船者以外，視爲漁船，則上列二年度中各月別的往返漁船的隻數，是有如表二所示：

表二　臺灣、大陸間月別往還船隻表

年月別	自大陸至大員			自大員同大陸		
	商船	漁船	計	商船	漁船	計
一九三六、十一	九	三十七	四十六	三	一	四
十二	十八	四十七	六十五	十	—	十
一六三七、一	十三	二	十五	一	一三三	一三四
二	六	五	十一	五	十六	二十一
三	二十八	二十五	五十三	一	六	七
四	二十五	五	三十	六	三十五	四十一
五	十九	二	二十一	六	十一	十七
六	十九	十二	三十一	十六	九	二十五
七	二十一	五	二十六	六	六	十二
八	二十九	三	三十二	五	三	八
九	十三	六	十九	三十∧	三∧	三十三∧
十	九∧	二十二∧	三十一∧	四∧	十一	十五∧
十一	四∧	九∧	十三∧	二	一	三
十二	二	二〇七∧	二〇九∧	七	一	八

一六三八、一	十	四	十四	一	一六〇∧	一六一∧
二	二	一	三	十一∧	十三	二十四∧
三	九	十	十九	八	五	十三
四	十	二十一	三十一	五	四	九
五	七	十七	二十四	九	十	十九
六	三十一	十一	四十二	二十四∧	十三	三十七∧
七	八	五	十三	十八	二	二十
八	十∧	|	十∧	九	|	九
九	十一	一	十二	十五∧	|	十五∧
十	十一	十一	二十二	十九	|	十九
十一	九	九	十八	七	|	七
十二	一	一〇三	一〇四	一	|	一
一六三七、計	一八八∧	三〇三∧	四九一∧	八十九∧	二三五∧	三二四∧
一六三八、計	一一九∧	一九三	三一二∧	一二七∧	二〇七∧	三三四∧

註：①九∧是表示最少有九艘，因有一部份不明瞭，未能計算（凡有∧符號者，其意均同）。
②一六三八年十二月份是一日至十二日間的數字。

上表的整理方法，祇是一種方便，表中的數字和實在的事實間或不免有一些距離。然檢視上表，我人對於商船和漁船的活動傾向，尚可看出。商船和漁船的往返，據表中所示，全年皆有，而自大陸到達臺灣的商船，在一六三七年度是以八月爲最多，有二十九艘；自臺灣回歸大陸的船隻是以九月的三十艘以上爲最多。一六三八年度，到臺灣的是以六月份的三十一艘爲最多，回大陸的亦以六月份的二十四艘以上爲最多。至於漁船，到臺灣的，一六三六年的十二月是四十七艘，一六三七年的十二月是二〇七艘以上，一六三八年十二月祇有一至十二日的記錄，而在這十二日間已有一〇三艘。要之，漁船到臺灣，皆以十二月爲最多。至漁船回大陸者，一六三七年一月爲一三三艘，一六三八年一月爲一六〇艘以上，皆以一月爲最多。據此可知：商船與漁船的活動，皆與季節有密切的關係，這是因爲當時的航海有賴於季節風者極多之故。關於遠東海上的季節風，和日本開始建立通商關係的英國東印度公司的塞理斯（Captain John Saris）在一六一四年一月有記載曰：

> 中國日本沿海的風，在十二月、一月、二月、三月中，通例皆係自北方吹來；四月和五月，即在兩個季節風期的中間期，是吹着風向不定的風；六月、七月、八月、九月的風，是從南方吹來；十月和十一月，又是兩個季節風期的中間期，亦吹着風向不定的風㈧。

現試將第二表按季節風期而重新整理，則有如表三所示：

㈧ 據岡本良知：「十六世紀日歐交通史の研究」增訂版，一九四二，第二一〇面轉引。岡本氏是引自 Pratt 的 *History of Japan.* Vol. I: 116–117.

表三　臺灣與大陸間季節別往還船隻表

航路	自大陸至大員			自大員回大陸		
節別／船種	商船	漁船	計	商船	漁船	計
一六三六、十二－一六三七、三（北風季節）	六十五	七十九	一四四	十七	一五五	一七二
一六三七、四－一六三七、五（風向不定）	四十四	七	五十一	十二	四十六	五十八
一六三七、六－一六三七、九（南風季節）	八十二	二十六	一〇八	五十七∧	二十一∧	七十八∧
一六三七、十－一六三七、十一（風向不定）	十三∧	三十一∧	四十四∧	六∧	十二	十八∧
一六三七、十二－一六三八、三（北風季節）	二十三	二二二∧	二四五∧	二十七∧	一七九∧	二〇六∧
一六三八、四－一六三八、五（風向不定）	十七	三十八	五十五	十四	十四	二十八
一六三八、六－一六三八、九（南風季節）	六十∧	十七	七十七∧	六十六∧	十五	八十一∧
一六三八、十－一六三八、十一（風向不定）	二十	二十	四十	二十六	一	二十六

觀上表，可知商船是以夏季南風期爲多，而漁船則是以冬季北風期爲多。在南北兩風期中：漁船多少的差別，甚爲顯著；至於商船，則除去稍後即將說到的半漁半商的部分以外，是以夏季爲多，然其多寡的差別，卻遠不若漁船之顯著。在當時，荷蘭船是在南風期從巴達維亞、暹羅、東京等地經過臺灣到日本去進行貿易；在冬季的北風期，則自日本出發，經過臺灣，回歸於巴達維亞。故從大陸方面來到臺灣的商船，在南風期是供應輸向日本的商品，在北風期則供應輸向南洋和印度洋各地的商品。因此在兩個季節風期中，在臺灣與大陸間，皆可見有商船的活動；而亦

因這一緣故，兩個季節風期中的商船數目的差別，遂不甚顯著。然在夏季南風期中，商船數目尚比較稍多，這似是暗示着臺灣在當時作爲中日貿易的轉接地點上，頗爲重要。至於漁業，則因强烈地受着漁期的支配，故漁船在兩個季節風期中的活動情形，差別極著。

試按出發地點與到達地點，將每個月的商船、漁船的來往情形，列爲一表如下：

表四　大陸、臺灣間按地域別與月別的船隻往返表

(A)　自大陸至大員

年別	月別	廈門	安海	烈嶼	福州	廣東	[Hunlay] Oenlay	Coetingh	Soupha	金門
船種		商船								
一六二六	二	六			一					
	三	一七			一					
一六二七	一	三			一					
	二	三			一					
	三	三〇	一	四	一					
	四	四	一	二〇						
	五	五		五		六				
	六	八		五		三				
	七	一三	一	三						
	八	一八	一	二		三				
	九	七	五		一					
	一〇	二	一							
	一一	二八	一		一					
	一二		一							
計		九四八	三	三九	五	三	|	|	|	|
一六二八	一	七	二		一					
	二	一								
	三	四	二		一					
	四	五	四							
	五	五			二					
	六	一三	一六				二			
	七	一	三				一	一	一	
	八		一		一					一
	九		一				三	三		
	一〇	三	三		三					
	一一	三	三							
	一二	一								
計		四二	三五	|	八	|	六	四	一	一

					漁船											
銅山	海澄	Lamchoo	中國沿岸及不明地點	計	烈嶼	厦門	莆頭	Chimboy	金門	Sapecangh	Qusetay	Sanchieu	Lammi	Maniha	中國沿岸及不明地點	計
			二	九	二〇										一七	三七
				一八	八	四									三五	四七
				一三	二											二
			二	六	四	一										五
一			一	二八	二五											二五
				二五	五											五
			三	一九	二											二
			三	一九	一三											一三
			四	二二	五											五
			五	二九	三											三
				一三	六											六
			六人	九人	一九	一									二人	二二人
				四人	八人										一	九人
			一	二	五一										一五六人	二〇七人
一	—	—	二五人	一八八人	一四二人	二	—	—	—	—	—	—	—	—	一五九人	三〇三人
				一〇	四											四
			一	二	一											一
			二	九	二	一					一				六	一〇
一				一〇	一三										八	二一
				七	一五				二							一七
			一	三	五	三			一						二	一一
			一	八	五											五
			七人	一〇人												—
			四	一一					一							一
	一	一		一一	六	四						一				一一
			三	九	二	一	四?	二								九
				一	四四	六	二	二	五	七			一	一	一七	一〇三
一	一	一	一九人	二九人	九七	一五	一五	三	九	七	一	一	一	一	三三	一九三

(B) 自大員回大陸

年別	月別	商船 廈門	商船 安海	商船 烈嶼	商船 福州	商船 金門	商船 中國沿岸及不明地點	商船 計	漁船 烈嶼	漁船 廈門	漁船 莆頭	漁船 Chimboy	漁船 金門	漁船 銅山	漁船 中國沿岸及不明地點	漁船 計
一六三六	二	三						三	一							一
	三	一〇						一〇								—
一六三七	一	一?						一?		六					一二七	一三三
	二	一					四	五		一				一	一四	一六
	三	一						一	一	三				二		六
	四	一		一			四	六	一四	一				一	一九	三五
	五	三		一			二	六	九	二						一一
	六	一四		二				一六	四	一					四	九
	七	五		一				六	六							六
	八	四					一	五	三							三
	九	一六∧	三	一			一〇	三〇∧	二					一∧		三∧
	一〇	二					二∧	四∧	九						二	一一
	一一	二						二	一							一
	一二	五	二					七							一	一
計		五五∧	五	六	—	—	三三∧	八九∧	四九	一四	—	—	—	五∧	一六七	二三五∧
一六三八	一	一						一	七∧	三∧	二∧	一∧	一∧		一四六∧	一六〇∧
	二	七∧	二				二∧	一一∧	一〇	一			二			一三
	三	六	一				一	八	三	二						五
	四	二	三					五	三				一			四
	五	五	三		一			九	七	二			一			一〇
	六	九∧	四	一	一	一	八∧	二四∧	一三	一						一三
	七	五		一〇		三		一八	一	一						二
	八	一					八	九								—
	九	一一∧	三			一		一五∧								—
	一〇	一二	一	六				一九								—
	一一	六	一					七								—
	一二	一						一								—
計		六六∧	一八	一七	二	五	一九∧	一二七∧	四三∧	一〇∧	二∧	一∧	五∧	—	一四六∧	二〇七∧

據上表，可知商船是以自厦門出發者爲最多，其次爲安海、烈嶼、廣東、福州等地；漁船是以自烈嶼出發者爲最多，其次爲厦門與莆頭。其他祇說明是大陸或大陸沿岸者，我人似可推測商船是來自厦門、安海；漁船則係來自烈嶼及其附近的地方。

當時，自大陸來到大員的漁船，先要向荷蘭人領取執照，以後出發至各個漁場從事捕魚；捕魚後再回至大員繳納什一稅，而後回歸大陸。稍後即將徵引的一六三〇年七月六日的決議錄，可以印證我人上述的有關捕魚的手續；現先根據大員商館日誌，舉示其中的一部分情況。

在一六三七年三月十二日條下，是說：

有七艘戎克船一同在領取我們發給的執照後，向淡水（Tamsuy）（筆者按：是指下淡水）去捕魚，其捕獲的魚將要携回至此地。

在一六三七年二月二十日條下，是說：

本日，同時有二艘戎克船自南方來到，檢視結果，知有烏魚二千條、少量的魚卵和鹽，公司的稅務員即按例徵取什一稅。

在一六三七年四月十八日條下，是說：

漁船二艘，在獲得正當的執照和准許後，一同向南方出發。在該處捕魚後，將捕獲的魚携歸，其原因是要向公司的稅務員繳納什一稅。

關於當時荷蘭人之准許捕魚的詳細內容，現已無法知悉；然在大員商館日誌中留有下列的記錄：

一六三六年十二月十九日，有戎克船二艘自魍港來至本地，其目的是要變更拋錨地點，是要獲取開往打狗的執照。

一六三七年三月二十八日，對於持有我們的執照而開往魍港的戎克船五艘，再准許以原執照繼續停留二個月，在捕魚後回歸本地。

據是，我人似可推測荷蘭人在當時對於漁區或目的地、捕魚期限等皆有規定，並且規定在捕魚以後，一定要回到大員繳納什一稅。

現試再根據大員商館日誌，列表舉示該項漁船在臺灣近海各地的漁業活動的情況如下：

表五　臺灣各地漁船出入狀況表

航路／項目／年月日	自大員（Taijouan）往臺灣各地					自臺灣各地到大員（Taijouan）				
	目的地	船種	船數	搭載人數	目的及搭載物品	出發地	船種	船數	搭載人數	目的及搭載物品
一六三六 十一、六	淡水		一		少量的鹽					
二十五	打狗		十七		捕烏魚					
二十六	打狗		五		捕魚					
二十七	打狗		二		捕魚					
一六三六 十二、五	打狗		二十三		捕魚					

日期							
八	打狗		二	捕烏魚			
十	打狗		六	捕魚			
十四	打狗		十二	捕烏魚	澎湖	一	少量的鹽、米
十六	打狗		六	捕魚			
	?		十二	捕魚			
十九	打狗		二	（從魍港出發）	魍港	二	領通行證到打狗
二十二	打狗		二	捕魚			
二十六	打狗		二	捕魚			
二十九	打狗		二	捕魚	打狗	三	鹽魚
					魍港	一	鹽少量
一六三七 一、							
四					南方	十	鹽魚
五					南方	二十二	鹽烏魚
六					南方	十七	魚
七					南方	三	魚
八					打狗	二十五	魚
十二					南方漁船	三	

日期							
十三				南方		二十八	烏魚
十四				南方		二十	烏魚
十五				打狗	漁船	四	鹽烏魚
十六				南方	漁船	八	少量的鹽魚
十九				南方	漁船	九	少量的鹽魚
二十五				南方		?	魚
二十七				南方		二	魚
一六三七 二、二十				南方		二	烏魚二·〇〇〇條魚卵少量、鹽
一六三七 三、五	淡水	一	購買鹽烏魚，穀皮子				
十二	淡水	七	捕魚				
十三	打狗？(Aancoya)	二	捕魚				
二十三	魍港	四	捕魚				
二十六	魍港	一	捕魚	南方	漁船	二	魚、穀皮子
二十八	魍港	五	捕魚				
一六三七 四、六	魍港	二	捕魚				

七				南方	六	鹽魚、柴薪
十四	〔澎湖〕	一	〔鹽魚、柴薪〕			
	南方	一	捕魚			
十五	南方	二	捕魚			
十八	南方漁船	二	捕魚			
十九	南方	三	捕魚			
二十一				南方漁船	一	鹽魚、米穀
二十四				淡水(南)漁船	一	鹽魚、桶板、柴薪
三十	魍港	一	捕魚，鹽、米			
一六三七 五、一	南方	二	捕魚			
十	魍港	一	要獲鹽魚、鹿皮			
十四	魍港	一	捕魚			
二十				堯港(南)漁船	一	少量的鹽魚
一六三七 六、十六	堯港漁船	一	捕魚			
二十二				淡水	二	一隻鹽魚、一隻壓艙物

一六三七 七、九	淡水	三		捕魚
十三	打狗等地漁船	一		捕魚
一六三七 八、二十一	淡水	二		載同鹽魚
一六三七 十二、二	南方	一	十三～十四	捕魚
五	打狗	四		捕魚
八	打狗	七		捕魚
十	打狗及其附近	三十八		
十五	南方	九		捕魚
十六	南方	十五		捕魚
十七	南方	三		捕魚
十八	南方	三		捕魚
十九	南方	一		捕魚
二十～二十二	南方	五		捕魚
一六三八 一、五～六	堯港漁船	二		少量的鹽烏魚

					堯港	漁船	二	鹽魚
八					堯港		二	鹽魚
九	魍港		一	捕魚	南方		?	魚及鹿肉八十簍
十四					堯港		四	鹽魚
十六					打狗	漁船	八	
					淡水	漁船	四	鹽魚、柴薪
					堯港	漁船	四	
（十七？）					南方		三十八	鹽魚
（十八？）					打狗、淡水、堯港		八十一	魚、柴薪
（十九？）					打狗、堯港	漁船	十四	
二十五					打狗		一	鹽魚
三十					打狗		二	鹽魚、柴薪
三十一					打狗、堯港		十一	鹽魚、柴薪
一六三八								
二、一					淡水		二	魚、柴薪
三					淡水		?	鹽魚
八	笨港	漁船	三	捕魚				

十七	魍港		一	各十五~十六	捕魚				
	笨港		一		捕魚				
十八	淡水(北)		一		捕魚及蒐集鹿皮；鹽、米				
〔二十四?〕						打狗		一	米 二½ last
二十八						?		一	十五魚三十擔、?二½
一六三八 三、六	淡水		一	十五	捕魚及蒐集鹿皮				
十四						澎湖		一	十四鹽 三last、?
二十八	北方		一		捕魚				
	南方		一		捕魚				
〔三十?〕	淡水		一	十五	捕魚及蒐集鹿皮				
〔三十一?〕	淡水		一	十	捕魚及蒐集鹿皮				
一六三八 四、〔一?〕	堯港		一		捕魚				
二~四?	淡水		一	四十	捕魚				
	笨港		一		捕魚				
十五	笨港?		一		捕魚				

		十七	淡水		一		捕魚?及購買鹿肉				
			堯港		一	十二	捕魚?及購買鹿肉				
		十九	堯港	漁船	一	十五					
			魍港	漁船	一	十五					
		二十九						堯港等	三		鹽魚
一六三八	五、	六	魍港 堯港		三	四十五	捕魚及鹿皮貿易等				
		十	笨港		一	七	捕魚				
		十五	二林		一	十五	鹽二十五擔、米二十三袋	堯港	一	十三	鹽二十五擔、柴薪
		十七						堯港	一?	十四	鹽魚三十擔
		二十三	堯港		二		鹽〔及?〕				
		二十五	笨港		三	五十	鹽七十三擔及米五十八袋				
一六三八	六、	一?	笨港		二	二十八	鹽六十擔				
			魍港		一	九	鹽二十五擔、米若干				
			堯港		二	三十	鹽六十擔〔及?〕				
		五	堯港		一	十三	鹽十四擔、米五十袋				
		六	笨港		一	十八	鹽藏魚二十五擔、柴薪				

	七						放綵		一	十八	鹽魚二十五擔、柴薪
							笨港		一	二十一	鹽魚五十擔、鹽十三擔
	九						魍港		一	二十二	鹽十二擔
	十七						魍港		一	二十二	鹽魚四十三擔
一六三八七、	十二						澎湖		一	十二	?
一六三八九、	二十五	二林		一	十	鹽、米					
一六三八十一、	十						淡水		一	九	鹽十五擔
一六三八十二、	四	淡水堯港	漁船	二十五							
	八	南方		十八		捕魚					
	九	打狗、淡水、堯港		五十六		捕魚					
	十	南方		三十九		捕魚					
	十一	南方		十三		捕魚					

註：其他有甚多從事運輸業的商業船隻：如從魍港、打狗等地購買或運搬鹿肉、鹿皮、石灰等物；或運搬商館庫存的貿易物資至停泊於澎湖的荷蘭船，從略。

試再按地點別而將上表加以整理，則有如表六所示：

表六　臺灣各地漁船出入月表

(A)　自大員往臺灣各地

年別	月別	南路 打狗	南路 淡水(南)	南路 堯港	南路 ?	南路 南方	北路 魍港	北路 笨港	北路 二林	北路 淡水(北)	北路 北方	南方、北方	計 南方	計 北方
一六三六	一一	二四	一										二五	
	一二	二七			三								六九	
一六三七	一													
	二													
	三	二	八				一〇						一〇	一〇
	四	八					三						八	三
	五					二	二						二	二
	六			一									一	
	七	一	三										四	
	八		二										二	
	九													
	一〇													
	一一													
	一二	四九				三七							八六	
計		六〇	一三	一	—	三九	一五	—	—	—	—	—	一一三	一五
一六三八	一						一							一
	二						一	四		一				六
	三		三			一					一		四	一
	四		二	三			一	二					五	三
	五			二				四	一			三	二	五
	六			三			一	三					三	四
	七													
	八													
	九								一					一
	一〇													
	一一													
	一二					一五二							一五二	
計		—	五	八	—	一五三	四	一三	二	一	一	三	一六五	二

(B) 自臺灣各地回大員

年別	月別	南路						北路		計	
		打狗	淡水	堯港	?	放綵	南方	魍港	笨港	南方	北方
一六二六	二										
	三	三								三	
一六二七	一	二九					一二三Λ			一五二Λ	
	二						二			二	
	三						三			三	
	四		一				七			八	
	五			一						一	
	六		一							一	
	七										
	八										
	九										
	一〇										
	一一										
	一二										
	計	二九	二	一	—	—	一三五Λ	—	—	一六七Λ	—
一六二八	一	二	四	一四	三八		一〇七Λ			一七四Λ	
	二	一	三Λ		一					五Λ	
	三										
	四			三						三	
	五			一						一	
	六					一		一	一	一	二
	七										
	八										
	九										
	一〇										
	一一										
	一二										
	計	三	七Λ	一八	三九	一	一〇七Λ	一	一	一八四Λ	二

觀上列二表，可知清時所謂南路的打狗、堯港、淡水等地確如中村教授所指示，是極重要的漁區；而在北路方面亦有漁業，其漁區是在魍港、笨港、二林等地。又如筆者在前一文稿中所說

過的，大員亦是漁區。

在上列二表中所看出的漁期，是和臺灣、大陸間船隻往返表所示者相同，是以冬季爲最多。其中出海者是尤以十二月爲最多，而歸還者則以一月爲最多。在此一時期的漁船出海的目的以及在歸航時所裝載的物品，大多有記載說明是烏魚。這就是說明着在十二月至二月的期間，尤其是在十二月至一月間，烏魚漁業最爲隆盛，亦最爲重要。我們知道，就是在現在，多至前後，仍是烏魚的最盛時期，故回讀該項記錄，眞感覺到有無窮的興趣。此外，在表中可看出春、夏間亦有相當多的漁船來往。在荷蘭人佔據臺灣以前，即在一六二〇年（明泰昌元年），馬丁・朴林（Martin Pring）率領英國東印度公司的艦隊，自下港（Bantam）出發經過大泥而航海至日本，其航海記中有記載曰：

> 十一日，星期二，晨（按即一六二〇年七月十一日），繼續航行。為着前述的海流，東向疾走。無風。本日正午，在雲上看到福爾摩沙的頂，其最高處是在東南稍偏東的方向，約離開八里格（league）。我們離開最近的中國沿岸的島嶼，其時是在西北方，是在離開我們七里格處。在該處，我們看到有很多大的漁船，幾乎圍繞着我們的周圍，他們用小艇子裝了魚送到我們的船舷旁。最初為希望他們再送魚來，故對於他們送來的魚付出了加倍的價錢。傍晚，風自北北東的方向吹來。……⑨

即在這航海記中亦說到了臺灣海峽中的漁業，其時期是七月。故在春夏間，雖是魚種不明，而在

⑨ Purchas, Samuel: *Hakluytus posthumus*; or, *Purchas his pilgrimes.* Vol. 5. Glasgow, 1905. p. 54.

魍港、笨港等北路方面，漁船是相當活動的。

關於當時的漁船的大小，我們似可根據其來到臺灣時所裝貨物的數量來推測。漁船來臺時所裝貨物，主要的是米和鹽，已如前述。在大員商館日誌中，記明一艘船的裝載量者，有下列各則：

年月日	出發地點	米（last）⑩	鹽（last）	合計（last）
一六三七、八、二十九	烈嶼	二	¼	二¼
一六三七、十、七	廈門	五	一	六
一六三七、十、二十	烈嶼	二	½	二½
一六三八、一、二十	烈嶼	十	½	十½
一六三八、三、三	烈嶼	三	½	三½
一六三八、三、十九	廈門	一½	一	二½

據是，則最大的船是可裝貨十½拉索得，而大體上則以約裝米一½～三拉索得、鹽½～一拉索得者爲多。

關於搭載的人數，大員商館日誌中有記錄如下：

⑩　一last＝二船舶噸。

年月日	出發地點	搭載人員
一六三七、七、一	烈嶼	十五～十六
八、九	烈嶼	十七
一六三八、一、三	烈嶼	十九～二十
四、三	烈嶼	二十四
五、二	烈嶼	三十
一六三八、五、十二	烈嶼	九
六、十四	厦門	三十五
十、二	烈嶼	五
十、七	烈嶼	三十五
十、二十三	厦門	十

據是，每船人數少者僅有五人，多者約為二十人至三十五人。據第二表的總計，在一六三七年度，自大陸來到臺灣的漁船的總數是在三〇三艘以上；如每艘平均搭載二十人，則在此一年度自烈嶼、金門、厦門、銅山等地，總計約有漁夫六千人來到臺灣。自大陸來到臺灣的漁船，除去偶然的例外，大體上是有逐年增加的傾向，這在前一文稿中已約略述及。在巴達維亞城日誌一六二五年（天啓五年）四月九日條下有記載說：上一年度約有船一百艘。在一六三一年（崇禎四年）四月二日條下又有記載說：大陸沿海因海氛不靖，故在季節風間到臺灣的船隻祇有七十至八十艘。這一些都是例外。一般地說，其時到臺灣的漁船，每年約已增加到三百至四百艘。在一六三七年十月二十四日的大員商館的決議錄中，雖是文字有脫落處，然載明每年有戎克船三百至四百艘，每艘載有漁人十五、二十至二十五人，從大陸沿岸開來從事捕魚。㊀這就是說：在當時，

㊀ *Copie resolutiën 't sedert 24 Oct. 1637–14, Dec. 1638.*〔Koloniaal Archief, Nr. 1038.〕

是每年約有漁人六千至一萬人從大陸來到臺灣從事於漁業。

此項漁船載歸大陸的漁獲品，在大員商館日誌中亦有一部分記錄，試抽摘如下：

年月日	回歸地點	人數	漁獲量（picol）㊂
一六三八、三、七	烈嶼	十七	二十
四、十八	烈嶼	二十五～二十七	八～九
五、四	烈嶼	十六	十
五、八	烈嶼	二十六	四十
五、十一	烈嶼	三十	六十
五、二十五	金門	九	五十六
六、十七	烈嶼	三十八	五十四
七、十一	厦門	二十	三十五

觀上表，可知凡搭載人數少的漁船，其漁獲量亦較少，即漁船的規模和漁獲量間似有一比例存在。漁業受氣象及其他自然條件的支配甚爲顯著，且漁場亦有豐凶，故我人對於當時的漁獲量很難作一確實的估計。如根據上例，假定每一漁船平均約可漁獲三十擔（picol），而漁船如爲三

㊂　一picol＝一〇〇斤。

百至四百艘，則大陸沿岸漁民每年在臺灣約計可獲魚一百至一百二十萬斤㊂。從大陸來到臺灣的漁船數目，在北風期中約佔全年數目的三分之二，故中村教授介紹達巴（Dapper）之說謂年可獲魚二〇〇～三〇〇拉索得，凡・達讓謂漁民每年携歸大陸的烏魚數達數十萬尾，似皆非誇張之辭。

㊂ 一六五四年度的熱蘭遮城日誌，現僅存有二月二十七日至十一月十八日間的紀錄。關於船隻往返的記載，比一六三六—一六三八年間的記載部份較為詳細，但亦有比較簡單處。例如船隻的出發地點或回歸地點，均祇寫明大陸沿岸等，較為簡略；而對於所載貨物，却記有重量。據這一文書，則自大員回歸大陸船隻所載漁產，其總計數是有如下示：

船數	人數	輸出漁產量	
一三七隻	五、一二五名	鹽魚	四四二、〇五七斤
		烏魚	七、四五六斤
		烏魚卵	一七一斤
		大魚	四、六二七斤
		大魚	四、四三六條
		牡蠣	二九、〇六七斤
		小蝦	二三、五〇三斤
		小蝦	四簍

此項數字中缺少十二月—二月間漁業最隆盛時期的數目，如加上該一期間的產量，恐不止加倍。據此當可推測其時臺灣漁業的年產量。據此並可知道筆者對於一六三六—一六三八年間的漁產量及從事人員所作的估計，大概不會離事實太遠。

當時的漁業，漁船甚小，漁具極簡單，漁法亦甚爲粗陋；而每年的漁獲量有如此之多，則我們確實不能不承認當時大陸的漁民冒着臺灣海峽冬季的猛烈的風浪來至臺灣西岸，其冒險犯難的精神至爲可佩，而其情況則至爲殷盛。

漁業既如是殷盛，我人自不難想像漁業當係荷蘭人的重要稅源，這在東印度公司的財政上是有着很大的貢獻。關於其課稅的方法，上文已經說過：在一六三六－三八年時，是在大員領取執照後出發至漁場，在歸程中先回到大員繳納什一稅，而後回歸大陸。筆者在前一文稿中已說過：根據巴達維亞城日誌的一六四一年（崇禎十四年）四月二十一日的記錄，在烏魚漁業以外的漁業，是施行着承包制度。據是，我們似可以推測在烏魚漁業以外，漁業稅的徵收制度是有着變遷，即自直接課稅轉變成爲間接徵收。其轉變的過程，目前尚未發見適當的資料可加以說明；至其轉變的原因，則大約有二：一是因公司的財政膨脹，不能不採取增稅政策；一是要防止逃稅。

一六三〇年（崇禎三年）七月六日大員商館的評議會曾有決議，其紀錄曰㊃：

> 中國人在此地的海峽內外，每日用小舢板船(Cleijne chiampans)從事捕魚，他們要向公司繳納漁獲物的什一稅；但是他們用各種方法企圖逃避，並且也毫無疑問地，時常有在暗夜或其他時候入泊於碼頭（檢查處）的困難發生。故他們對此曾要求繳納月稅

㊃ *Copie-resolutiën des comptoirs Taijouan van 27 Feb. tot 30 Sept. 1630.* 〔Koloniaal Archief, Nr. 1013.〕

> 金以代什一稅。於是普特曼斯長官及評議會經過詳細考慮以後，允准每一隻舢板船每月可發給一張執照，而每領取一張執照須要繳納一里爾。如是則對於從前的負擔，就完全免除。但是這些訓令，祇適用於到碼頭的舢板船，至在北風期中用戎克（jonckx）船、艋舺（wanckan）船以及其他船舶向大員以南或以北出發捕魚的收入，則仍保留照從前一樣徵收什一稅。

據此可知：荷蘭人是在港口的碼頭上設立檢查所，以徵收漁業稅的，而當時確有中國漁夫的逃稅行爲。又一般的漁業稅，在直接課稅時期，其徵收法亦有着變遷：即由每次捕魚時徵取什一稅，改爲月稅。然烏魚漁業，因甚爲興盛，對於荷蘭當局的財政具有極大的價值，改對於烏魚汛期之漁稅仍另外處理。質言之，荷蘭人是想盡辦法，希圖確實保持着此項漁稅之利。

漁業稅的徵收，改爲包稅制度後，其承包方法大概是每年四月中在熱蘭遮城與贌社等一起招標，而關於漁業的承包區域有沿海漁業與河川漁業之別。承包人對其承包須要保證人。試舉一例：熱蘭遮城日誌一六五四年（明永曆八年，清順治十一年）四月三十日條下載有此一年度的贌社、贌港的表。關於沿海漁業的承包情形，是有如下示(55)：

---

(55) *Daghregister van Formosa, zedert 27 Feb. 1654 tot 18 Nov. daeraen.* [Koloniaal Archief, Nr. 1097] fol. 408 v.

承包地區	承包人	保證人	承包額（real）
Wankan（鯤港）	Oo	Zancjeu	四〇〇
Lamcam（南崁）	Tsekoij	Sisia	四〇
Wankan 附近的 Caja	Hiko	Hekko	七〇
Lamkia 和 Pohong	Kotheng	Juko	八五〇
Cattia Tau	Zinko	Sancjeu	四五〇
Ouwang	（因乾涸，無人承包）	—	—
Lackmuija 和 Caija	Tanko	Juko	九〇
Ciauwang	Hiko	Juko	二〇

至於由此所發生的漁業組織，例如承包人與漁戶的關係、漁獲物的收購與販賣的組織等詳細內容，尚有待於今後的研究。

漁業稅在荷蘭人爲一重要稅目，則參閱各種記錄——例如一六三二年（崇禎五年）成爲荷蘭人的俘虜的葡萄牙商人貝洛索的報告、中村教授所介紹的達巴和凡・達謨的記載等，皆可證明。一六四二年（崇禎十五年），荷蘭人驅逐北部西班牙的勢力時，有西班牙神父基樂士（Quirós de la Madre de Dios）成爲荷蘭人的俘虜，居於熱蘭遮城，在其一六四三年七月二十六日發出的書信中，嘗說到中國非常缺魚，大陸內地爲要獲取水產，每年約要付出一〇、〇〇〇皮索（

pesos）㈥。中國漁民所捕的魚，假定每年以一百萬至一百二十萬斤計，則什一稅的所獲達十萬至十二萬斤；由是可知中國人在臺灣近海所從事的漁業，在荷蘭人的財政上，貢獻不可謂小。故荷蘭人對於中國人的漁業，亦盡力加以保護。在前一文稿中，筆者已指出先住民傷害中國漁民時，荷蘭人是保護漁民而懲罰着先住民的㈦。惟先住民何以要加害於中國漁民，則在前一文中，並未加以說明，現試稍爲申說。考在原始社會中，關於漁撈皆有一組織，而對於漁撈所獲，在組織內有分配的習慣；同時在其所規定的漁撈範圍中，完全排除着外人的侵入，並且在這一方面亦有許多禁忌（taboo）和習慣。以文明社會中的法律觀點來看，這一種習慣或權利，往往不一定有完全合理的根據；然在原始社會中，此項習慣或權利如遭受損害，則往往會引起很大的糾紛。這根據現時的民族學方面的研究，我們已知道得很多。我人似不難設想漢人在捕魚時，有許多地方無

㈥ Carta-relación sobre la péridida de Formosa, dirigida al P. Provincial con fecha 26 de julio de 1643, por el Fr. Teodoro Quirós de la Madre de Dios. *Archivo del Convento de Santo Domingo de Manila. quoted in* Alvarez, José María: *Formosa, geográfica e históricamente considerada.* tom. II. *Apéndice.* pp. 433-434.

㈦ 臺灣銀行經濟研究室編：臺灣經濟史初集，第三六面。（本書第一七二—一七三面）
Dagh-Register. Casteel Batavia. A° 1636. Bl. 286. 村上直次郎譯：巴達維亞城日誌上卷，第三三六面。
Dagh-Register. Casteel Batavia. A° 1637. Bl. 37. 村上譯書上卷，第三六四面。
Daghregiseter des Compotoirs Tayouan van 1 Nov. 1636–17 Oct. 1637. [Koloniaal Archief, Nr. 1034 bis] *a. w.* 28 Nov. 1636.

意或有意地觸犯了先住民的習慣或禁忌，而因此遂很容易引起先住民的報復。在一六三五年（崇禎八年）五月三十一日的普特曼斯長官的書簡中，有言曰：

> 蔴豆土酋塔卡朗（Taccaran）甚為囂張，他經常妨害着未得他的允准而去魍港從事捕魚的人。㊇

塔卡朗之反抗荷蘭人，雖是另有原因，然這亦是指示着：當時的先住民，對於漁業權有其自己的觀念，即在某一領域內要從事捕魚，一定先要得到其「酋長」的允准。如果此項權力受到侵害，其結果就是引起「番害」。然在荷蘭人方面，則認爲此項利益應屬於荷蘭，並以武力爲後盾去制伏先住民，並乘此而進一步以漸漸擴展其支配的範圍。

在大員商館日誌一六三二年（崇禎五年）十二月八日條下，有言曰：

> 戎克船打狗號與新港號，為保護漁業，啓椗向南，又另有戎克船二艘，為漁業而開出㊈。

一六三三年（崇禎六年）十二月十四—十五日條下有言曰：

> 這兩日連續吹着強烈的北風。有漁船裝烏魚七百至八百條，為繳納什一稅而開來。這是本年最早的漁獲物。本日有戎克船一艘自澎湖裝甘藷來到。又有戎克船三艘為捕魚並載

㊇ Grothe, J. A.: *Archief voor de geschiedenis der oude Hollandsche zending.* Deel III. Utrecht, 1896. Bl. 63.
Campbell, Wm.: *Formosa under the Dutch.* London, 1903. p. 106.

㊈ *Extract uijt daghregister van 't comptoir Tayouan, sedert 8 Oct. 1632–17 Jan. 1633.* 〔Koloniaal Archief Nr. 1021〕 fol. 210.

着護衛士兵十五名向南出發⑩。

又一六四四年(明崇禎十七年,清順治元年)十二月二十四日臺灣的荷蘭駐軍兵員表中有記載曰:

八名　搭乘一艘戎克船對漁夫巡弋

內開:

下士	一名
兵	七名
計	八名⑪

由此可知:荷蘭人對於漢人在臺灣南部的漁業,是從事着直接的保護。上列三項記載中的保護,其對象是海盜抑是先住民,很難斷定;要之,其動機是在保護公司的利益。惟我人據此可以看出漁業稅在東印度公司財政上的貢獻之大,並由此可以看出臺灣南部的漁業之盛。

漁民在大陸與臺灣間來往頻繁的結果,大陸上的人民對於臺灣的地理知識遂遠較前代爲豐富,而從事於商業和農業者亦漸有移居之意。在荷蘭人佔據的末期,因大陸上情勢的變化,荷蘭人不斷地受到鄭成功攻臺的威脅,戰戰兢兢地致力於大員的設防,並將各地所有的糧食運至城內,一方面安撫中國居民使各安其業,並令在魍港登陸的中

⑩ *Extract daghregister weegens 't gepasseerde op de custe van China als 't comptoir Tayouan van 5 July 1633-26 Oct. 1634.* [Koloniaal Archief, Nr. 1026] fol. 41.

⑪ *Monsterrole van 't guarnisoen op geheel Formosa den 24en December 1644.* [Koloniaal Archief, Nr. 1055bis] fol. 647.

國漁民從速退去。㉒

一方面又自中國人方面獲得有關鄭氏的軍事行動的情報，有記載曰：

> 聽說在滿月的期間，國姓爺將使五名優秀的將領指揮士兵二萬五千名，來與我人作戰。……在澎湖有漁夫四十名被雇為戎克船的水手或嚮導。㉓

故荷蘭人當初雖是保護着中國的漁民，但後來卻因其對於臺灣的地理太熟悉，反相當加以警戒；至於鄭氏，則又重視其地理知識，而雇以爲水手或嚮導。

鄭氏在臺灣將荷蘭人驅逐以後，臺灣沿岸的漁業，一時似尚相當殷盛。鄭氏在攻臺之前，已避免在廈門徵稅，而使何斌在臺灣代徵狩獵物、魚類、砂糖等物的輸出稅㉔。鄭氏入臺後在永曆十五年（清順治十八年，西元一六六一年）五月十八日的告諭中，說：

> 一、沿海各澳，除現在有網位罟位，本藩委官徵稅外，其餘分與文武各官及總鎮大小將領前去炤管，不許混取，候定賦稅。㉕

鄭氏並承襲荷蘭人的包稅制度(稱曰贌港制)。這在其財政上似有相當的幫助。然在清廷實行遷界令後，雖或有一部分漁民潛來臺灣，而由自大陸來的漁民所形成的漁業，則自然日趨於衰微了。

㉒ Campbell, Wm.: *op. cit.*, p. 393.

㉓ *Ibid.* p. 464.

㉔ *Ibid.* p. 463.

㉕ 延平王戶官楊英從征實錄第一五四葉。

三　漁業與其他產業的關係

漁業是很原始的產業之一，受自然條件的限制，甚爲顯著。閩南沿海的許多島嶼，因其地形和許多社會的、經濟的條件，皆促進其漁業的發達，其結果是將其漁場擴展至於臺灣。在漁場擴至臺灣以後，漁民與漁場附近的土人之間，自不免要發生某一程度的接觸；而在接觸以後，自然會有交易的現象產生。此時，漁人所有的是米、鹽和雜貨，而土著可供給的貨物，主要的是狩獵物。土著狩獵中捕鹿的時期，是在冬季，大體上恰與自大陸來臺的漁民的漁期相一致㉖。故在臺灣的漢人與土著交易的開端，可說是發自大陸來臺的漁夫。筆者在前一文中已介紹過，東西洋考卷五雞籠淡水條曰：

> 厥初，朋聚濱海，嘉靖末遭倭焚掠，稍稍避居山後。忽中國漁者，從魍港飄至，遂往以為常。

據是可知：雞籠、淡水的漢人與土著交易，是由魍港飄來的中國漁夫所開啓。荷蘭人佔據臺灣後的最初的報告，是說：在大員灣中約有戎克船百艘來自大陸，進行捕魚，而有很多中國人是來收買鹿皮。這正是指示着漁業與「漢番交易」間的關係之密切。又何喬遠閩書卷一四六島夷志云：

> ……後始通中國，今則日盛。漳泉之民，充龍、烈嶼諸澳，往往譯其語與貿易，以瑪瑙、甆器、布、鹽、銅簪環之類易其鹿脯皮角。

㉖ 拙作：「近世臺灣鹿皮貿易考」（未刊）。

這亦是說從事「番產」交易者，是來自烈嶼等漁澳的居民。大員商館日誌一六三八年（崇禎十一年）四月十日條下云：

本日，自烈嶼有戎克船三艘來至此地港口，從事於漁業與收購鹿皮。船中裝米一一〇擔（或約六拉索得）和鹽一½拉索得，船員計共七十六人。

大員商館日誌一六三三年（崇禎六年）十一月十五日條下是說：

本日下午，烈嶼漁夫的戎克船二艘，載着少量的康甘布、米和鹽，來從事捕魚。[30]

此時的少量的康甘布，大概亦是準備與土著交易的商品。又大員商館日誌一六三八年三月六日條下云：

戎克船一艘，船員十五名，開向淡水從事捕魚，並收集鹿皮。

一六三八年三月三十一日條下，同樣亦有一船自大員開向淡水從事捕魚與收集鹿皮。至於自大員同歸大陸的漁船，其所載的物品，在大員商館日誌一六三七年一月十九日條下有曰：

有漁船九艘，都裝着魚與鹿肉，一同回歸大陸。

就是說在同程漁船所裝的貨物中，在鹽魚以外，尚明白載有鹿肉。當然，此項鹿肉，亦許有一部分是購自中國商人，然而當有一部分是出自漢人與土著的交易。

漁民的此種半漁半商的行爲，其對象卻不一定限於土著；他們與荷蘭人之間，亦有同樣的行

---

[30] *Extract daghregister weegens 't gepasseerde op de custe van China als 't comptoir Tayouan van 5 July 1633-26 Oct. 1634.* [Koloniaal Archief, Nr. 1026]

爲。大員商館日誌一六三三年（崇禎六年）十二月四日條下云：

有戎克船二艘，來自漳州河（reviere Chincheo），是來捕魚，而携有生絲二～三 picol，並有絲織品和鹽，據稱一官是在福州（Hoccho）……。㉘

在一六三六年（崇禎九年）十一月二十一日條下又云：

有漁船十七艘，自烈嶼與厦門同樣地裝着鹽和磚（steen）㉙來至此地。

在一六三七年（崇禎十年）六月十九日條下又云：

自大陸沿岸連續有戎克船來到此地。自厦門方面來有三艘商船，計裝載商品如下（商品種類及數量從略）。

又有漁船一艘載來貨物如下：

紅瓦　一二、〇〇〇枚

柱㉚　三十二條

據此，我們可以知道當時爲捕魚而來到臺灣的漁民，實兼營着商業。其所携商品，或爲國際貿易用的生絲和絲綢，或爲供當時築城用的瓦、磚、木柱等建築材料。然大概是因其資力不足，故其

㉘ *Ibid.*

㉙ 荷蘭語 steen 相當於英語的 stone，其本義是石，後又轉解爲磚。其時荷蘭人爲要築城，獎勵着建築材料的輸入。此處所說，亦許是石，姑解爲磚。

㉚ 此處所謂柱，荷文是 spier（複數爲 spieren），用作小船的桅桿，或用作大船的帆桁，是約爲 25～30 voet (feet) 的細長的柱。

所携生絲或絲綢，不過二～三擔或祇是很粗的商品如瓦與磚等。

考荷蘭人之佔據臺灣，其主要目的是爲對中國的貿易。當時的貿易，筆者已在「荷蘭與西班牙佔據時期的臺灣」㊂一文略有所述。但其詳情，尚有待於今後的研究。現試根據第一表中所載的內容，以一觀當時的商船。據表中所列，大體上似可將商船分爲二類：

一、供應荷蘭人的轉販貿易的商品：此項商品，主要的是生絲、絲綢、各種布匹、大量的糖、瓷器和金，均來自厦門、安海、廣東、福州等地。船員較多。這是由上列各地區的海商所經營。其回程所載的貨物是胡椒、蘇木、暹羅的鉛、日本的銀、銅等，同時亦載有在臺灣採購的魚與鹿脯。

二、供應荷蘭人的食糧、消費品以及建築材料：這是包括米、麵粉、酒、瓦、製糖桶的板、柱等。這或是和供國際貿易用的商品一同携入，或是由裝載米鹽的戎克船帶來，或是專由運送粗賤商品而船員人數較少的小船運來。後二者的出發地點，大抵是厦門、烈嶼、金門、銅山等漁澳。裝載米和鹽的船，大抵都是漁船而兼營着小規模的商業。如自上列各地專運商品來至臺灣者，據第四表，可知其時期都是在非捕魚季節的南風期中。據是可知：上列各地的居民，在冬季的漁期中是到臺灣來捕魚，而在漁期之後，則又以很少的資本從事於小規模的貿易。質言之，當地的居戶，大體上似皆帶有半漁半商的性質。前述按季節而看商船的來往，夏季是較冬季爲多；然如將此項半漁半商者的數字除開，則似可推測從事於國際貿易者，在夏冬間的差別並不十分顯

㊂ 臺灣文化論集第一冊（現代國民基本知識叢書第二輯）第一〇五—一二二面，〔本書第二五—四四面〕

著（夏期稍多）。

在此種牛漁牛商船隻的歸程時所裝載的貨物中，除開魚與鹿肉以外，尚有柴薪。據第五表所示，在臺灣南部捕魚後歸來時，除漁獲物之外，常同時裝有柴薪。漁夫所攜歸的此種柴薪，一部份是供大員、赤嵌等地的消費，而亦有一部分是携歸大陸。在目前，厦門等地，仍感燃料不足，一定要自外地運入，故我人在讀到此項古代記錄時，亦深感興味。

在商業之外，製鹽業與漁業之間，亦有很密切的關係。在現今的廣義的水產業中，除包含着漁業、養殖業、水產加工業等以外，製鹽業和製氷業亦應包含於其中。試就漁業以觀其變遷，則可以之分爲若干階段。在原始時代，人類捕魚祇用弓矢或簡單的漁網，不用漁船，漁撈所獲，立即以供食用，說不到貯藏，故其漁場是限於岸邊。稍後，乃使用漁船，並因醃漬、乾製等貯藏方法的發見，漁場乃逐漸擴大，漁獲量亦顯然增加，而超過一個家庭或一個部落的需要。其後，更進而發達成爲海洋漁業。閩南漁業之由沿岸漁業發展成爲海洋漁業，第一固是由其海洋地理知識的擴大，而第二，和閩南沿海的製鹽業間當亦有着極密切的關係。同時，臺灣製鹽業之形成，實際亦是出於大陸漁人在臺灣所造成的漁業的刺激。在宋元時代已爲閩南漁人開拓成爲漁場的澎湖羣島，在島夷志略已說其「煮海爲鹽」，可知其時是產有鹽的。在明末時，臺灣南部漁業甚盛，其時在打狗一帶，製鹽業亦漸見發展。大員商館日誌一六三八年五月十五日條下有言曰：

戎克船一艘載有船員十三名、鹽二十五擔和若干的柴薪，自堯港（Jockan）開來。

在一六三八年六月五日條下是說：

有戎克船一艘，載船員二十二名、鹽十二擔自魍港開來。

在一九三九年（崇禎十二年）三月二十六日條下曰：

有戎克船三艘，載船員三十一名，帶有鹽和木材一二〇條自打狗開來。㉜

這是指示着在南部的漁場製造有鹽，而有船將這些鹽携至大員。在鄭氏時代的永曆十九年（清康熙四年，西元一六六五年），鄭經的參軍陳永華，實行殖產政策，其一是改良製鹽的方法：

以煎鹽苦澁難堪，就瀨口地方修築坵埕，潑海水為滷，曝晒作鹽，上可裕課，下資民食。㉝

在陳氏施行改良以前，製鹽是用煎熬法，至陳氏乃始採用晒鹽法。明末流寓臺灣的沈光文的平臺灣序中有言曰：

打狗澳能生三倍之財，曝海水以為鹽，爇山材而為炭。㉞

黃叔璥撰的臺海使槎錄卷四赤嵌筆談雜著中，引隸清後第一任諸羅縣令季麒光之言曰：

三曰東寧之地，惟水是衛。……七鯤身毗連環護，三茅港滙聚澄泓。路分東渡、西渡，洋別大鄉、小鄉。鯽魚潭、打狗澳漁舟雲集，洲仔尾、瀨口港鹽格星屯。扼其險可以制患，資其利可以裕民。

㉜ *Vervolch van 't Daghregister des Comptoirs Tayouan beginnende 18 Maert 1638–4 November 1639.* 〔Koloniaal Archief, Nr. 1040〕

㉝ 臺灣外記卷十三。

㉞ 余文儀續修臺灣府誌卷二十三。

由此可知，在鄭氏時代，打狗、洲仔尾和瀨口等地，都爲很重要的鹽場。

臺灣的農業，是在荷蘭人獎勵下逐漸發達的。中村教授、奥田教授對於這一點，皆已有所論列，而實際上和漁業之間亦有關係。當時的漁民都是要在進入漁期後，方從大陸來到臺灣；漁期一過，便又回至大陸，故是一種季節性的移民。此種漁民停留在臺灣的期間，大多是在漁場附近建立漁寮，暫行居住。約在一六二六年（天啓六年）時，西班牙人所畫的「臺灣島的荷蘭人港口圖」(Descripcion del puerto de los olandeses en Ysla Hermosa)㉟中，在赤嵌畫有小屋六間，註曰：「赤嵌中國漁夫及盜賊的村落」(Chacam lugar de chinos pescadores y ladrones)。在北線尾亦有漁寮，巴達維亞城日誌一六五六年（明永曆十年，清順治十三年）十一月二十一日條下記云：「七月，臺灣因有暴風，故北線尾的漁寮，完全潰滅。」熱蘭遮城日誌的一六四三年（崇禎十六年）三月二十一日條下亦有記載曰：「打狗有小屋四間，有許多中國人（大多數是漁人）睡於其中」㊱。這就是說，在漁期中集合的漁夫大多是在漁場附近建立漁寮，而在以後卻漸漸發展成爲漁村；並且在漁人之中，亦有一部份停留稍久，而漸漸改變爲定居者。漁人在定居以後，在漁期之外，自不免要兼營某一程度的農業，以供其生活所需。故漢人的定居於臺灣和臺灣的農業，推原其始，實皆與漁民有密接的關係。筆者在荷文資料中現尚不能找出適當的根據，以

㉟ Alvarez, José María: *op. cit.*, tom. II. pp. 416-417.

㊱ *Copie-daghregister des casteels Zeelandia 't sedert 25 Feb.-15 Nov. 1643.* [Koloniaal Archief, Nr. 1053] fol. 278-279 v.

證實上說；惟在我們自己的文獻中，幸尚留有康熙三十年（一六九一年）徐阿華、洪應等的契文。文曰：

立開墾旂後庄人徐阿華，於康熙十二年，自置一小漁船，住眷捕魚為業，船因風颱，迯入旂港。該旂一帶砂汕，並無居民，華覩此山近海，捕魚深為簡便，先搭蓋一小草寮，暫蔽風雨，後則邀同漁人洪應、王光好、蔡月、李奇、白圭、潘跡各蓋一草寮，在旂捕魚，計共十餘家。居民均屬淺鮮，陰盛陽衰，光殁肆出。爰是公議，既有建庄住家，未免建立廟宇保護，四處捐緣，集腋成裘，隨置媽祖宮一座，坐西南向東北，衆祀馬祖婆衆境主。迨康熙三十年，成旂起蓋，人烟稠密，華等恐畏廟地被混圖佔，即會同各姓頭人，公踏丈界，長三十九丈濶十九丈，東至深溝墘，西至孫洪二家，南至王家，北至郭家，四至丈明白為界。自今伊始，不論何等人色，概不得假佔過界。倘有奸貪之徒，混侵公地，議即會同公燬，决不狥私，並保此廟地份，華邀同洪、王、蔡、李、白、潘六姓頭人，自康熙十二年開墾，三十年丈界明白，實與他人等無干，合立開墾字乙紙，以存後代共鑒，杜絶爭競之禍，俾永遠於無涯矣。炤。

蔡　月
洪　應
立開墾字人　徐阿華
王光好
李　奇

康熙三十年正月　　日

白　圭

潘　跡[37]

據是可知：現在的高雄縣旗後的開拓，是始於漁戶徐阿華在康熙十二年（明永曆二十七年，西元一六七三年）的避颱風；其後逐漸建立漁寮，並逐漸招致漁戶，以後乃逐漸定居開墾。

在上示契文中，沒有寫明徐阿華等的原住地方。故其出發地點或可能是臺灣的其他地點。然我人當可想像從大陸上來的漁人，亦可能經由同樣的或類似的情形，遂在臺灣定居，並逐漸開墾。尤其是在鄭氏時代，清室下遷界令後，漁業衰頽；在臺灣捕魚，縱有所得，亦無銷路，故以前的一時性的漁民，遂不能不永久定居於臺灣。而留在大陸的漁民，因生活無着，亦可能潛來臺灣，成為定居的住戶。而漁人定居，就日常以言，勢必經營半漁半農的生活。故漁人對於臺灣的農業開發，應亦有其不可磨滅的功績。

澎湖廳誌卷九風俗志中，有云：

按澎湖人多籍金門，亦有從同安、禾山、漳州來者，故其歲時伏臘，大致相同。

最近，臺南市文獻委員會的安平採訪記中亦說：

一：在安平的山仔頂，所見的纍纍墳墓，墓碑上所刻的地望，以金門、烈嶼為最多，同安次之。

二：以安平方言的聲韻與臺南比較，顯然可發現很多區別，那些區別出來的聲象，也正

㊲ 臨時臺灣舊慣調查會第一部調查第二回報告書第一卷，附錄參考書，第一〇四—一〇五面。

是同安縣（古時包括金厦及其附近的島嶼，烈嶼亦居其一）用語的特徵。㊱這都是指示着臺灣漁業地帶居民的籍貫和閩南漁藪間的關係，甚爲密切。

四　結語

一、自宋元以來，閩南的漁戶，不斷地擴大其活動範圍，不斷地尋覓新的漁場，其結果遂來到臺灣。二、在明季荷蘭人佔據臺灣以後，漢人的漁業頗受其保護，故其時臺灣的漁業頗爲殷盛。在一六三七年前後，自金門、厦門、烈嶼等地，每年約有漁船三百至四百艘來至臺灣，來臺的漁人約有一萬人左右，而輸至大陸的水產估計約達一百萬至一百二十萬斤。主要的漁期是在東北季節風期，而最盛的是十二月至二月間的烏魚漁業；重要的漁場，在南路有打狗、堯港、淡水等地，在北路有魍港、笨港等地。三、這很隆盛的漁業，對於荷蘭人的財政貢獻頗多。故荷蘭人對於漁業亦頗加保護。然荷蘭人在感受鄭成功襲臺的威脅時，對於漁人是採取着警戒的態度。四、大陸上來的漁人在漁期中或漁期外，常運用小額的資本兼營商業。五、同時，因爲有此項漁業活動，故漢人與土著間逐漸發生關係，一方面又促進鹽業的發達，而漁人的定居，並遂開農業的端緒。六、故我人不能不承認漁人在臺灣的開發上，是具有着莫大的功績。

㊱ 臺南文化，第三卷第三期，第五七面。

附記：

一、本文完全是出於中村教授的研究結果的啓發而寫成，筆者謹在此向中村教授表示深厚的感謝。

二、臺灣大學藏有荷蘭東印度公司的檔案照相二萬五千多張，並有一部份手抄本。筆者淺學菲才，又以公務羈身，僅能翻閱其一部份。由於文獻涉獵未廣，荷文基礎太淺，恐不免有遺漏和錯誤處。敬希讀者鑒諒，並不吝教正。

一九五四年十一月二十一日脫稿

一九五五年八月三日補記

最近承中村教授函示：據熱蘭遮城日誌，一六五七年十二月至一六五八年二月間烏魚汎期的烏魚產量如下：

一六五七年十二月	烏魚	六、三〇〇尾	烏魚卵	三三〇斤
一六五八年一月	烏魚	三〇六、七八五尾	烏魚卵	二六、一三〇斤
一六五八年二月	烏魚	八五、二五〇尾	烏魚卵	五、八八〇斤
共計		三九八、三三五尾		三二、三四〇斤

每年的產量，容有增減，惟平均每年當約有烏魚三十萬尾、烏魚卵三萬斤以上。故凡・達謨謂漁民每年携歸大陸的烏魚有數十萬尾之說，似非誇張。

一九五六年一月十五日

原載臺灣銀行季刊第七卷第四期民國四十四年九月

鄭氏時代之臺灣墾殖

一　鄭成功之入臺

鄭成功挺身於明室覆亡之際，奮志以抵抗異族的侵凌。然自攻略金陵敗績以後，鄭成功已知道這逆勢非短期間所可挽回，故練兵籌餉，皆謀作持久之計。鄭成功在大陸上盛時所控制的區域是從廣東潮州經福建而至浙江臺州一帶的沿海區域，其地盤本已極爲窄小，不足供舒展，再加以部下叛服不常，陸上交通線亦不能經常保持安全，故其處境實萬分艱窘。永曆三年（清順治六年，一六四九）十一月，鄭成功入潮州，抵黃崗，武毅伯施天福偕黃海如來見，成功謂海如曰：

我舉義以來，□□屢失，乃□□□亂，今大師至此，欲擇一處，以為練兵措餉之地，必何而可？㊀

㊀ 延平·王戶官楊英從征實錄，第三葉。

正因其內心焦灼，故見人遂不覺脫口而出。

其次，要軍隊作戰，絕不可使有內顧之憂。鄭成功當時的地盤，是一狹長地帶，隨時可為清軍在任何一處或一處以上的地方切斷，這在決定一戰役的勝敗上，雖不一定會受致命的傷害，然自持久戰立場言之，畢竟非所以使將士安心之道。永曆五年（清順治八年，一六五一），鄭成功第一次南下勤王，中左所為馬得功襲破。鄭鴻逵遣鄭德、周全斌至大星請班師，鄭成功雖是說：

> 奉旨勤王，今中左既破，顧之何益？且咫尺天顏，豈可半途而廢？國難未報，遑顧家為？㈡

然實際上：

> 時三軍知之，哭聲遍聞。諸鎮亦來勸駕回棹，謂「三軍各懷家屬，脫巾亦是可虞」。㈡

故鄭成功祇能班師：

> 藩無奈，姑南向拜曰：「臣冒涉波濤，冀近天顏，以佐恢復，不意中左失守，將士思歸，脫巾難禁，非臣不忠，勢使然也」，揮淚痛哭，三軍哀慟。㈡

鄭成功在當時，如欲求進可以戰，事實上必須先要獲得安全的根據地。

鄭成功起義時的根據地，是以閩南地區為中心，該地山多田少，糧食一向是依賴外方接濟。鄭成功握有制海權，財源雖不至斷絕，而對於糧食顯然無法解決。尤其自金陵戰敗以後，根據地

㈡ 延平王戶官楊英從征實錄，第十四葉。

祇留有金厦二地，益見窄小，在籌糧及保持家屬安全上皆益見困難。清軍逹素的攻勢，雖一時失敗，然隨時皆可捲土重來，故鄭成功的軍隊，在其時實岌岌不可終日，非速謀所以自救之道不可。

鄭氏之與臺灣，自鄭芝龍勸巡撫熊文燦以福建饑民移置臺灣以後，可說淵源有素。鄭成功在金厦兩地，不能自保，要打出一條活路，而求此活路於臺灣，可說是「自然之理」了。

自近代重商主義抬頭以來，歐洲之握有海權的國家，競趨遠東，地處大陸邊緣而位於南洋與日本之間的臺灣，遂深爲當時的海商所注目。在一六二四年（明天啓四年），臺灣終於爲荷蘭所據，而成爲荷蘭東印度公司在遠東貿易中的一個環節。荷蘭人是以現臺南一帶爲轉接港口以進行對中國大陸和對日本列島的貿易。但荷蘭人在臺灣居住稍久以後，發覺臺灣本地的產品，亦有其商品價值，於是遂在臺灣作有計畫的墾殖，以擴大其商品的生產。然自臺灣本身而言，則因荷蘭人的領導，在人口、物產和貿易上，皆蒙受很大的利益。換言之，臺灣本是在曚昧狀態中，但因荷蘭人的入據，而漸見開闢。在何斌說鄭成功時，已稱許臺灣曰：

田園萬頃，沃野千里，餉稅數十萬。㊂

又云：

數日到臺灣，糧米不竭。㊃

㊂ 延平王戶官楊英從征實錄，第一四八葉。

㊃ 延平王戶官楊英從征實錄，第一四九葉。

據是，可知其時臺灣之所有，正是鄭成功之所需。加之，荷蘭人在臺灣的統治，實力不見堅强，而大陸上的大量移民，對於荷蘭人的統治，已極厭惡，嘗有過反抗的舉動。故鄭成功要取臺灣，在實力的對比上看，顯然是一很輕易的舉動。在永曆十三年（清順治十六年，一六五九）十二月，鄭成功獲達素有率兵南下的消息，已有意先把將士眷屬護送至臺灣：

藩令差監督李長吊各汎官兵回思明州，議遣前提督黃廷、戶官鄭泰，督率援剿前鎮、仁武鎮，往平臺灣，安頓將領官兵家眷。㊄

遷延至永曆十五年（一六六一，清順治十八年）乃正式會集諸將，討論攻臺：

十五年辛丑正月，藩駕駐思明州。南征師班回至思明州，傳令大修船隻，聽令出征。集諸將密議曰：「天未厭亂，閏位猶在，使我南都之勢，頓成瓦解之形。去年雖勝達虜一陣，偽朝未必遽肯悔戰，則我之南北征馳，眷屬未免勞頓。前年何廷斌所進臺灣一圖，田園萬頃，沃野千里，餉稅數十萬，造船制器，吾民麟集，所優為者。近為紅夷占據，城中夷夥，不上千人，攻之可垂手得者。我欲平克臺灣，以為根本之地，安頓將領家眷，然後東征西討，無內顧之憂，並可生聚教訓也。」㊅

惟此時鄭成功雖決心入臺，而其部下却多懷疑懼：

諸將雖不違阻，但有難色。宣毅後鎮吳豪，曾到其地，力言：「港淺大船難進，且水土

㊄ 延平王戶官楊英從征實錄，第一三四葉。

㊅ 延平王戶官楊英從征實錄，第一四八—九葉。

多瘴癘。」賜姓合之。⑦

永曆十五年三月十日，鄭成功率兵駐料羅，候風出海，而士兵頗多逃亡⑧。至二十二日催官兵上船，二十三日午自料羅出海，二十四日至澎湖，至是而鄭成功始走上到臺灣之路。

鄭成功在取軍事行動時，對於糧餉，一向很細心注意。但在入臺之時，一到澎湖，就已缺糧。

二十七日，大師開駕至柑桔嶼，阻風。又收回澎湖峙內嶼。時官兵多不帶行糧。因何廷斌稱：「數日到臺灣，糧米不竭。」至是阻風乏糧。藩令戶都事同洪遊擊就澎湖三十六嶼□取行糧，□□正供，時吊集各澳長，追取接給。各澳長搜索二日，回稱：「各嶼並無田園可種禾粟，惟蕃薯、大麥、黍、稷、斗升湊解，合有百餘石，不足當大師一餐之用。」藩驚乏糧。⑨

這一方面或果係信何廷斌之語，在糧食上缺少準備，而另一方面，在金廈兩地，恐亦並無可以供大軍攜帶的食糧。據此推測，則其時鄭成功在廈門，實已萬分危急，故不能不力排衆議，毅然渡海，以爲死中求生之計。不意中途遇風，遂使鄭成功在途中就發生很大的困難。然乏糧不是小事，這就逼着鄭成功不能再從事冒險。

隨於三十晚傳令開駕，時風報(暴)未息，風雨陰霧，管中軍船蔡翼並陳廣等跪稟：「暫

⑦ 海上見聞錄卷二

⑧ 延平王戶官楊英從征實錄，第一四九葉。

⑨ 延平王戶官楊英從征實錄，第一四九葉。

候風雨開駕」。藩諭曰：「冰堅可渡，天意有在。天意若付我平定臺灣，今晚開駕後，自然風恬浪靜矣。不然，官兵豈堪坐困斷島受餓也？」是晚一更後，傳令開駕，風雨稍間，波浪未息，驚險殊甚。迨至三更後，則雲收雨散，天氣明朗，順風駕駛。㈠

鄭成功的軍隊，既如此缺乏糧食，故一經登陸，自然先要注意糧食，而尤其注意者是糧食的積聚處。

是晚赤嵌城夷長猫難實叮，發炮擊我營盤，並焚馬□□□其赤嵌街，係我民草厝，藩恐被焚燬糧粟，特差戶都事楊英持令箭委同楊戎政督同援剿後鎮張志官兵，看守堵禦，不許官兵混搬，亦不可致紅夷焚燬，候明日分派發給官兵糧食。繇是各街米粟，看守完全，無敢侵擾。次日即令戶都事楊英將街中米粟一盡分發，各鎮兵糧計匀足半個月。㈡

其實當時的臺灣，雖已開闢，而其範圍祇限於現在臺南附近的一隅，以其當時的人口與當時的生產額而言，食糧有餘，可有一部分輸出，然驟然要供應大軍，而且要長期供應，畢竟尚嫌不足。故

臺灣城未攻，官兵乏糧。㈢

㈠ 延平王戶官楊英從征實錄，第一四九—一五〇葉。
㈡ 延平王戶官楊英從征實錄，第一五〇葉。
㈢ 延平王戶官楊英從征實錄，第一五二葉。

於是一方面是向厦門催糧，一方面是在佔領區中派人下鄉搜粟。

四月二十二日，遣楊戎政並戶都事楊英，同通事何廷斌，查察各鄉社，有紅夷所積粟石及糖麥等，回報，發給兵糧，計粟六千石，糖三千餘擔。㊂

然此區區之數，何足以供大軍之用？故鄭成功的軍隊，依然缺糧，而且情勢甚爲嚴重。

七月，藩駕駐承天府。戶官運糧船不至，官兵乏糧。每鄉斗價至四、五錢不等。令民間輸納雜子、蕃薯，發給兵糧。㊃

八月，藩駕駐承天府。戶官運糧船猶不至，官兵至食木子充饑。日憂脫巾之變。藩心含之。大書於座前云：「戶失先定罪。」遣楊府尹同戶都事楊英往鹿耳門守候糧船並官私船，有東來者，盡行買糴給兵。㊄

〔八月〕十二日，遣戶都事楊英押米船前往二林南社接給兵糧，並同李胤察訪兵心□如，回報。時糧米不接，官兵日只二餐，多有病沒，兵心嗷嗷。㊅

據上列引文，可知鄭成功在臺灣，其食糧的狀態，至爲惡劣。然臺灣與厦門、金門不同，其時鄭成功所到達的地方，正是臺灣西南部冲積平原，有相當多的平坦的土地，可供種植。故鄭成功要求糧食問題的徹底解決，祇有加强墾政，以求增產。

㊂ 延平王戶官楊英從征實錄，第一五二葉。

㊃ 延平王戶官楊英從征實錄，第一五四葉。

㊄ 延平王戶官楊英從征實錄，第一五五葉。

㊅ 延平王戶官楊英從征實錄，第一五五葉。

二 鄭氏入臺後所施行的墾政

鄭成功之入臺，其目的是要建立一比較安定的根據地，以徐圖匡復大陸上的漢人的統治權，已略如上述，故入臺灣後的首要措施，是安撫居民，使可為己用，同時亦要安頓入臺的軍隊和其眷屬，使有安土重遷之感，而不至離異。

鄭成功入臺前的臺灣居民，可分為二羣：一是荷蘭人及其眷屬與雇傭人員，這是統治階級，其中，雇傭人員雖是勞務者，而大多是室內勞務者，無與於生產，這是鄭成功所要驅除的集團；另外一羣，是被統治的漢人和土人，漢人在臺灣，或植稻種蔗，或經營商業，或從事漁獵，人數頗衆，且從事農耕的人數，年年增加。至於土人，雖有一部分在荷蘭人的教化下稍見進步，而大部分仍是在原始階段。鄭成功所要安撫的，就是這一羣。

鄭成功在一到臺灣，攻佔赤嵌城後，一方面是圍攻臺灣城（熱蘭遮城），一方面即着手安輯百姓。楊英「從征實錄」在永曆十五年（清順治十八年，一六六一）四月四日，即記曰：

令諭招我百姓，回家樂業。㊆

同時並誅戮搶掠的將士，使民見信：

五月初二日，藩駕駐臺灣，集文武各官會審搶掠臺灣百姓銀兩、盜匿粟石罪犯，宣毅後

㊆ 延平王戶官楊英從征實錄，第一五一葉。

鎮吳豪，伏罪被誅，以右武衛右協魏國管宣毅後鎮事。㉖

同日，鄭成功在臺灣設一府二縣，並令府尹楊朝棟查報田園册籍：

改赤嵌地方為東都明京，設一府二縣。以府為承天府，天興縣、萬年縣。楊戎政為府尹，以莊文烈知天興縣事，祝敬知萬年縣事。行府尹查報田園册籍，徵納□銀，改臺灣為安平鎮。㉙

我們對於這一措施，很明顯地可以看出其有兩種作用：其一，用現在的術語說，是當時的土地利用的動態調查，這在一方面可資爲徵稅的根據，一方面亦可供開發設計時的參考；其二，就是承認先來漢人和已開化的土人對於土地的既得權益，這在安撫居民上，自亦可發生極大的作用。鄭成功諭告官兵，獎勵開墾時，亦嚴令不許混圈土民及百姓現耕之地，其用意相同。

臺灣的人口，自以土著爲多數，其向背當然最爲鄭成功所關懷，故登陸不久，就親自巡視各社，以收攬人心。

〔永曆十五年（清順治十八年，一六六一）四月六日〕，各近社土番頭目，俱來迎附，如新善、開感等里，藩令厚宴，並賜正副土官袍帽靴帶，繇是南北路土社聞風歸附者，接踵而至，各照例宴賜之，土社悉平懷服。㉚

㉖ 見楊英從征實錄，第一五二葉。吳豪被誅，不一定專為搶掠，而或是因在討論攻臺時，有阻撓之言。然鄭成功在此時殺之，却確可收借人頭安民心之效。

㉙ 見楊英從征實錄，第一五二葉。

㉚ 見楊英從征實錄，第一五一葉。

〔永曆十五年四月〕十二日，藩駕親臨蚊港，相度地勢，並觀四社土民向背如何。駕過，土民男婦壺漿迎者塞道。藩慰勞之，賜之□□甚是喜慰。㊁自領何斌、馬信、楊祥、蕭拱宸等，帶銃手三百，牌手三百，弓箭三百，備具口糧十日，從新溝（按即新港）目加溜灣巡視。見其土地平坦膏沃，土番各社俱羅列恭迎。成功賜以烟布，慰以好言，各跳躍歡舞。㊂

然其時土人的耕種技術，甚爲落後，故其生產對於鄭氏的軍隊，很少補益。

英隨藩主十四年許矣，扈從歷遍，未有如此處土地膏腴饒沃也。惜乎土民耕種，未得其法，無有人教之耳。英去年四月間，隨駕蚊港，路京（按即經字，避鄭經諱，作京）四社，頗知土民風俗。至八月奉旨南社，適登秋收之期，目睹禾稻遍畝，土民逐穗採拔，不識鈎鐮割穫之便。一甲之稻，云採數十日方完。訪其開墾，不知犂耙鋤□□快，只用□鐵刮鑿，一甲之園，必一月□□□□□□。至近水濕田，置之無用。如此雖有廣土衆民，竟亦人事不齊，地力□□……。㊃

故鄭氏如要利用此廣土衆民，則不能不先教之稼穡。楊英條陳曰：

以英愚昧，謂宜于歸順各社，每社各發農□一名，鐵犂耙鋤各一副，熟牛一頭，使

㊁ 見楊英從征實錄，第一五二葉。

㊂ 臺灣外記，卷十一。

㊃ 楊英從征實錄，第一五一葉。

> 教□□犂耙□法，□□五穀割穫之方，聚教群習，彼見其用力少而取効速，耕種易而收穫多，謂不欣然効尤，變其舊習之難且勞者，未之有也？㉔

楊英所條陳的事項，有無實行，無記錄可資參證，然鄭成功嘗欲派洪初闢等十人分管蕃社，雖未果行，而這很可能是對於楊英的條陳的一個反應。

> 差船來弔監紀洪初闢等十人，分管番社，皆留住不往。㉕

鄭成功入臺後不久，即突然亡故，鄭經繼嗣，任用陳永華，大事經營，此時對於土著居民，亦力事安撫，獎勵農耕，並對於蕃童施行教育。

> 己酉康熙八年，海上稱永曆二十三年（一六六九），世藩在東寧，以陳永華理政。……課耕種，安撫土番，貿易外國，通魚鹽，向之悍行者，今皆為樂土焉。㉖

> 〔永曆二十年（清康熙五年，一六六六）〕，正月，……各社令設學校，延師令子弟讀書。㉗

> 新港、嘉溜灣、歐王、麻豆，於偽鄭時為四大社，令其子弟能就鄉塾讀書者，蠲其徭役，以漸化之。四社亦知勤稼穡，務蓄積，比戶殷富；又近郡治，習見城市，居處禮

㉔ 楊英從征實錄，第一五一葉。

㉕ 海上見聞錄，卷二。

㉖ 海上見聞錄，卷二。

㉗ 臺灣外記，卷十三。

讓，故其俗於諸社為優。㉘

終鄭氏之世，土著居民，除因偶然的土地爭執外，皆能相安無事，是以鄭氏對於土人的撫綏政策，大體上可以說是成功的。

然雖撫綏土人使可爲己用，是鄭成功入臺後的一項首要措施，但其政治與經濟的基礎，自不能完全置之於當地的土著居民。此外，其時臺灣的生產，實不足以支持鄭氏的大軍，故鄭氏亦不能不力求自力更生之道。其方法就是令軍兵屯墾，而且一登陸很快就已命令執行。

〔永曆十五年（一六六一，清順治十八年）四月〕二十四日，藩以臺灣孤城無援，攻打未免殺傷，圍困俟其自降。隨將各鎮分派汛地屯墾。㉙

同年五月二日，二程官兵到達臺灣，六月令各赴汛第墾殖。

六月，藩駕駐承天府，遣發各鎮營歸汛。左先鋒札北路；新港仔、竹塹，以援剿後鎮、後衝鎮、智武鎮、英兵鎮、虎衛右鎮，繼札屯墾；以中衝、義武、左衝、前衝、遊兵等鎮札南路鳳山、觀音山屯墾。頒發文武官，照原給額各六個月俸役銀，付之開墾。㉚

時以各社土田，分給與水陸諸提鎮，而令各搬其家眷至東寧居住。令兵丁俱各屯墾。㉛

㉘ 稗海紀遊，第一一—一二面（方豪校本）

㉙ 楊英從征實錄，第一五二葉。海上見聞錄卷二有類似記載。

㉚ 楊英從征實錄，第一五四葉。

鄭氏入臺後立即從事墾殖，亦見於外人的記錄。例如巴達維亞城日誌一六六一年十二月二十一日記曰：

他（按是指鄭成功）散布其軍隊於臺灣，給他們農具，使從事開墾。[32]

布雷亞（Blair）和羅伯特遜（Robertson）合輯的「菲律賓羣島」（*The Philippine Islands*）書中，亦記載鄭成功事曰：

在十個月繼續圍攻的期間，日夜沒有停止放他們的大砲，在另一方面，很多的勞工，不絕地在耕種土地，一若他們已經變成為地主。並且在城未陷之先，漢人就已享受到其耕種的生產物，因為驕傲的海盜，在其來到臺灣時，就已很有自信，在他所率領的五百隻舢板船中，已携有很多的犂、種子和開墾所要的其他物品，並有從事耕種的勞工。[33]

關於鄭成功軍隊屯墾的目的與方法，在「臺灣外記」中留有記載：

〔鄭成功〕由蕭壟、麻豆各社踏勘而回，次日大會諸提鎮參軍議事。成功曰：「大凡治家治國，以食為先。苟家無食，雖親如父子夫婦，亦難以和其家。苟國無食，雖有忠君愛國之士，亦難以治其國。今上托皇天垂庇，下賴諸君之力，得有此土。然計食之

---

[31] 海上見聞錄，卷二。

[32] *Dagh-Register. Casteel Batavia.* A° 1661. Bl. 502

[33] Blair & Robertson: *The Philippine Islands.* Vol. 36, pp 254—255.

者衆，作之者寡。倘餉一告匱而師不宿飽，其欲興邦固國，恐亦難矣。故作日躬身踏勘，揆審情形，細觀土地，甚是膏腴，當倣寓兵于農之法，庶可餉無匱，兵多糧足，然後靜觀釁隙而進取。」黃安曰：「開疆闢土，垂業萬世，諸將自當唯唯。但欲寓兵於農之法何如？願請指示。」功曰：「古者量人受田，量地取賦。至商雖變為井田，亦是九一之法，兵民無分，迨至秦，井田廢，兵民始分。民任轉輸，兵任征戰。後漢、唐、宋、元，屢年征戰，兵甲蕃衆，籌餉者徒為仰屋。故善為將者，不得不興屯以富兵。如諸葛屯斜谷、司馬屯淮南、姜維屯漢中、杜預屯襄陽，悉是兩敵相對，恐轉運維艱，士有飢色，故寓兵于農以備敵。若夫元之分地立法，太祖設衛安軍，乃天下已平，恐虛糜空乏，故以為農者七兵者三，寓農以散兵，非無故也。今臺灣乃開創之地，雖僻處海濱，安敢忘戰？暫爾散兵，留勇侍衛二旅，以守安平鎮、承天二處，其餘諸鎮，按鎮分地，按地開荒，日以什一者，瞭望相連，接應輪流迭更，是無閑丁，亦無逸民。插竹為社，斬茅為屋，圍生牛教之以犂，使野無曠土，而軍有餘糧。其火兵則無貼田，如正丁出伍，貼田補人可也。其鄉仍曰社，不必易，其畝亦曰甲以便耕。一甲三十一戈，二尺五寸一戈，東西南北四至長一丈二尺五寸，今歸版圖，亦以此為則。照三年開墾，然後定其上、中、下則，以立賦稅。但此三年內收成者，借十分之三以供正用。農隙則訓以武事，有警則荷戈以戰，無警則負耒以耕，寓兵于農之意如此。」馬信諸鎮咸起謝曰：「藩主今日不惜辛勤跋陟，興師開闢海外乾坤，創業以遺子孫，誠古來之未有也，今又寓

兵于農，實萬世良法，自當稟遵而行。」即日貼分，各照地方領兵前去開墾。㉔

其實施要綱，是見於永曆十五年（清順治十八年，一六六一）五月十八日的告諭。諭文如下：

十八日本藩令諭云：東都明京，開國立家，可為萬世不拔基業。本藩已手闢草昧，與爾文武各官及各鎮大小将領、官兵家眷□來胥宇，總必創建田宅等項，以遺子孫計。但一勞永逸，當以己力京（按即經字，避鄭經諱，作京）營，不准混侵土民及百姓現耕物業。玆將條款開列於後，咸使遵依。如有違越，法在必究。着戶官刻板頒行。特諭：

一、承天府安平鎮，本藩暫建都於此。文武各官及總鎮大小将領家眷，暫住於此。隨人多少圈地，永為世業，以佃以漁及京（按即經字）商取一時之利。但不許混圈土民及百姓現耕田地。

一、各處地方，或田或地，文武各官，隨意選擇，創置庄屋，盡其力量，永為世業；但不許紛爭及混圈土民及百姓現耕田地。

一、本藩閱覽形勝建都之處，文武各官及總鎮大小将領，設立衙門，亦准圈地創置庄屋，永為世業。但不許混圈土民及百姓現耕田地。

一、文武各官圈地之處，所有山林陂地，具圖來獻，本藩薄定賦稅，便屬其人掌管；須自炤管愛惜，不可斧斤不時，竭澤而漁，庶後來永享無疆之利。

一、各鎮及大小将領官兵，派撥汎地，准就彼處擇地起蓋房屋，開闢田地，盡其力

㉔ 臺灣外記，卷十一。

量，永為世業，以佃以漁及京（按即經字）商。但不許混圈土民及百姓現耕田[地]。

一、各鎮及大小將領，派撥汛地，其處有山林陂池，具啓報聞，本藩即行給賞，須自炤管愛惜，不可斧斤不時，竭澤而漁，庶後來永享無疆[之][利]。

一、沿海各澳，除現在有網位罟位，本藩委官徵稅外，其餘分與文武各官及總鎮[大]小將領，前去炤管，不許混取，候定賦稅。

一、文武各官開墾田地，必先赴本藩報明□數，而後開[墾]。至於百姓，必開[墾]數報明承天府，方准開墾。如有先墾而後報，及報少而墾多者，察出定將田地沒官，仍行從重究處。㉟

觀「臺灣外記」的記載及上列告諭，鄭成功之建立根據地的意念，及其着重糧食的心境，可稱已宣露無遺。至鄭氏將卒開墾土地所形成的土地制度，在「續修臺灣府誌」卷四所引的「諸羅雜識」中，有極精到的歸納，現轉引如下：

鄭氏攻取其地，向之王田，皆為官田，耕田之人，皆為官佃。輸租之法，一如其舊。即偽册所謂官佃田園也。

鄭氏宗黨及文武偽官與士庶之有力者，招佃耕墾，自收其租，而納課於官，名曰私田。即偽册所謂文武官田也。

其餘鎮營之兵，就所駐之地，自耕自給，名曰營盤。

㉟ 楊英從征實錄，第一五三—四葉。

質言之：鄭成功諭告中所三令五申「不許混圈」的「土民及百姓現耕田地」，即爲荷蘭人所遺留的王田，這實在亦就是鄭氏行政機構的經濟命脈所在。

永曆十八年（清康熙三年，一六六四），金厦兩地，爲清兵所陷，鄭經將軍民撤至臺灣，亦分撥屯墾。

> 七月，鄭經分配諸鎮荒地，寓兵於農。㊱

鄭氏的屯墾，目的是在寓兵於農，而沒有廢兵，這在事實上確嘗做到。永曆十九年，即清康熙四年，清室派施琅，周全斌準備攻臺，鄭經從洪旭之議，設防澎湖，遣顏望忠赴澎，其士兵即係自屯墾者中抽出。

> 令洪旭抽各鎮屯田者十之三，又撥勇衛、侍衛，……合戴捷、薛進思、林陞、林應等舟師禦敵。㊲

後施琅舟師爲颶風所覆，鄭經即將澎湖駐軍撤回臺灣，並照舊令屯墾。

> 六月，經令班師回臺灣……令勇衛、侍衛之半旅仍歸伍，其各鎮調撥之三者，仍歸屯耕作。㊳

永曆二十七年，即清康熙十二年（一六七三），三藩之變，鄭經亦嘗召集屯墾的士兵而予以響應：

㊱ 臺灣外記，卷十三。
㊲ 臺灣外記，卷十三。
㊳ 臺灣外記，卷十三。

經大喜，隨整船隻，調撥各屯屯佃歸伍分配。㊴

〔永曆二十八年〕，……另諭與留守東寧總制使陳永華，調土蕃暨佃丁六分之四前來廈門聽用。㊵

凡此皆可證明其時確嘗做到兵農合一。

其次要考慮的，是鄭氏開發臺灣時的勞動力問題。鄭氏的勞動力的主體，是其士兵，固不待論。然鄭氏志在匡復，自不能以其士兵全部投入耕種的勞動。其次，當時的耕種技術很幼稚，要求增產，祇有仰賴耕地面積的擴張，這就更顯得需要勞動力。故鄭氏在臺灣稍獲安定之後，就感覺其勞動力之不足。鄭氏解決勞動力的方策，第一是嚴令將士的眷屬遷臺；第二是招納流亡。

關於令將士眷屬遷臺，有下列記錄：

時以各社土田，分給與水陸諸提鎮，而各搬其家眷至東寧居住，令兵丁俱各屯墾。㊶

永曆十六年正月，賜姓嚴諭搬眷。㊷

〔永曆十六年〕二月，成功檄洪旭、黃廷同兄泰等，陸續載諸眷口過臺。㊸

㊴ 臺灣外記，卷十五。
㊵ 臺灣外記，卷十六。
㊶ 海上見聞錄，卷二。
㊷ 海上見聞錄，卷二。
㊸ 臺灣外記，卷十二。

强制將士的眷屬入臺，這在一方面是人質之意，使將士不至離散，而一方面則是求增加勞動力。

國軒得泉屬諸邑，分其衆鎮守，勢稍弱。遂啓經調鄉勇充伍，並移鄉勇之眷口過臺安插，庶無脫逃流弊，緩急可用，亦寓兵於農之意。經允其請。㊹

此外，鄭氏又將金厦及其他戰區中的罪囚放逐於臺灣，此項罪囚的唯一的生活方法是墾殖，這可說是强制移民的方式之一，在勞動力的增加上，亦不無補益。

關於招納流亡，則有下示記載：

今當馳令各處，收沿海之殘民，移我東土，開闢草萊，相助耕種。㊺

永曆十五年（清順治十八年一六六一，），鄭氏攻臺，其武力自大陸撤移以後，清廷爲要凍結鄭氏的資源和兵源，嘗下遷界令，在沿海一帶作堅壁清野之計。這結果，一時引起很大的混亂，流亡益多，臺灣因之增加了很多人力。「華夷變態」云：

因遷界很多百姓喪家廢業，沿海居民是依海邊為生。遷界以後，無家可歸，無業可營，故有很多餓死或變成遊民。於是就有很多百姓不憚禁令，越界潛出，歸錦舍（按是指鄭經）充兵卒。故錦舍方面愈見得勢。㊻

湖廣道御史李芝芳反對遷界，向清廷條陳八條理由，其一條是說：

㊹ 臺灣外記，卷二十二。
㊺ 臺灣外記，卷十二。
㊻ 華夷變態，卷七之下。

鄭成功江南大敗，膽破心寒，今已遠遁臺灣，所存餘孽，或剿或撫，呼吸可定。況沿海皆我赤子，一旦遷之，鴻雁興嗟，室家靡定，或浮海而遁，去此歸彼，是以民予敵，所謂不可者三也。㊼

這就是恐流亡者歸於臺灣。沈雲撰「臺灣鄭氏始末」有云：

招沿海居民之不願內徙者數十萬人，東渡以實臺地。初黃梧豔沿海多富商大賈，勸率泰奏遷海澄。內地民皆破產，哀號自盡。至是為成功所招。㊽

然入臺者多數是男子，婦女極少，這在大混亂的時期，是一極普通的現象。故販賣婦女，亦見於載籍。

時邱煇自踞達濠有年，橫行無忌，官軍無奈之何。所有擄掠婦女，悉係臺灣船隻販賣，因而室家日多。㊾

朝鮮「李朝肅宗實錄」卷十三中，載有朝鮮奏請兼冬至使在肅宗八年（永曆三十六年，康熙二十一年，一六八二）在北京遇琉球貢使通事福建人謝宣，據稱，謝宣云：

鄭錦大敗，……竄入海島。島名即臺灣，一名東寧。………土地瘠薄，物產不敷，且居民尠少。鄭錦之兵，皆無妻子。婦女一人之價，至於數百金。

㊼ 臺灣外記，卷十一。

㊽ 沈雲撰：臺灣鄭氏始末，卷四。

㊾ 臺灣外記，卷十五。

鄭氏屯墾部隊中之兩性比率的不均，在淸方是認爲鄭氏軍隊的一大弱點。康熙七年（永曆二十二年，一六六八）四月，施琅請伐臺灣，上「盡陳所見疏」，其中有曰：

> 賊衆散處，耕鑿自給，失于操練，終屬參差不齊，內中無家眷者十有五六，豈甘作一世鰥獨，寧無故土之思？(五〇)

康熙二十一年（永曆三十六年，一六八二）七月十三日，施琅又上「決計進剿疏」，分析澎湖劉國軒的守備勢力曰：

> 澎湖新舊熕船、鳥船、趕繒雙帆艍各船，共有百一二十隻，劉國軒、林陞、江欽等共計賊衆六千餘，內有家眷舊賊約二千名，其餘俱係無眷口新附之衆，私相偶語，提督不嗜殺人，只等大軍到，便瓦解歸順。(五一)

據此皆可知其時臺灣婦女的缺乏。

其次要討論的，是在鄭氏時代，臺灣究有若干漢人？在荷蘭人領臺時期，據各方估計，大陸上來的移民，約爲十萬人(五二)。然因郭懷一之變，漢人大受屠殺，故人口當已大爲減少，惟因無確實記錄，故不知究尙遺留若干。鄭成功入臺及鄭經自金厦撤退，皆携來大批的軍隊及其眷屬，並安輯流亡，其數目應頗有可觀，然據施琅的「盡陳所見疏」，則數目並不見多。

(五〇) 靖海紀事，上卷。

(五一) 靖海紀事，上卷。

(五二) 奥田彧等：蘭領時代に於ける臺灣の農業（臺灣農事報第三一一號，昭和七年十月）；（臺灣文化論叢第一輯，昭和十八年）

故明時原住澎湖百姓有五、六千人，原住臺灣者有三萬，俱係耕漁為生。至順治十八年，鄭成功親帶去水陸偽官兵並眷口共計三萬有奇，為伍操戈者不滿二萬。又康熙三年間鄭經復帶去偽官兵並眷口約有六、七千，為伍操戈者，不過四千。此數年彼處不服水土，病故及傷亡者五、六千，歷年過來竄犯，被我水師擒殺亦有數千，陸續前來投誠者計有數百。[53]

據是，則其數約在六萬上下。按之荷蘭時代的記錄及撫輯流亡的情形，數目似有太少之嫌。日本明治三十四年（清光緒二十七年）市村瓚次郎在北京內閣東大庫，獲清初有關臺灣鄭氏的文獻數紙[54]，其中有欽命總督水陸官兵兼理糧餉太保兼太子太傅建平侯鄭（按即鄭泰）所造而贈給清方總督福建少保兼太子太保兵部尚書李率泰的臺灣人丁册，據是，則：

總上小將勳爵及文武官員計二千一百五十六員，維職在外未造。

水陸官兵計四十一萬二千五百名。

大小戰艦約計五千餘號。

海上軍民籍及流寓人口計三百餘萬。

按之鄭氏敗亡後，清廷接收臺灣時的情形[55]，則上列數目又過於龐大，無從置信。Albr. Wirth

---

[53] 靖海紀事，上卷。

[54] 史學雜誌第十三編　第九號。

[55] 續修臺灣府誌，卷五。

著臺灣史，關於該一時期的人口，是說：

受荷蘭人的貿易的引誘，約有十萬個中國人前往臺灣，鄭成功帶來軍士二萬五千人以上，並有很多人流亡入臺，使島上的中國人口再行增加，總計到十七世紀末年，大概是有二十～二十五萬人。(三六)

故在鄭經盛時（約在永曆二十七年即一六六六年前後），大陸移民數，似約在十五——二十萬之間，衡之以荷蘭時代及清康熙中葉的臺灣人口，這似爲一最近似的數目。

鄭氏入臺之初，其糧食的艱窘情形，已略如前述。大概到一六六六年前後，開墾方收成效。

〔永曆十九年（一六六五，清康熙四年）八月〕，……親歷南北二路各社，勸諸鎮開墾，栽種五穀，蓄積糧糗，插蔗煮糖，廣備興販。於是年大豐熟，民亦殷足。…華（按指陳永華）見諸凡安定，啓經曰：「開闢業已就緒，屯墾略有成法，當速建聖廟立學校」。(三七)

〔永曆二十年〕……從此臺灣日盛，田疇市肆，不讓內地。(三八)

〔永曆二十五年〕……臺灣秋禾大熟，鄭經飭諸島守將，勿得侵擾百姓。(三九)

計自入臺至安定，其間約經五年。

(三六) Wirth, Albr.: *Geschichte Formosa's bis Anfang* 1898. S. 103

(三七) 臺灣外記，卷十三。

(三八) 臺灣外記，卷十三。

(三九) 臺灣外記，卷十五。

三　鄭氏時代墾殖的範圍及其耕種情形

鄭氏三世，在臺灣，共二十二年（明永曆十六年至三十七年，即清康熙元年至二十二年，一六六二——一六八三），皆致力於開墾，然其開墾的範圍如何？伊能嘉矩綜合各地方誌，曰：

> 其拓殖區域，始之以承天一府、安平一鎮，而以南北附近的文賢、仁和、永寧、新昌、仁德、依仁、崇德、長治、維新、嘉祥、仁壽、武定、廣儲、保大、新豐、歸仁、長興、永康、永豐、新化、永定、善化、感化、開化等二十四里為中心，漸次向外開展，南至鳳山、恒春，北迄嘉義、雲林、彰化、埔里社、苗栗、新竹、淡水、基隆各地。
>
> （北路基隆南路恒春的若干地方，嘗被用作流竄罪人之處。）[60]

兹更根據平山勳文[61]並參閱伊能嘉矩的「臺灣文化志」，一檢當時開拓之跡。

一、永曆三十四年，因鄭經之命，毀社寮島上的紅毛城塞。翌年，北路總督何祐修復之。按社寮島即現在基隆港中的和平島。

二、永曆二十九年，鄭經竄適洪士昌、洪士恩、楊明琅及其家屬等共百餘人於淡水、基隆。

三、金包里的國姓埔，是鄭氏一部將所開拓。

四、鄭氏族中，有鄭長者，自中部的鹿港至淡水港口的八里岔，即移居芝蘭一堡的大直庄，

---

[60] 伊能嘉矩：臺灣文化志，下卷，第二七四面。

[61] 平山勳：臺灣水利志の一斷章（二）（臺灣の水利，四〔六〕：七八〇—七九〇，昭和九年十二月）

其地土名劍潭。

五、劉國軒討沙轆社番，其地在大肚中堡。

六、大槺榔西堡大槺榔庄，是永曆十九年（康熙四年，一六六五）漳州府詔安縣人徐遠招佃開墾。下雙溪庄是永曆二十五年（康熙十年，一六七一）泉州府南安縣人侯成、劉傳等招佃開墾。溪墘厝庄是永曆三十一年（康熙十六年）泉州府南安縣人魏善英、侯堪民等移住大塗師庄。永曆三十三年（康熙十八年）泉州府南安縣人黃雄、陳亘郎等移住蒜頭庄。永曆三十五年泉州府南安縣人蘇澤恩、姚承等移住蘇厝寮庄，同縣人陳意境、陳能意等移住灣內庄。竹仔脚庄是永曆十一年（順治十四年，一六五七）泉州府同安縣人陳德卿、陳士政等所開墾。六脚佃庄是永曆十八年（康熙三年，一六六四）漳州府龍溪縣人楊巷摘、陳子政等所開墾。林內庄、潭仔墘庄是永曆二十年（康熙五年，一六六六）泉州府同安縣人陳元、陳水池等，及永曆二十二年（康熙七年，一六六八）漳州府平和縣人林寬老、李達等所開墾。後崩山庄是永曆二十八年（康熙十三年，一六七四）漳州府平和縣人林虎、陳天楫等所開墾。更寮庄是永曆三十七年（康熙二十二年，一六八三）漳州府龍溪縣人蔡振隆、陳隆等所開墾。按大槺榔西堡是在嘉義縣境。

七、大槺榔東堡的開墾：永曆二十七年（康熙十二年）漳浦縣人向嫣窮入後潭庄，南安縣人陳水源入茄苳脚庄，自大陸招致移民分給墾地。永曆三十年（康熙十五年，一六七六）平和縣人林一開墾崙仔頂庄。按大槺榔東堡是在雲林縣境。

八、打貓東頂堡崁頭頂區是康熙初年漳州移民陳石龍及其他數名墾戶招墾開闢。按打貓東堡是在雲林縣境。

九、沙連堡：永曆三十一年（康熙十六年，一六七七）鄭氏部將林圯討平蕃人後逐漸開闢。社寮庄及山脚庄是鄭氏部將杜、賴二氏所啓。按沙連堡是在雲林縣境濁水溪上游。

十、在永曆三十年後，鄭氏部將開拓彰化附近。

十一、在嘉義置天興縣。

十二、鄭氏部下翁、陳、王諸將開拓嘉義西堡，在康熙初年，移民陳亨構居於大槺榔東下堡後潭庄，並以此爲中心，開墾附近數十里地。按嘉義西堡是在嘉義縣境。

十三、下茄苳堡之南堡的後鎮庄、本協庄，有鄭氏設鎮遺跡。按下茄苳堡是在嘉義縣境。

十四、永曆十六年（康熙元年，一六六二）鄭氏部將泉州人何積善及范文章等開拓鹽水港附近，其南方的舊營庄是設鎮處。按鹽水港是在嘉義縣境。

十五、太子宮堡及鐵線橋堡是鄭氏部將何替仔獲准開墾處，對於已墾的田園，設定每甲八石的大租，分租給佃戶。對於荒地，則給與農具及其他器材，使從事開墾。成熟後免租五年，五年之後，設定大租每甲四石至六石。其東界新營庄是設鎮之所。按鐵線橋堡及太子宮堡是在嘉義縣境。

十六、果毅後堡是果毅後鎮設鎮處。是在嘉義縣境。

十七、赤山堡的林鳳營庄是鄭氏部將林鳳（永曆十九年亡故）設鎮之處，其附近的二鎮庄及中協庄，亦爲設鎮處。官佃庄是官田所在地，是由陳氏一族承佃。

十八、佳里興堡是鄭氏時代的開化里的一部分。

十九、善化里是鄭氏時代所建。

二十、西港仔堡是鄭氏時代的永定里。西港仔東北的後營庄是設鎭處。

二十一、新化里是鄭氏時代所建。北里的大營庄，外南里的左鎭庄是設鎭處。北里的北勢州庄、大社庄、東里的山仔頂庄、外南里的草山庄等，是其開屯處。

二十二、大目降里是「蕃人」大頭目佔據處，鄭氏討平後，留兵駐墾。

二十三、南梓仙溪東里，是鄭氏時代所開墾。

二十四、半屏里是鄭氏時代所建。北部的後勁庄、右冲庄，是設鎭處。半屏里是在鳳山縣境。

二十五、觀音里是鄭氏開屯處。上里的援剿中庄、援剿右庄、角宿庄，下里的仁武庄等，是設鎭處。下里南界的考潭庄是其部將張阿春所開墾。灣仔內庄、新庄是泉州府安溪人吳天來開墾。赤山仔庄是泉州府同安林姓族人及漳州府龍溪方姓族人招佃開墾。西北部竹仔門、後庄仔庄是泉州府同安錢姓族人招佃開墾。按觀音里是在鳳山縣境。

二十六、興隆里（一作隆興里）是鄭氏時代所建，外里的左營庄是當時設鎭處。

二十七、大竹里是鄭氏時代所建，在打狗（現高雄）之南的前鎭港是設鎭處。興隆里與大竹里皆在鳳山縣境。

二十八、旗後街：約在永曆二十七年（康熙十二年，一六七三）有福建徐姓漁人飄流到此，搭一草寮而開始，其後有洪、王、蔡、李、白、潘六姓移入。

二十九、小竹里是鄭氏時代所建。其上里東北界的大樹脚與小坪頂庄地方，有係鄭氏部將吳燕山開拓之傳說。小竹里是在鳳山縣境。

三十、鳳山里，據稱鄭氏時代開屯招佃而形成。

三十一、恒春地方，古稱瑯璚，鄭氏部隊，在興文里車城灣登陸，開屯區域，逐漸前進，在東方的槺榔埔建立營盤。故初時地名曰統領埔，後改統埔庄。

然鄭氏時代的開墾區域，祇是一種點狀的存在，就全臺面積而言，尚不足稱道。故「臺灣府誌」稱：

鄭逆竊據海上，開墾僅十之二三。

在「續修臺灣府誌」中，列有鄭氏時代開拓的田園面積，有如下表：

面積(甲)／縣名	田	園	合計
臺灣縣	三、八八五、六四四	四、六七六、一七八	八、五六一、八二二
鳳山縣	二、六七八、四九七	二、三六九、七一一	五、〇四八、二〇八
諸羅縣	九七〇、四三六	三、八七三、三九六	四、八四三、八三二
臺灣府(合計)	七、五三四、五七七	一〇、九一九、二八五	一八、四五三、八六二

此項數字，不一定十分正確，惟似不妨視為一近似數目。

在鄭氏末期，因抽丁作戰，農業勞動力頗受影響，開墾工作，漸見衰退，迨清軍入臺，一方將鄭氏兵民送回大陸，而對於臺灣則採取極端消極的政策，例如限制大陸人民的過海，約束墾殖等皆是。此時臺灣農業的衰落，在下列資料中可以看出：

一、康熙二十四年（一六八五）沈紹宏請墾荒地呈文曰

> 具稟人沈紹宏為墾恩稟請發給告示開墾事，緣北路鹿野草荒埔，原偽鄭時左武驤將軍舊荒營地一所，甚為廣濶。茲無人請耕，伏祈天臺批准。……（六二）

二、「華夷變態」載戊辰年（康熙二十七年，一六八八）七月七日有第一三四號臺灣船進入長崎。該船有人員三十五名，係六月二十一日啓碇。據稱尚有其他船二隻，在準備渡海到長崎。然因臺灣人口減少，無種蔗的人，糖已大為減少，故恐載貨不足，不能啓行，以前臺灣甚為繁盛，居住漢人有數萬名，自隸清以後，居民年年回歸泉州、漳州、厦門等地，現僅有漢人數千名居住。故糖和鹿皮的生產已不及從前十分之一。（六三）

三、郁永河到臺灣，康熙三十六年（一六九七）撰「裨海紀遊」，謂佳里興以北，皆為平埔蕃人的部落，殆不見有漢人足跡。在前後二十餘日的旅行中，祇是停留在牛罵社時，見有漢人自海濱進入。如新港仔社、竹塹社，在鄭成功入臺之初，就已設營屯墾，而在郁氏記載中卻說：

> 自竹塹迄南崁，八、九十里，不見一人一屋，求一樹就蔭不得。掘土窟，置瓦釜為炊，就烈日下，以澗水沃之，各飽一餐。途中遇麋、鹿、麏、麑逐隊行，甚夥。驅獫猲獟，

（六二）伊能嘉矩：臺灣文化志，下卷，第二八〇面，

（六三）華夷變態，卷十五之二。

獲三鹿。既至南崁，入深箐中，披荊度莽，冠履俱敗，真狐貉之窟，非人類所宜至也。[64]簡直是有鬼墟之感了。

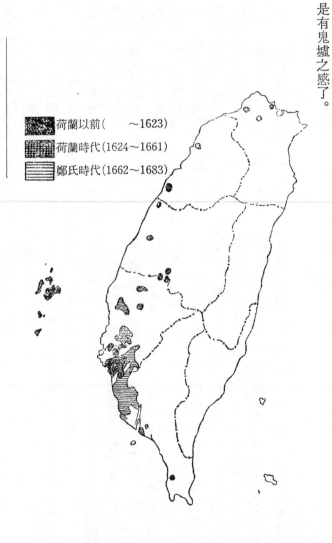

荷蘭以前(　　~1623)
荷蘭時代(1624~1661)
鄭氏時代(1662~1683)

[64] 郁永河：稗海紀遊，第一四面（民國三十九年方豪校本）

上列「續修臺灣府誌」的開墾面積，或僅係清軍入臺後，尚在耕種的面積，而不足以狀鄭氏開墾盛時之實。前臺北帝大農學部農業經濟研究室嘗以圖示鄭氏時代的開墾區域，試轉錄如上頁。

鄭氏的開墾區域，按以上所列，是南至恒春，北及基隆淡水，然其重心郤依然是承荷蘭人之餘緒，是在以現在的臺南爲中心的一個區域。臺灣南部，冬季是旱季，無雨水。這一方面逼使鄭氏的開墾部隊，不能不在耕種上採取適應的方法，這留待稍後再説，另一方面又逼使其不能不注意水利。鄭氏時代所建設的水利，以臺灣河道變更甚劇，當有很多在不久後即已堙廢，然抽檢舊籍，尚可錄示若干如下：

臺灣縣

月眉池：係明寧靖王塡築灌田。形如月眉，中植紅白蓮。花甚盛。今廢。

鳳山縣

三鎭埤：係僞時林三鎭所築。

輔政埤：在鳳山庄，僞輔政公（按即鄭成功次子鄭聰）所築，故名。

（以上錄自周元文等重修「臺灣府誌」卷二「規制志」水利項）

三鎭陂：在維新里。縣北四十里，有泉灌田，僞時築。

三老爺陂：在維新里半路竹，縣北三十五里，有水泉，灌田頗多。僞時築。

烏樹林陂：在維新里，縣北四十餘里，無源，雨水則溢，蓄以灌田。僞時築。

大陂：在嘉祥里，縣北四十餘里，無水源，周圍七十餘丈，蓄水灌田。僞時築。

新園陂：在長治里，縣北四十餘里，陂不甚大，注雨水灌田。僞時築。

北領旗陂：在維新里，縣北五十里，注雨水灌田。僞時築。

大湖陂：在長治里，縣北五十餘里，周圍二百餘丈，有泉，蓄以灌田百餘甲，魚利亦多。僞時築。

中衝崎陂：在仁壽里，縣東十餘里，源通岡山溪，注水灌田。僞時築。

赤山陂：在赤山莊，縣東二十餘里，周圍百餘丈，依赤山之麓，蓄水灌田。僞時築。

竹橋陂：在竹橋里，縣東二十餘里，源出阿猴林，蓄水灌田，魚蝦之利，聽民採捕，僞時築。亦名柴頭陂。

（以上錄自王瑛曾重修「鳳山縣誌」卷二「規制志」水利項）

無源潭：在永豐里，潦水所鍾也。草潭、白衣潭，鄭氏鑿也。荷蘭陂，紅毛築也。公爺陂，鄭氏築也。皆在新豐里。

甘棠潭，在保大東里，地名甘棠。王有潭在仁和里，里民王有所鑿。蓮花潭，其源甚深，多產紅白芙蕖。鴛鴦潭，兩潭比偶如鴛鴦然。水漆潭，多生水漆。參若陂，紅毛時佃民王參若築。十嫂陂，寡婦王十嫂募佃築。陴仔頭陂，僞鄭時築。月眉池，形如半月也。皆屬文賢里。

（以上錄自薛志亮續修「臺灣縣誌」卷一「地志」山水項）

按上引諸例，如草潭、白衣潭、公爺陂等，明言爲鄭氏所築。如月眉池、輔政埤等，是鄭氏文武官或有力者之所修築。又如北領旗陂，其名稱是由其鎮名。由此可知當時的水利設施，多係鄭氏本身、或其文武各官與士庶之有力者、或各鎮營所修築。鄭氏時代經營水利的方法，「鳳山縣誌」謂：

> 按舊志，邑治田土多乏水源，淋雨則溢，旱則涸，故相度地勢之下者，築堤瀦水，或截溪流，均名曰陂。計邑內水以陂名十有七，而有泉者六，無泉者十一。然歷年既久，今昔廢興，或疆界遷移，因時定制。今列其現存者於左。至地勢本下，低窪積水，有泉不竭，而不甚廣者曰潭、曰湖。有源而流長者曰港、曰坑。

據是可知舊時的水利設施，大約可分爲二。一是築堤貯積雨水。一爲截流引水。上列諸例中，如烏樹林陂，「無源，雨水則溢，蓄以灌」，此當係前者。如中衝崎陂，「源出岡山溪，注水灌田」，這應當是屬於後者。

在工程方面，截流引水，規模要比較貯積雨水爲大。據上列記錄，似以貯積雨水，灌溉田園者爲多。這大概一是因資力與勞力不足，故不能興建較大的工程，而一是因當時的耕種技術粗放，地力不能持久，時常要轉地耕種，大規模固定性的水利設備，在經營上不合算，故大多就皆採取築堤貯水的比較簡便的方式。

鄭氏時代所栽培的植物，大體上是承荷蘭之舊，亦以稻與蔗爲大宗。陳永華執政時：

> 勸諸鎮開墾，栽種五穀，蓄積糧糗，插蔗煮糖，廣備興販。㊅

㊅ 臺灣外記，卷十三。

惟在鄭氏初期，以困於糧食，故視稻自較甘蔗爲尤重。在一六七二年（永曆二十六年，康熙十一年）十一月十五日英國東印度公司駐臺商館館員 Delboe 向下港支店的報告書中說：

> 此地的糖產，因季節關係（因霜和寒冷，甘蔗會枯死），稍有上下，年產約為一〇〇萬斤，以與荷蘭時代比較，已減少甚多。因有很多窮人，故土地是儘先用以種稻及其他的必需品，至其生產量則不甚明瞭。[六六]

鄭氏時代植蔗的情形，據黃叔璥撰「臺海使槎錄」卷三「赤嵌筆談」所引「東寧政事集」，謂：

> 蔗苗種於五、六月，首年則嫌其嫩，三年又嫌其老，惟兩年者為上。首年者熟於次年正月，兩年者熟於本年十二月，三年者熟於十一月。

觀此則臺灣植蔗，一年不宜收穫，是自古已然的了。

臺灣稻的種類，在鄭氏時代，似已頗多。「諸羅縣誌」卷十二「雜記志」外紀謂：

> 穀，種類之多，倍於內地。其佳者，如過山香、禾秫，則內地未有。

「諸羅縣誌」卷十「物產志」又曰：

> 秔稻　秔與粳同，種類頗多。
>
> 有占稻，俗名占仔。……有赤白二色，白者皮薄易舂。六七月始種，十月收。稻之極美者。又過山香，粒大倍於諸米，極白，置一盂雜他米于釜，飯盡香。收穫最遲，

[六六] 引自岩生成一：三百年前に於ける臺灣砂糖と茶の波斯進出（南方土俗二〔二〕：一九，昭和八年四月）。岩生係引自 *Fac. Rec. Java*, No. 4, p. 143.

出土番各社，漢人購之，必加數倍以易。

大伯姆米，性喜潦，宜於低田，苗隨水長，種穫同占仔。

早占，有赤白二色，粒差小，種以園，二三月種，七八月收。

圓粒米，白而軟，粒短而肥，種以園，三四月種，八九月收。但米多，而為飯則少。

埔占，殼白，米赤，皮厚。種穫同圓粒。臺人初賤之，但用以釀酒。年來穀貴，價漸與他種等。皆為常餐矣。

呂宋占，種自呂宋。有赤白二色，粒小而尖，種穫同埔占。但藏久則腐，種之下者。

糯稻　古今註，稻之黏者為秫，即糯也。………有鵝卵秫，粒大，白而軟，種穫與占仔同時，糯之最佳者。

禾秫，殼白，米極軟。土番種園中。四五月種，八九月收。既畢，乃會社飲酒，以作番戲。

占仔秫，一名赤殼秫。米白，粒差小。內地赤殼，極香軟貴重，此則不及。

虎皮秫，殼赤有文，粒大米白。

竹絲秫，米青白色。

生毛秫，殼有毛，俗呼大武壠秫，以

	品種名 \ 種穫期(月)	1	2	3	4	5	6	7	8	9	10	11	12
稉稻	白占仔						■	■	■	■	■		
	大伯姆						■	■	■	■	■		
	早　占	■	■	■	■	■	■	■	■				
	圓粒米占		■	■	■	■	■	■	■	■			
	埔　占		■	■	■	■	■	■	■	■			
	呂宋占		■	■	■	■	■	■	■	■			
糯稻	鵝卵秫						▨	▨	▨	▨	▨		
	禾　秫				▨	▨	▨	▨	▨	▨			
	生毛秫						▨	▨	▨	▨	▨		

其種出大武壠也。種穫俱與占仔同時。

試在上列記載中，抽摘水稻各品種的栽培期間，則有如上頁圖。

觀上頁圖可知其種植期是在避開冬季的乾旱時期，故事實上其時植稻是每年一季。康熙三十三年（一六九四）高拱乾修「臺灣府誌」卷七「風土志」漢人風俗項曰：

田園皆平原之沃野，歲僅一熟，非凶年可以無饑。㊅

又「諸羅縣誌」卷十二「雜記志」外紀亦曰：

內地歲皆兩熟，以三春多雨，地氣暖，種早播，故六月而穫，及秋再播也。此地雖暖，春時雨澤稀，早種難播，故稻僅一稔。「陳小厓外紀」：本路荷包嶼走猪築陂，以接山泉溪流，田兩熟。今陂圳之築甚多，兩熟者鮮。南路下淡水陂田，有於十月下種，十一月插秧，三四月而穫者，稻兩熟。未有良農取陂田而遍試之也。

上列二項，皆爲清初入臺後的記錄，而距鄭氏時代皆不甚遠，故據是以推斷鄭氏時代的植稻狀況，則每年僅能一熟。「諸羅雜識」中謂「內地歲皆兩熟」，其「內地」當是指漳泉一帶，故鄭氏的士兵，不是不知道水稻年可兩熟，而在臺灣祇種一季者，完全是因臺灣南部有一旱季，不能不避之故。

鄭氏時代的耕種，似仍不施肥料，即或施用，似亦不足供植物的需要，故亦和當地的土人一樣，採用轉地耕種的方式。「續修臺灣府誌」卷四「賦役志」租附考所引「諸羅雜識」云：

㊅ 摘自臺灣省立圖書館藏抄本。

鄭氏宗黨及文武偽官與士庶之有力者，招佃耕墾，自收其租，而納課於官，名曰私田，即偽册所謂文武官田也。其法亦分上、中、下則，所用官斗較中土倉斛，每斗僅八升。且土性浮鬆，三年後則力薄收少，人多棄其舊業，另耕他地。故三年一丈量，蠲其所棄，而增其新墾，以為定法。

「臺海使槎錄」卷三「赤嵌筆談」物產項則謂：

土壤肥沃，不糞種；糞則穗重而仆。種植後聽其自生，不事耘鋤，惟享坐獲，每畝數倍內地。近年臺邑地畝水衝沙壓，土脈漸薄，亦間用糞培養。

「臺海使槎錄」作者黄叔璥在康熙六十一年（一七二二）任巡臺御史，據此可知鄭氏時代耕種之粗放，而施肥似始於康熙末年。

此外，在鄭氏時代，似尚自大陸上福建、廣東的濱海地區引入不少的蔬菜。例如前引布雷亞與羅伯特遜合輯的「菲律賓羣島」*The Philippine Islands* 中，記載鄭成功事，亦曰：

在他（按即鄭成功）所率領的五百隻舢板船中，已携有很多的犂、種子和開墾所要的其他物品，並有很多從事耕種的勞工。

據是可知鄭氏自大陸引入種子至臺灣。又據日人熊澤三郎（一九三六年）的研究㈥，臺灣有蔬菜

㈥ 熊澤三郎：臺灣に於ける蔬菜の渡來（科學の臺灣，四〔五〕：一六九—一七三，昭和十一年十一月）同氏：臺灣南支を中心とする蔬菜の研究，第一—一五報（農業及園藝，一一〔六〕—一二〔八〕，昭和十一年六月—昭和十二年八月）

八十五種，其中有五十三種見於以前的府縣廳誌，而其中再有四十三種自「諸羅縣誌」以來，在各府縣誌中幾皆有同樣的記載。熊澤認爲此四十三種蔬菜，當爲漢族移民所引入。熊澤又謂此八十五種蔬菜，論品種數是有三〇七種。其中：在日本人入臺以前由中國大陸引入者有一五八品種；在日本人入臺以後，由中國大陸引入者有四六品種。把自大陸引入的品種，按省別劃分，則在已知省別的六十二品種中：

廣東	二十	浙江	四	山東	三
福建	二十八	江蘇	五	河北	一

即自福建、廣東引入的品種，佔八十%，而在此二省以外的其他省分引入者，其引入年限大抵較近。又在此六十二品種之外，其原籍不明者，據熊澤的推測，大抵亦係來自福建與廣東。這許多原籍廣東、福建的蔬菜，大概有一部分是荷蘭時代的移民引入，亦有一部分是淸時的移民所引入，惟按載籍的時代推算，則其中當有一大部分是在鄭氏時代進入臺灣。故鄭氏時代，在增加臺灣作物的種類上，顯然是頗有貢獻的。

四　結語

在上文中，我人對於鄭氏時代的臺灣的墾殖，已大略鈎述其梗概。臺灣，在荷蘭人佔領時期，農業已稍有基礎，惟其目標是在生產商品的糖，而食糧祇是爲生產商品起見的一種附帶的產物。換言之，荷蘭時代的臺灣農業，是重商主義下的栽植農業，其情形一如現在白種人在南洋的經營方式。至鄭氏入臺，而臺灣農業的性格乃大爲改變。在鄭氏，臺灣是匡復漢人在大陸的統治權的基地，故其第一要圖是足兵足食，因之，在農本思想下，其最主要的作物是稻。至於糖，雖亦甚受重視，惟究已不足與穀類作物比並。

在荷蘭人時代，臺灣的社會是由荷蘭人、漢人、土人所構成的複合社會(Plural societies)，其時漢人的地位，是介於荷蘭人與土人之間，而爲荷蘭人的經濟力的媒體，迨時間稍久，漢人的經濟勢力逐漸伸張，其結果遂不免與荷蘭人的支配權力相衝突，因之，就有一六五二年郭懷一抗荷的事件。迨鄭氏入臺，而漢人在臺灣的控制權，方始確定。

臺灣土人的耕種，始終是在 Hackbau 的時期，中間雖經荷蘭人的提倡獎勵，而耕種方式未見有太大進步，讀楊英「從征實錄」，可以看出其在耕種上的原始的狀態。暨鄭氏入臺，而犂鋤稍備。換言之：臺灣的土人的鋤耕（Hackbau），經荷蘭時代鄭氏時代約五十年的時間，乃逐漸進而爲移民（及一部分「平埔蕃」）的犂鋤式農業（Pflug-Kultur）。然在鄭氏時代，栽培植物，或不用肥料，或極少用肥料，故其經營方式，仍極爲粗放。

至鄭氏時代的開墾區域，雖不見大，然南起恒春，北迄雞籠、淡水，其分佈已及於臺灣全境。漢人在臺灣的堅固的基礎，我人不能不認定確爲鄭氏所建立。臺人崇鄭成功爲開山聖王，是不無道理的。

原載臺灣銀行季刊第六卷第一期，民國四十二年九月

歐洲古地圖上之臺灣

一　荷蘭佔據以前之地圖

一　葡萄牙領導時期

十六世紀前半期之地圖　在古代至中古，歐洲人之航海活動，僅限於地中海時，其所繪地圖，也以地中海沿岸圖為中心，其他地方不過是據當時地理觀念所描繪神話性的想像圖。進入了近世以後，歐洲人的活動，就從地中海擴大到大西洋，隨之延伸至印度洋和太平洋，探檢新航路有一特別顯著的發展，遂造成所謂新航路之發見的時代。

因此，由於一、地理形狀大小的知識發達；二、地球上各地的地理知識增加，於是古代的傳統地理觀念和新發見的事實之間，發生了許多矛盾，遂地理學引起了很大的改變，漸漸地脫離了舊觀念。加之測量及製圖方法進步，其所繪地圖也開始注意到實際的測繪，漸能作相當正確精密的測繪，遂促進了近世地圖學的發達。

在十六世紀初年，歐洲人所繪製地圖，大致可分爲兩種。一則實驗派地圖，係蒐集航海家發見的事實之報告，描繪爲地圖。其中也有許多曾參加航海探檢工作人士所親自繪製的。另一種爲理論派地圖，係根據普特雷麥歐斯（Ptolemaios）等古代地理學派之地理觀念，益以由航海所得新知識，摻雜融和，而描繪當時他們所想像的世界圖㊀。

一五〇六年刊孔達理尼（Giovanni Matteo Contarini）所繪製世界地圖，可爲屬於理論派地圖之佳作(圖版一)。該圖現藏於英京大英博物館，爲十六世紀初年刊印地圖類最早者。製圖者孔達理尼和鐫刻者羅諸理（Francesco Roselli）均爲意大利弗羅倫斯（Florence)人。此圖之刊行在伽馬（Vasco da Gama）發見印度航路之八年後，離哥倫布(Christoforo Colombo）第一次航海僅十四年。所描繪菲洲之輪廓已很相似。關於亞洲部份，印度半島雖繪得過小，但已有葡萄牙人所到達之卡那諾（Cananor），古里（Calicut）和柯枝（Cochin）等地的註明。在中國大陸方面，已略具粗形之海岸線，北方是 Provincia Cathay(契丹地方），南方即 Provincia Mangi（蠻子地方，按即指華中以南之南宋領域）。城市名有Cathaio civitas（契丹市，按即指北平），Quĩsai civitas celi (行在城市，按即南宋行都杭州)等。在遠東海上，爪哇島（Iava Insvra)、日本（Zipangu）和中國海岸之間，空然無所有，琉球列島、臺灣、菲律賓、婆羅洲等均未有描繪。日本繪在約北緯十一度至三十度之間，其北邊有註，曰：「此島位置於蠻子海岸之東一、五〇〇浬之處。藏金甚富，不許輕易輸出。他們是偶像崇拜者」。又在日本與中國大陸間之海上註

㊀ *A map of the world, designed by Giovanni Matteo Contarini,* engraved by Francesco Roselli 1506. 2d ed., rev. London, 1926. p. 4.

曰：「西班牙總督哥倫布（Cristophorus Columbus）向西航行，受盡艱苦之後，到達西班牙羣島（按即今西印度羣島）。從該處拔錨駛赴 Ciamba（占婆），嗣後去此地（按即指 Zipangu 日本）。此處有如最孜孜不倦的航海探檢家克利斯德法（Christopher）所確言，有豐富的藏金」。日本和西印度羣島的古巴地方（Terra de Cuba）之距離，却與比日本、中國大陸間之距離較近，約二・五比一。可知遠東部份深受馬可波羅（Marco Polo）遊記之影響，和摻有自歐洲西航比東航較近，可到達遠東的地理觀念。

一九〇一年費瑟（Jos. Fischer）教授在符登堡（Würtemberg）的伏非格（Wolfegg）所發現的一五〇七年馬丁・瓦得塞謬勒（Martin Waldseemüller）的世界圖；一五〇八年賴許（Johann Ruysch）刋行於羅馬的世界圖等，均屬於這類型的理論派地圖。

現在意大利摩德拿（Modena）市艾斯德（Este）文書館藏有一五〇二年甘提諾（Alberto Cantino）暗中自葡萄牙帶回意大利的世界地圖（圖版二），係當時葡萄牙人所秘而不露之官方地圖的複製，是一幅十六世紀初年最佳地圖之一。在此圖，對於歐洲與非洲沿岸測繪得很相似。對於西印度羣島、南美洲東北沿岸也已有一個輪廓。對於亞洲，即自阿拉伯至蘇門答臘島間，也相當正確，惟獨對於遠東地理仍極缺乏。於是將西伯利亞至馬六甲，繪得自東北沿至西南，幾成直線，在中南半島以南，稍有彎曲。中國部份像一條牛的臀部，馬來半島即很像其後腿。馬來半島繪得比印度半島又大又長。所註地名也多自普特雷麥歐斯或聞自回教徒之知識。其東方即一片茫漠的大洋。

一五〇二年之卡那里約（Nicolas de Canerio）的地圖；大英博物館所藏（MS. Egerton 2803）；一五一三年之馬丁・瓦得塞謬勒的新印度圖等類，均類似甘提諾型地圖，係屬於實驗派者。

這些離伽馬之印度洋航路的開拓和美洲新大陸發見不久的地圖，無論是屬於實驗派或理論派，關於歐洲、菲洲和印度洋方面，已開始有相當近似的輪廓。馬六甲以東之南海和遠東海上都未有具體的認識。或以美洲新大陸認爲亞洲之一部，新舊大陸間的關係有頗多的假想圖。關於遠東，許多仍根據普特雷麥歐斯的觀念，而承襲前世紀末馬丁・貝海（Martin Behaim）之地球儀的圖式，把馬可波羅所記黃金國日本，繪其想像圖外，關於琉球列島、臺灣、菲律賓羣島等，均尚未被繪入。這可表示：西班牙人仍在新大陸，葡萄牙人未佔據馬六甲以前之歐洲人的地理知識。

一五一一年阿豐索・德・阿布奎克(Afonso de Albuquerque)攻佔了馬六甲，同年末派阿布留(António de Abreu)率三艘船隻到摩鹿加羣島；又一五一三年以來葡萄牙海船開始出現於中國沿岸，於是葡萄牙的勢力伸張到東南亞諸島嶼和遠東海上。另一方面，自一五一九年至一五二二年間麥哲倫（Fernão de Magalhães）及其部屬完成環遊世界，隨之西班牙勢力也從新大陸擴展到遠東來。於是歐洲人的地理知識擴大，對太平洋漸有具體的認識，地圖學又邁進了一新時代。

現時，巴里的國會下院圖書館（Bibliothèque de la Chambre des députés）藏有羅得理格斯（Francisco Rodrigues）於一五一二年所繪地圖集。羅得理格斯在一五一一年參加馬六甲的攻略戰爭，也曾參加阿布留的摩鹿加（Molucca）遠征隊，當領駛員。一五一二年四月一日總督阿布奎克呈上國王的書信中附有一幅地圖，是他參考一爪哇人之海圖，而繪成的。可知他是一位曾親自來到東印度，據他的實查和見聞，記載當時的最新地理知識。他的地圖集近年經柯得韶（Armando Zugarte Cortesão）整理刊行。據云在此圖集中，有中國沿岸圖，而在其東海上有描繪琉球日本的部份㊀。筆者僅藏有其東南亞部份的複製，關於遠東部份不得其詳。惟這却是琉球名稱被記入於歐洲人所繪地圖之首次。

又巴里國立圖書館藏有所謂 *Atlas Miller*，係約在一五一六年爲雷納爾(Reinel)所繪的。在此圖，關於遠東部份仍摻有普特雷麥歐斯之傳統觀念，但據云也已有琉球島，記在中國東海上㊂。

在韋瑪（Weimar）的圖書館藏有一五二七年西班牙的無名氏世界地圖，這是麥哲倫的世界周航不久的地圖，許多據西班牙方面的新資料。特徵即在一五二三、四年間尚未探知部份，仍留爲空白，未有據想像隨便描繪，而已有民答那峨的圖。其遠東部份，中國僅繪珠江及附近海岸線。中南半島東方，有中國海（MARE SINARVM）的註記，再其下面，繪有砂洲。其東方註曰：「這裡有水道，琉球人（Lequios）通行到 Balarea」。又該館及羅馬教廷宣道部圖書館藏有一五二九年黎培祿（Diogo Ribeiro）所繪地圖。只琉球所駛往地名改爲 Boino 之外，差不多都相同。特點在於繪有麥哲倫所到達的民答那峨島㊃。

㊁ 岡本良知：十六世紀世界地圖上の日本，東京，昭和十三年，第五八—五九面。
岡本良知：十六世紀日歐交通史の研究，增訂版，東京，昭和十七年，第七九八—八〇一面。
Keuning, J., Overzicht van de ontwikkelung van de kartographie van den Indischen Archipel tot het jaar 1598. (In: *De tweede schipvaart der Nederlanders naar Oost-Indië onder Jacob Cornelisz. van Neck en Wijbrant Warwijck, 1598-1600.* V, 2d stuk.) 's-Gravenhage, 1949. blz. 253-254.

㊂ 岡本良知：十六世紀世界地圖上の日本 第五六—五七面。

㊃ *De tweede schipvaart der Nederlanders naar Oost-Indië.* V. Kaarten.

這些地圖，都是葡萄牙到達中國前後和西班牙的環遊世界前後所繪製地圖，其特色即亞洲與新大陸間的關係，除了北方尚未悉之外，已對太平洋開始有具體的認識。自前世紀末，哥倫布等人所想美洲與亞洲爲同一地的觀念和關於遠東之普特雷麥歐斯及馬可波羅的影響，已逐漸消失。所描繪地圖，不明地方仍留爲空白，其態度頗爲嚴正。其中值得我們注意者，即有琉球名字之出現。其時歐洲人，對琉球雖得自傳聞，但這可表示他們對遠東海上狀況的地理認識之進展。

十六世紀後半期之地圖　嗣後，葡萄牙自佔領了馬六甲之後，在遠東，爲要求互市，時常侵擾中國沿岸。一五四二年自中國航進，到達日本，一五五七年並侵佔了澳門。在這時期，西班牙一方面在新大陸獲得了廣大的殖民地，一方面又出於太平洋，一五六五年以來開始經營菲律賓羣島，一五七一年佔據馬尼拉。至是葡西兩國在遠東各以澳門與馬尼拉爲根據地，而經營其轉販貿易。遠東海上的航運，自十六世紀中葉以後，漸見頻繁，有許多航路，是通過着臺灣的附近。在這時期，由於葡萄牙的航海家曾在臺灣海面經過，從海上遠望臺灣，山嶽連綿，森林葱翠，殊屬美觀，讚稱「Ilha Formosa」（意即美麗島），因此乃名本島。嗣後，其地理上之位置，漸爲歐洲人所認識，其名字遂出現於歐洲載籍和地圖。

一五五四年葡萄牙製圖家羅伯・歐蒙（Lopo Homem）所繪的世界地圖，現藏於弗羅倫斯考古博物館，係以八幅的羊皮紙所繪成的。原尺寸爲一四九×二三〇公分。在此圖，對於北美洲的北西、南美洲的南西部，和太平洋的南北及中央部份，仍留爲不明。中國的名稱，已沒有使用 Cathay 的字眼，而記：Sina regio。華南方面的海岸線已略具規範。地名有：廣東市、廣東諸島、Veniga 島、漳州等地。在漳州，注曰：「路易・羅波（Rui Lobo）在此處從事交易」；其北方又註曰：「路易洛（Luilo）交易於此」。可知其所載事實，係根據一五四〇年間葡萄牙航海家的見聞。關於遠東海上，日本在北緯三十度上，繪得像一個半島，恰似朝鮮半島，其北部連接於亞洲大陸。從日本南端，繪有一排弧形列島。島名自北向南，有：Ilhas Bravas、J. de Santa Maria（聖馬利亞島）、J. do fogo（火山島）、Lequios（琉球諸島）、I. dos reis magos、I. Fremosa（美麗島）等。其中值得我們注意者，乃為 I. Fremosa，在北回歸線之北，華南沿岸之東方海上，北岸繪有一灣。Fremosa 當為 Fermosa（或 Formosa）之轉訛。此為現時所知臺灣島名出現於歐洲地圖之首次（圖版三A）。

其子狄約哥・歐蒙（Diogo Homem）繼其父業，也為當代著名製圖師，所繪地圖現留存於世者，有一五五八年（圖版三B）、一五五九年、一五六一年、一五六八年（圖版四）、一五七一年、一五七四年等圖。他所繪地圖，地名略有增改外，大約仍承襲其父。惟關於Fremosa已改為 Fermosa。

一五六一年巴魯多羅美奧・貝陸（Bartholomeu Velho）所繪世界圖，係以四張羊皮紙繪製的。現藏於斯培西亞（Spezia）海軍博物館，原尺寸為一二〇×二五五公分（圖版五）。在此圖，關於中國大陸部份，江蘇以南之海岸線，已有近似的輪廓。但北半之海岸線，却向北直上，在內地有長江及珠江，惟其河流係從北向南流。北緯二十一度處，有海南島，繪得略成三角形。中南半島東邊海上小島嶼係承襲黎培祿型。關於菲律賓羣島不太正確，呂宋島僅有北半部。民答那峨島則過大，婆羅州的位置比實際上偏在十度之北。可知當時葡萄牙人對摩鹿加以北的地理，仍未清楚。關於日本，已自中國大陸約離徑度五度至十度之海上，北緯三十二度至四十九度間，矗立於南北，繪成羣島。其南端鹿兒島灣，稍具正確。約自三十一度向西南至二十三度半之間，有一列島，表示琉球列島。最南端，在北回歸線之北，介在北緯二十四度至二十五度之間，繪有二島。南島註爲 Lequeo Pequeno（小琉球），北島註明爲 Fermosa（美麗島），形狀略似今日紐西蘭的南北二島，向東北方。其周邊並有十多個小島，但其面積相加還不及列島中央部，北緯二十六度之 Lequeo Grande（大琉球）一島之大。

現在里斯本科學院圖書館（Bibliotheca da Academia das Ciências de Lisboa）藏有一五六三年拉撒路・路易斯（Lazaro Luiz）所繪十三幅的地圖集。其第七幅即關於東印度及遠東部份（圖版六）。拉撒路・路易斯本人曾住東印度多年，對波斯、印度及東印度方面的地理，航路頗熟悉。在此圖已經沒有出自古代、中古資料的地名。關於大陸部份，在中國和中南半島之間，即十七度至十九度之處，有一銳角的海灣，其形狀與貝陸的圖略相同。在北緯三十六度下中國北部亦有一灣口，其北邊海岸線繪得一弓狀的輪廓，四十五度以上即留爲空白。中國沿岸有許多小島。北緯二十三度附近，有一河口，當爲珠江，傍註有「Camtaõ」（廣東）之名。日本在北緯四十度之下，繪得像一條烏蠋蟲，爲日本本州，中間抱有一島，當爲四國島。在西邊隔海有一島，即九州。自九州向西南有一列島，繪得像貝陸的圖。惟關於臺灣部份，在本圖却分爲三塊方形島，分佈於北緯二十二度至二十五度之間；與事實上位置大致符合。最南一島面積最大，北回歸線通過其中部；中島之面積次之，北島最小，形狀約略相同。圖中僅在北島的東邊註有 Lequeo Pequeno（小琉球）的名字，並沒有美麗島（I. Fermosa）之名。北島的西北岸還附有三個小島。在南島西方海上另繪一羣小島，其指澎湖羣島，當不容置疑。在北緯二十七度至二十八度間，有六個以上的小島所組成的 Lequeo Grande（大琉球），其位置與事實相去無幾，且其面積之總和不如小琉球三島總面積之大。

至於東印度部份，婆羅州和歐蒙的圖略相同，其位置與事實相符，惟其東岸尚未描繪。其西北自北緯十度有菲律賓羣島中的數島。民答那峨略呈三角形的大島，呂宋島則被劃爲兩部。在北緯十度至二十度間，從西南向東北繪一直線，並註明「此爲 Luções （呂宋）之海岸」。其時西班牙尚未開始經營菲島，故歐洲地理學界仍對此方面，尚未有正確的認識。

斐南·瓦穌·道拉杜（Fernão Vaz Dourado）和拉撒路·路易斯是同時代人，爲葡萄牙十六世紀後半期最出名製圖師，也曾在印度及東印度從事航海。一五四六年參加第二次廸烏（Diu）攻圍戰，故對東洋地理有精確的認識。他所繪地圖現尚留存有：馬德里的阿爾巴（Alba）公爵所藏一五六八年的地圖集。這是極值得注目的圖集，繪成於果阿。里斯本的國家文書館（Torre do Tombo）藏有一五七一年在果阿所繪地圖集。又在慕尼黑（München）的巴威略邦立圖書館（Bayerische Staats-Bibliothek）藏有一五八〇年的地圖集。另外沒有註明年代的有加利福尼亞的漢丁頓（Huntington）圖書館所藏的和大英博物館所藏的（推定一五七三年）及里斯本國立圖書館所藏地圖集（推定一五六八年）。瓦穌·道拉杜所繪地圖，其形狀大致與拉撒路·路易斯相同，惟中國與中南半島間的一銳角的海灣，變爲河口，中國沿岸增加了許多小河口。烏蠋蟲形的日本南沿至臺灣的各島，其形態也差不多一樣，惟在緯度上約有二、三度之偏南。其年代愈新，圖中所註地名也愈多。關於臺灣，在一五六八年所繪的（圖版七），仍一如拉撒路·路易斯，分爲三方塊，地名也只有小琉球（Lequio Pequeno）註名於北島。三島之面積，南島仍最大，中、北兩島之面積略同。北回歸線改由中島南部通過。南島東岸偏北處繪一海灣和一小島，其東北海面又有一小島，似可認爲綠島及蘭嶼。澎湖則分爲南北兩團小羣島，北團在北回歸線上，有三島；南團在約北緯二十二度七，繪一個主島，其南邊有三小島。一五七一年的地圖（圖版八），却見於一五六八年之南島東岸海灣與兩小島則消失不見。一五七三年所繪地圖（圖版九），也大致與一五七一年相同，但南島東岸偏北處，又回復一小灣和一個小島。

按拉撒路・路易斯和斐南・瓦穌・道拉杜等所繪地圖爲十六世紀中葉最出色，而具有實用性的地圖，嗣後二十餘年間，直至巴魯多羅美奧・拉素（Bartholomeu Lasso）的出現，歐洲製圖界都蒙受其影響。

巴魯多羅美奧・拉素爲十六世紀末伊比利（Iberia）的製圖大師，生於葡萄牙，而服務於西班牙王室。其時由於葡萄牙王位爲西班牙王菲律貝（Felipe）二世所兼併，從前葡西兩國所互相隱蔽之資料，至是他可加以利用，兼有兩國的知識。他所繪地圖，現尚留存於世者，僅有一部八幅的地圖集，係以羊皮紙繪成稿件。製作於一五九〇年，爲荷蘭鹿特丹市恩格爾布列希特（W. A. Engelbrecht）氏所珍藏。其第七圖爲波斯灣至華南海上之東印度圖，是一幅圖集中最重要的地圖（圖版十）。其中尤其是菲律賓最具有特色。現存地圖中，繪有菲律賓全島羣及馬尼拉市，而有年代的記載者，此圖爲最早。其形狀，除呂宋島南部、民答那峨西南部尚未盡精確外，其他可謂相當精密。他的菲島部份，嗣後仍影響到十七世紀荷蘭所繪菲島圖㊄。

㊄ Wieder, F. C. ed.: *Monumenta cartographica*. p. 12, 35.
Rouffaer, G. P. & Ijzerman, J. W.: *De eerste schipvaart der Nederlanders naar Oost-Indië onder Cornelis de Houtman, 1595–1597.* IIde deel. 1925. blz. LXII-LXXI.

其他東南亞部份，即西里帕(Celebes)東部、爪哇島南部、婆羅洲東部、蘇門答臘南部尙略須修正外，大致已很接近事實。此圖有許多部份，如中南半島東北部、馬來半島、婆羅洲西部以及孟加拉灣等地，却與道拉杜之圖頗一致。關於中國部份，珠江之位置略不太正確，其河口寬度及深度又過大。沒有雷州半島的突出部，海南島仍略成三角形，西南邊有二個灣。琉球列島和臺灣部份，有Lequeo Grande（大琉球）、dos reis magos（宮古島）、Fermosa（美麗島）及Lequeo Pequeno（小琉球）等四個島名之註記。大琉球在北緯二十六—二十七度之間。Fermosa島仍以一方形島，周圍有若干小島包上。南端爲小琉球，也以一方形島表示，比Fermosa島較長又大。北回歸線通過小琉球之南端。其形狀較近貝陸之圖。因此，我們可推想：拉索係以道拉杜的最晚地圖爲藍本，參照貝陸等當代葡人佳作，再加上西班牙方面的新知識，是一幅十六世紀末綜合兩個領導航海事業國家的最新顯地理知識之世界圖。

上述各圖，均爲當時握有歐亞間海運覇權之葡萄牙製圖家所繪製地圖，可反映着他們在海上的領導地位，對亞洲有相當豐富的實際知識。故所繪地圖，雖微細部份仍未盡稱善之外，大致上已相當精確，而且具有實用價值。

然其時葡西兩國爲着保持其在世界商業上的優越地位，對所獲地理上新知識，認爲機密，把在現地所實測的稿圖，愼重地收藏起來，禁止刋印流通，這却反而阻害了它們的地圖學之正常發展。在地圖學界之領導權，與海上勢力一樣，逐漸地轉移到北方新擡頭的荷、英兩國的手裏了。

二　葡、荷兩勢力交替時期

在葡西兩國獨佔世界商業和領導地圖學界時，兩國以外諸國人，因缺少新知識，故直至十六世紀中葉，他們所繪地圖，大都仍墨守傳統的舊觀念。其間從傳道師等之各種遊記、報告等類，這些製圖家也逐漸吸收了新知識，在圖上加添了航海發見的事實，遂蒙受葡西等人的影響漸深。

其時在法蘭德斯（Flanders）輩出了許多地圖學家。其中麥卡托（Mercator）爲最重要的一位。吉拉杜・麥卡托（Gerardus Mercator，一五一二—一五九四年），本名即是赫哈德・克勒梅爾（Gerhard Kremer），爲十六世紀著名地理學家，又傾心於新興地圖學。他所繪地圖現存最早爲一五三八年之世界圖。他把地球分爲南北兩半，而仍根據普特雷麥歐斯的地理觀念。在中國沿岸，承襲了馬丁・貝海以來傳統的 Cathay 的海岸線。Cathay 與美洲間有 Oceanus Orientalis Indicus（東方印度洋）的大洋。介在其中，在北緯五十度上有馬可波羅所傳黃金國 Sipango（日本）而已。其時葡萄牙已有華南沿岸的實際知識，而在此圖，僅有馬六甲等幾個地名，可表明其新知見外，其他毫無有關於東亞的新知識之痕跡。一五四一年他曾完成了一地球儀。至一五六九年出版其第一部嶄新航海用之世界平面球形圖，子午線及緯度線互成直角，則適用他所發明「筒狀展開」的圖法（俗稱：Mercator's projection）（圖版十一）。

在這圖，關於東南亞部份已受了葡萄牙的影響，根據當時的新資料描繪。不過關於遠東部份，如與同時代葡人所繪諸圖相比較，可謂落後許多。關於中國大陸沿岸，位置於北緯三十一度之「寧波角」以南，大致其輪廓與事實相符。然其北之海岸線則直向西北，延至四十四、五度處，再轉向東北以形成徑間二十度以上之弓狀大灣。其形狀仍承襲貝海（Behaim）的地球儀以來所繪想像上之 Cathay（契丹）海岸的描法。其註記甚多依據舊觀念。其東方海上註曰：「此則普特雷麥歐斯所傳大支那（Magnus Sinus）」，普林尼（Plinius）謂 Chrise。今日稱爲秦王國（即蠻子Mangi）的秦海（Mare Cin），或云日本海」。在此大灣之北，註記云：「契丹王國，又其初曰大汗國」。在海岸線及內地有許多出自普特雷麥歐斯的地名。在此大灣之西南岸，約在北緯四十度處，記有 Campa 和 Quinsay。福建以爲一都市，記在二十五度之內陸。其東北河口有漳州（Chincheo），海上有 Bergatera 島，並註云：「在此處交易」。再北上有 Zaiton（刺桐城，即宋時泉州）。關於日本，其形狀略似顱骨，而記曰：「日本，即威尼斯人馬可波羅所謂 Zipangri，古稱 Chrise」。島內地名，南方有 Cangoxina（鹿兒島），東北有 Negru（根來）等之外，多不可解。該島北部有 Miaco 羣島。其東北約在四十六度處，有傳說中之島嶼 Satyrorum insulae（半人半獸者羣島）。日本之西南，在北緯三十度至二十四度之間，有一列密集的羣島，形狀與葡萄牙人所繪迴然不同，南端有二大島，南島註曰小琉球（Lequio minor），南北向較短，東西向比較寬。此列島中央部之一島，註有大琉球（Lequio maior）。從此我們可以知道，他所根據資料，雖有十六世紀中葉葡萄牙之見聞，惟他似尚未看到葡萄牙人所繪遠東地圖，只根據若干當時旅行記、報告等文字，故其大部份仍爲歐洲古代，中古地理知識之混雜集成而已。

亞伯拉罕、奧提留斯（Abraham Ortelius，一五二七－一五九八年）安德衞普（Antwerpen）人，亦爲主要法蘭德斯（Flanders）派製圖家之一。他所繪地圖，現存最早者有巴塞爾（Basel）大學所藏一五六四年世界圖。其次有一五六七年的亞洲圖。一五七〇年五月二十日以拉丁文，由著名出版者布朗丁（Christ. Plantin）刋印其著名地圖集 Theatrum orbis terrarum。這是以銅版鐫刻，在印刷上爲當代最進步地圖集頗受歡迎，翻成諸國語，風行歐洲。主要有荷文（一五七一年)、德文（一五七二年)、法文（一五七二年）、西班牙文（一五八八年）、英文（一六〇六年）、意文（一六〇八年）。他的地圖集係輯各種來源的地圖，故欠其完整統一性。

在這本地圖集中，關於遠東部份有三種圖。其一則世界圖（Typus orbis terrarum）和東印度圖（Indiae orientalis, insularumque adiacientium typus）（圖版十二）。其形狀與麥卡托(Mercator)的一五六九年圖完全相同，但是在所註地名，已見有不少的改訂。日本之西南的列島中，南端爲小琉球（Lequio minor），其北有 Reix magos（宮古島）、y^a Fermosa，再其北爲大琉球（Lequio maior）。

第二種爲圖集中第三圖之「亞細亞新圖」（Asiae nova descriptio）（圖版十三），第三種爲「韃靼圖」（Tartariae sive magni Chami regni）（圖版十四）。此二圖，內容頗相似，惟投影圖法不同，故其形狀略有不同而已。關於中國的海岸線，「寗波角」沒有像前圖和 Mercator 的圖，未作很大的突出部，自西南延伸到東北。以大字所寫地名，自南有：CHINA（註在福建地方）、CHEQVAN（浙江）、NANQVI（註在江蘇地方）、XANTON（山東）、QVINCIANIA 諸名。至於小字之城市名，有：Chichi（漳州，按韃靼圖作 Chincheo）、Alsigubas、Saianfu、Cegnigo、Coingazu、Quanzu、Tinquiqui 即在 C. de Liampo（寗波角）之南；其北有：Ninpo、Dane、Canchin、Gindafu、Caracaran、Pagresa、Tatahs、Agonaro、Nanqui、Asinesech、Acisera、Auter、Guengunfn、Tinzu、Aspicia、Abragana、Brema、Tingui、Caingu、Zuiton、Chian、Zangia、Fungin、Vuquen、Asmarosim、Vguin、Quinsai、Panquin 等地名。這些地名，其中一部份是根據當時有關中國的報告之轉訛，有些

是上古及中古以來歐洲之傳說性地名。中古之 Zaiton（刺桐城即宋時泉州）却繪在山東境內；Quinsai（行在之譯音，即南宋時杭州）位於 Ania 的境內，均屬重大的錯誤。關於東方海上的形狀，大略與一五六一年巴魯羅美奧・貝陸（Bartholomeu Velho）的世界圖相同，但也有些不同之處。第一即關於日本，貝陸繪得直立於南北，而奧提留斯却描寫爲斜立的島嶼。其島嶼的海岸線、地名也有不同。第二即關於琉球、臺灣部份之位置、大小、佈置不同。在於貝陸的地圖，最南端爲小琉球，其次爲 Fermosa 島，而在奧提留斯即最南端爲小琉球，其次爲宮古島（Reis Magos 島），其北爲 Fermosa 島，大琉球（Lequio grande）、Isola di fogo（火山島）、七島、S. Maria 島。小琉球的面積與大琉球略相同，其位置却與「寗波角」相對。可知其時奧提留斯雖曾參照過葡萄牙系統的地圖，惟其關於東亞仍未有正確的知識。

他頗留意地理學界的進步，嗣後在一五七三年、一五八〇年、一五八四年、一五九〇年、一五九五年等數次改訂其地圖。在一五八四年刊印的世界圖中，關於「中國新圖」（Chinae nova descriptio）（圖版十五），圖上註明原作者爲盧多維哥・喬治奧（Ludovico Georgio）即葡萄牙人路易斯・喬治・第・巴爾布達（Luiz Jorge de Barbuda），可知他根據葡萄牙系統的地圖以修訂他的地圖。本圖中國沿岸部份大致可認爲根據斐南、瓦穌、道拉杜的地圖。如寗波之北的一大三角河口，浙閩間的許多河川，沿海諸島嶼等頗與道拉杜的地圖相似。日本的形狀亦承襲道拉杜的蠋蟲形，惟九州的海岸線比較簡單，在本州以海峽切斷爲二部，日本與中國之距離頗近。北緯二十三度至三十一度之間繪有琉球列島和臺灣。最南端即小琉球（Lequeio parva），其北即 Fermosa 島在二十五至二十六度之間。關於菲律賓也和道拉杜的圖一樣，繪民答那峨島，呂宋島部份有一直線的海岸線，留着空白。他所繪各島嶼都頗接近中國沿岸。此圖如與道拉杜的圖相比較，可謂是一幅改惡圖。奧提留斯於一五八九年所刊行世界圖中，有一幅太平洋圖（圖版十六）。在此圖，關於中國部份形狀大致與道拉杜的地圖相似，惟地名註記，在錢塘江口南方誤以爲福建(Foquiem)，其北爲浙江（Cequy）。關於廣州（漳州的位置大致正確。北方的韃靼（Tartariae limites）和中國本部的境界有萬里長城的城壁。東方的島嶼部比前圖更偏西，接近大陸。日本仍似道拉杜型的蝸蟲形，但日本本州東北部繪得比較寬大。特別值得注目者，即在日本本州北方，北緯四十一度和五十二度之間，繪着一個斜四方形島嶼，註名傳說中的銀島（Isla de plata）。琉球、臺灣部份大致與前圖相同。菲律賓部份自南至北，有民答那峨、Cubo、Cailon三大島，其形狀不正確，似未使用此方面西班牙資料。

因此從上面諸圖，我們可知航海當事者葡萄牙的地理知識，在一五七〇年至八〇年間逐漸自南歐流布於北方的情形。在這時期，由於西班牙對其屬土低地地方(Nederlanden)採取强壓政策，引起了居民的反抗運動，法蘭德斯(Flanders)、不拉奔(Brabant) 等地變爲戰場，遂發展爲荷蘭的獨立戰爭。其時不但造成了南部毛織業者轉移到北部，也發生了求信仰自由的新教文化人士的流亡。於是有許多製圖家逃往北部 Nederland(即今荷蘭)和英國。又其時這兩個新興國家積極開始向海外發展，歐洲海上勢力正開始轉變。伊比利(Iberia)兩國所獨佔的勢力範圍逐漸爲新興國家所蠶食，隨之在這些國家航海技術、製圖術均頗爲發達。因此荷蘭和英國遂也變爲地圖學界的一中心點。

其時荷蘭的地圖製作者中，布朗修斯（Petrus Plancius）爲最重要。他是一五五二年生於南部Nederland 之法蘭德斯地方德拉努德（Dranoutre）。曾在德國和英國攻讀神學，是一位熱心信仰加爾文（Calvin）教義的神學者。初在布魯塞爾等地傳道，後逃往至北部，定居於阿母斯特丹（Amsterdam）。他的天文學和航海術的學識，對荷蘭的發展商業有鉅大貢獻。

布朗修斯在一五九〇年曾根據魯摩德、麥卡托（Rumold Mercator）的一五八七年世界圖，製作一幅半球形世界圖。一五九二年再出版他的著名世界圖。此圖現在只瓦倫西亞（Valencia）的Colegio del Corpus Cristi 藏有一部，是由阿母斯特丹的克拉斯生(Cornelis Claesz.)和安德衞普的傅林德（Johannes Baptista Vrient）刋行的。當時在荷蘭把葡萄牙的世界圖刋行於世者，此圖為其首次。一九二七年威達(F. C. Wieder）博士曾按照原寸放大複製，收錄於他所編Genaerel)，*Monum-nta Cartographica* 的第二卷。布朗修斯的圖，據國會決議錄（Resolutie Staten 他已在一五九一年十一月獻給國會，於一五九二年四月十五日呈交國會，在同月十七日獲得了三〇〇盾的贈款，並准予由克拉斯生（Cornelis Claesz.）印行。在其印刷特許狀中謂：這是布朗修斯自費獲自西班牙王室製圖家巴魯多羅美奧・拉素的世界圖。可知此圖的藍本是巴魯多羅美奧・拉素的圖㈥。但論其形狀，却並非完全模倣拉素的圖。據威達（F. C. Wieder）博士謂，布朗修斯Plancius 描繪此圖時，很可能以麥卡托（Mercator）的一五六九年世界圖爲藍本，惟與他在里斯本所覔得地圖相比較，發覺有關航海的描寫，葡萄牙方面的比較精確新穎，於是他認爲葡萄牙系統所表示較好部份，即捨棄了麥卡托㈦。

㈥ Wieder, F. C. ed.: *op cit.*, p. 28–29.

㈦ *Ibid.*, p. 33-36.

布朗修斯（Plancius）所購自里斯本的二十四幅拉素地圖，雖現時已失落其存在，然如與現存一五九〇年拉素所繪八幅地圖相比較，却有許多相似之處。關於印度、南洋諸島嶼、菲律賓羣島圖，無疑是拉素的地圖中最重要部份。因爲在這部份可表示當時對東印度的知識，而這正在荷蘭熱心探求部份，故布朗修斯的東南亞部份，其形狀繪得差不多完全和拉素的一樣。但關於中國、日本方面，却和拉素不同，而近似於道拉杜型或奥提留斯的一五八四年和一五八九年圖。

關於臺灣仍作三塊島嶼，頗近福建海岸，南島爲小琉球（Lequeio minor），面積最大，第二島在北回歸線下，其北又有一島，註曰：I. Fermosa（圖版十七）。其形狀並非如道拉杜型的方形島，海岸線在南島小琉球西岸有二個海灣。其西方海上繪七個小島，可表示澎湖羣島。此三島在南北均有海灣，北島和中島繪得較深。在 Fermosa 島之北有 I. do Rees Magos，其北有一些比較密集小島，爲大琉球（Lequeio maior）。

大凡、葡萄牙系統的地圖都省去了關於內陸的詳細註記，又平常不會繪出北緯七〇度以北的事實。從內陸方面的註記，我們可知他仍依靠麥卡托的地理觀念甚多；而布朗修斯的北緯之高度地域的描繪，可表示其時荷蘭爲開拓北洋航路所努力的成果。

在一五九四年布朗修斯（Plancius）又刊印了一幅半球形世界圖（圖版十八）。這是他的一五九〇年圖的翻刻，但也有許多地方表示根據一五九二年圖修改的。此圖嗣後收錄於一五九九年拉丁文版林蘇荷頓（Linschoten）的「東印度水路誌」（按現在此圖亦收錄於林蘇荷頓協會重刊荷文本第四册）。關於中國沿岸的海岸線比一五九二年圖較近事實。但廣州（Cantan）却繪在北回歸線之北。此圖特徵之一即：朝鮮繪在沿大陸海岸北緯三十三度至四十八度之間有一狹長的半島，在南北方向註明「高麗」(COREA)，東西方向註記「朝鮮」(Tiauxem)。在道拉杜的圖，雖在北緯三十六度附近大灣以北已有半島形，並註有「高麗海岸」(Costa d. Conrai)，但至此始有明確的半島之描繪。第二的特徵即：關於日本本州的形狀，在一五九二年的地圖，他仍沿襲道拉杜型的蠋蟲形，而在此圖，蠋蟲的背部、尾部已除掉，近畿地方以東在同緯度上，繪得略有海岸出入的陸地，其形狀較過去已有粗略的近似。

日本西南，關於琉球、臺灣部份，大約與一五九二年圖相似。列島中央部有一羣小島嶼，註明大琉球(Lequeijo major)，南端三島的海岸線比前圖較簡略，北回歸線在中島中間，南島西岸有一灣，其西方海上有小島，可表示澎湖。在一五九二年圖關於島名，南島為小琉球，中島無名，北島為Fermosa島；而在此圖却南島、中島均無名，北島註明為小琉球(Lequeio minor)。

一五九六年楊・賀伊顯・林蘇荷頓（Jan Huygen van Linschoten）出版其著名「東印度水路誌」（*Itinerario, voyage ofte schipvaert naer Oost ofte Portugaels Indien*）。他是約在一五六三年生於哈廉（Haarlem）。一五七九年十二月六日自特克塞（Texel）到西班牙的塞維爾Sevilla，後再到葡萄牙里斯本。其主人陞為果阿大主教時，他即隨從其主人於一五八三年四月八日駛往東洋。大主教死後，他於一五九二年一月二日回到里斯本，九月返抵荷蘭。一五九四年荷蘭國會允許他的遊記之出版，一五九五年完成其「葡萄牙人東洋航海記」（*Reys-geschrift van de navigatiën der Portugaloysers in Oriënten*）。一五九六年出版其「東印度水路誌」。在林蘇荷頓的書中有幾張地圖。這些地圖並非林蘇荷頓自己所製作。據推定，這些圖可能為克拉斯生

(Cornelis Claeszoon) 曾博得布朗修斯的幫忙而增加於書中的。惟沒有出布朗修斯的名字而已。其鐫刻是一五九五年由亞諾杜(Arnoldus)和亨利克・弗羅里斯生・凡・藍格連(Hendricus Florisz. van Langren) 兩個兄弟㈧。

林蘇荷頓的書中東印度圖（圖版十九），值得注意者，即：菲律賓以南，關於東南亞部份模倣拉素的形狀，而遠東部份却比一五九二年、九四年的布朗修斯的地圖，更接近道拉杜圖的形狀，除了地名註記略有不同之外，可以說與道拉杜的一五八〇年圖幾乎完全一樣的。關於朝鮮，道拉杜繪着爲大陸的一突出部，而在此圖，其輪廓大致相同，而爲一圓形島嶼，名字也作「高麗島」(Ilha de Corea)。關於日本、琉球、臺灣部份，其形狀也和道拉杜的地圖相同，惟在日本，其所註地名較多。臺灣島仍分爲三塊方形島，南島面積最大，中、北兩島面積略同。北回歸線通過中島南部。澎湖島位置仍稍偏南。南島東北岸有一灣口繪有一小島。三島之西岸有一些小島嶼圍繞本島，南島無名，中島爲小琉球（Lequeo pequeno），北島作 I. Fermosa。

由於林蘇荷頓的遊記頗受歡迎，故此圖也風行於各地，變爲典型的地圖，有許多模倣此圖。如現在日本東京上野國立博物館藏有一幅一五九八年哥路納利斯・杜度生（Cornelis Doedtsz.）所繪羊皮紙的東亞航路圖（圖版二十一）。這圖係荷船和平號（Liefde）於一六〇〇年四月由遭風

㈧ Keuning. J.: Overzicht van de ontwikkelung van de kartografie van den Indischen Archipel tot het jaar 1598 (In: *De tweede schipvaart der Nederlanders naar Oost-Indië*. V. 2de stuk) bl. 298.

飄到日本時所帶來的海圖。其形狀很近似於「東印度水路誌」的圖。大陸沿岸和日本、琉球、臺灣部份仍如道拉杜的圖。尤其是關於朝鮮，在「東印度水路誌」繪得爲一圓形島嶼，而在此圖又恢復了道拉杜原來的形狀，變爲一大河口而與大陸相連。關於臺灣仍爲三塊方形島。南島最大，中、北兩島略相同。中島東岸有一灣，南島西岸和東岸又各有一灣。北回歸線通過南島北端。西岸有十個小島圍繞三島。澎湖島部份有三島排在南北方向，中島在北回歸線上，其周圍再以十五個小島圍繞。地名的註記，I. Fermosa 註於北島，中、南兩島註明小琉球（Lequeo Pequeno），菲律賓以南即仍與拉素型地圖極相似。

現在波蘭布勒斯勞（Breslaü）市圖書館藏有一幅約在一五九八年至一六〇〇年間由亨利克・凡・藍克連（Hendrick van Langren）製作，在阿母斯特丹刊印的世界圖（圖版二十）。據阿母斯特丹的公證文書，於一五九八年十一月十九日公證人楊・富蘭生・布萊寧（Jan Fransen Bruyningh）的文書中，有亨利克・凡・藍克連（Hendrick van Langren）和勒納得・藍斯（Lenert Rans）間的契約。雙方約定藍格連 Langren 將要照樣復製布朗修斯的地圖，惟要鐫刻得較深更清楚。可知此幅藍格連（H. à Langren）的圖，係布朗修斯的地圖之翻刻。然其形狀與他的一五九二年和一五九四年圖相比較，却不盡相同，是另外一幅現時未知布朗修斯的改訂世界圖爲祖型㊈。關於東南亞部份和一五九二年的布朗修斯圖大致相同乃爲拉素型，惟在爪哇島地名已有 Anier。從前之順塔加留把（Sunda Carapa）已改爲雅加答（Iacatra）。又有峇里島的名字，可知在此圖已經有一五九五－一五九七年間的荷蘭第一次航海的影響。

㊈ Wieder. F. C. ed.: *op cit.*, p. 41.

中國沿岸華中華南部份仍承襲道拉杜型，關於朝鮮，其形大約與一五九四年布朗修斯圖相同，但北方有一小水道相隔，變爲一狹長的島。日本的形狀已脫離了蠋蟲形，和一五九四年布朗修斯圖略同，已接近後來的路易斯・德瑟拉(Luiz Teixeira)型的日本圖。地名也根據天主教的神父、傳道師報告，在本州方面增加了許多。琉球、臺灣部份亦是道拉杜型，臺灣島部份的三島形狀，差不多和「東印度水路誌」的地圖完全一樣。北回歸線通過中島，南島最大，其東岸有一灣及一小島。西岸有十三個小島排列圍繞三島。澎湖繪得稍偏南，島名南島作小琉球(Lequeo minor)，中島無名，北島爲 **Fermosa** 島。

一五九九年李察哈克路得 (Richard Hakluyt) 所刊航海記集 (*The Principal navigations, voyages and discoveries of the English nation,……*)，其中有一幅世界圖。此圖是在英國初次以麥卡托的投影法所鐫刻地圖，由賴德 (Edward Wright) 製作的(圖版二十二)。此圖遠東部份頗似布朗修斯的一五九四年地圖，朝鮮繪得一狹長半島，惟日本本州仍像蠋蟲形之外，琉球、臺灣差不多完全一樣。北回歸線通過南島、中島之間。島名之註記只在南島註名小琉球 (Lequeo pegueno) 而已。北島北邊還有七個小島在東西方向並排一列。

一六〇〇年雅各・哥路納利生・凡・聶克的第二航海水路圖所繪形狀大致與一五九八—一六〇〇年間亨利克・凡・藍格連(**Hendrick van Langren**)所翻刻布朗修斯的地圖相同(圖版二十三)。朝鮮在三十一度半至約四十八度二十分間，繪得爲一狹長島嶼，註明「高麗島」(Core Insula)。日本本州也脫離了道拉杜的蠋蟲型，而和布朗修斯之一五九四年以來的形狀相同，約在北緯三十四度至三十七度四十分之間，琉球列島也很像藍格連 (**Langren**) 的翻刻圖。惟臺灣部份卻稍有不同，南端有小琉球島（Lequio minor），因東岸的海灣彎曲較大，變爲好像雨靴。其北方有小島相接琉球列島，相隔三小島之北即 Fermosa 島。中國沿岸廣州之東北有澳門。寗波（Liampo）卻註明在北緯二十四度處，可知當時荷蘭對遠東僅據傳聞而仍未有具體的知識。

三　文獻上關於臺灣的知識

從上面所述，我們可以知道：道拉杜型和拉素型的綜合爲葡萄牙在獨佔東洋貿易，領導地圖學界時期的最發達地圖。其時葡萄牙系統的地圖，是新興勢力荷英兩國之海上發展的指針。他們儘量搜羅葡萄牙方面的情報資料，予以印刷公佈。就中布朗修斯的地圖和林蘇荷頓的「東印度水路誌」的刊行，遂使這種葡萄牙系統的地圖，風行全歐洲，並對荷蘭的地圖學的興起和航海的發展有鉅大貢獻。

然在十六世紀歐洲古地圖上關於臺灣的形狀，從上面所介紹各圖，我們可歸納：

一、一島型：有歐蒙型，以 Fermosa 島表示，在北回歸線之北。

二、二島型：

㈠貝陸＝拉素型。南島爲小琉球，北島爲 Fermosa 島。南島位於北回歸線之上（貝陸圖），或北回歸線通過南島之南端。

㈡麥卡托型。南島爲小琉球，北島無名。南島在北回歸線之北。

三、三島型：大凡爲道拉杜型。

㈠葡萄牙人所繪地圖－路易斯或道拉杜等。均以北島爲小琉球，中島、南島無名。北回歸線，路易斯之圖在南島之北端，於道拉杜圖在中島之南端。

(二)荷蘭人所繪地圖—形狀雖與葡萄牙人的相同，惟大凡南島爲小琉球，中島無名，北島爲 Fermosa 島。北回歸線大致通過中島。

三島型，由於荷蘭人極力予以刋行，推廣葡萄牙的地理知識，故此型比較流行爲人所熟知。

地名只有 Fermosa 和小琉球二名，單獨出現或聯用。當時葡萄牙人在遠東海上活動時，常常有許多華人被雇充當領航員、水手等。小琉球 (Lequeo pequeno 或 Lequeo minor) 的名稱，無疑是葡萄牙人由這些中國人所得來的消息。按關於小琉球的名稱，出現於載籍應當在明實錄洪武二十五年五月己丑條的記事爲最早。實錄云：

> 遣琉球國民才孤那等二十八人還國，人賜鈔五錠。初才孤那等駕舟河蘭埠，採硫黃於海洋。遇大風，漂至小琉球界。取水被殺者八人，餘得脫。又遇風飄至惠州海豐，為邏卒所獲。言語不通，以為倭人，轉送至京。值其國遣使入貢，為白其事，遂皆遣還。

其時沖繩之中山王，自洪武五年以來連年進貢中國受明廷的册封，於是前代以來之「琉球」始明白指現時之琉球。其時航路都是自福州出五虎門，望見臺灣北部，過八重山、宮古列島，北上入那覇。關於此航路，似見於嘉靖十三年爲册封曾到過琉球之陳侃所撰使琉球錄爲最早。他在同年五月八日自閩江啓椗，經福清梅花出大海，九日已「隱隱見一小山，乃小琉球也」。十日南風甚迅，過平嘉山、釣魚嶼、赤嶼；十一日晚望見久米島。鄭若曾在琉球圖說亦云：「梅花東外山開船，用單辰針乙辰針，或用辰巽針、十更，船取小琉球，小琉球套北過船，見鷄籠嶼及花瓶嶼至彭嘉山」。嘉靖三十四年鄭舜功去日本，在其所撰日本一鑑，對福建至日本薩摩的水程，記曰：

「自回頭徑取小東島，島即小琉球，彼云大惠國。按此海島，自泉永寧衛間，抽一脈渡海，乃結澎湖等島，再渡諸海，乃結小東之島。自島一脈之渡，西南乃結門雷等島；一脈之渡，東北乃結大琉球、日本等島。小東之域，有鷄籠山。山乃石峰，特高於衆中，有淡水出焉」。並有圖，繪鷄籠山，註云：「小東島即小琉球，彼云大惠國」。其背後繪硫黃山和花瓶嶼。前面繪瓶架山。從這些記載，我們可知「小琉球」原是自福建要到琉球時，所能看到臺灣北部，係至琉球的目標，故名小琉球。這是自閩江開椗駛往琉球的航路。當時自漳泉有許多海商走私往販日本。其航路即自厦門附近，橫渡過海經澎湖，再向東北方，過臺灣北部駛往琉球日本。因此行駛這航路，可望見臺灣也只有北部而已。葡萄牙人自澳門到日本貿易，其航路也是由中國人領航依據這條路線。在林蘇荷頓所收關於葡萄牙人的航海記，許多是節略又沒有年月日。其中關於自澳門至日本的航路，都是自澳門沿中國海岸北上行駛到南澳、漳州海上，再轉向北東航行，在北緯二十五度附近望見小琉球，再北上經琉球列島至日本⑩。故葡萄牙人所繪地圖，關於小琉球，無論是二島型或三島型，均註明在北回歸線之北，即位於現時臺灣北部。其資料無疑是得自當時的航海紀錄。

Formosa（其時很多稱為 **Fermosa**），係葡萄牙人往日本途次，在海上遠望臺灣，稱讚其美

⑩ Linschoten, Jan Huygen van: *Itinerario, Voyage ofte schipvaert van Jan Huygen van Linschoten naer Oost ofte Portugaels Indiën, 1579-1592.* V deel: Reysgheschrift van de navigatien der Portugaloysers, uitgegeven door J. C. M. Warnsinck. (De Linschoten-Vereeniging, Werken, XLIII) blz. 212, 224, 229, 270 etc.

麗，遂乃以名本島。現時此名稱我們所看到的，在地圖上即一五五四年羅伯・歐蒙的圖為最早。載籍最早者，即耶穌會士書翰集中有封信，是一葡萄牙貴紳寄給澳門的方濟各・裴禮士(Francisco Perez) 神甫，報告阿魯美達 (Captain-major Dom Pedro d'Almeida) 於一五六四年七月六日自中國駕駛 carrack 船聖十字架 (Santa Cruz) 號往日本。其航海情況，謂：

> 我們於一五六四年七月六日開攬駛往日本。可是我們只張開前桅帆，船隻傾歪的很厲害，幾乎要折回。我們的船雖然很堅固，但我好幾次看到海浪越過舷側。那天晚上我們歇在澳門附近的島嶼。我們再航行五天駛往漳州附近，再沿着 Fermosa 島和小琉球 (isla fermosa, o Liquio pequeno) 航行，因暴風吹的很厲害，我們不得不停船。

嗣後船室被猛浪浸入，桅柁均破損被吹至中國沿岸。後來駛至距離日本六十里格 (legua) 時，再遇暴風，於八月十四日始抵達日本橫瀨浦㊂。

其次是在一五八二年，朗得洛 (Bartolomeu Vaz Landeiro)所有的一隻大戎克船，由安得勒・費歐(André Feio)駕駛，於七月十日自澳門開往日本。但在七月十七日黎明，由於領航員還在睡覺，不慎在臺灣西岸觸暗礁船破，搭乘人員遂登陸臺灣。耶穌會士阿朗索・桑傑士 (Alonso

---

㊂ *Carta que os Padres e Irmãos da Companhia de Jesus escreverão dos Reynos de Iapão e China aos da mesma Companhia da India, e Europa, desde anno de 1549 ate o de 1580.* Evora, 1598 I: 150-151.

Boxer, C. R.: *The great schip from Amacon.* Lisboa, 1959. p. 309.

Sanchez）神甫曾自馬尼拉被派到澳門、廣州，宣佈西班牙王菲律貝二世兼攝葡萄牙的事實。他其時正搭乘此船路經日本，將回馬尼拉而遇船難。桑傑士神甫在其報告書中，對這次遭難情況，說：

澳門至日本，自中國沿岸向東有三百里格。日本至呂宋距離二百里格以上，要向南再西，故形成一大彎曲。我們自澳門向日本，行駛約八至十天，其間屢遭故障。因為在這海洋（golffo）有強烈暴風雨，據云沒有一艘船隻在回船時不曾失掉帆架船舵等類。天主似不願我們到達日本。在這海洋的半途上有一島，稱美麗（hermosa）。這是因為此島和中國大陸沿岸之間望見時，可看到高峻美麗的山峰之故。葡萄牙人雖往日本已有四十年，但未曾到過此島。在這次航海中，我所搭乘的非常大的戎克船，自澳門裝有許多商貨，在某一星期天黎明，由於領航員的不愼和颱風，船隻擱坐了。預先航走的另一隻船是比較小又載貨也少量。我們用板或泅水離船，或遭溺斃。這隻大戎克船變為零細的板片，所載貨物也散逸，流至岸邊也朽壞了。不久有些裸體的土人帶弓箭出現，不發一言，也不傷一人，非常大膽地走進了我們這邊來，把我們所搶救出來的貨品都奪去。嗣後迄至我們為自衛弄乾身軀，整備必需品為止，每日，尤其是晚上土人都來造訪。因此我們數人被射死，也許多受傷。我們從破船的板片建造了一艘小船。其間我們以曬乾的若干米糧維持了三個多月。我們全員二百九十餘名。僅載五、六瓶水和少量的米，沒有壓艙物而搭乘這隻小船。因為我們要開出的港口甚淺，沿岸又嶮峻，如裝貨過多，就很難出港。雖我們裝載了少量的物品，通過這港口也很不容易。因此，雖船隻造竣後，我們為等候不會破船的時機及為此計畫又延擱了一個多月，而其間我們每日對會吃人肉的土人沒有防禦的對策停留在那裡。然終於得天主的保庇能開椗，得了順風，經七、八天後就到達澳門㊂。

然在這報告中，值得我們注意者，即葡萄牙人雖四十年來經過臺灣海面往販日本，但尚未曾登陸臺灣，阿朗索・桑傑士神甫的遭遇，當爲到過臺灣的歐人的第一個。

上面二例均因在臺灣海面遭遇暴風而留下來的紀錄。又西班牙的方濟各・格禮（Francisco Gualle）曾奉命探測太平洋北方航路，於一五八二年三月由墨西哥的亞加普科（Acapulco）港出發，經由菲律賓至澳門；一五八四年七月二十四日再由澳門出發，經由日本回至墨西哥。在他的航海記，有如下的記述：

> 我們在澳門萬事整備以後，就再於七月二十四日開攬，向南東及東南東。……自 Ilha Branco 我以東南東的方向航行一五〇浬，船經砂地（澎湖淺灘 Os Baixos dos Pescadores 和琉球列島的入口），亦即 As Ilhas Fermosas 諸島（意即美麗諸島）的東岸。這是一個中國人來自漳州（Chinchou）名叫 Santy 所告訴我的。那是在二十一度四分之三之處，水深有三十尋。我們雖未看到島影，但從高度和水深，卻知道已經駛過了該島。行經這美麗諸島後，我們的針路指向東及北東，航駛了二六〇浬。（即是說我

㊂ Collin=Pastells: *Labor Evangélica de los obreros de la Compañia de Jesús en las islas Filipinas,* por el P. Francisco Collin de la misma Compañia. Nueva ed., ilustrada con copia de notas y documentos para la crítica de la historia general de la soberanía de España en Filipinas, por el P. Pablo Pastells. Barcelona, 1900-1904. tom. 1. p. 299-300 nota.
岡本良知：十六世紀日歐交通史の研究，增訂版，昭和十七年，第四三五—四三六面。

們曾經航行過琉球羣島所跨的全緯度。然我們與它相離五十浬而繼續航行）。上述中國人曾對我說：這些島名琉球羣島（Lequeos），有很多島嶼，又有許多良好的港灣。其居民的面部和身上都與呂宋即菲律賓羣島的毗舍邪（Bisaya）人同樣地塗着彩色，服裝也相同。他還告訴我：那裏有金礦，島民常常駕駛小船，裝載野鹿（Venesoenen）的皮革、細粒的黃金和種種雜貨到中國沿岸來貿易。那位中國人並且向我斷言這是確實的事，因爲他自己曾九次去過那些島，販運過這些貨品至中國。後來經我到澳門和中國沿岸調查，發覺這位中國人所說的是實話，而我也相信一切正是如他所說的。這些島嶼的東北端，位置於二十九度㊂。

格禮的這一段記載，是由北緯二十一度四分之三至二十九度的航海記。這一條航路，無疑地包括了現今的臺灣和琉球列島。他連臺灣的島影也沒有看到，而其知識完全聽自中國人。然文中所說關於金礦砂和鹿皮輸往中國的消息，照當時的情況說來，卻顯然是指鷄籠、淡水一帶的事實㊃。

又在一五八五年巴艾斯（Francisco Paes）所駕駛聖十字架（Santa Cruz）號於七月五日自澳門開攬，航行到日本長崎。船中一水手所寫航海記收錄於林蘇荷頓的航海記集，云：

㊂ Linschoten, Jan Huygen van: *op cit*, Vde deel, blz. 288-290.

㊃ 小葉田淳：臺灣古名隨想（隨筆新南土）第五十二面。
中村孝志：臺灣におけるオランダ人の採金事業（天理大學學報第一卷第一號）昭和二十四年，第二十七六面；
漢譯見於臺灣銀行經濟研究室編：臺灣經濟史五集第一〇三面。

> 十四日，星期日。測量太陽的高度得二十五度。南西的風，很好的天氣。……同日望見 Ilha Fermosa，是 Lequeo pequeno 或稱小琉球的傍邊的島。風似會吹得很順。
>
> 十五日，星期一。太陽高度測得二十五度三分之一。晚上風向在北方，天氣非常好。航路向北西走東北東、北東、及北東東。天明時看到 Ilha Fermosa 即美麗島的末端。這是一個長又低的島嶼，而中間有裂斷似為一河口，但是據人家講以外，並非其他。不久在東方我們看到另一高地，是 As Ilhas dos Reijs Magos，意即「三王諸島」。我們距這些島約有七、八浬處航行。
>
> 星期三，十七日，風向又為北北東，不久變為北東，風力增強，我們不得不卸下帆。終日把船向南東，而在晚上，全夜把船再向北西，任其浮動。黎明時風勢更加猛烈，波浪怒吼，故我們被迫以一半的前桅帆全部緊縛繩子航行。由於暴風即颱風（Tuffon）增強，我們把船中所有東西都緊縛起來。
>
> 至早上，離我們十至十二浬處，看到了 Ilha dos Reijs Magos（即三王島），緯度在二十六度四分之二，這是二十一日的事。
>
> 昨天我們終日望見了 Ilha fermosa，這是很高峻的陸地，在雲上可看到聳峰。在這裡海底為泥底，水深有四十五至五十尋㊄。

據上引航海記，他們所看到臺灣是在北緯二十五度至二十五度三分之一的北部臺灣。關於臺灣或

㊄ Linschoten, Jan Huygen van: *op cit.*, Vde deel. blz. 240-243.

謂一個長又平低的島，或說是高峻的島嶼，這無疑是在颱風前後從不同角度和地點看到臺灣所致的。

在葡萄牙所繪地圖上註有 Fermosa 的地名，有歐蒙父子、貝陸和路易斯等人，而他們所繪 Fermosa 島也均位於北回歸線之北。從這些航海記的記載和地圖所表示，我們可知道當時葡萄牙人所認識 Fermosa 島，也應指他們在海上所能看到北部臺灣。

舊說都就對林蘇荷頓的三島圖，認爲係由於在海上看到很大的河口，誤認臺灣是三個島。但從上節所介紹各項地圖以及其地名的配置，這種說法似有問題。這很可能是在當初葡萄牙的航海記有些是根據得自中國人的見聞，記着小琉球，有些是把他們自己望見而所命名的美麗島 (Ilha Formosa) 記錄下來，而在葡萄牙本國的製圖家從這些不同來源的資料，據他們的技術上的想像，妥爲安排，有的僅註明小琉球，有的只記 Fermosa 島，有的認爲小琉球和 Fermosa 爲另外的島嶼，於是遂有小琉球在南，Fermosa 島在北的描法，而無論如何他們所繪的小琉球和 Fermosa 島均在北回歸線之北。然在同一地圖上有了小琉球和 Fermosa 的描繪以後，航海家在臺灣海峽實際上只看到臺灣的一部份，就記着說：望見了小琉球島傍邊的 Fermosa 島等語。於是更使原來同一島嶼的異稱混淆起來，錯誤的圖卻影響到其觀念，眞的認爲附近有二島或三島的存在了。後來布朗修斯根據拉素和道拉杜的地圖，以及參考這種航海記，把臺灣繪得爲南島是小琉球，北島則 Fermosa 的三島型圖後，由於林蘇荷頓的水路誌頗受歡迎和重視，遂使這種三島型的地圖更使流行於全歐了。

一六一四、一五年間，荷蘭人所記關於東印度各地主要出產物的覺書中，云：

小琉球（Lequèo-pequéno）。在中國東方，北回歸線下的三島嶼。

出產：黃金甚豐產。有鮮水可供船隻⑯。

這可表示由於三島型的地圖，影響到地理的觀念，遂認爲臺灣爲三島之一例。

上述都是葡萄牙，或獲自葡萄牙方面的資料之荷蘭等地有關臺灣的知識。然其時西班牙佔據菲律賓，以馬尼拉爲基地，經營轉販貿易。每年馬尼拉和新西班牙（即墨西哥）間有大帆船，載來新大陸的白銀，載回中國絲綢等。其航路初爲太平洋南路，後開拓北方航路，即自馬尼拉開椗，北上到呂宋島北端，再渡巴士海峽，沿臺灣東岸，乘黑潮暖流駛往日本，再橫渡太平洋。故對臺灣的認識，東部和東北部較清楚，已經知道臺灣是一個島嶼。如日本豐臣秀吉在一五九一年遣使招諭菲律賓，一五九三年又有襲臺之議。於是菲律賓的西班牙人認爲這是攻擊呂宋的先聲，數次上書於其本國的國王，要先佔據臺灣，以制機先，而維持其安全。在一五九七年六月二十七日艾爾南度・第・洛斯・里奧斯（Hernando de los Ríos）亦上書國王，並附加彩色地圖一張，進言據臺之必要。此圖是一幅 Hermosa 島、呂宋島及中國沿岸圖，現藏於西班牙 Sevilla 的印度文書館（圖版二十六）。關於臺灣繪於北緯二十二度至二十六度之間，略作長方形，從西南斜向東北，位置已頗準確。對鷄籠和淡水繪得相當近似，惟澎湖繪得太大，又其位置太偏北，在與鷄籠淡水同緯度。島內地名已有鷄籠港（P° de Keilang），淡水港（P° Tamchuy）。澎湖島的傍邊註

---

⑯ Dam, Pieter van: *Beschryvinge van de Oostindische Compagnie*; uitgegeven door Dr. F. W. Stapel. IIde Boek. Deel I. 's-Gravenhage, 1931. bl. 25.

曰：有許多良好港口（des poblada con buenos puertos）。澎湖的對岸有漳州。其呈文謂：「該島周圍約有二〇〇里格，在於二十二度至二十五度之間，從該地至中國大陸不過是二十里格。……據到過該地人士的報告，此島很肥沃，位於本市、中國和日本等地交通的要衝。……又該島缺少港灣，惟向日本的方面，島嶼的突端有一港。港形良好而堅固，稱爲鷄籠，但沒有防禦設備。若在此地派駐兵員三百名築一城寨守備，雖有近鄰的以全勢力合攻，也不能攻陷。因港口頗狹隘，如有砲兵扼此地，任何攻擊都可抵禦。港內廣濶而水深。港口北端一小島，有土民約三〇〇居住」㊆，可知其時西班牙已對臺灣，尤其是對北部已有相當精確具體的認識。這是因爲當時鷄籠淡水爲漳泉海商行販之地，而漳泉海商與菲島西班牙人間，已有頻繁的往來。故此圖很可能是據這些漳泉人的知識，加上了西班牙人自己的見聞而繪成的地圖。

進入了十七世紀以後，歐洲新興國家開始出現於遠東，渴望與中國貿易，頗重視中國東方海上情勢。此時日本曾於一六〇九年、一六一六年由有馬晴信和村山等安派兵船到臺灣來，而兩度均失敗。在這時「朱印船」貿易興旺起來，南部臺灣從前僅爲中國漁夫採捕之地，遂漸變爲中日走私商人的會合地。於是臺灣亦爲列國所注目，臺灣爲一島嶼的知識，逐漸爲人所認識，其地理較前更清楚了。

現時日本東京上野國立博物館藏有另一幅似由和平號（Liefde）所携來的一五九八年哥路納利斯・杜度生（Cornelis Doedtsz.）所繪地圖（圖版二十四）。此圖原來形狀是和圖版二十一相同，

㊆ Blair, E. H. & Robertson, J. A.: *The Philippine Islands 1493-1898.* Vol. IX, pp. 304-307.

而據十七世紀初年的新知識,有過加筆修正。關於日本本州的蠋蟲形改爲伸長到東北方,在太平洋岸加上了伊勢灣、駿河灣和東京灣、中國東北、朝鮮等地海岸線也有修改,臺灣原爲三島改爲一島。這很可能是約在一六一二年間威廉・亞當斯(William Adams)正替德川幕府服務時期的補正圖。

在這時,許多日本的朱印船貿易家於航海時,也採用歐洲系統的海圖。現在末吉家、角屋家等均藏有他們先人所用海圖。圖版二十五即末吉家所藏東亞航海圖,是以羊皮紙繪成的圖,有彩色。這幅圖的形狀顯然是屬於葡萄牙系統的海圖。但關於臺灣、日本、朝鮮半島已有較精密的描繪。臺灣繪得略成一個紡綞形的島嶼,僅北部稍嫌狹細外已很近似現時的圖。傍邊所註漢字「臺灣」二字係後來於天明七年(一七八七年,乾隆五十二年)所加的。從此圖我們可知道十七世紀初,對臺灣地理認識的進展。

二　荷蘭佔據時期之地圖

一、臺灣區域圖

在荷蘭佔據臺灣以前之有關臺灣地圖,都是製圖家根據航海記等類文字,加以整理所繪製的,而自荷蘭佔據以後,就又邁進了一個新的時代。當時荷蘭不但在海上,其勢力已經壓倒了舊勢力葡萄牙,關於地圖製作的技術也已超越了葡萄牙而居於領導地位。荷蘭自據臺以後就以他們的優秀技術,將臺灣各地實測繪圖,至是更有極精確的地圖出現了。

荷蘭人來臺,當爲一六〇四年八月七日韋麻郎・凡・華艾克到達澎湖作貿易交涉爲首次。在他的航海記,已經說:「澎湖位於二十三度半,北回歸線之下」。後由都司沈有容迫令自澎湖撤退，其時「Touzy（都司）及其他兵船隊長謂，如選定在中國領海以外的適當島嶼，就可得到所望商品。於是自都司借用戎克船和領航員，往東南及東南東，到一高地測勘適當的停泊所而未發見」㊅。文中所說澎湖的東南或東南東的高地，當然是臺灣南部現時安平及高雄附近，似不容置疑的。這可能是歐人實測臺灣海岸的最早紀錄。

一六二二年四月九日荷蘭東印度總督楊・彼德生・顧恩給司令官哥路納利斯・雷爾生的指令中，謂：如攻擊澳門時，「若干的三桅帆船和快船 jacht 留於澳門附近，把艦隊的主力開往漳州羣島（d'eylanden van Chinchieu）在地圖上稱爲漁夫島（Pescadores），是位於北緯二十三度半」㊈。在指令中，又說：

> 馬尼拉的西班牙人，由於我們的妨礙受損因，此為維持馬尼拉及印度的現狀及破滅我們，在議論制我們的機先，要佔領小琉球（Lequeo Pequeno）的南角 Lamangh 的地點。據云，該處有良好的停泊所。然我們只知道一個地點叫着 Tangesan 是位於二十三度處。

㊅ Groeneveldt, W. P.: *De Nederlanders in China, Ist stuk. De eerste bemoeiingen om den handel in China en de vestiging in de Pescadores, 1601-1624.* 1895. bl 18.

中村孝志：沈有容諭退紅毛番碑に就いて。臺灣總督府博物館創立三十年記念論文集第二五一—二五二面。

㊈ Colenbrander, H. T. verzam.: *Jan Pietersz. Coen, Bescheiden omtrent zijn bedrijf, in Indië.* IIIde Deel. 's-Gravenhage. 1921. bl. 153-154.

Groeneveldt, W. P.: *op cit.*, bl. 315.

該處是我們的遭難船恩格爾（Engel）號曾到過的。據説進入口的港口水深有十二呎⑳。對恩格爾號的遭難雖不知其詳，但據此可知：其時荷蘭已經對澎湖和現時安平地方已有若干相當具體的認識。

雷爾生於六月下旬攻擊澳門未獲成功，七月十一日駛至澎湖，於七月二十七日親自率二船至臺灣探勘港口。

二十七日，星期三。早上北風，我們駛向福爾摩沙（Formosa）島。正午接近大員(Teyoan)港北方約二浬處，繼續航進。船抵該港附近時，因要測量，乃改乘小艇先發。及抵自陸地約距三分之二浬處，發見水深僅有二尋半。於是對兩艘快船 jacht 發號令停船，以小艇進入港口。該處水深不過十至十二呎，但這是潮水退至最低之時。入港後發現有水深六、七至八尋，適於拋錨之處。有一大灣長約三浬，大都不很深。但灣之入口，有一可停泊的，像圓礐之處。廣約有赫得靈（gotelincx）砲的射程㉑，深有十尋、八尋至五尋不等。港口的入口約有一大綱之長（een cabellangte）㉒，其間深有十至十二

⑳ Colenbrander, H. T.: *Jan Pietersz. Coen.* IIIde Deel. bl. 155; Groeneveldt, W. P., *op cit.*, bl. 317.

㉑ 按一 Goteling 砲的射程即八〇至一〇〇公尺。（參看：Keuning, J: *De tweede schipvaart der Nederlanders naar Oost-Indië.* II. 's-Gravenhage, 1940. bl. 63 nota 2）。

㉒ 一大綱之長度，依各國各處，其標準的尺寸不同。據 van Dale 的荷語大辭典，荷蘭古昔一大綱長度即等於一二〇 Amsterdam 的尋，即二〇四公尺。現在是等於二二五公尺。在德國即一八五公尺，英國即二三一公尺，法國即二〇〇公尺。又據 J. Keuning 氏在 Jacob Cornelisz. van Neck 的第二航海記校注中，註曰：普通的一大綱長度是一五〇尋，而一尋即等於六 Amsterdam 的呎，即等於二五四・七五公尺。(Keuning, J.: *De tweede schipvaart der Nederlanders naar Oost-Indië.* II. bl. 141 nota 113).

呎。該砂洲長約二分之一浬，寬有一大綱長。測量完畢後，為不要浪費時間，因為該處我們的大船不能進入，即刻返回快船(jacht)；向大員東南約七浬處的 Mackan 灣出發。七月二十九日，星期五。早上風向南方。沿岸北上，傍晚碇泊於大員南方約三浬之處。中國人領航員謂臺灣島(Isla Formosa)的西南，沒有更好的港口，又我也看到其他的一部份，而大員的北方距離港口二至三浬處，因為有許多沙洲，船舶的出入頗危險，於是決定要與舵手們再測量大員。半夜時向該處出發。

七月三十日，星期六。天明即入港內。發現港內最低潮時，如前述水深有十二呎，故滿潮時當有十五至十六呎。海岸有甚多砂丘，各處有叢林散播於其間，並內地高處可見有若干樹木和竹林。但要獲此甚為困難，若能得到材料，即在港口南邊很適合於築一城堡。如該處有城堡，船舶即很難入港。每年有日本帆船二、三艘來到此港進行貿易。據中國人說，此地祇有很多鹿皮，日本人是從土人購此。我們沒有看到什麼人，祇見有漁船一艘，但不能和他們講話。這港就是葡萄牙人所稱 Lamangh 之處」㊂。

這些雷爾生的日記所記述，當為關於測量臺灣的最早詳細紀錄，而我們由此可知當時安平港口的情況。

嗣後雷爾生即駛回澎湖，八月一日決定開始在澎湖築城；又親往廈門、福州，交涉通商而無結果。明當局即命荷蘭自澎湖撤退，對沿海實施海禁，並派遣舟師，準備火具以攻擊荷蘭人的城

㊂ Groeneveldt, W. P.: *op cit.*, bl. 100-102.

寨。荷蘭人即於一六二四年八月二十六日撤離澎湖，轉移至大員，至是臺灣遂爲荷蘭人所佔領，以大員爲基地，經營其轉販貿易。

其時荷蘭人所最關心的，是希望在臺灣能展開中國貿易。故據臺當初所測繪地圖，由於實際的需要，關於中國沿岸、澎湖島、大員等地海圖爲多。現時荷蘭海牙市國立檔案館藏有許多地圖。這些地圖有一八六七年盧伯（P. A. Leupe）所編地圖目錄（Inventaris der verzameling kaarten, berustende in het Rijks-Archief. Ist gedeelte)和一九一四年的地圖目錄續編第一。筆者所看到只有盧伯的目錄，其續編惜未獲見。在盧伯的目錄第三〇〇號是漳州、澎湖等地之圖，原尺寸爲〇・四四—〇・五六厄爾（El），是一幅稿件。製圖者是阿母斯特丹出身的上級商務員摩西・克拉斯生・柯曼士（Moses Claesz. Coomans），製作年代爲一六二四、二五年間。圖中繪羅盤，有正北和正東方向的指針。東邊有北緯二十二度五十分至二十五度三十四分的分度線，每隔爲十分。二十四度至二十五度之間，除每十分之區分外，另有再區分爲十五，即每隔四分。分度線之西邊，北緯二十三度二十七、八分處至二十三度三十八分間繪有澎湖本島、漁翁島、白沙島。其北又繪有若干小島，當爲吉貝嶼、鳥嶼、員貝嶼、小門嶼等。南方有桶盤嶼、虎井嶼、八罩島、將軍澳、七美嶼等。漁翁島的東邊，白沙島的周圍，澎湖本島的北方均有砂洲和暗礁。風櫃尾和馬公間及漁翁島外垵附近均有水深的註記。漁翁島的西北方向中國大陸沿岸也有註明水深。對岸繪有漳泉沿海的一部份，厦門、金門未有註名。在九龍江河口傍邊註名 Chincheo（漳州）。進入浯嶼附近又有水深的註明。澎湖島的東方近臺灣本島處，又有水深的數字，這可表示荷蘭人當時在臺灣、澎湖、漳州之間，力謀貿易的展開之水路。

柯曼士此時另有繪一幅澎湖島部份的放大圖（圖版三十七），原尺寸爲○・二三一○・二三厄爾。圖之下面，正方形中繪有澎湖本島、漁翁島、白沙島及其周圍的若干小島嶼。澎湖本島和白沙島間的暗礁砂洲繪得更清楚。本島西南之風櫃尾繪有一城砦。正方形北邊註記曰：「放大的澎湖即漁夫島」(Pehoe ofte de Pescadores im groot)。在這正方形邊框外繪着粗略的臺灣西岸。西南端繪一港灣，在灣口向西北有一小砂洲，註云：Caluan(加老灣)。再往北一點又有一港口，內灣有二個小灣，很像眼鏡，係都爲暗砂洲。灣口內又一砂洲，在此海灣內註曰：Lamcam（南崁），北邊註云：Wancan（魍港）。海岸線往北方，再轉東北向，形成一大彎曲，其中有一港口即 Tamsouij（淡水）。臺灣東北端又有一港口 Quelang（鷄籠）。淡水西方海上有兩行荷文註記，曰：「由阿母斯特丹出身摩西・克拉斯生・柯曼士製作，希望再改訂」。可知這是荷蘭人據臺不久，對臺灣近海的認識，只限於大員、魍港、淡水、鷄籠等幾個港口時的地圖，澎湖本島附近已經繪得相當精密。

十七世紀中期以後所測繪澎湖島圖（圖版三十八）更爲精密。海岸之曲折，附近之砂洲和暗礁，以及沿岸之水深都有詳細的描繪。其時荷蘭雖然於一六二四年自澎湖撤離，轉移至大員，但由於在大陸流寇韃虜爲患，明廷無暇注意到東方海上之孤島澎湖，故遂又爲荷蘭人利用作往航日本船隻之停泊地。因此對於澎湖的港灣水道，由於實際上的需要，有很精確的測圖。

荷蘭佔據臺灣時，以大員爲根據地，築城扼其港口，以控制並經營轉販貿易。故荷蘭人所測繪地圖，現尚存有數幅大員附近圖。據盧伯 P. A. Leupe 的目錄，關於大員附近的地圖有下列各圖。

編號	地圖	製作者	備註
三〇一	澎湖至大員島、魍港及漁夫灣等地情勢之海圖 北緯二二度三二分—二三度四〇分 原尺寸：〇・三八—〇・九八 厄爾	舵手亨德利克・阿利恩生（Heyndrick Ariensen 一六二四—二五年	稿件 用日本紙
三〇二	大員等地情勢之海圖 北緯二二度—二四度 比例尺：五德浬爲一二三斯特勒比（strepen） 原尺寸：〇・三六—〇・九六 厄爾	同上	稿件 同上 附有航路的指示和解說
三〇三	同上 北緯二二度三〇分—二四度三〇分 比例尺：一八浬？爲一三〇斯特勒比	同上	稿件 同上
三〇五	熱蘭遮市等地之暗礁等圖 比例尺：八〇〇roeden或半小時行程爲九二斯特勒比 原尺寸：〇・五三—〇・三七 厄爾	十七世紀	稿件 阿母斯特丹之東印度公司地圖集
三〇六	大員（Tayuwan）灣等之寫生圖 原尺寸：〇・二八—〇・四四 厄爾	一六二四—二五年	稿件
一一二六	赤嵌耕地之地圖 原尺寸：〇・四〇—〇・五五 厄爾	一六四四年	稿件

圖版四十A和四十B是盧伯 Leupe 的第三〇一號地圖。因爲原圖過長，分撮爲二張。圖版I是把這分爲二張之圖，再貼爲一張而臨摹繪成的。在右邊上端有八行的荷文，即：Pascaert waer in verthoont de gelegentheijt van Pehouw tot het eijlandth Taijowan en Wanckan ende Visschers baeij wat sanden ende droochten men aldaer te schouwen heeft afgedeelt in 2 mijnuten. Afgepeijlt ende gediept bij mijn Heijnderick Ariensen lootsman（表示自澎湖至大員島和鯤港及漁夫灣所勘查砂洲淺灘的情勢之海圖。分劃爲二分。由我舵手亨德利克・阿利恩生測量的）。在南方繪着由沿海沙洲和一突出的崎角抱合，成一個瀉湖即漁夫灣（Vissers baeij）。沙洲西北端有一小灣即漢斯灣（Haens baeij）。此沙洲北方從本島又一突出的崎角，註名爲漁夫角（de Vissers Caep）。其時此地爲漢人漁夫採捕之地，即中文文獻所謂「堯港」。附近海面都有海深和碇泊所的標記。沿海岸線北上有一些沿海洲。在臺灣本島海岸緣邊繪一市街，即 de stadt Proventie 普魯岷希亞市。其對岸沙洲（即一鯤身島）東北端有一鉤狀岬，其傍註，曰：「't Fort, de houck daer 't fort op leijt（城堡，在崎角上有城堡）」。其北方的沙洲即北線尾島。其南方註名爲 Taijowan（大員），其東北的註記，即：De swaerte duijnen die men Osten Noorden van hem hout om vrij vant Riff te loopen（黑砂丘，人們應保持東微北就可自由地從砂洲航走）。在澎湖島東方有子午指標和西北之指標。澎湖島之對岸有一灣口，註記Wanckan（鯤港）。其南方灣口即 Kaeckebeens baeij（原意即「顎骨」灣）。

在海上與正北指標平行繪着兩段的分度線。南方一段即自漁夫灣西方海上繪至一鯤身島之西邊。有自 32, 34, 36, ……至56的數字。另一段即在分劃爲第二張之南端（圖版四十B），有 23, 2, 4, 6,……至 40 的數目。這正是海圖右上端的註記所說「分劃爲二分」，數目相隔都是二分。23即表示北緯二十三度，其北之2即二十三度二分，南邊之56就是二十二度五十六分。

關於盧伯之第三〇二號地圖，國立臺灣大學藏有此圖分三段撮影的底片。現在把這三段貼成一張重繪則如圖版Ⅱ。圖版三十九A即大員至澎湖附近的一部份，而此圖之大員附近略加以放大即如圖版三十九B。據目錄這幅地圖也是一六二四、二五年間爲舵手亨德利克・阿利恩生所繪的。圖之左右側原附有航路的指示和解說，而由於照片所撮僅其一部份，又頗難解讀，故從略。圖中A是北線尾島上之第二灌木林，D是黑砂丘，G是北線尾島東南邊的商館，F是城堡。

圖版四十一及圖版Ⅲ也是大員附近圖。這是一六二九年測繪的圖。原尺寸爲五〇——七二公分，縮尺比例爲約五萬六千分之一。收於荷蘭海牙市國立檔案館東印度公司阿母斯特丹總公司所收受書信及文書之一六三〇年度QQ第二冊中。此圖即著錄於地圖目錄續編第一的第一四〇號圖。圖的上面有二行荷文，即：Aldus verthoont hem het hooge Landt ende Leequees als gij in Tijawan voort gadt lecht te weeten binnen. Bij mijn Jan Garbrantsz. Block van Aeckersloot anno 1629 den 13 September int Jacht Texel（表示由大員溝內望高地小川即如下。由我阿克斯洛托（Aeckersloot）出身之楊・哈爾勃蘭德生・布洛克（Jan Garbrantsz. Block）於一六二九年九月十三日在快船特克塞號）。其下面即繪着遠望臺灣本島地形圖，在中央部海濱繪有若干家屋，即de stadt Provensij往南有：het wagenpat（車路）、de sael（鞍形山）、de tafel（桌形山，平頂山）、de hoeck van Tancoeij（打狗角）㊃。接這地形圖之下

㊃ de sael 原意是馬鞍，de tafel 原意是桌子，此處當指山形而名。從圖上位置和形狀，可能是指大岡山、小岡山或半屏山。

面即海圖。圖的右邊下端有一些註記。

Aenwijsinge van de voornaemste dingen deser Caerte（此圖主要標示）

A：is het foort Zeelandia（A是熱蘭遮城）
B：de ronduijt（B即堡壘）
C：de Stadt Proventie（C即普魯岷希亞市）
D：het gadt ofte jncomen（D即水溝或入口）
E：de logie（E即商館）
F：de oude Logie（F即舊商館）
G：het eijlandt Papombaij（G即北線尾島）
H：het Noorder gadt（H即北方的水溝）
I：de rivier van Sinckan（I即新港溪）
K：de rivier van Soulangh（K即蕭壠溪）

dient aengemerckt dat de diepten op peijl laech water gestelt sijn 1629（測量退潮時水深，於一六二九年）。從這上面和下邊的註記，可知這幅海圖的製作年月日和製作者。

在海圖部份，臺灣本島海岸C即普魯岷希亞市（**Provensij**），繪有數間房屋，沿一道路往南方註記**het wagenpat**（車路），迤南沿海岸線繪着一列的樹木，表示一片的森林，註曰：**het bos aer men hout haelt**（森林，在那裏人們伐採柴木）。一鯤身島和臺灣本島仍未相接，但在南端已經淺沙灘甚發達。南端和本島間之沙灘，即森林西方是一片粘土地帶(de Kleijplaets)。在一鯤身的北端，我們可看到商館建築於海濱，其東邊繪有若干房屋即市街地。城堡築在砂丘上，其附近向南有一連的砂丘。一鯤身島之北，四個G字標明北線尾島，在其中部註明島名：**het eijlant Papombaij**。B字之傍邊繪着一個插有荷蘭的三色旗的堡壘，國旗的傍邊寫着**de ronduijt**（堡壘），即**Zeeburg**（海堡）。舊商館在其東南端，繪一個屋宇表示。堡壘之南有若干砂丘，但堡壘之西北向砂丘更發達，砂丘之東北面註明是北方森林(Noorder bossen)。西北端又有一G字，當即鹿耳門村，當時還是一片的荒砂地 (dit is een leegh sant punt)。由這些沿海沙洲所抱內海，即我們中文資料所稱「臺江」。其北邊有一小洲，是 het Walvis Been (原意為鯨骨)。沿海岸及各砂洲周圍，暗礁淺灘淤積，而船隻可通行水道均有水深的數字標明。這些水深或以 voet (呎) 或用 vame (尋) 的單位表示㉟。在臺灣本島繪有二個河流，I 即新港溪，K 即蕭壠溪。蕭壠溪的三個支流滙合地點註記 de rivier van Soelangh (蕭壠溪)。其下面繪一個指正北的標記。其下面寫着 het Bos van Soelangh (蕭壠的森林)，表示附近是一片的森林地帶。

在這幅圖右邊有一垂直線，中央部份有一分點，向東邊，即在本島上有一點，向西在相等距離處也有一點，即在各主要註記之A字上面。中央之一點和A字上面之點間，又有一較小的點，其距離即等於較大的二點間距離之一半。其間寫着 duijsche mijlen (德浬)。在較大點間線段為一德浬，再以小點分段為二分之一浬。又在上面的地形圖和下面的海圖之間，繪一橫直線，以點分劃相等距離的線段，並附有數字。最南端數字是 50，其次即 51, 52, 53, 54, ……58, 59, 23, 1, 2, 3, 4, ……10, 11。數字 23 之上面寫着 Graden (度)。可知此點即表示北緯二十三度，此一直線是北緯二十二度五十分至二十三度十一分的緯度線，每段以「一分」劃分的。北緯二十三度通過北線尾島中部，在海堡 (Zeeburg) 之北。安平的熱蘭遮

㉟ voet (呎)，各地長度標準不同。據 van Dale 的荷語大辭典即一 Amsterdam 的呎即等於〇・二八四公尺；一 Rjinland 的呎即等於〇・三一四公尺。關於「尋」參看（註二二）。

城大約在北緯二十二度五十八分多，却與現時的地圖，北緯二十三度通過安平，有約二分的偏差㉖。

圖版四十二及圖版Ⅳ是盧伯目錄第三〇五號熱蘭遮市等地的暗礁等之海圖。有子午指標，其下面有比例尺。註記，曰：Schale van 800 Roeden of een half uur gaans（意即：800律度

㉖ 其時關於海上的距離，荷蘭人大概都以德浬計算。十五德浬為緯度的一度。其時德浬的長度比現時略短一些。按在十六、七世紀葡西兩國是以 legua 計算，一度是十七 legua 半。英國的標準是用 league 或以 mile（英浬）計算，即一度為二十英 league，或一度為六十英浬。（參看：Keuning, J.: *De tweede schipvaart der Nederlanders naar Oost-Indië.* II. bl. XXII.）又據 van Dale 的荷語大辭典，一德浬（或稱地理浬）即七、四〇七・四一公尺。

因為十五德浬為一度，故一德浬等於四分。表示一德浬的垂直線之線段，將與緯度線上四分之距離相比，即可符合。

據前述圖版40的緯度線，安平的熱蘭遮城也約在二十二度五十八分之處。後述的圖版32十七世紀臺灣全島圖，北緯二十三度也在鯤身島稍偏北之處。圖版33 Valentijn 的臺灣島圖，北緯二十三度線也通過鯤身島北方的砂洲。大致荷據時代的地圖，有緯度線者看其安平的緯度數却和現時的，均略有偏差。其原因究竟何在，不得而知。筆者曾就此事請教臺灣大學地質系林朝棨教授。林教授謂：此事無從遽斷，惟當時地理知識認為地球是完球形，而現時已知道地球却是略成橢圓形。或許由於對地球形狀的認識所致誤差，亦未可知。

(roeden) 或半小時行程的比例尺度)㊲。沒有測繪者也沒有年代的註明，是一幅彩色圖。據

㊲ 關於 Roede (複數：Roeden) 的長度，翻閱通行的荷英辭典，一 roede 等於十公尺。據 van Dale 的荷語大辭典，即：

一 Nederlandsche roede 等於一〇公尺

一 Amsterdamsche roede (古時)，等於三・七六公尺

一 Rijnlandsche roede 等於三・七六七公尺

南部 Nederlandsche roede 等於二〇呎 (voet)

又據 R. van Meulen 等所編荷蘭語辭典第十三卷，就 Roede 的解說，謂：是以前的長度之單位，現尚留存於各處。呎的若干倍，因地各有差，但大概等於三公尺半至四公尺餘之間。最為衆所周知者，則 Rijnlandsche roede，係十二吋(duim)為一呎 (voet) 的十二呎 (等於三・七六七四公尺)；和 Amsterdamsche roede，是十一吋為一呎的十三呎 (等於三・六八〇七公尺)。又有其他各地的 roede，如 Sticht 的 (按即 Utrecht 主教管區)、Gelder、Groningen 等地。嗣後，自採用 metre 法以來，即為一 el 的十倍，即十公尺。roede 是 voet 的若干倍，在 Rhijnland 是十二倍，在 Amsterdam 是十三倍，Groningen 是十四倍，在 Zevenbergen 是二十倍。據此可知 roede 和 voet 的長度標準各地不同，而 Rijnland 和 Amsterdam 的標準較為人所周知。其時荷蘭東印度公司總公司設在 Amsterdam，又在 Leupe 的目錄中，關於比例尺，許多只寫 roede，其中有些卻寫 Rijnlansch roede，關於Rijnland 的有註明，故僅寫 roede 者似是 Amsterdam 的標準的。在 Stapel 博士校注 van Dam 的東印度公司誌第一卷第一冊卷末「字彙解說」中，對度量衡也謂最通用是 Amsterdam 的標準，而對 vadem, el, voet, duim 等長度的換算表均是以 Amsterdam 的標準計算的。因此在這圖所示比例尺 roede 似為 Amsterdam 的標準比較可靠。又關於一小時行程，筆者曾請教於美援會工業發展投資研究小組荷籍顧問 Drs. D. de Boer，據云在荷蘭平常一小時行程即等於五至六公里。

「臺灣史料集成」的說明之部謂係一六四〇——五〇年間的地圖。在臺灣本島方面，南端繪二個河流，隔一狹小的水道向北北西有鯤身島，島上許多沙丘相連。北端繪一個城堡，其東方鈎彎部份繪著市街，註名：'t Fort（城堡，即熱蘭遮城），和 De Stad Zeelandia（熱蘭遮街，即楊英的從征實錄所云臺灣街）。鯤身島隔海即與北線尾相對。鯤身島西北邊和北線尾的中部有三角形的暗礁淺灘，這二個淺灘間又有一暗砂灘，其間形成兩個狹窄的水道。即 't Noorder Canaal（北方水道）和 't Suider Canaal（南方水道）。水道有水深數字的標示。北方水道之北方海上又有些水深數字，即 De Noorder Rheede（北方的停泊所）。在鯤身島南邊的海上又有水深數字，雖無註名，當爲南方的停泊所。北線尾島中部狹細部份稍偏南處，繪一堡壘，其東海面寫三行文字。第一行是 Reduit Zeeburgh（方形堡「海堡」），其下面二行即 Plaat van Bassemboy（北線尾平地）。北線尾島之北邊沙丘比較發達，北端即 Lacjemoie（鹿耳門），其東西海邊淺灘發達。北線尾島之北方尚有兩個沙洲被淺灘暗礁所圍繞，和北線尾島間形成一水道，即 't gat van Lacjemoie（鹿耳門溝）。

臺灣本島部份，在南端河流爲 Verse Rivier（意即淡水溪）㉖，其北又一河流，即 Soute Riv.（鹽溪）。迤北內海南端和鯤身島間形成一小海峽，註謂：het naauw（意謂水道、海峽）。其北流着一條許多曲折的河川，河邊有森林，註記：「't Hagenaars Bosch」(Hagenaar 爲人名，Bosch 意森林）。其東邊是一片潦濶的 Saccamse Bou Landen（赤嵌耕地）。再北，即在

㉖ Verse rivier，即河川的下流，注入海口部份，其水質鹹味比平常較少，故名之「淡水溪」。

熱蘭遮街的對岸是 het vleckje Provintie（普魯岷希亞村），其北一條蛇行小溪，傍註：Groendal（意即綠谷）。往北又有一條比較大的河流是 De Sincans Riv.（新港溪）。再北海岸彎曲形成一灣，其東方陸地是 De Soulangse Saag Velden（蕭壠耕地）。

圖版四十三，其形狀完全和前圖（圖版四十二：盧伯的第三〇五號）相同。這幅圖，除de Saccamsz bouw landen（赤嵌耕地）、't Hagenaars bos（哈赫拿爾森林）、Groendal（綠谷）、de Sincans Revier（新港溪）等註明外，其他地名都以西文字母標記，並在新港至蕭壠溪間的彎曲部海上，繪一花框，下面有一鬼面，框內寫地圖中之字母註記，曰：

letter wijser（註記）

het sijffer getal beteijckent de diepte met voeten（純粹的數字表示水深，〔單位〕是呎）

A de stat Zeelandia（熱蘭遮街）
B 't fort Zeelandia（熱蘭遮城）
C 't Suijder Canaal（南方水道）
D de plaat van Bacsemboij（北線尾平地）
E de Reduijt Zeeburch（方形堡「海堡」）
F 't Noorder Cannaal（北方水道）
G Lacjemue（鹿耳門）
H de Noorder Reede（北方停泊所）
I 't Noorder Riff（北方沙洲）
K 't gat v. Lacjemue（鹿耳門溝）
L de Zuijder Reede（南方停泊所）
M het vleckjen Proventie（普魯岷希亞村）
N 's Nauw（海峽）
O de Soute Rivier（鹽溪）
P de Verse Rivier（淡水溪）

在鬼面之左邊寫 Cornelis，右邊是 Plochoy，可知這幅圖是哥路納利斯・布洛紹（Cornelis Plochoy）所繪的。

按瑞士人赫波特（Herport）的「一六五九年至一六六八年在爪哇、臺灣、前印度及錫蘭旅行記」(*Reise nach Java, Formosa, Vorder-Indiën und Ceylon 1659-1668*)原於一六六九年在伯恩(Bern)出版。一九三〇年由拿伯(C. P. L'Honorè Naber)校訂收於「一六〇二年至一七九三年間服務於荷蘭東、西兩印度公司德國人職員和軍人的旅行記集」第五卷(*Reise-beschreibungen von deutschen Beamten und Kriegsleuten, in dienst der Niederländischen West- und Ost-Indischen Kompagnien 1602-1797*. Bd. 5)重刊。在這重刊本第五一面之「大員(Tejoan)地岬上的熱蘭遮(Selandia)要塞被圍，這個要塞及全臺灣被自稱中國王所謂國姓爺(Coxiny)所擊和奪取」標題，拿伯氏附加「附註一」云：

> 地勢在保存在海牙的國立檔案館(Reichs-Archiv)的手畫地圖上最以看得清楚。這幅地圖是哥路納利斯・布洛紹在一六五二年所畫的(請看 Inventaris Kaarten(地圖目錄)續編第一，一九一四年刊，第一四八面，第一四一號)[元]。

據是可知此圖是「地圖目錄續編第一」之第一四一號圖，製作年代是一六五二年，爲哥路納利斯・布洛紹(Cornelis Plochoy)所測繪的。原圖是彩色圖。鯤身島、北線尾島等地的砂丘狀況更清楚。南北停泊所除字母之外，均繪二、三艘荷蘭船表示停泊地點。有一羅盤坐標指示正北。左邊下面繪一個圓規以表示比例尺，在比例尺上下寫二行荷文，甚模糊不明瞭。其比例尺似是「四〇〇律度(Roeden)或四分之一小時行程的比例」。由於這幅圖和前圖其形狀幾乎完全相同，故我們可推測很可能是同一人在同時代所繪的地圖。

[元] 有周學普氏譯文，見臺灣銀行經濟研究室編「臺灣經濟史三集」第一一七面。

以上均爲荷蘭人所測繪大員附近的海圖，對於沙洲、淺灘、水深、港道等已有很精密的測圖。圖版五十一是西班牙人於一六二六年間所繪大員附近的彩色圖。上面一行西班牙文是：Descripcion del puerto de los Olandesses en Ysla Hermosa（臺灣島荷蘭人港口圖）。繪一個港灣，港口有一小島。灣口西角在海邊砂丘上繪一個方形城堡，有四個稜角，各稜角配備四門砲。堡內有一屋宇。其上面註曰：fuerca del Olandes puesta en un alto（在一高地的荷蘭人城堡）。傍邊港口排列着六門大砲，謂：en esta punta es tan puestas 6 piesas paguarda, de la entrada（在港口這地點有六門砲位）。在此砲位之北以海相隔，有一小島嶼當爲北線尾島，東北端繪二間家屋，有圍墻，是 fatoria del Olandes（荷蘭人商館）。北線尾島與本土間的水道，即鹿耳門溝，謂：estero pordonde entran los nauios（船隻進港的航道）。赤嵌地方繪一方形堡，云：Baluarte del Olandes（荷蘭人的堡壘）。其南方在赤嵌街繪着六間小屋，註曰：Chacam lugar de Chinos pescadores y ladrones(赤嵌，中國漁夫和海賊的村落)。赤嵌堡壘之北繪着七間房屋和兩頭牛，是 Chencã donde tienen ganado bacuno（新港，這裡有牛隻的畜牧）。赤嵌的西南，繪兩個紅衣荷蘭人在捕鹿，爲公司獵場。(Campaña de casa) 新港社之北，即 Moatao de los naturales（麻豆社）、Guanru de los naturales，往西即 Saulan de los naturales（蕭壠社）。蕭壠社之西，和北線尾島相對之處，有列家屋，其傍記曰：Lugar de los Japones（日本人部落）。此三列家屋之下面，有五行西班牙文，註云：「此處共荷蘭人有二二〇人在城堡，有一〇〇名在堡壘的營內，一〇名在商館，又八名以上在船中。又有中國人五、〇〇〇名，日本人一六〇名」。繪二艘荷蘭船和二艘戎克船停泊於內港，北線尾島西方海上又有二艘戎克船。內港註明有四尋深。此圖似是西班牙人從海上瞭望偵探荷蘭人港口的情形圖，或者是根據到過大員港口的中國人所提供情報所繪的圖，其地形當然不能與荷蘭人在實地測繪相比。雖然鯤身當時仍一島嶼未與本島相接，但臺江已經有一個大概的形狀。

圖版四十四是關於臺灣西岸南部的地圖。此圖是從日據時期自荷蘭攝回古文書照片底片中找到的，沒有紀錄，不知荷蘭的國立檔案館的原來編號，也不知製作者、製作年代以及此幅地圖究竟原是一幅地圖的全部或部份圖，均不得知其詳。東邊有緯度，約自二十二度十五分起以五分劃分至二十四度。西邊有子午指標及比例尺。比例尺有數字：1. 2. 3. 4. 5. 10. 15.。比例尺下面，記：「十五德浬爲一度」(Duijtschen mijlen 15 voor een grraedt)。在這圖，自南向北其地名有：Lonckquiou（瑯嶠）、Panghsoija（放緤）、Tollontock、Tamsiju（淡水）。淡水之西南海上有一小島，是 Lamaij 島（小琉球嶼）。自本土向西北伸出一地岬即旗後，註名 Tankouija（打狗）隔水即 Apen bercht（猴山，今壽山），再往北是 Wantaem、Yockan（堯港）、Varsse reijvir（意即淡水溪）、Soute revij（意即鹽溪）、Tayovan（大員）、Cecam、Sinckan（新港）、Soulaenge（蕭壠）。在此圖鯤身仍爲一小島嶼，未與本土相接。赤嵌之東邊繪一臺地狀，突出於平原上，註名 Tafel berrcht（桌形山或平頂山），從其形狀看，似是指大岡山、小岡山等㊃。蕭壠之北，即Boorre schour、Mordadigcher rijvier，其北繪一小堡壘即Wanckan（魍港）再往北有 Vijssers eijlandt（漁夫島）、Doorre eijlandt、Hertte ijelandt、Rr Poonkan（笨港溪）。自打狗起至笨港之間，可看到沿海砂洲及由這些沿海洲所抱合瀉海頗發達狀況。

又據盧伯的目錄，第一一二五號是一幅魍港地勢圖(Caerte van Wancans gelegentheyt)。稿件。原尺寸爲〇・四〇——〇・二五五厄爾，製作於一六四四年，附有解說。筆者未獲見此圖，因爲在這一年荷蘭人曾重新修築魍港堡，很可能是與這事有關地圖㊂。

在一六二四年荷蘭人佔據安平地方以後，馬尼拉的西班牙人深感威脅。一六二六年總督費南度・第・施爾瓦派安多尼・卡黎尼奧・第・瓦爾德斯引率大划航船二艘，戎克船十二艘，於五月五日自卡迦揚出發，沿臺灣東海岸北上，十一日到達三貂角，十二日進入雞籠港，名曰：Santísima Trinidad（意即至聖三位一體），十六日在和平島（社寮島）舉行佔領儀式，並開始築城，城名：San Salvador（意即聖救主）。嗣後迄至一六四二年八月二十六日開城投降荷蘭人爲止，西班牙人即以雞籠爲基地割據北部臺灣。在這期間西班牙人當然會對臺灣有測繪工作，惟由於這方面的資料缺乏，所知道的很少。現時西班牙塞維爾市的印度古文書館（Archivo de Indias de Sevilla），藏有一幅彩色的「臺灣島西班牙人港口圖」(Descripcion del puerto de los Españoles en Ysla Hermosa)，可能是一六二六年間所繪地圖(圖版五十二)。此圖描寫早期雞籠港情形可謂甚詳。港口有一島，即今之和平島（社寮島），其南邊由彎曲形成一小灣，繪着許多家屋，並停泊着四艘划船。在其西南角及西北高地註云：在此處建堡壘。港內若干處，註記水深二尋(brasas)半。和平島對岸也繪有許多民屋，註曰：土人部落(Bancheria de los Naturales)，山區以大字註MONTES GRANDES D MVCHA MADERA（高山，甚多木材）。

㊂ 岩生成一博士曾對筆者說，他前年重遊荷蘭時，在國立檔案館拍回一幅魍港圖。筆者不知是否此圖或是另外新發現的圖。據云他將要寫一文發表介紹。俟發表後對此地域的歷史地理之考究當有所貢獻。

西岸繪一河口，謂 Rio Grande（大河），當指淡水河。東方海岸尚有兩個海灣，即記：三貂角灣，離〔雞籠〕港二里格和聖卡泰麗娜（S. Cathalina）灣，離〔雞籠〕港五里格。

西班牙人佔據臺灣北部後，南部的荷蘭人自深感威脅，一六二九年二月十日臺灣長官彼得・諾易玆曾向總督建議驅逐西班牙的勢力，是年八、九月間，遣一艦隊欲驅逐西班牙人而未獲成功，後仍不斷地偵窺北部西班牙人的動靜。圖版四十六就是此期的測圖，在荷蘭海牙市國立檔案館的一六三〇年度東印度公司收受書翰及文書第二册之中，係地圖目錄續編第一之第一四一號地圖，即：Caerte van des vijants gelegentheijt op Quelang ende Tangswij op het noort-eijnde van Isla Formosa（臺灣島北端之雞籠、淡水的敵方情勢圖），有彩色，原尺寸為五〇——七二公分。比例爲五萬分之一圖，製作年代約在一六三〇年。在北方海上，即地圖左方下面有地名註記：

A是雞籠敵方城堡（des vijants fort op Quelengh）

B是雞籠崖礁（de Clijp Quelang）

C是淡水堡壘（de Rondout op Tamsuij）

我們在圖上，可看到港口見有揭西班牙旗幟的城寨，扼其港口的進入，傍註A字，即西班牙人所稱聖救主（San Salvador）城。另外一港口，港內停泊着一艘船隻，靠岸又有一艘小舟，在傍邊陸地即築一城堡是淡水堡。

一六四二年八月荷蘭人驅逐了西班牙勢力以後，也積極重修城堡，經營北部。圖版四十七即於一六五四年荷蘭人所測繪「淡水及其附近村落，並雞籠嶼圖」（Kaartje van Tamsuy en omleggende dorpen, zoo mede het eilandje Kelang)。原尺寸為〇・四一——〇・五一厄爾，是稿件，為盧伯目錄的第一一二七號圖。在這圖下面有繪羅盤指正北。左角框內有數字註記各地名，上端略破損，所註地名，照片甚模糊頗難讀。

在左方下面繪一島嶼為和平島（社寮島），島上西南角築一城，稜角上插着荷蘭的三色旗，即北荷蘭（Noord Holland）城（61，以下地名後面數字均為圖上註記號碼）。北角有一高地，建一堡壘，即維多利亞（Victoria）堡（59）。在和平島對岸繪一大社，是Quimourye（53）。圖右邊繪一河流即淡水河，右岸即觀音山。東岸河口北端繪一些砂丘（40），其南方有三排的市街，並註記39號，是華人市街地區（Cinees quartier），再南即淡水的荷蘭堡壘（38），建在一高地，並插有三色旗。從淡水河溯上，在沿岸可看到 Tapparij(35)、Rapan（34）等社。再溯上，河流分支，向即南Pinnonouan 河(19)，其河流沿岸有 Pinnonouan(20)、Rieuwerowas(21)、Revrijcq（22）、Cournangh（23）等社。主流即轉向東南彎轉至山區。沿岸即現今臺北市地區有 Kirananna（14）、Kimassnuw（12）、Pourompon（11）、Kimotsi（9）、Cattayo bona（7）、Cattayo（6）、Littsouc（5）等社。有一支流即在 Kimassouw 社（12）和 Pourompon 社（11）北方曲曲彎彎地流向東北方，當是基隆河即 Kimassouw 河（13）。這圖可謂是一幅描繪臺北、基隆、淡水等地區頗詳細地圖。尤其是值得注意者，即為臺北盆地出現於古地圖較詳細者當為此圖為首次。

圖版四十九是雞籠灣等地之圖（Kaart van de baai van Kelang enz.），係 Leupe 地圖目錄第三〇五號之a，為十七世紀彩色稿件。原尺寸：〇・二四——〇・三七厄爾。圖下面有二

分之一德浬的比例尺。和平島註明鷄籠(Kelangh)，並在西南角繪一城堡即 Noord Holland 城。現時大沙灣附近繪一土人部落，註名 Quemorij 社。港口內外均有詳細水深之註記。西北端繪一半島註名 Caap Diable (Diable 角)，當即野柳半島。自現時基隆港口至野柳半島間的海岸線頗精確。圖版五十是「臺灣島北岸暨鷄籠島圖」，盧伯的目錄第三〇七號，爲彩色稿件。自和平島、中山仔島、桶盤嶼、基隆港口及至現時洴水澳附近的海岸線甚爲清楚。

圖版四十八A係基隆和平島城堡部份圖，是盧伯的地圖目錄第三〇五號之b，也爲十七世紀的彩色稿圖。比例尺即一〇〇萊因蘭 (Rynland) 的律度即等於七一斯特勒比，原尺寸是〇・二九——〇・三七厄爾。在西南角的北荷蘭 Noord Holland 城可看到三個稜角，二個城門，並各有名字之註記。城堡東北高地築一堡壘，即維多利亞堡。圖版四十八B是只繪北荷蘭城的平面圖，城堡的形狀與圖版四十八A之城堡部份完全相同，惟城堡的厚度、稜角的形狀構造和城門等更詳細精確。此圖是盧伯之目錄第一一二八號。測繪年代係一六六七年，是荷蘭人被鄭成功逐出後重佔雞籠時的地圖。由此可推測圖版四十八至五十等圖，係荷蘭佔據末期或者被鄭氏驅逐後再佔雞籠時期的地圖。

二　臺灣總圖

如上所述荷蘭人自一六二四年以來，以安平爲據點，經營海上貿易，故對於海圖的測繪甚爲重視，而隨其勢力的擴展，對其所控制臺灣各地，曾有頗準確的部份區域圖的測繪。

關於荷蘭人就實地所測繪臺灣全島圖，當爲雅各・諾爾得洛斯 (Jacob Noordeloos) 所測繪的爲最早（圖版二十七）。此圖是盧伯的目錄第三〇四號之臺灣圖。據目錄，即：「北港（臺灣）圖」，原尺寸爲〇・三六——〇・五六厄爾。製作者：雅各・諾爾得洛斯；製作年：一六二四——一六二五年間。稿件，以日本紙，無彩色。在此圖，中央有一直線，爲子午線，在上面繪一正北標記。右邊爲分緯度尺。臺灣的形狀，北部稍嫌粗大之外，已略具近似形狀，在十七世紀初，雖部份已知道爲一島，但仍有三島形的地圖風行時，有如這一幅地圖，可以說是很進步的地圖。臺灣島之中央部寫一行文字，記曰：PACKAN ALSOO 't selve beseijlt is door Jacob Noordeloos（北港圖，即如此由雅各・諾爾得洛斯完成的）。南端的灣，鵝鑾鼻附近註記 Suijte Caep（南岬）及水深。在西南海上繪一島，即小琉球嶼，註名 Matteijsen eijlant。位於其東北，繪一河口，註云 Tansuij（淡水），其西北二個沿海洲和一突岬，形成一潟海，並繪得停泊處符號，註名 Hanes 灣和漁夫角（Vissers caep）。此潟海即中文資料所云「堯港」。再往北又繪三個河口，其西北又有五、六個沿海洲抱合成一內海，即「臺江」。南端鯤身島記 't Fort（城堡）其北即北線尾島，南傍註云 Tayowan（大員），其北海岸線稍彎曲轉東，註名 Wanckan（魍港）。其北沿岸有一排數字係標示水深，海岸線殆無出入，附註：「此處全爲浸水地帶」（dit is altemael verdroncke lant）。在北部有北岬（Noort Caep）、「馬鞍灣」（de Sael baeij）等名字外，却沒有雞籠淡水地名註記。可知其時西班牙尚未佔據北部臺灣。南部的堯港、大員、魍港的位置均稍嫌偏北。關於此圖之測繪年代，圖上面沒有什麼記載，而似由於在西班牙據北部臺灣以前，故盧伯以爲一六二四至二五年間。

然最近筆者翻閱前年由柯哈斯（Coolhaas）博士編註刊行的「總督致東印度總公司一般報告書集」中，看到一六二六年二月三日總督彼得・第・卡爾朋得（

Pieter de Carpentier）及參議員傑克・史佩克斯（Jacques Specx）、彼得・福拉克（Dr. Pieter Vlack）和安多尼奧・凡・狄孟（Antonio van Diemen）等人自巴達維亞寄回本國十七人董事會的一般報告書，其中有一節：

為察勘北港島或稱臺灣(eylandt Packan ofte Formosa)，我們於去年三月五日派遣了二艘戎克船，名新港號和北港號在上級舵手雅各・諾爾得洛斯之指揮下，發見該島北即延至二十五度十分，南即至二十度半。這些二艘戎克船，僅北港號一隻，於三月二十五日返回大員。可是新港號和九名搭乘人員，約在該島北岬（de Noortcaep，按據此圖的註記，似在野柳角或者是富貴角），遭遇人們所恐怖的暴風而船破遂未再發現。玆附上一幅該島地圖，即由前述諾爾得洛斯所發見及描繪的㊂。

據此可知：此幅圖即荷蘭人所實測最早臺灣全島圖，及其測繪時日是在一六二五年三月五日至三月二十五日，由雅各・伊斯布朗特生・諾爾得洛斯(Jacob Ysbrantsz. Noordeloos)所繪製的。

於一六二六年西班牙也佔據了北部臺灣，在這時期西班牙人所繪臺灣全島圖有如圖版五十三。這幅圖是「臺灣島及中國和馬尼拉的部份圖」(Descripción de Ysla Hermosa y parte de la China y de la Ysla de Manila)。下面比例尺，註云：五十里格的縮尺，十七里格半即一度，用這縮尺比例繪此圖(Escala de 50 leguas de 17 leguas y media el grado, con que se mide esta descripción)。其下面又註記：於一六二六年彼得路・第・貝拉（Pedro de Vera)

㊂ *Generale missiven van Gouverneurs-generaal en raden aan Heren XVII, der Verenigde Oostindische Compagnië*. Deel I: 1610-1638; uitgegeven door Dr. W. Ph. Coolhaas. 's-Gravenhage, 1960 (Rijks Geschiedkundige Publicatiën, Grote serie, 104) blz. 189-190.

在馬尼拉，可知其製圖者及年代。菲律賓呂宋島只繪北部，其北有白蒲延（Babuyan）羣島。圖左邊上角即西北向繪一部份的海岸線，並以大寫字母註明：中國的一部份（PARTE DE LA CHINA）。繪二個灣及若干沿海島嶼。一似是漳州灣口，另一爲福州，並以小寫字母註曰：福建省，在此處有總督駐在」(Provincia de Hoching, donde está el Virrey)。澎湖(Isla de Pescadores) 位於北回歸線之南，繪得一個半月形的島嶼，彎曲在南，北岸有洲礁。臺灣本島有許多河口和海灣。其形狀雖略具紡錘形，惟海岸線相當曲折，雞籠灣繪得相當大而比較詳細。大員港繪在北回歸線下，灣口也比實際較大，港內有砂礁，港口繪一砂洲，海面又有些小島嶼。在此港口東邊，北回歸線下註名：「荷蘭人的港口」（Puerto del Olandés）。雞籠港和大員港的形狀却與前述約在一六二六年西班牙人所繪雞籠港圖（圖版五十二）和大員港圖（圖版五十一）大致相同，從此我們可知西班牙人據臺初期所繪地圖及其地理認識的程度。

荷蘭人的關於臺灣全島圖，自一六二五年三月雅各・伊斯布朗特生・諾爾得洛斯的測繪以後，似因雞籠、淡水爲西班牙割據，對外又因日本人濱田彌兵衞事件所引起的糾紛和中國沿海盜寇爲患，對內仍有許多先住民的不斷地反抗而未靖，故測繪工作一時未能順利進行。嗣後自一六三六年以來，荷蘭人不斷地努力探測金礦，其勢力範圍逐漸擴展到臺灣東海岸方面。至一六四一年夏天，又曾派舵手西門・克洛斯（Sijmon Clos）環航全島一周，察勘沿海形勢並完成了一張新的臺灣全島圖㉝。這張新製地圖，於一六四二年一月臺灣長官保祿士・杜拉第紐斯親率兵隊，討伐

㉝ *Dagh-Register gehouden int Casteel Batavia, vant passerende daer ter plaetse als over geheel Nederlandts-India, Anno 1641-1642.* bl. 56.
村上直次郎譯：抄譯バタビヤ城日誌，中卷，第一五九面。

臺灣東部卑南時，似曾利用此圖。在巴達維亞城日誌一六四二年五月八日條，記載：臺灣長官派商務員楊・巴連特生・貝路斯（Jan Barents. Pels）和助理舵手西門・哥路納利生（Sijmon Cornelissen），携帶經訂正的新臺灣島全圖，向巴達維亞當局報告討伐臺灣東海岸的經過㉝。

一六四二年八月將多年的障害者西班牙人從臺灣北部逐出以後，荷蘭人隨即積極進行待望已久的東北部金礦的探勘與地圖的測繪。未幾於九月十五日即有一遠征隊在舵手西門・哥路納利生領率之下，自雞籠前往東海岸 Donau 河附近去探查。他在雞籠城接到六條訓令，其一即由雞籠啓椗，應將臺灣東北部的所有海灣、海岬、港口等，加以詳細視察測量，然後製作地圖。西門・哥路納利生乃將糧食及軍需品裝載於一艘戎克船，自雞籠出發，沿東海岸南下，到達距臺灣北端五浬處，發見了一個水深七、八至九尋而可容六艘船隻的優良海港。再向海灣方面前進二浬半，到了 Tochedon。同月二十日由於烈風所阻折返雞籠，後於二十六日到達了St. Laurens（今之蘇澳灣），二十九日接到約翰尼斯・拉摩狄烏斯（Johannes Lamotius）所下的召回命令，於十月二日返歸雞籠㉞。

㉝ *Ibid.*, blz. 151-152.
村上直次郎譯：同前引書，中卷，第二六六面。

㉞ *Copie daghregister van den veltoverste Johannes Lamotius op sijn voyage naar Quelangh ende Tamsuy, 13 Sept.-10 Oct. 1642.* 〔Kol. Archief, Nr. 1053 bis〕 f659v. et 665v.
Copie-missive van den stierman Sijmen Cornelisz. uijt de baij St. Laurens aen Johannes Lamotius in dato 1 Oct. 1642 〔Koloniaal Archief, Nr. 1053 bis〕 f791v.
中村孝志：臺灣におけるオランダ人の探金事業（天理大學學報第一卷第一號，昭和二十四年五月）第二九六—二九八面。

一六四四年臺灣長官夫蘭索亞・卡朗爲要確保臺灣東北部海岸地方，於九月五日命令上尉彼得・彭恩（Pieter Boon）擔任遠征隊的指揮，引率士兵三〇〇名，中國人擔夫六〇名，分乘快船布勒斯肯士號（Breskens）基維特號（Kievith）丹哈林克號（den Harincq），Qual 船丹哈塞文特號（den Hasewint）以及戎克船烏特勒希德號（Utrecht）和第・布拉克號（de Bracq）等六艘船隻，開往雞籠討伐未歸順東北部各村社。又在其達成任務後，須開通淡水到大員的道路，用武力使中途的南崁(Lamcam)等社歸順，並將這一帶所有的道路、村落及山川完全繪成地圖。爲此目的除舵手長西門・哥哈納利生之外，加派陸地測量士（landtmeter）馬可斯・斯托魯木胡德（Marcus Stormhoet）協助㉟。這次遠征的結果，見於巴達維亞城日誌一六四四年十二月十二日條。其中有一節：「前所約束的北部及所通過地方狀況的地圖，由於測量士馬可斯・斯托魯木胡德 Marcus Stormhoet 放縱耽酒，未能作成，下次當可送上。對前述馬可斯的過失，已加以懲罰」㊱。又據巴達維亞城日誌一六四五年一月十六日條，謂：臺灣的荷蘭人當局曾計劃爲探金及懲伐「兇番」，在上尉彭恩的指揮下二一〇名的選拔兵分編爲三隊，並加派上級商務員哥路納利斯・凱撒（Cornelis Caesar）和尼卡修斯・第・何赫（Nicacius de Hooge）參加，且許以若探查成功，則當予以褒揚與獎賞。同時指示其任務完成後，擬在東海岸 Pima 開地方議會。然

㉟ *Dagh-Register gehouden int Casteel Batavia. Anno 1644.* blz. 130–131.
村上直次郎譯：同前引書，中卷，第三四六—三四七面。
Copie-instructie voor den Capiteyn Pieter Boon. 〔Koloniaal Archief, Nr. 1054〕 f438–442.

㊱ *Dagh-Register gehouden int Casteel Batavia. Anno 1644–1645.* bl. 150.
村上直次郎譯：同上引書，中卷，第三八九面。

關於 Pima 云：「根據和其他文件同時送到此地來的臺灣新地圖，該處位於東海岸中央部。」[37]此次遠征遂未見諸實行，但可知其時已有新製成的臺灣圖送到巴達維亞。

現在我們可看到十七世紀中期以後的臺灣全圖，主要的有如下：

圖版三十四是一張太平洋西岸圖的稿件，爲岩生成一博士自荷蘭攝回地圖之複照片。失註記，不知其原編號。下面繪有呂宋島北部，中國沿岸也只繪二十六度至三十八度之間，仍承襲葡萄牙系統的形狀。朝鮮只繪南端若干海岸之曲折。日本本州面對日本海的海岸線留爲空白，紀伊半島之東，東海道地方即名古屋灣、駿河灣繪得相當大，最東邊爲關東地方的房總半島(Bosho)，其東北均爲空白。房總半島之東南，在北緯二十一度至二十八度之間繪一些島嶼，當爲現時硫黃、小笠原等羣島。臺灣的形狀，東北海岸宜蘭地方稍缺彎曲外，已很近似現時。沒有繪澎湖。臺灣島內地名，自南向北，有：Pangsuy（放綀）、Tancoy（打拘）、Tacovia, Taiouan（大員）、Wancan（魍港）、Terlosang（諸羅山）、Gellin（二林）、Betgillim。地名註記略嫌偏北。此圖特色卻在於臺灣、琉球、日本島之東方太平洋海面，緯度即自北緯十六度至四十三度半之間（按此圖版東方海上另一半未收入）。

按自十六世紀後半期以來，歐洲人士認爲自古代以來所流傳金島和銀島，應在日本東方海上。一六一一年——一六一四年間，維斯開諾(Sebastian Vizcaino」曾奉西班牙王之命探測金銀島。一六三五年駐日荷蘭商館員費斯特亨（Willem Verstegen）根據維斯開諾的探檢報告，曾

[37] *Ibid., Anno 1644-1645.* blz. 158-159.
村上直次郎譯：同前引書，中卷，第四一〇面。

向巴達維亞的總督建議，而引起了荷蘭人對此方面探檢的興趣。巴達維亞當局即等待本國董事會的裁決後，爲探檢傳聞位於日本東方約四〇〇浬，北緯三十七度半的金銀島，於一六三九年派瓦士特（Matthijs Quast）等率二艘船，在六月從巴達維亞出發，航進到北緯四十二度日本東方六〇〇浬的地點，搜索金銀島而沒有結果，於十一月二十四日回到大員。

瓦士特的探檢失敗後，馬登・赫立特生・第・孚理士（Marten Gerritsen de Vries）又受探檢金銀島、韃靼及日本後方諸島之命，於一六四三年二月三日引率卡斯特里昆號（Castricum）和布勒斯肯士號二艘船隻，自巴達維亞出發，駛往特那底（Ternate），四月四日再啓椗，五月中旬在北緯三十三度二十分，東徑一百五十八度四十五分處，遇風兩船失散。卡斯特里昆號即於五月二十二日到達日本東方海上北緯三十五度半，東徑一百六十度處，再沿海岸北上到四十度，六月七日到達四十二度之 Ezo（蝦夷）。後又駛往四十四度半至四十七度，發見了千島列島之一部份，七月末日到達四十九度。後由於濃霧和逆風不能北進，中止航行到韃靼，南下到日本東方四五〇浬，北緯三十七度半處，數次遊弋該海域而未能發現金銀島。另一方面布勒斯肯士號即與卡斯特里昆號分手後，一直北上，駛到千島列島，但也未能航進到韃靼，再折返而搜索金銀島乃無結果。後由於缺乏飲水，不得不於七月二十八日寄椗日本奥州海岸山田浦，船長斯哈普（Hendrick Schaap）等九名爲日本當局所拘留，送往江戸審問，至十二月八日始獲釋放㊱。在這次探

㊱ *Ibid., Anno 1643–1644*, blz. 1-4.
村上直次郎譯：同前引書，中卷，第二九五—三〇二面。
村上直次郎譯：長崎オランダ商館の日記，第一輯，昭和三十一年。第二四三—二四五面；第二七五—二七七面。

檢，第・孚理士等人所測繪地圖，後採用爲駛往日本諸船所用海圖。巴達維亞城日誌一六四五年三月十一日條，云：「去年已向長官通知，要他送司令官馬登・第・孚理士（Marten de Vries）的新地圖到這裡來，以便爲從這裡到日本諸船航海之用」㊴。

圖版三十四對日本東方太平洋上有頗詳細的描繪，從上述可推想此圖似與荷蘭人的金銀島探檢有關。然據盧伯的目錄第二八四號，是馬登・赫立特生・孚理士（Marten Gerritsz. Fries），的地圖測繪於一六四三年，北緯三六度四〇分至四九度四〇分。從緯度看起來，此圖並非二八四號圖，故或者是與一六三九年瓦士特的航海有關。總之，此圖應是一六四〇年左右荷蘭人所測繪地圖，當無疑問，而由此我們可看到荷蘭佔據臺灣中期時之臺灣全圖的形狀。

圖版三十二是盧伯地圖目錄第二七一號圖之臺灣島部份。原是「自Lamtaon 至 Avarellos 問的中國沿海部份圖及臺灣島等圖」(Kaart van een gedeelte der Chinesche Zee en Kust, van Lamtaon tot Avarellos, met het Eiland Formosa enz.)。即北緯二二度四〇分至二九度一五分，縮尺比例是二八德浬爲三五二斯特勒比。原尺寸即〇・七二五——〇・三一五厄爾，分六幅的稿圖。又圖版三十五是盧伯的目錄第二七二號，是「自 Lampacao 至 Overveen 諸島的中國沿海部份圖及臺灣島等圖」（Kaart van een gedeelte der Chinesche Zee en Kust, van Punta Lampacao tot de Overveens Eilanden, het Eiland Formosa enz.）。

㊴ *Ibid., Anno 1644–1645.* bl. 168.
村上直次郎譯：抄譯バタビヤ城日誌，中卷，第四三四面。

北緯二十二度至三十度。縮尺的比例是三十德浬爲一二四斯特勒比。原尺寸爲〇・五二——〇・七四厄爾。此二圖均爲十七世紀的稿件。關於臺灣的形狀以及可看到的對岸大陸沿海的海岸線一樣。臺灣的形狀，中南部沿海洲頗發達，這些沿海洲現時由於地盤隆起和泥砂淤積，沿海洲所抱之內海，變爲陸地，故在這些圖，中南部和東部的臺東附近，寬度略嫌細窄之外，已很近似現時形狀。在東部已經可看到許多平行之順向河，如現時之木瓜溪、萬里橋溪、馬太鞍溪等，流出合併爲花蓮溪、秀姑巒溪、卑南大溪等後入海。花蓮溪註爲 Gout rivier（黃金河），其南即 witte zant hoek、Riv. d'bank、witte zant banck、Conino、Zapiat、Clijn Denau、Pinbae、Hoek van Pinbae（卑南覔角）、Tamybaly（太麻里）、Paay bay、Metsaeralmangh、Metsaer、Carraday、Banser 等地。黃金河之北，在宜蘭平原有 St. Laurens（蘇澳）、Kavalang（蛤仔難）、Tangijdan 等地名。西部，自南向北有：Caes Coese、Loukion（瑯嶠）、Pangsoija（放縤）等地。小琉球嶼註云：'t Goude Leeuw off St. Matheus eylt.。其北有 Apen bergh（猴山，即今壽山）、Tankoij（打狗）、Rr van Con、Brouwers have、Jockan（堯港）、Verse rivier（淡水溪）、Soute rivier（鹽溪）、Tyowan（大員）。其西邊一小島嶼，繪有城堡的記號即鯤身島。其北一小島爲北線尾，其形狀却與其他不同，南北甚窄狹，東北過寬濶。往西方海面即 Noorder Riff（北方砂洲）。北回歸線下有 Vissers eylandt，其北即 Dorre eylandt、Harten eylandt、Rr Packan、Groote rivier van Fabolangh、Wankan、't Riff van Favolang、Rivier van Pondack、Zant hoek 等。在臺南平原上繪一連的山峰，可能是大岡山、小岡山。差不多在大甲溪附近，河口註記：「此處滿潮時戎克船可進入」。其北有 Vissers Riff、Gouron、

Groene hoek 等地名。臺灣全島無論北部和東部都已有地名和地勢的註記。又圖版三十五中國沿岸自廣東至浙江，繪得頗精密，在內陸沿北江、贛江也有河流及許多地名的註記。故可推想這兩幅地圖是在荷蘭據臺後期時的地圖。

以上所介紹均爲荷蘭海牙市國立檔案館所藏東印度公司的未刋有關臺灣的地圖，是十七世紀在實地測繪之稿件，或據實測稿圖爲藍本所複描稿件。其時荷蘭人製圖技術已超越過先進國家葡西兩國，已躍居於歐洲地圖學界領導地位，臺灣又在其佔領之下，因此從這些我們可看到當時歐洲最發達臺灣圖的形狀。

另一方面，在歐洲的地圖編製者所繪臺灣地圖，由於荷西兩國佔據了臺灣以後，有關臺灣的文字紀錄增多，對臺灣的地理認識比前代更進步，逐漸脫離了葡萄牙系統的影響，二島型或三島型的臺灣島圖，自十七世紀中期遂消失變爲一島型的地圖了。

洪廸士（Jodocus Hondius）及威廉・楊士生・布勞（Willem Jansz. Blaeu）和其子喬安（Joannes）等人均爲十七世紀中荷蘭最優秀製圖家。他們在十七世紀初年所繪地圖，雖部份已據荷蘭人的航海經驗略有修改外，其內容仍多承襲前世紀的地圖，而臺灣依然分爲小琉球和福爾摩沙島。至一六四八年喬安・布勞所出版的世界新地圖（Nova totivs Terrarum Orbis tabula），原尺寸爲二〇五——二九九公分。圖中關於臺灣即繪成一個長蘿蔔形，南部尖細，往北愈寬濶，北部最大（圖版二十八）。島名註云：Pakan olim I. Formosa（北港或福爾摩沙島）。島內地名自南向北有Tansay（淡水）、Tayoa（大員）、Wanca（魍港）、Toelosag（諸羅山）、Bet Gillim、Gaelay。東部海上已經有Tobaco miguel（綠島）、Tabaco Xima（蘭嶼）。

倫敦的大英博物館藏有 Klencke Atlas 中所收的喬安・布勞所繪世界地圖，雖亦註明一六四八年繪製，但臺灣部份遠較上圖爲進步，島的輪廓更近似了(圖版二十九)。澎湖註明爲Pehoe，澎湖對面繪一個海灣，稱爲 Wangkan（魍港），其南一小灣爲 Tayoan（大員），再南即 Tansay（淡水）。魍港之北，在北回歸線下註明 Toelosang （諸羅山），往北有 Bet Gillim。北端爲 Tamsuy（淡水）和 Gaelay（雞籠）。東方海上註記： Pakan ol I. Formosa（北港或福爾摩沙島），其下面繪二個小島即 Tabaco miguel（綠島）與 Tabaco Xima （蘭嶼）。

喬安・布勞的圖爲當時最標準的世界圖頗流行，許多製圖家追隨他的圖。如一六六〇年在阿母斯特丹出版的第・維特(Frederick de Wit) 世界地圖頗類似布勞的圖。臺灣與琉球及日本，在遠東的位置頗爲準確。惟臺灣的形狀，中南部稍窄狹，似蘿蔔形。在一六六五年出版的紐荷夫（Joan Nieuhof）的「荷蘭東印度公司遣使大清帝國記」（*Het gezantschap der Nederlandtsche Oost-Indische Compagnie aan den groten Tartarischen Cham,……*）一書中地圖，關於臺灣的形狀卻把這種蘿蔔形更誇張，南端更細，北端更粗大，而稍有彎曲。

圖版三十是一六八〇年在阿母斯特丹由約翰尼斯・凡・邱連（Ioannes van Keulen）刊印的「自好望角至蝦夷間的東印度新圖」)Nieuw Pascaert van Oost Indien, verthoonende hen van C. de Bona Esperanca tot aen het Landt van Eso)，原爲岩生成一博士所有，現藏於國立臺灣大學圖書館。原尺寸爲五三——六二公分。大致與布勞和第・維特的亞洲部份頗相似。惟臺灣的形狀，北回歸線之南繪一灣口過大外，其形狀已比蘿蔔形更近似實際。島的中央部註明爲 I. Formosa，西南海上註明其灣口地名 Tansay，東方海上二小島即 Tabaco Migual（綠

島）和 Tabaco Xima（蘭嶼）。圖版三十一是「東印度東部諸島圖」(Orientaliora Indiarum Orientalium cum Insulis Adjacentibus à Prómontoris C. Comorin ad Iapan）。也是一幅岩生博士舊藏圖。原尺寸：五五——六五公分。西邊自印度南端科摩令（Comorin）角，東至日本，其形狀與前圖及布勞、第・維特等圖大致相同。關於臺灣，位於約二十一度半至二十六度，其形狀與地名註記和前圖相同。從上面這些圖我們可以看到十七世紀後半期在歐洲所出版通行世界圖中有關臺灣的形狀。

圖版四十五是一幅印刷的臺灣島圖。圖名為「臺灣島圖，正確地標示砂洲、岩礁、水深。全據新的測量製作。在萊登（Leiden）市彼厄爾・凡・特・阿（Pierre van der Aa）印行」(l'Ile de Formosa, ou sont exactement marquez les Bancs de Sables Rochers et Brasses d'Eau. Le toat fait sur les nonvelles Observations des plus habiles Pilotes. à Leide chez Pierre van der Aa），採自臺灣省立博物館所藏照片。彼厄爾・凡・特・阿係十七世紀末至十八世紀間，住在萊登市的地理學者及書籍商。在他自己監修之下出版過一本繪有二〇〇幅的地圖集，後又出版了一本迄至一六九六年間的荷蘭人重要發見和航海的地圖集。此圖臺灣西岸的輪廓已很精確，西南沿海洲頗發達。東部海岸僅可看到自臺東附近至太麻里、牡丹灣沿至鵝鑾鼻。太麻里附近稍嫌窄細外，南端部至西岸其形狀亦頗精確。此圖沒有刋記，很可能他所刋行地圖集內之一幅。在赤嵌已繪有城堡，故其原圖當然是根據一六五四年以後的。島上中央繪着縱走的山脈，有山名者只在北方Passinses山，南方有 Tafel 山(原意桌形山)和 Kroonen 山(原意王冠山)。地名即自南向北有Suyd hoeck（南岬）、Lonquou（瑯嶠）、Panghoia（放緤）、Tollen tocht、Tamswe（淡

水）、Tankoya（打狗）、Wantam、Ickan（堯港）、Tayovan（大員）。大員繪得仍爲一島嶼，其對岸爲 Fort Zeekam（赤嵌堡）。再往北有 R. van Sinkam（新港溪）、Bessekaume、Fort van Wanckam（魍港堡）Riff van Wanckam（魍港砂洲）、Faverlang、Riff van Faverlang、Grim（二林），最北海灣即 Locken bay。小琉球即註云：Lamoy 島或稱金獅子島（Lamoy ofte Goude Leeus Eylandt）。北線尾島北方有北方沙洲（Noorder Riff），大員島之西方海岸有北方停泊所（Noorder Reede）和南方停泊所（Zuider Reede）。海面均有水深的數字，澎湖羣島在許多小島嶼也有島名的註記，圖之左邊下端繪三種比例尺。上面是十五德浬爲一度，中間是十七·五西班牙浬爲一度，下面是英國及法國浬二十浬爲一度。

有關荷據時期臺灣的刊印地圖之最詳細者，無疑是洪倫泰因（Valentijn）的「新舊東印度誌」中的地圖（圖版三十三）。這本書雖然是刊行於一七二六年，但所根據當然是十七世紀荷蘭據臺末期時荷蘭人所測繪的圖爲藍本的。臺灣的形狀在現時枋寮至恒春地方略短，蘇澳灣附近的海岸線稍不同外，已很近似現時的地圖。所註地名頗多，在現時貓鼻頭傍邊繪一小島嶼，註云：'t Zuyder Eyland（南島）。其北向西轉彎有一河流即 Rivier Pangsoya（放縤河）。其北岸村落即 't Dorp Pangsoya（放縤社）。其北河流，註記：「Dollatock 河或稱 Cattia 河」，河口成一海灣，在其北註云：Sampsuy〔似係 Tampsuy 之誤〕。其西方海面有小琉球嶼，注曰：'t Goude Leeuws Eyland by de Inwoonders Lamey genaamt（金獅子島，土人稱曰 Lamey）。Sampsuy 之北有 Apen Berg（猴山）、Tancoia（打狗）。海灣內一小島嶼，名曰 Handelaars Eylandt（意即貿易商的島）。往北又一小灣註云：「小戎克船的停泊所」（Reede voor Clyne

Ionkjes)，隔一個三角形的突角又有一灣，灣口繪一島是 Vissers Eyland（漁夫島），其內港還有四個小島，進入內港的水道，註記：'t Canaal binnen Iockan（入堯港的水道）。其北二條河即 Verse Rivier（淡水溪）和 Soute Riv.（鹽溪）。其西北島嶼就是鯤身島，註名 Tayovan（大員），北線尾島註記 Zeeburg（海堡），鯤身島和北線尾間的文字是 't Fort Zelandia（熱蘭遮堡）。對岸本土有 Saccam（赤嵌），往北有 Rivier Soulang（蕭壠溪）'t Bosch van Soulang（蕭壠森林）Toasumpans Riv.、Verraders of Moordenaars R.（意即叛逆者或虐殺者的河流），再北繪一間房屋，註云：de Boeren schure（農夫的穀倉）其北河流即 Mattamir Riv。南部沿海洲繪得很詳細，其所抱內海即「臺江」，其中一島嶼註記 't Walvis Been（原意即鯨骨），有許多水深註記。在海面寫二行荷文：Goede Reede voor Kleyne Ionken（小戎克船的良好停泊所），其北記：'t Canaal van Wankan（魍港水道）。其傍邊，即在 Mattamir 河河口有許多小島，附近爲中國漁夫採捕之地，註云：Vissers plaat（漁場），其中一嶼繪一房屋，當爲魍港堡，傍註名：'t Vissers eyl.（漁夫島）。其北又一河流，河口海上註爲 't Canaal voor Ponikas（至 Ponikas 的水道）。中部平原繪一片森林，註記，曰：Hier vertoonen haar eenige Boskens en Boomen een Cleyne myl int landt（這裡表示此地有若干（小）哩的森林）。其北，記：Gierim of Zandduynen（二林或砂丘）。北部地名 Casidor 灣、Sabragoga、Medoldarea、Tamkay（按似爲 Tamsuy 淡水之誤）、Camatiao 角、Tellada 崖、't Eyl. Kelang（雞籠島），雞籠島對岸繪二個村落，往東即 de Noort Oost Hoek（東北角）、de Hoek van St. Jacob（三貂角）、't Eyl. Gaclay。宜蘭地方的地名有：

N. Tranguidan、Caydan 角、St. Laurens（蘇澳）灣。再往南，花蓮、臺東方面即：Riv. Doero(黃金河)、Doero、't Eyl. Denual、Bay van Denual、't Eyl. Sapiat、't Eyl. Doati、de Hoek van Penimbos、Penimbos、Laruhali、Natsibay、Alanger、Meeuwen Eyl.、Eyl. Moaritus、't Eyl. Groot Tabaco、't Eyl. Klyn Tabaco、Matasar 等地。從法倫泰因的這幅地圖，因地名分佈於全島，故我們可知荷蘭人對臺灣全島有相當精密的踏勘，惟仍現時嘉南平原及其沿岸較詳細，可表示其勢力即以這些地方為重心。

後來關於臺灣的地圖，只在康熙五十三年清聖祖曾派馮秉正(De Mailla)等人來臺灣有過測繪工作。因為當時，清廷的統治僅限於西部平地，結果只繪得一幅西部臺灣圖。（圖版三十六）這是近世古地圖中，荷蘭人被逐出臺灣以後，應用西洋比較科學化的方法，測繪臺灣地圖的最後一次，而在清朝卻是最初一次了。嗣後迄至清末，臺灣地圖的繪製毫無進步。

原載臺北文獻第一期，民國五十一年六月

地圖目錄

圖版一　一五〇六年 Giovanni Matteo Contarini 所繪世界圖之一部份（採自：*A map of the world, designed by Giovanni Matteo Contarini*. London, 1926）

圖版二　一五〇二年 Alberto Cantino 的世界圖之一部份（採自：Cortesão, Armando: *Cartografia e Cartógrafos portugueses dos séculos XV e XVI*. Lisboa, 1935. Vol. II. pl. II）

圖版三A　一五五四年 Lopo Homem 所繪世界圖之一部份（採自：中村拓著鎖國前に南蠻人の作れる日本地圖，東京，一九六七年，Ⅲ，圖十四）

圖版三B　一五五八年Diogo Homem 所繪亞洲圖之一部份（採自：中村拓著前引書，Ⅲ，圖十六）

圖版四　一五六八年 Diogo Homem 所繪地圖集中之一部份（採自：*De tweede schipvaart der Nederlanders naar Oost-Indië onder Jacob Cornelisz. van Neck en Wijbrant Warwijck, 1598-1600*. V, 2de stuk. Kaart 10）

圖版五　一五六一年 Bartholomeu Velho 所繪世界圖之一部份（採自：中村拓著前引書，Ⅲ，圖二十一）

圖版六　一五六三年 Lazaro Luiz 所繪東亞圖之一部份（採自：中村拓著前引書，Ⅲ，圖三十七）

圖版七　一五六八年 Fernão Vaz Dourado 所繪東亞圖之一部份（採自：中村拓著前引書，Ⅲ，圖三十九）

圖版八　一五七一年 Fernão Vaz Dourado 所繪東亞圖之一部份（採自：中村拓著前引書，Ⅲ，圖四十）

圖版九　一五七三年 Fernão Vaz Dourado 所繪東亞圖之一部份（採自：中村拓著前引書，Ⅲ，圖四十一）

圖版一〇　一五九〇年 Bartholomeu Lasso 所繪世界圖之一部份（採自：*De tweede schipvaart der Nederlanders naar Oost-Indië*……II. Kaart 5）

圖版一一　一五六九年 Gerald Mercator 所繪世界圖之一部份（採自：中村拓著前引書，Ⅰ，圖二）

圖版一二　一五七〇年 Abraham Ortelius 所繪東印度圖之一部份（採自：大阪府立圖書館編南方渡海古文獻圖錄第七圖）

圖版一三　一五七〇年 Abraham Ortelius 所繪新亞細亞圖之一部份（採自：中村拓著前引書，Ⅱ，圖一百〇一）

圖版一四　一五七〇年 Abraham Ortelius 所繪韃靼圖之一部份（採自：中村拓著前引書，Ⅱ，圖百〇二）

圖版一五　一五八四年 Abraham Ortelius 及 Ludovico Georgio 所繪中國圖（採自：中村拓著前引書，Ⅱ，圖百〇七）

圖版一六　一五八九年 Abraham Ortelius 所繪太平洋圖（採自：中村拓著前引書，Ⅱ，圖百〇八）

圖版一七　一五九二年 Petrus Plancius 所繪世界圖之一部份(採自：*De tweede schipvaart der Nederlanders naar Oost-Indië*……V, 2de stuk, Kaart 13)

圖版一八　一五九四年 Petrus Plancius 所繪世界圖之一部份（採自：*De tweede schipvaart der Nederlanders naar Oost-Indië*……V, 2de stuk, Kaart 13)

圖版一九　一五九五年 A. & H. a Langren 所刻東印度圖（採自：*Itinerario. Voyagie ofte schipvaert van Jan Huygens van Linschoten naer Oost ofte Portugaeles Indiën, 1579–1592.* Caart V.)

圖版二〇　一五九八——一六〇〇年間 Henricus à Langren 之世界圖之一部份（採自：Wieder, F. C. ed., *Monumenta Cartographica.* pl. 40 bis.)

圖版二一　一五九八年 Cornelis Doedtsz. 所繪東亞水路圖（採自：*De tweede schipvaart der Nederlanders naar Oost-Indië*……II. Kaarten)

圖版二二　一五九九年 Richard Hakluyt 所刊印世界圖之一部（採自：Hakluyt's *voyages,* vol. I)

圖版二三　一六〇〇年之 Jacob Cornelisz. van Neck 航海水路圖之一部份（採自：*De tweede schipvaart der Nederlanders naar Oost-Indië*……V, 2de stuk)

圖版二四　一五九八年 Cornelis Doedtsz. 所繪東亞水路圖之添筆修正圖（採自：中村拓著前引書，Ⅲ，圖五十二)

圖版二五　末吉氏所藏東亞航海圖（採自：大阪府立圖書館編南方渡海古文獻圖錄，第一圖)

圖版二六　一五九七年 Hernando de los Ríos Coronel 所繪臺灣島、菲律賓以及一部份中國海岸圖（採自：中村拓著前引書，I，圖四十六)

圖版二七　一六二五年三月 Jacob Noordeloos 所繪臺灣島圖（攝自荷蘭海牙市國立檔案館)

圖版二八　一六四八年 Joannes Blaeu 所繪世界地圖中之一部份（採自：Wieder, F. C. ed., *Monumenta Cartographica.* pl. 61)

圖版二九　一六四八年 Joannes Blaeu 所繪世界地圖中之一部份（採自：Wieder, F. C. ed., *Monumenta Cartographica.* pl. 72)

圖版三〇　一六八〇年 Ioannes van Keulen 所刋東印度新海圖（攝自國立臺灣大學圖書館所藏原圖）

圖版三一　約在一七〇〇年 R. & I. Ottens 所刋東印度東部圖之一部份（攝自國立臺灣大學圖書館所藏原圖）

圖版三二　十七世紀臺灣島圖（攝自荷蘭海牙市國立檔案館）

圖版三三　十七世紀臺灣島圖（採自：Valentijn, F., *Oud en Nienw Oost-Indiën*）

圖版三四　十七世紀東亞圖之一部份（攝自荷蘭海牙市國立檔案館）

圖版三五　十七世紀中國大陸沿海及臺灣島圖（攝自荷蘭海牙市國立檔案館）

圖版三六　康熙五十三年（一七一四年）De Mailla 所測繪之臺灣地圖（採自：J.B. du Halde 之中國全誌）

圖版三七　一六二四、二五年間 Moses Claesz. Coomans. 所測繪澎湖島圖（攝自荷蘭海牙市國立檔案館）

圖版三八　十七世紀澎湖島圖（攝自荷蘭海牙市國立檔案館）

圖版三九　一六二四、二五年間 Heyndrick Ariensen 所測繪大員等地之海圖（攝自荷蘭海牙市國立檔案館）

圖版四〇　一六二四、二五年間 Heyndrick Ariensen 所測繪澎湖島至大員島、魍港、堯港等地之海圖（攝自荷蘭海牙市國立檔案館）

圖版四一　一六二九年 Jan Garbrantsz. Block 所測繪大員圖（攝自荷蘭海牙市國立檔案館）

圖版四二　十七世紀 Zeelandia 市等地之海圖（攝自荷蘭海牙市國立檔案館）

圖版四三　一六五二年 Cornelius Plochoy 所繪 Zeelandia 市等地之海圖（攝自荷蘭海牙市國立檔案館）

圖版四四　十七世紀南部臺灣圖（攝自荷蘭海牙市國立檔案館）

圖版四五　十七世紀臺灣島圖（採自臺灣省立博物館所藏照片）

圖版四六　約在一六三〇年所繪雞籠淡水圖（攝自荷蘭海牙市國立檔案館）

圖版四七　一六五四年所繪淡水附近村社及雞籠島圖（攝自荷蘭海牙市國立檔案館）

圖版四八A　十七世紀雞籠島 Noord Holland 城等圖（攝自荷蘭海牙市國立檔案館）

圖版四八B　一六六七年鷄籠城圖（攝自荷蘭海牙市國立檔案館）

圖版四九　十七世紀雞籠灣圖（攝自荷蘭海牙市國立檔案館）

圖版五〇　臺灣島北岸暨鷄籠島圖（攝自荷蘭海牙市國立檔案館）

圖版五一　約在一六二六年間西班牙人所繪臺灣之荷蘭人港口圖　（採自：Alvarez, José María: *Formosa.* tom. II. p. 416-417）

圖版五二　約在一六二六年間西班牙人所繪臺灣島西班牙人港口圖（採自：Alvarez, José María: 前引書）

圖版五三　一六二六年 Pedro de Vera 所繪臺灣島及中國和呂宋島之一部份（採自：中村拓著前引書，I，圖四十七甲）

圖版I　一六二四、二五年間 Heyndrick Ariensen 所測繪澎湖島至大員島、魍港、堯港等地之海圖。

圖版II　一六二四、二五年間 Heyndrick Ariensen 所測繪大員等地之海圖。

圖版III　一六二九年 Jan Garbrantsz. Block 所測繪大員圖。

圖版IV　十七世紀 Zeelandia 市等地之海圖。

從荷蘭文獻談鄭成功之研究

——問題的探討——

一　引言

鄭成功渡海東征，驅逐荷蘭，開拓臺灣，是一件很値得研究的歷史事實。對這件事的研究，中文方面，如：楊英的從征實錄、閩海紀要、海上見聞錄等，都被認爲信而有據的有關鄭氏根本資料，早已爲學界所重視，也爲頗多學者所利用，近來又有重印流通，其價値爲人所周知，不需贅言。

然荷蘭文獻，對鄭氏的研究却也有頗高的價値，有其特殊的地位。今適逢鄭成功復臺三百周年紀念的盛舉時，筆者雖對鄭氏尚未做過詳細而有系統的研究，惟在翻閱荷蘭文獻時，常可看到許多關於鄭氏的記載。茲不揣淺陋，介紹一些荷蘭文獻所載的事實，提出一些問題，略述荷蘭文獻對鄭氏研究的意義，以供學者參考，並切望高明之士，不吝指正！

二　荷蘭文有關鄭氏的文獻

荷蘭人係被鄭成功所逐出臺灣，在歷史的舞臺上，爲其對手，係另一當事者。故要研究鄭成功渡海東征，當然須要研討中荷雙方面的資料，始能獲徹底而公正的結果。從這一點看起來，荷蘭方面的資料，和中文資料一樣，也是研究鄭氏的根本資料，其重要性自不待詳論。

關於荷蘭文有關鄭氏之文獻，有許多已刊印行於世的資料。其中爲人所熟悉而重要者，當首推一六七五年C・E・S所著 *'t Verwaerloosde Formosa* 一書和巴達維亞城日誌。前者被認爲臺灣長官佛烈得勒克・揆一（Frederick Coyet）的著作，有中華文化出版事業委員會與臺灣銀行經濟研究室的中譯本，分別出版流通，可提供了不少的參考資料㈠。後者爲荷蘭東印度公司的巴達維亞城的總督府日誌。關於鄭成功的來臺記事，即見於一六六一年度日誌，有臺灣長官等之報告的詳細摘要，甚爲翔實可靠。

除這些既刊的資料以外，仍有頗多荷蘭未刊的檔案文書，至爲重要。現在國立臺灣大學所藏有關臺灣的荷蘭海牙的國立檔案館（Het Algemeen Rijksarchief）的檔案照片有一二五二件約

㈠ 李辛陽、李振華合譯：鄭成功復臺外記，臺北，中華文化出版事業委員會刊，民國四十四年（現代國民基本知識叢書第三輯）。周學普譯：被遺誤之臺灣，臺北，臺灣銀行經濟研究室刊，民國四十五年，（臺灣研究叢刊第三四種臺灣經濟史三集），第三七—一一一面。

二萬五千張，其中僅關於鄭成功登陸至荷蘭投降，撤出臺灣爲止，在這一六六一年至一六六二年間之文件，雖筆者未確實計算，至少有達一千張以上㈡。

這些文書中，有如：

一、自一六六一年三月十一日至一六六一年七月三十一日，熱蘭遮城決議錄㈢。

二、自一六六一年三月一日至一六六一年十月二十日，熱蘭遮城日誌㈣。

三、大員決議錄及日誌。即：決議錄係自一六六一年八月一日至一六六二年二月十四日；日

㈡ 關於荷蘭文書的介紹，有：

岩生成一：和蘭國立文書館所藏臺灣關係史料に就いて（南方土俗，第二卷第一號，第四一—四九面，昭和七年十二月）。

移川子之藏：和蘭の臺灣關係古文書（愛書第一〇輯，第二—九面，昭和十三年四月）。

賴永祥：鳥瞰下之西洋明鄭文獻（臺灣風物，第五卷第八、九合期第一—二〇面，民國四十四年九月）。關於有關臺灣文書目錄，可看「臺北帝國大學文政學部史學科研究年報」第五輯所收「和蘭國ハーグ市國立文書館所藏臺灣關係文書目錄」（*Stukken betreffende Formosa 1622-1663*; uit de overgekomen Brieven van de Kamer Amsterdam der Oostindische Compagnie, in het Algemeen Rijksarchief, Den Haag, Nederland）

㈢ *Vervolg der resolutiën des Casteels Zeelandia, sedert 11 Maert tot 31 July 1661.* [Kol. Archief, Nr. 1125] fol. 331-416.

㈣ *Vervolgh van het daghregister des Casteels Zeelandia, sedert primo Maert 1661 tot 20 Oct. daeraenvolgende.* [Kol. Archief, Nr. 1125] fol. 476-814.

誌係自一六六一年十月二十日至一六六二年二月九日。㊄

這三件文書，日誌部份即自一六六一年三月一日至次年二月一日開城投降後迄至二月九日爲止，一日都不缺；關於決議錄亦自一六六一年三月十一日至一六六二年二月十四日爲止均完整，可謂鄭成功攻圍荷蘭的最基本而最可靠的荷蘭文資料。又另有其他人士的日誌可資參證。例如被任爲臺灣長官，來臺灣接任而遇戰爭，旋即逃往日本的赫爾曼・柯連克（Herman Klenck）的自一六六一年六月二十二日至八月二十日的日誌㊅，或與鄭氏水軍在臺灣海面交鋒過的快船史赫拉威蘭號（'s Gravelande）的船長安得利斯・彼得生（Andries Pietersz.）的自一六六一年四月三十日至七月初五日的日記㊆；自一六六一年四月三十日至一六六二年二月四日的菲立浦・梅（Philips Mey）的日記㊇；又政務員亨利克・諾爾典（Hendrick Noorden）的日

㊄ *Copie Tayouansche resolutiën en daghregister, beginnende primo Aug. 1661 tot eyndigende 14 Febr. 1662, het daghregister beginnende 20 Oct. 1661 en eyndigende 9 Febr. 1662.* 〔Kol. Archief, Nr. 1128〕 fol. 519–598.

按日誌部份雖到二月九日為止，惟其後仍附有迄至二月二十日的鄭荷來往信件。

㊅ *Daghregister gehouden bij den verkeren Tayouans gouverneur Mr. Herman Klencke van Odessen in het jacht Hoogelande, van 22 Juny tot 20 Augusty 1661, met dies bijlagen.* 〔Kol. Archief, Nr. 1127〕 fol. 11–40.

㊆ *Daghregister gehouden bij den shipper Andries Pietersz. in het Jacht 's Gravelande op Tayouan's reede leggende, van 30 April tot 5 July 1661, met bijlagen.* 〔Kol. Archief, Nr. 1127〕 fol. 41–56.

㊇ *Copie-daghregister, gehouden bij Philips Mey, van het gepasseerde in het gemeldig overvallen van Coxinja op Formosa, en geduyrende de belegering aldaer, beginnende 30 April 1661 en eyndigende 4 Febr. 1662* .〔Kol. Archief, Nr. 1128〕 fol. 848–914.

記㊈；巴達維亞所派救援艦隊的司令官高宇（Cauw）的日記⑩，均爲關於攻圍之詳細紀錄。

除這些決議錄、日誌以外，還有許多各種報告，鄭荷間或清荷間來往信件，鄭成功的佈告譯文，以及開城條約文等類，均爲當時身歷其境而當天所寫的原始文件或副本抄件，確是極詳盡而極可靠的紀錄。現在中文資料中，關於鄭成功入臺至其歿爲止，永曆十五年、十六年兩年間的記載，最翔實而最可靠之楊英從征實錄的記載，不過四千字左右；最詳細的臺灣外記之記述，也只有一萬二千餘字，故僅就關於鄭荷雙方在臺灣的戰事，其資料的分量相比較，我們就知道：荷蘭文獻中，有關鄭氏資料實甚豐富。頗多可爲中文資料的印證，補其缺略，並且也可發掘許多新事實。

三　從荷蘭文獻看鄭氏海外貿易的活動

荷蘭文獻，不僅爲研究鄭成功東征，具有極端重要的資料價值以外，對鄭氏四代事蹟的研究，亦非常重要。

按荷蘭佔據臺灣的重要目的有二。其一，是軍事的意義，即以臺灣爲據點，扼住葡西兩國的貿易路線，破壞敵方的貿易；並掩護自己的海上交通，俾貿易可使安全。另一方面，是經濟的意

㊈ *Copie-daghregister van de gelegentheyt als boven, gehouden bij den Politiek Hendrick Noorden.* 〔Kol. Archief, Nr. 1128〕 fol. 915–950.

⑩ *Daghregister, gehouden by den commandeur Cauw, beginnende 5 July 1661 en eyndigende 3 Febr. 1662.* 〔Kol. Archief, Nr. 1130〕 fol. 1–213.

義，即以臺灣爲根據地，俾能在國際貿易中活躍。其實臺灣曾在荷蘭的東方貿易中成爲極重要的轉接基地，嘗獲甚大的利益。其貿易的內容，即：自大陸運至臺灣再轉販於各地荷蘭商館的物品，是絲綢、生絲、砂糖、黃金、瓷器等類；由臺灣向大陸上輸出的主要物品，是自日本歐洲運來的銀、銅和南海方面的胡椒、鉛、錫、香藥等類。其中生絲、絹綢和銀在交易上最爲重要。對此已有許多先學的論述，爲人所周知。因此荷蘭在臺灣的貿易，其盛衰，完全看大陸供應的是否充裕，實與大陸的情勢相表裏。

然鄭芝龍早年流亡於日本，後一時充任來佔據澎湖的荷蘭艦隊司令官哥路納利斯・雷爾生的通譯㊁，後在閩海猖獗，明朝征剿無功，遂加以招撫。於是鄭芝龍利用其地位遂成爲閩海上眞正的最大勢力，沿海的貿易爲其所控制。故荷蘭爲經營臺灣貿易，其所受鄭氏的影響，實甚鉅大。在一六二八年十月一日鄭芝龍與臺灣的荷蘭長官彼得・諾易茲之間，訂有爲期三年的生絲、胡椒等貿易的契約㊂。一六四〇年臺灣長官保祿士・杜拉第紐斯與鄭芝龍又訂有關於日本貿易

㊁ Iwao, Seiichi: Li Tan, Chief of the Chinese residents at Hirado, Japan in the last days of the Ming dynasty. (*Memoirs of the Research department of the Toyo Bunko* no. 17,1958) pp.77–79.
Hoetink, B.: *Verhaal van het vergaan van het jacht De Sperwer,* (1653–1666) doorH endrik Hamel. 's-Gravenhage, 1920. (Werken uitgegeven door De Linschoten-Vereeniging, XVIII) bl. 125.

㊂ *Copie van 't accoordt, getrokken tusschen d'Hr. Pieter Nuyts ende Icquan, overste Mandorijn van Aynoy op Tayouan in dato 1 October 1628.* 〔Kol. Archief, Nr. 1008〕
Iwao, Seiichi: *op. cit.*, pp. 79–80.

的互惠協定㊂。又鄭成功嘗禁止沿海商賈的臺灣貿易，荷蘭爲欲打開這種商業上的僵局，曾派何斌至鄭成功處，請求開闢貿易㊃。據是可知，荷蘭的臺灣貿易，其與鄭氏父子的關係，尤爲密切。因此鄭氏的貿易活動，頗爲荷蘭所關心，在荷蘭文獻中，有許多關於所謂「一官船」或「國姓爺船」在各地貿易活動的記載。如：日本長崎的荷蘭商館日記，在一六四九年七月十七日條云：

> 一官的兒子所屬的船隻一艘，自安海入港。聽說裝載了白生絲五、〇〇〇斤、Poil 絹絲五、〇〇〇斤，以及其他織物等類頗多。據云，近日中屬於同一船主的船隻有三、四艘尚要到這裡來㊄。

又在一六四九年七月廿三日條云：

> 今早，聽說在野母岬附近看到了二艘帆船。稍後通詞一同來館；據云，在山頂的守望所已有報告來。約至正午，二艘小戎克船在桅頭揚了帆入港。原來是把這二艘看錯為帆船。傍晚又有一艘入港。均為在十三天前自漳州開來的一官船。下午十點左右又有一船

㊂ *Copie-contract tusschen gouverneur Traudenius ende den Mandarijn Iquan getroffen anno. 1640.* 〔Kol. Archief, Nr.1043〕 fol. 121.

㊃ 楊英：從征實錄，臺北，臺灣銀行經濟研究室刊，民國四十七年（臺灣文獻叢刊第三二種）第一一三面。周學普譯：被遺誤之臺灣（臺灣研究叢刊第三四種）第四六面，第九一面。

㊄ 村上直次郎譯：長崎オランダ商館の日記第二輯，自一六四四年十一月至一六五〇年十月，東京，岩波書店刊昭和三十二年，第二四五面。

入港㊅。

一六五〇年十月十九日條，曰：

一官的兒子的戎克船一艘自漳州開到。裝載生絲一二〇、一〇〇公斤、綸子一、八〇〇匹，紗綾一、八〇〇匹，以及綢縐（Gielem），藥材等頗多。又還有四艘戎克船，搭載了很豐富的貨品也要來……㊆。

一六五一年八月初四日條，亦謂：

……。傍晚，一官的兒子所屬的船隻一艘，自廣州裝載了紗綾、綸子等貨，估計銀值四十箱的貨物入港㊇。

又在一六五六年二月一日荷蘭東印度總督寄回本國的一般政務報告書中，關於日本的貿易，云：

自一六五四年十一月三日在我們的最後一艘荷蘭船開纜以後，迄至一六五五年九月十六日為止，在這期間有由各地開來的中國戎克船五十七艘入埠。即：安海船四十一艘，其大部份係屬於國姓爺的。泉州船四艘、大泥船三艘、福州船五艘、南京船一艘、漳州船一艘及廣南船二艘。如日本商館日誌末後所附載詳細清單，上述各戎克船總共裝載生絲一四〇、一〇〇斤，此外還進了鉅量的織品及其他各種貨物。這殆都結在國姓爺的

㊅ 同書第二輯，第二四六面。

㊆ 同書第二輯，第三二〇面。

㊇ 同書第三輯，自一六五〇年十月至一六五四年十月，昭和三十三年，第七〇面。

賬㉙。

據上引各例，可知每年有許多鄭成功的船隻，自各地至日本貿易。

同時鄭成功也曾經營南洋貿易。茲略舉數例如下：

在日本長崎的荷蘭商館日誌一六五三年八月二十三日條，曰：

一月廿三日從這裡開出去的何斌船，今天自東京（Tonquen）與國姓爺船一起入港㉚。

在熱蘭遮城日誌一六五五年三月九日條，有從安海來臺灣的船隻所獲的消息，云：

屬於國姓爺的船隻二十四艘，自中國沿岸開去各地貿易。內開：

向巴達維亞去	七艘
向東京去	二艘
向暹羅去	十艘
向廣南去	四艘
向馬尼拉去	一艘㉛

㉙ 岩生成一：近世日支貿易に關する數量的考察（史學雜誌第六十二編第十一號，昭和二十八年十一月）第十五面所引 *Origineel Generale Missive van den Gouverneur-Generaal ende Reden van Indie in dato 1 Feb. 1656* 〔Kol.Archief, Nr. 1102〕

㉚ 村上直次郎譯：長崎オランダ商館の日記第三輯，第二二五面。

㉛ *Copie-daghregister des Casteels Zeelandia op Tayoan, sedert 27 Febr. tot 9 Nov. 1655.* 〔Kol. Archief, No. 1103〕 fol. 571 v.

又熱蘭遮城日誌一六五五年八月十七日條，也有消息說：

國姓爺船八艘自巴達維亞回歸。據云：尚有自暹羅等地歸來的㉒。

在巴達維亞城日誌一六五六年十二月十一日條，也有記載，說：

今年從中國有官人國姓爺的戎克船六艘到那裡（按即指柬埔寨），而收購了很多的鹿皮及其他貨物運去日本㉓。

鄭成功來臺之前，曾徵召各地船隻。在巴達維亞城日誌一六六一年六月十三日條，載有荷蘭暹羅商館的楊・凡・賴克（Jan van Ryk）於三月二十九日所寄報告，曰：

又駐在暹羅的商務員凡・賴克最近所寫報告謂，在那裏（按即暹羅）自交趾來了二艘，從厦門來了一艘中國戎克船。由他們所獲消息說：前述國姓爺已經在厦門附近召集了超過二〇〇艘戰船的一支艦隊，而正忙於要徵召更多的船隻。於是他又召集了所有的船長駕駛他們的船隻，從日本、交趾、柬埔寨、暹羅或在別處的，都要裝載米、硝石、硫黃、錫、鉛等物資，不要去日本，而要一路直接回歸厦門。又據一般的意見，因他在中國大陸的所有供應和貿易被滿清人阻斷了好久，可能在計畫下一風季，要以這巨大的軍勢突襲最輕易得到而最接近的島嶼臺灣或呂宋㉔。

㉒ *Ibid.*, fol. 700-700v.

㉓ *Dagh-Register gehouden int Cateel Batavia, vant passerende daer ter plaetse als over geheel Nederlandts-India, Anno 1656-1657.* 's-Gravenhage, 1904. bl. 37-38.

㉔ *Ibid., Anno 1661.* Batavia, 1889. bl. 181.

又在同日條下，有記載：

> 這季節中，有屬於國姓爺的中國戎克船三艘來到暹羅，即一艘來自日本；另二艘係自中國來的。而這三艘和另外二艘在暹羅建造的戎克船，均受了徵集的命令回歸廈門[㉕]。

如上引諸例，我們可知鄭成功所經營貿易，其活動的範圍，曾至日本、臺灣、馬尼拉、東京、交阯、廣南、暹羅、巴達維亞等地，幾遍及整個遠東又南洋的諸海域，而在攻臺前，曾召集派在各地船隻，裝載軍需物資回歸。

按鄭成功經營東西二洋貿易，爲其重要事業，係其抗清的財政基礎。在中文資料方面，雖略有記載，但不甚詳，還是一項亟待研討的問題。如鄭成功所經營貿易的內容、特質，其貿易的盛衰、趨勢；在當時國際商場鄭氏所佔的地位，或與各國的關係等等，有許多頗有趣而有意義的問題，尚待我們的探討。然荷蘭文獻卻對這方面的研究，是可提供極豐富的參考資料。

四　從荷蘭文獻看鄭氏和臺灣在當時國際上的地位

荷蘭在臺灣的貿易，極需大陸的供應，素與鄭氏有很密切的關係，故對大陸情勢的轉變，頗表關切，並恐懼對其在臺灣的地位，有所影響。早在一六四六年十一月十一日在日本長崎的荷蘭

㉕ *Ibid.*, bl. 183. 又在同書一六六一年十一月十七日條，亦載有暹羅商館的報告，云：「今年有三艘中國戎克船來到暹羅，而受了國姓（Coxin）的命令，回歸中國。這三艘和另有二艘係在暹羅建造的，均裝載硫黃、硝石、鉛、米和其他各種乾糧回去」。

商館日記，有記載，說：

> 本日決議儘量輸送糧食至大員。因有中國人已注目我們的城塞爲其居住地的風聲。如中國移民愈多，我們就難於保全領土㉖。

同日長崎商館的決議錄亦云：

> 第一，昨天有一隻戎克船入港，是從福州來的，所載的貨物，是少量的一半變壞了的黑色的糖。據通譯說：滿清人在中國的帝國內打仗，前者常佔優勢，皇帝和一官不得不從福州逃走，而回到漳州（Chinchieuw）去了。這兩個城市已被燒成灰燼，那些地方的情勢非常悽慘。
>
> 近日有謠言傳來，殊可警惕，據云中國的逃兵不願投降滿清人，要逃到大員的要塞來，以資躲避，並設立堅固的根據地，但願上帝予以阻止。臺灣對於那些逃兵，當然是安全的避難所，他們很可能不但刼略大員的糧食，亦且毀壞其田地和房屋。我們必須在大員貯備充足的糧食……㉗。

可知因大陸情勢的變遷，荷蘭人恐懼爲漢人所驅逐。嗣後荷蘭東印度公司屢次從各方面收到了許多這類的消息。如日本長崎荷蘭商館日記一六四八年九月十五日條，曰：

> 據大員的長官和評議會的信函，自中國輸入的貨品極少，逃出本國的中國移民甚多，已

㉖ 村上直次郎譯：長崎オランダ商館の日記第二輯，第一一六面。

㉗ 周學普譯：被遺誤之臺灣，第八九—九〇面。

超過了七、〇〇〇人，故糧食，尤其是米頗感缺乏㉘。

又同在一六四九年二月七日條，云：

通詞八左衛門和孫兵衛來館。據云，他們與有身份的中國人談話時，獲知風聲謂，大員的漢人已上一萬名，有佔領荷蘭城堡以及其他的企圖。去年曾在安海討論過這個計畫㉙。

在一六五二年十一月十一日，有記載：

中國戎克船二艘向福州出帆。其中一艘是這季風期最早自福州來的，裝載白生絲一、〇〇〇斤和藥材，並報消息說，一官之子國姓爺與韃靼人的戰爭打敗了，有不久許多中國人將進襲臺灣的風聞㉚。

於一六五三年七月二十七日條的日記，又說：

中國人又在謠傳：國姓爺對韃靼人的戰況如比現在更惡化時，將注目臺灣為其最後的逃走的去路㉛。

一六五四年九月二十八日條，亦有記載，即：

關於臺灣的統治，凱撒（Caesar）閣下與評議會頗掛慮，不久或將發生更困難的事態，

㉘ 村上直次郎譯：長崎オランダ商館の日記第二輯，第二〇九面。
㉙ 同書第二輯，第二三五面。
㉚ 同書第三輯，第一九一面。
㉛ 同書第三輯，第二二〇面。

而陷於糧食困難之虞，……㉚。

據上引各例，可知荷蘭由於大陸情勢的變遷，頗感焦慮。在C・E・S・的「被遺誤之臺灣」卷上也有頗多關於鄭成功東征之企圖的消息，以及荷蘭人之提防備戰的記述。這種消息所具背景和意義，也是一項值得探討的問題。若與中文資料互相參證，加以研究，對鄭氏的事蹟可得其詳。

鄭成功遂在一六六一年四月三十日登陸臺灣，圍攻九個月，至一六六二年一月二十七日Coyet提議休戰，雙方經交涉之後，於一六六二年二月一日簽訂開城協約，於是荷蘭在臺灣勢力，終為鄭成功所驅逐，失去了其在臺灣的根據地。然C・E・S・所著，其書名雖為「被遺誤之臺灣」，惟書中對其為什麼臺灣被荷蘭所遺誤，除對巴達維亞當局表示其不滿以外，卻未十分清楚。對這問題，當需更多而從各方面的詳密檢討，然對於戰事經過的得失姑且不論，其理由我們可認為主要者有二。其一，即當時荷蘭人分派對立，巴達維亞與臺灣當局不和，這一點從C・E・S・的記述，我們亦可窺察其大概。另一個而更主要的理由，即臺灣作一個根據地，對於荷蘭東印度公司在亞洲的地位，已不如在佔據當初之重要。

按如上述，荷蘭佔據當初，以臺灣為據點，扼住葡西兩國的貿易路線，維護自己海上交通。然在十七世紀中期以後，荷蘭已壓倒了敵對勢力，獨霸海上，澳門的葡萄牙和馬尼拉的西班牙勢力，已不再為荷蘭之威脅，故臺灣對荷蘭的軍事價值，早已減少了。

又關於經濟意義，即從前臺灣為荷蘭的極重要轉接基地，獲得大陸的生絲、絹綢、砂糖、黃

㉚　同書第三輯，第三一五面。

金等類，轉販於各地，獲利甚鉅。但後來，一者因中國船隻自己販賣於日本、南海各地頗盛，又受了大陸時局的影響，在臺灣貿易頗感困難；再者，荷蘭其他各地商館業務發展，因此臺灣於此爲貿易據點，在荷蘭東印度公司的價值，也逐漸喪失了其重要性。由於這種原因，荷蘭對其防禦措施或重估的舉動，遂不夠認眞切實[33]。

舉一例來說：生絲爲當時國際貿易上最主要商品之一。一六〇三年荷蘭人在麻六甲海峽捕獲了葡萄牙船聖卡泰麗娜（Santa Catarina）號，得了一、二〇〇梱的中國生絲，價值達二百二十五萬盾，以及大量的瓷器[34]，載回本國出售，於是阿母斯特丹就變了歐洲最主要生絲市場。因此荷蘭在亞洲頗渴望中國貿易，以想獲中國生絲。一六〇九年荷蘭在日本平戶設立了商館，而中國絲却在日本爲最主要商品，於是更深感有與中國通商之必要。未佔據臺灣時，荷蘭人即主要在大泥等地，由中國商船獲得其供應，而佔據了臺灣以後，臺灣就變爲荷蘭最主要中國生絲之供應地，自此轉輸至歐洲和日本等地，獲利頗豐。後來因荷蘭之波斯貿易進展，波斯產生絲輸往歐洲市場頗多，隨之對中國生絲之需要逐漸減少，日本就變爲荷蘭所獲中國生絲之最主要消費市場，

[33] Nachod, Oskar: *Die Beziehungen der Niederländischen Ostindischen Kompagnie zu Japan in siebzehnten Jahrhundert*. Leipzig, 1897. S.360-363.
オスカー、ナホッド：十七世紀日蘭交涉史，富永牧太譯，天理市，昭和三十一年，第二四〇—二四三面。

[34] Glamann, Kristof: *Dutch-Asiatic trade 1620-1740*. Copenhagen, 1958. p.112.
Boxer, C.R.: *The great ship from Amacon, annals of Macao and the old Japan trade, 1555-1640*. Lisboa, 1959. p. 68.

然臺灣之荷蘭人所輸往日本的中國生絲，却需當時控制中國沿海航業的鄭氏之接濟，而日本又係鄭氏貿易之最主要行販之地。

在大陸，主要生產地華中淪陷於淸廷之後，戰爭擴展至華南，其時鄭氏本身想要得到生絲，時或發生困難，何況荷蘭。因此荷蘭之中國生絲貿易的地位，頗受時局影響，是很不穩定的。如在日本長崎荷蘭商館日記一六四六年九月十二日條，載有長崎的街耆和商人等爲定白絲的價格來館。其年荷蘭僅進了約二千五、六百斤，數量頗少，於是日本商人表示不滿。記曰：

他們責難從前在平戶時代我們輸進年額二十萬斤以上的生絲，現在有數多的船隻，輸入頗多其他商品，而生絲却只有八〇〇乃至一、〇〇〇斤。對此辯白我們的情形，說：這是因為中國的戰爭和一官在阻當大員的輸入所致的。因之我們在大員有頗多資金未能利用，正在損失利息。又從前公司所輸入的生絲，現在變由中國人進口(三五)。

在一六四七年九月十四日條，又有記載：長崎的街耆等來館，詢問生絲輸入數量頗少理由，對此亦答以由於中國的戰爭所致(三六)。

又同在一六五一年六月末日條，云：

據中國人說，韃靼人依然繼續侵略，不久以前著名的城市廣州亦已為其所佔。因此自中國向大員的輸入會減少，對於生絲，絹綢等類的入手當發生困難(三七)。

(三五) 村上直次郎譯：長崎オランダ商館の日記第二輯，第九六面。
(三六) 同書第二輯，第一七九面。
(三七) 同書第三輯，第六四面。

一六五四年二月一日，商館長在江戶時，亦有記載，曰：

筑後閣下又與通詞談慣例的中國生絲的講價制（Pancado）。在閣老之間也有廢止講價制之聲。對此如何？如實施，從前輸入多量的生絲，而近年來減少到了幾乎沒有，故荷蘭人當應增加其輸入量。對這話通詞答辯說：荷蘭人的輸入之所以減少，並非因講價制度，是因荷蘭人在中國未獲准貿易，來大員的中國商人又不賣給荷蘭人；而在臺灣沒有生絲的生產，僅出產鹿皮和砂糖而已。又據他說，諸閣老對生絲頗表關心，係因「羽二重」及其他最好織品均用中國絲，如皇帝的上衣一套就需五十兩。東京或孟加拉的生絲，他們是用以作刀或其他袋子的串繩。他雖應答的好，但我想他應當補充一點，說：因在中國戰爭繼續了太久，又荷蘭自韃靼人獲得了許可，可到廣州去，故生絲貿易將再興旺起來㊳。

於一六五五年八月二十四日，溫尼克斯（Leonard Winnincx）在他的日記裡，又記載說：

沒有生絲輸至臺灣，因此在這裡仍期待着東京的生絲，惟其利益並不多㊴。

從上引各例，我們可知當時荷蘭人，由於大陸戰局的影響與所謂國姓爺等中國船隻自己直接與販於日本的關係，在臺灣所經營生絲貿易的狀況，甚爲惡劣。然荷蘭爲維持其在日本生絲的貿易，曾輸東京、孟加拉等地所出產的生絲，以充中國生絲之缺㊵。如我們翻閱凡・達讓所著「荷蘭東

㊳ 同書第三輯，第二六六面。
㊴ 板澤武雄：阿蘭陀風說書の研究，東京，昭和十二年（日本古文化研究所報告第三）第二〇面。
㊵ Nachod, Oskar: *op. cit.*, S.334；富永牧太譯本，第二三六面。

印度公司誌」第二十一章關於日本的記述中，有每年荷蘭往販日本的船隻、貿易總額和主要商品的行情之記載。據這本書，一六四九年孟加拉生絲上等貨在日本所獲利益達二〇〇%以上㊶。一六五〇年有荷蘭船八艘開到日本，共輸往生絲數量六八、八四一斤㊷。其中自臺灣駛往日本有二艘，即一艘是第・法蘭德（De Valde）號，所載白生絲六、八二六斤㊸，另一艘係休斯特（Hulst）號，所載白生絲二、七〇〇斤㊹，合計九、五二六斤，即自臺灣輸往日本白生絲爲荷蘭所販運全數量之中，其比率僅爲一三・八%。一六五二年由華船所進口的白生絲六六、七〇〇斤，荷蘭所輸往白生絲僅有六〇〇斤，而荷蘭所販運各種生絲類計三八・三九五斤㊺，可知荷蘭所購進中國白生絲在其生絲貿易上，爲數甚少。這一年中國生絲在日本的售價，比上一年每擔下跌一〇〇盾㊻，相反地，孟加拉生絲、東京生絲的行情均向榮。這一年荷蘭輸往日本的孟加拉生

㊶ Dam, Pieter van: *Beschryvinge van de Oostindische Compagnie, Tweede Boek,* Deel I, uitgegeven door F.W. Stapel. 's-Gravenhage, 1931. (Rijks Geschiedkundige Pullicatiën, 74) bl. 383.

㊷ 岩生成一：近世日支貿易に關する數量的考察（史學雜誌第六十二編第十一號）第二八面。
Nachod, Oskar: *op. cit.,* S. CCV.

㊸ 村上直次郎譯：長崎オランダ商館の日記第二輯，第三〇五面。

㊹ 同書第二輯，第三一三面。

㊺ Dam, Pieter van=Stapel; *op. cit.,* bl. 397.
岩生成一：近世日支貿易に關する數量的考察（史學雜誌第六十二編第十一號）第二八面。

㊻ 村上直次郎譯：長崎オランダ商館の日記第三輯，第一七五面，一六五二年九月二十一日條。
Dam, Pieter van=Stapel, *op. cit.,* bl. 397.

絲上等品和中等品獲利一七四¾%；類似的品質，比中等品較好而與上等品相似者獲利一三五%，中等品獲利一二一¾%，下等品獲利一九二¾%，還有一種未完成的白生絲，叫着孟哥（Mongo）者，獲利二〇〇%。這一年，

孟加拉生絲　原價　一五〇、三八八盾：九
　　　　　　利益　一九一、二四一盾：一
東京生絲　　原價　二九五、四二五盾：一五
　　　　　　利益　一七二、五一三盾：一㊼

一六五三年由華船所輸入日本之生絲類，即：

白生絲　　八八、一五〇斤
其他生絲　五四、三三一斤
　計　　一四二、四八一斤㊽。

這一年荷蘭船五艘到達日本，其所裝載生絲類，即：

白生絲　　一、五〇〇斤㊾
其他生絲　五一、五三八斤五

㊼ *Ibid.*, bl. 398

㊽ 岩生成一：近世日支貿易に關する數量的考察（史學雜誌第六十二編第十一號）第二八面。

㊾ 長崎オランダ商館の日記第三輯，第二三七面，一六五三年十月二日條。

計　五三、〇三八斤五[50]。

這一年孟加拉生絲的行情比去年更好[51]上等品所獲利益達一七五—一八〇%；二等品一一〇、一四〇、一五〇、一五六及一六二%不等；下等品二六%[52]。

在一六五八年荷蘭在日本的孟加拉生絲貿易：

原價　五七一、七九三盾：八：一四

利益　六二九、一九七盾：一五：三

即利益達一一〇%以上[53]。

又一六六〇年在日本，孟加拉生絲：

原價　六七五、五九九盾：一八：六

售價　一、一三九、五九五盾：一二：六

所獲利益，達六八$\frac{3}{4}$%[54]。

由此可知，在荷蘭的生絲貿易上，孟加拉、東京等地所出產生絲，逐漸取代了中國生絲的地位，而中國生絲的供應愈減少，隨之其他各地生絲愈顯出其重要性。因之，臺灣對於生絲貿易的

---

[50] 與（註四十八）同。又 Nachod, Oskar: *op. cit.*, S. CCV.

[51] 長崎オランダ商館の日記第三輯，第二三八面，一六五三年十月六日條。

[52] Dam, Pieter van=Stapel: *op. cit.*, bl. 399.

[53] *Ibid.*, bl. 408.

[54] *Ibid.*, bl. 419

轉接基地之經濟意義亦隨之減少。

上面所述，僅是略述其梗概，詳細尚留待將來的研究，而對這種各方面的檢討，卻對鄭氏的研究亦甚重要。因從這方面的研究，我們始能對鄭氏在當時國際貿易上所佔有的地位，可獲得較深而較正確的諒解。

五　從荷蘭文獻看鄭氏驅荷對爪哇華僑糖業的影響

鄭成功驅逐在臺灣的荷蘭勢力，究竟有何種意義？發生了什麼影響？這確也是一項極須徹底研究的問題。然這一個問題又可分為：第一，對於本國史上具有何種意義？第二，即對於國外，尤其是對荷蘭發生了什麼作用？前者有如對於抗清扶明，對臺灣的開拓，以及其他有許多問題。對這些雖已有不少先進的考究，但我們仍應展開問題，加以研究，俾能更瞭解其歷史意義。對於後者，惜至今還沒有什麼可足道的研究，而對這一方面，如：對荷蘭的貿易發生了何種變化；或對西班牙的統治菲律賓發生了何種影響；對各地華僑有何種意義等，也有頗多問題，亟待我們研究探討。

對這一方面，以下我們擧一個例子，從砂糖貿易略加考察之。我們中國，自唐宋以來，由於華南地區的開發進展，遂與印度成為當時世界主要產糖國家，自泉州、廣州等地輸出頗多砂糖。在明末，中國仍為主要產糖國，由沿岸海商輸往日本等地貿易。據日本岩生成一博士的研究，自一六三七年至一六八三年間，中國船隻輸往日本的砂糖數量，最多為一六四一年的五百四十二萬七千餘斤，最小為一六四三年全無輸入，而在這三十多年間中國船所輸往日本的砂糖，平均每年達一百六十九萬斤。這數目，雖包括中國船隻自暹羅、柬埔寨、廣南等地所輸入砂糖也計算在內，但可窺知中國產砂糖輸出日本數量頗鉅㉟。同時也有頗多的數量運至臺灣和巴達維亞供應荷蘭人。按其時砂糖也是一項荷蘭東印度公司的主要貿易品。荷蘭人曾把巴西、西印度和東洋各地的砂糖運回阿母斯特丹販賣。十七世紀前半期東印度公司所出售東洋糖，大部份都爲中國的大陸和臺灣，以及暹羅、孟加拉等地所出產的。就中，中國產砂糖因可供給數量多，品質好，而原價低，在貿易上獲利較多，故東洋糖之中最爲重要，而輸出量亦最多。

在一六二二年約有二十二萬磅的中國砂糖曾運至荷蘭本國㊱，在一六三四年有四十三萬磅的中國和暹羅砂糖；一六三七年有一百一十萬磅以上的中國白粉砂糖送回荷蘭本國㊲。一六四〇年以後因糖價下跌，又巴西輸出了大量的砂糖，於是對東洋糖的需要減少。一六四三年自荷蘭本國只定了中國粉砂糖四〇萬磅和二〇磅的冰糖而已㊳。嗣後因爲在巴西有騷動的結果，巴西砂糖供應杜絕，隨之對東洋糖的需要激增。一六五五年以後阿母斯特丹的糖價又跌落，輸入量也減少。總之，自十七世紀初以來，輸入歐洲的亞洲糖的數量，隨市情的波動，屢有增減，而其中雖有孟加拉、暹羅等地砂糖的輸入，惟中國大陸和臺灣的砂糖銷路最好而最重要。

其時，在亞洲，波斯亦與日本爲最大砂糖的消費市場，荷蘭人曾獲得中國人的供給，把大量

㉟ 岩生成一：前引論文，第三〇—三四面。

㊱ Glamann, Kristof: *op. cit.*, p. 153. 所引 Kol. Archief, Nr. 987. fol. 176 et seq.

㊲ *Ibid.*, p. 153,

㊳ *Ibid.*, p. 156.

的中國砂糖輸往波斯。

早在一六二三年荷蘭剛在波斯建立貿易關係時，在同年七月二十七日荷蘭商務員維士寧（Huyberto Visnigh）自甘隆（Gamron）寫給總督，文中報告波斯市場所需商品，就有列舉中國或孟加拉砂糖[59]。一六二六年四月二十三日荷蘭與波斯間所協議的定貨單中，亦有一、二〇〇桑孟（sommen）的中國或孟加拉的粉砂糖之記載[60]。又在一六二八年荷蘭東印度公司的烏特勒希德號、布魯瓦斯哈芬（Brouwershaven）號等船隻，載往波斯的船貨單上，有：

中國粉砂糖　三六、四〇四斤　價值　三、四一八盾：一〇：八[61]。

據一六三七年一月二十五日駐在甘隆的商務員哈第尼斯（Arent Gardenijs）送給阿母斯特丹總公司的報告，該年一月二十二日自蘇拉特（Surat）開至甘隆的荷蘭船阿美利亞王子（Prins Amilia）號所載的貨物中，也列舉着中國和暹羅所產的砂糖：

暹羅黑砂糖　八八、三〇〇斤　價值　四、七九五盾：一七：八

中國白砂糖　一九、一〇〇斤　價值　一、八三九盾：三：八[62]

---

[59] Dunlop, H.: *Bronnen tot de geschiedenis der Oostindische Compagnie in Perzië*, Deel I, 1611-1638. 's-Gravenhage, 1930. (Rijks Geschiedkundige Publicatiën,72) bl. 22.

[60] *Ibid.*, bl. 185.

[61] *Ibid.*, bl. 264.

[62] *Ibid.*, bl. 605.
岩生成一：臺灣砂糖と茶の波斯進出（南方土俗第二卷第二號，昭和八年四月），第二四面。又岩生博士的論文中文譯，見於臺灣銀行經濟研究室編：臺灣經濟史二集，第五八面。

這些荷蘭運回本國，或輸往波斯、日本等地的中國砂糖，都由大陸沿岸海舶運至臺灣所供應的。例如，大員商館日誌一六三六年三月二十一日條有記載，曰：

自烈嶼和廈門，有十七艘的漁船，全部均載鹽和磚到達這裡來；又有一艘戎克船自廈門裝載了一五、〇〇〇斤的粉砂糖和五箱金條到達[63]。

又如在一六三七年五月十五日條，云：

二艘戎克船裝載了鹽魚，一艘向廈門，另一艘向烈嶼一起出帆了。

又從那裡有船入埠，即二艘來自廈門，搭載貨物如下：

白粉砂糖	一〇〇、〇〇〇斤
白蠟	四、〇〇〇斤
明礬	一二、五〇〇斤
細瓷器	一三〇簍

又有一艘，自烈嶼運來

柱	二六
板	三〇〇—四〇〇
瓦	一五、〇〇〇

---

[63] *Daghregister des Comptoirs Tayouan van 1. Nov. 1636-17. Oct. 1637.* 〔Kol. Archief, Nr. 1034 bis〕 fol. 842v.

以及其他小東西　若干[64]

如此我們若翻閱臺灣的荷蘭當局的日誌，便可知連日有自大陸來臺商船出入的記載，而差不多每一艘船隻，都有裝載砂糖[65]，其中大部份係鄭芝龍、鄭成功父子所供應的是不容疑惑的。

其時臺灣也由於荷蘭人獎勵之下，經我們先人努力經營之結果，臺灣砂糖產量大爲增加，在一六五八年曾達至一百七十三萬斤[66]。荷蘭即自一六三九年以來把這臺灣糖一部份輸往日本，一部份運至波斯貿易。據岩生成一博士的研究，自臺灣直送砂糖至波斯，在一六三九年有一八八、〇〇〇斤；一六四二年即五二〇、九四六斤，嗣後大約都在四、五十萬斤之間，至一六五七年增至八二八、九五八斤，鄭成功入臺的那一年，即一六六一年也有輸出八五六、五五〇斤之多[67]。

據上所述，即在荷蘭人據臺期間，中國的大陸和臺灣所出產的砂糖，曾由荷蘭人運至歐洲、波斯和日本等地，爲東印度公司的一項重要貿易商品。

然自一六六一年四月，鄭成功入臺，荷蘭東印度公司之中國大陸和臺灣砂糖的供給便告斷

---

[64] *Ibid.*, fol. 878v.

[65] 請參看拙稿「明代臺灣漁業誌略補說」文中之附表第一表：臺灣、大陸間船隻往還狀況表（收載於臺灣銀行經濟研究室編：臺灣經濟史四集，第一八一—二八面）。〔本書第一八〇—二〇九面〕

[66] 岩生成一：前引論文（南方土俗第二卷第二號），第一二面；中譯文見於臺灣經濟史二集，第五三面。
中村孝志：臺灣に於ける蘭人の農業奬勵と發達（社會經濟史學第七卷第三號，昭和十二年六月），第三九面；中譯文見於臺灣經濟史初集，第六一面。

[67] 岩生成一：前引論文（南方土俗第二卷第二號），第一八面；中譯文見於臺灣經濟史二集，第五六面。

絕，因之中國糖就自歐洲、波斯的市場消失。於是荷蘭人就不得不把巴達維亞糖來補其缺，以努力維持其在砂糖市場上的勢力。

按在十七世紀初，歐洲人對於砂糖的需要曾引起在爪哇華僑之種蔗的興趣。荷蘭建立巴達維亞市時，在市的內外，已有中國人從事於植蔗，惟其時因與荷蘭本國的商業政策抵觸，未受到荷蘭當局的獎勵。後因英國圖謀使下港（Bantam）的蘇丹（Sultan）發佈禁運下港糖輸至巴達維亞，於是荷蘭東印度公司在一六三七年對下港糖的收購原價，自每擔六里爾提高至每擔九里爾，以抵抗貿易的阻礙；一面在公司自己勢力範圍內，獎勵栽培甘蔗(六八)。據一六三六年十二月十二日總督自巴達維亞寄給十七名董事會的一般政務報告書，謂其時住在巴達維亞的著名中國商人 Jancongh 開始栽培甘蔗，已種者有八萬株，預料一、二年內就能以一擔五½里爾的價格，可向公司供應二十萬斤(六九)。次年一六三七年十一月七日，巴達維亞當局爲獎勵糖業曾發特許狀給 Jankong 予以十年間的免稅，而條件是其產品要全部供給公司(七〇)。在同年十二月九日總督的一般政務報告亦云，中國商人 Jan Congh 已開始栽培甘蔗，情況非常好，逐日有增加，亦已建設了

(六八) Glamann, Kristof: *op. cit.*, p.156.

(六九) Coolhaas, W. Ph.: *Generale Missiven van Gouverneurs-Generaal en Raden aan Heeren XVII der Verenigde Oostindische Compagnie.* Deel I: 1610-1638. 's-Gravenhage, 1960. (Rijks Geschiedkundige Publicatiën,104) bl. 570.

(七〇) Chijs, J.A. van der: *Nederlandsche-Indische plakaatboek, 1602-1811.* Deel I: 1602-1642 Batavia, 1885. bl. 416.

自己的廠糖㉑。在一六三八年已把巴達維亞糖二千二百斤送回本國試售㉒。嗣後巴達維亞糖的產量逐漸增加，即：

一六四八年　二四五、〇〇〇磅
一六四九年　五九八、二二一磅
一六六二年　九六九、八〇〇磅㉓

惟其時在貿易上，公司自臺灣可獲得充分的大陸和臺灣的砂糖之供應，又在貿易市場上糖價行情揚跌交起，因此爪哇糖在國際砂糖貿易上，尚未確立其地位。然荷蘭人自臺灣撤退以後，却不得不獎勵爪哇糖的增產，以增強其地位。一六六二年十二月二十六日總督馬塞奎（Maetsuyker）及參議員發自巴達維亞的一般政務報告中，說：因在臺灣島敗退，故駐在波斯的商館長亨利克·凡·威克（Hendrick van Wijk）現在要定購多量的巴達維亞糖輸至該國。即擬以巴達維亞糖代替臺灣和大陸產砂糖在荷蘭的國際砂糖貿易上的地位㉔。於是提高收購爪哇糖的價格，以積極獎勵巴達維亞的糖業㉕。由是，巴達維亞地區的糖業逐漸興旺起來，便把巴達維亞糖輸出至荷蘭本

㉑ Jonge, J.K.J. de: *De opkomst van het Nederlandsch gezag in Oost-Indie.* Deel V. s'-Gravenhage, 1870. bl. 233–234.

㉒ Glamann, Kristof, *op. cit.*, p. 156.

㉓ Jonge, J.K.J de: *op. cit.*, Deel VIII. bl. CXXVIII.
中村孝志：前引論文，第四一面；中譯文，見於臺灣經濟史初集，第六二面。

㉔ Jonge, J.K.J. de: *op. cit.*, Deel VI. bl. 96.
岩生成一：前引論文（南方土俗第二卷第二號），第二七面；中譯文見於臺灣經濟史二集，第五九—六〇面。

㉕ Chijs, J.A. van der: *op. cit.*, Deel II: 1642–1677. bl. 358–360. ;Jonge J.K.J. de: *op. cit.*, Deel VI. bl. 96.

國、日本及波斯等地。在一六七九、八〇年至一七〇八、〇九年間巴達維亞糖輸出達：

粉砂糖　六八、四二五、七一一磅　價値　五、七五九、九七三盾。

冰糖　九、四九六、五八八磅　價値　一、六六九、四六二盾。

一七一〇年在巴達維亞之糖廠有一三〇以上，經營者有八十四名之中，歐洲人四名、爪哇人一名，其餘全爲中國人所經營的[76]。據是可知：爪哇糖業的突飛猛晉，卻與鄭成功的東征頗有密切關係，而爪哇的糖業係靠華僑的勢力和資本；然十七世紀末華僑的發展又是因明清鼎革，大陸動亂不安，致使出國僑居不斷地增加，故這一問題的探究，不但對鄭氏的研究有很多關係，而對於華僑史也是頗重要的，且值得我們去研究的問題。

鄭氏對華僑的發展有上述間接的關係以外，同時因鄭氏本身曾經營南洋貿易，故與各地華僑也有直接的關係。如巴達維亞城日誌一六五六年十一月二十一日條，有從臺灣所獲的消息說，鄭成功曾徵集海外中國人歸國的記載[77]。又在同書一六五七年二月十八日條，有一艘戎克船開自厦門來到巴達維亞城，裝載了許多貨物以外，有帶一封鄭成功的信件，係致當時任巴達維亞華僑甲必丹潘明巖（Bingam）等禁止馬尼拉貿易的信，並有荷譯文的記載[78]，可知鄭氏與南洋華僑曾有聯繫，而這一方面的事實，仍有待我們的發掘和探討。

---

[76] Jonge, J.K.J. de: *op. cit.*, Deel VIII. bl. CXXIX.

[77] *Dgah-Register gehouden in Casteel Batavia, Anno.* 1656-1657. 's-Gravenhage, 1904. bl. 16.

[78] *Ibid.*, bl.100-101.

六　結語

總之，鄭成功挺身於明室覆亡之際，奮志以抵抗異族的侵凌；渡海東征，驅逐荷蘭，奠定了漢人在臺灣的控制權，其豐功偉業，確是國史上的一個大問題，值得我們去研究。然由於他曾控制沿海，代表着這一時期的中國海外貿易，與外國——尤其是與荷蘭頗有密切關係，而荷蘭又是為他所驅逐，故他在世界史上也頗有特殊地位。因此，關於鄭成功的事蹟，不但從國史的觀點應加以研究以外，我們也要對他在世界史上所佔有的地位加以探討研究的必要。然對這方面的研究，除中文資料以外，我們須翻查各國的文獻；就中，荷蘭的資料，無論其質和量，却非常豐富，確值得我們去研究的。

民國五十年三月二十一日完稿

原載臺灣文獻第十二卷第一期，民國五十年三月

附記：

本文係民國五十年三月四日，筆者參加臺灣省文獻委員會所主辦鄭成功復臺三百週年紀念座談會時，於席上所發表談話，略加補充並註明資料出處而成。

本文中所提許多問題與事實，獲自日本岩生成一博士和中村孝志教授的諸著作的啓發，並兩位先生來臺，筆者會晤領敎時，承蒙鼓勵與敎示頗多，謹此誌謝。

清代臺灣之水災與風災

一　前言

臺灣因其氣象的條件，雨量多而集中；又爲北太平洋低緯度地域所發生的颱風進襲要衝，故時常帶來豪雨。再加上地勢嶮峻、河流湍急、地質脆弱，故自古以來時見風災水患的發生，所受損害至鉅。因此，如何防患災害於未然，是建設臺灣之一基本的問題。筆者並不研究有關防災科學，對這部門可說完全外行，但因工作關係，翻閱各種文獻較便，故不揣淺陋，對過去的風災水患之紀錄，搜集摘錄，略加整理，公諸社會，以供各方人士參考。倘能以古爲鑑，懲前毖後，則幸甚焉！

二　災害之成因

風災水患本是天災，在古昔爲人力所不能消除或抵抗的自然現象。但由於我國古人的敬天、畏天之心理至爲深厚，故災害的成因，都認爲是人事之所招致，是一項天譴或不祥之兆。如在康熙六十年朱一貴事發後，同年八月十三日有水災與風災的發生。聖祖對此曾勅諭速行賑恤，云：

> （康熙六十年十月）丙寅。諭大學士等：福建總督、提督、巡撫俱摺奏：「臺灣颶風大作，官兵商民，損傷甚多」；朕心深爲不忍。前朱一貴等謀反，大兵進勦，殺戮頗多。今又遭此風災。書云：「大兵之後，必有凶年」。茲言信然。總因臺灣地方官，平日但知肥己，刻剝小民，激變人心，聚衆叛逆。及大兵進勦，征戰數次；殺戮之氣，上干天和。颱颶陡發，倒塌房屋、淹沒船隻、傷損人民。此皆不肖有司貪殘所致也。今宜速行賑恤，以慰兆民。爾等即會同詳議，於一二日內面奏。（聖祖仁皇帝實錄卷二九五）

此種說法，以近人的眼光來看，自有其政治思想與社會背景的意義；雖民力之被摧殘，對於災荒不能說完全沒有關係，但我們不能認爲這是災害發生的眞因。

成災的因素，當然很是複雜；然大約可分爲自然的條件與人爲的原因。

一　自然的條件

㈠　地理環境

臺灣的地理環境，無疑地對於風災水患的發生，有極重要的關係。現試根據清代文獻，略加考察。

臺灣的地形，中央有脊梁山脈，縱貫南北。各府縣誌在「山川」或「形勝」一項，大抵都謂「負山面海」，「山之綿渺阻絕，人跡不到者，統稱內山」等等，而多係逐一記敍其山名。在開墾未就時，臺灣的原始景象，大概西部平原自現今之高雄市附近起，至彰化市為止，為熱帶性或亞熱帶性的草原，間或有些森林：高雄以南為熱帶性的密林；北部在新竹、臺北和宜蘭等處的平原外多為亞熱帶性的密林。中央部的高山是一片原始森林，而東部開發較晚，記述簡略，都稱「後山」。

關於平原的記述如下。

南北二路，滿塗蓬蒿。（林謙光撰臺灣記略）

平原一望，罔非茂草；勁者覆頂，弱者蔽肩，車馳其中，如在地底。草梢割面破項，蚊蚋蒼蠅吮咂肌體，如飢鷹餓虎，撲逐不去。（郁永河撰裨海紀遊）

臺灣多荒土未闢，草深五、六尺，一望千里。（郁永河撰番境補遺）

關於熱帶性或亞熱帶性的密林，其記述如次。

[illegible]猴林，在南路草目社外，與傀儡番相接，深林茂竹，行數日，不見日色，路徑錯雜，傀儡番常伏於此，截人取頭而去。（季麒光撰臺灣雜記）

林木如蝟毛，聯枝累葉，陰翳晝暝，仰視太虛，如井底窺天，時見一規而已。雖前山近在目前，而密樹障之，都不得見。（郁永河撰裨海紀遊）

緣溪入，溪盡為內北社，呼社人為導。轉東行半里，入茅棘中，勁茅高丈餘，兩手排之，側體而入，炎日薄茅上，暑氣蒸鬱，覺悶甚。草下一徑，逶迤僅容蛇伏。顧君濟勝有具，與導人行，輒前；余與從者後。五步之內，已各不相見，慮或相失，各聽呼應聲為近遠。約行二三里，渡兩小溪，皆而涉（？）。復入深林中，林木蓊翳，大小不可辨

名；老藤纏結其上，若虯龍環繞，風過葉落，有大如掌者。（同前書）

對於內山，云：

層巒聳翠，樹木蓊茂。（林謙光撰臺灣紀略）

東望半壁，遝岡復嶺，蔽虧曦魄，竟莫能測其起訖。稽其名義，以地域野番，故統謂之內山云。終日雲氣冪䍥，不見峰岫，則天色晴霽；若山骨盡露，青翠如潑，則滂沱立致矣。（朱景英撰海東札記）

臺灣的水系，受地形的支配，均以脊梁山脈爲分水嶺，分向東西奔流入海。河道都很短促，坡度又急，故不能保持一均勻的流量，都成急流。又臺灣的山，大多是砂岩、頁岩、粘板岩，容易崩壞，含沙率大。再因臺灣的降雨量，在一年中並不均勻，每遇急風豪雨，則水位猛漲，山洪下注，河水泛溢；而一入旱季，便涸竭見底。

南北二路，滿塗蓬蒿，溪急水漲。但幸沙坡坦平，車可連軌而行。（林謙光撰臺灣紀略）

南北溪流錯雜，皆源發內山，勢如建瓴；大雨後尤迅急不可厲揭，行旅苦之。（朱景英撰海東札記）

淡水溪在縣東南三十里。源出山猪毛社後山，水初出為巴六溪，合力力溪、中港為淡水溪；下合大澤溪、冷水坑，會流數十里入海。每值夏秋之交，諸溪水合，海不能洩，浩渺無際，至霜降水落，不過數丈。溪東西有熟番二社，為上淡水社、下淡水社。（朱仕玠撰小琉球漫誌）

虎尾溪濁水沸騰，頗有黃河遺意，特大小不同耳。……虎尾則粉沙漾流，水色如葭灰，中間螺紋旋繞，細膩明晰，甚可愛，大類澎湖文石然。溪底皆浮沙，無實土，行者須疾趨，乃可過；稍駐足，則沙沒其脛，頃刻及腹，至胸以上，則數人拉之不能起，遂滅頂矣。溪水深二、三尺，不通舟。夏秋潦漲，有竟月不能渡者。……虎尾純濁，阿拔泉純清；惟東螺清濁不定，且沙土壅決，盈涸無常。……（藍鼎元撰東征集「紀虎尾溪」）

大肚、大甲、大安三溪，俱稱險絕。然大安溪面稍狹，大肚水勢稍平，獨大甲溪湍流急，水底皆圓石，大若車輪，苔蒙其上，足不可駐。至時人各自保，不能相救。又海口甚近，雖善泅如番，亦對之色變，秋漲尤險。（諸羅縣誌卷十二雜記志外紀）

從這些引例，我們不難看出臺灣河川的若干特徵：第一為河流短而急；第二為含沙率高；第三為最大最小水量之差異懸殊。

㈡ 氣象條件

臺灣的氣候，因地理關係，並不單純，東西南北，高山平原，氣候各異。其氣溫由於地屬熱帶及亞熱帶，且在海洋，故大概是自北向南，隨緯度漸高，無秋冬之感。雨量亦豐富，因此植物的生長甚為旺盛，四季皆蒼翠。

天氣與中土殊，雪霜絕少，人不挾纊。（林謙光撰臺灣紀略）

臺壤僻在東南隅，地勢最下，去中州最遠，故氣候與漳泉已不相同。大約暑多於寒，恒十之七。鍾鼎之家，貂裘無所用之；細民無衣無褐亦可卒歲。花卉則不時常開，木葉則歷年未落，瓜蒲蔬茹之類，雖窮冬華秀；此寒暑之氣候不同也。（高拱乾修臺灣府志卷七）

關於臺灣南北氣候之不同，則：

自府治至鳳山，氣候與臺邑等。鳳山以南至下淡水等處，蚤夜東風盛發，及晡鬱熱，入夜寒涼，冷熱失宜。又水土多瘴，人民易染疾病。自府治直抵諸羅之半線，氣候亦與臺邑等。半線以北，山愈深，土愈燥，烟瘴愈厲，人民鮮至。鷄籠地方孤懸海口，地高風烈，春之際，時有霜雪。此南北之氣候不同也。（高拱乾修臺灣府志卷七）

對於農作物，雨水是比溫度較重要，其關係更密切。尤其是在生產技術尚未發達的階段，降雨情形，對於農業生產的支配，是具有決定性的作用。臺灣雨水之主要來源，爲季風性雨。因臺灣爲東南海上之一小島，又處於大陸邊緣，受海洋和大陸的氣溫與氣壓的影響，有季節風；而由於其影響造成季風性雨。雨量豐沛，爲臺灣南北部的主要雨水，其時間一定，乾期、雨期至爲分明。

三春常晴；至於霪雨，每在秋令。（林謙光撰臺灣紀略）

春頻旱，秋頻潦。東南雲蒸則滂沱，西北密雲鮮潤澤；所以雲行雨施必在南風盛發之時，此雨暘之氣候不同也。（高拱乾修臺灣府志）

臺人苦夏秋之雨，竹塹以北，雨暘亦異：夏秋常旱，冬春多陰風細雨。（諸羅縣誌卷八）

臺地自九月至三、四月，雨甚稀少；至五、六、七、八月，始有大雨。有時自五月綿延至七、八月，罕有晴日。（朱仕玠撰小琉球漫誌卷七）

又有颱風性雨，係由於臺灣爲颱風行徑之要衝，夏季常有侵襲，而過境時每挾有狂風暴雨，其雨量之大，往往出人意料。

海上颶風時作，然歲有常期；或逾期、或不及期，所爽不過三日，別有風期可考。颶之尤甚者曰颱，颱無定期，必與大雨同至，必拔木壞垣，飄瓦裂石，久而愈勁；舟雖泊澳，常至虀粉，海上人甚畏之，惟得雷聲即止。（郁永河撰裨海紀遊）

其他亦有許多的局部性之地形雨或夏季雷雨等。雷雨的雨量亦往往極大，能成山洪暴發之災。在各方志占驗項所記雨水，許多可認爲是局部性之雨水。

日落時，西北方雲起，如層巒複嶂，重疊數十層，各各矗起，主大風雨，山崩水溢之徵也；應在七日之內。余三覩此雲，三遭大水矣。處近山及江滸水涯宜防之。（余文儀續修臺灣府誌卷十三）

這似可認爲是雷雨的記載。總之，臺灣的降雨量，雖然很充足，爲天惠之一，但實際上其在一年中的分配極不均匀；山陡水急，豪雨的雨量又集中，故時常釀成災害。

臺灣的風，季節風和颱風爲其主要者。季節風爲經常之風，係由於大陸與海洋冬夏季的溫度、氣壓分配之不同所造成的。大陸冬季溫度低，氣壓高，因緯度間的氣壓差大，梯度强，由於氣流從高氣壓吹向低氣壓的原因，故冬季風由大陸向海。夏季則發生相反的狀況，而自海向陸吹。又因梯度的强弱不同，所以冬季風的風力大，而夏季風的風力小。

清明以後，地氣自南而北，以南風爲常。霜降以後，地氣自北而南，則以北風爲常風。若反其常，則颱颶將作，不可行舟。（高拱乾修臺灣府志卷七）

南風壯而順，北風烈而嚴。南風多間，北風罕斷。（同前書）

颱風係東亞的强烈熱帶氣旋，其成因學說甚多。在其形成初期，風力不强，範圍亦小。後因其旋轉運動，愈見發展，風力愈大；又因輻合風强，上升氣流特盛，故有甚大之雨量。其發生多在赤道附近，而臺灣爲其行徑要衝，常受侵襲，釀成鉅大災害。

風大而烈者為颶，又甚者為颱。颶常驟發，颱則有漸。颶或瞬發倏止；颱則常連日夜，或數日而止。大約正、二、三、四月發者為颶；五、六、七、八月發者為颱。九月則北風初烈，或至連月，俗稱為九降風。間或有颱，則驟至如春颶，船在洋中遇颶猶可為，遇颱不可當矣。（高拱乾修臺灣府志卷七）

颱將發，則北風先至，轉而東南，又轉而南，又轉而西南始至。颱颶俱多帶雨，九降則無雨而風。（同前書）

由上面所述，大體可以明白：臺灣的自然條件，自古迄今，完全一樣。臺灣一般地勢陡峻，溪流湍急，颱風經常侵襲，益以雨量豐沛，且又集中，其基本條件是極容易造成水災與風災；其理甚明，不待詳述。

二　人爲的原因

風災水患的發生，固然由於自然現象變化的失調，但災害的輕重則是由人類克服自然條件的程度而決定。因此自然的地理環境和氣象的變化，誠爲引起災害之原因，然當時的社會條件、經濟結構、生產技術等，實亦爲助長或誘發災害的重要成因，自不待詳論。

臺灣原來到處都是荒野密林，已如上述。而起初爲開闢農田，當然須披荊斬棘，砍伐樹木，開發荒野。我們先人這種拓荒墾殖的奮鬥精神，誠值得我們瞻仰和佩服。惟開墾當初，因資本勞力俱缺，其農耕技術自較在大陸爲粗放，故往往無計畫地將山林濫墾濫伐，或河川周邊土地濫種濫掘。臺灣的自然條件，本極須小心留意其水土的保持，而這種無計畫的濫墾濫伐，無疑是一項人為的摧殘，足能助長災害的發展；是一項重要的人為災害成因。尤其是爨炊，不像現在有各種燃料，古昔僅靠柴薪。因此除為開墾砍木以外，這種採薪取柴，卻亦是濫伐山林的一因。在諸羅縣誌卷八風俗志雜俗項，有這樣的記載：

潦水盡，入山斧大木為薪，儲來春一歲之用。

又，黃叔璥撰臺海使槎錄卷三赤嵌筆談物產項，云：

內山林木叢雜，多不可辨，樵子採伐鬻於市，每多堅質；紫色竈烟，間有香氣拂拂。若為器物，必係精良，徒供爨下之用，實可惜！儻得匠氏區別，則異材不致終老無聞，斯亦山木之幸也。

因此，千古未入斧斤的平地和近山的原始林，由於開墾的進展和濫伐的結果，蒼鬱的森林全為改觀。如彰化縣誌卷一封域志山川項，謂：

大肚山，在縣治北十里，遠望之樣似峨眉，與望寮山對峙。山後秀淨，為猫霧捒一帶案山。山麓樹木陰翳，樵採者行歌互答。郡志「肚嶺樵歌」是也。今則萌蘖無存，已見濯濯矣。

這種濫伐，不但從林業的觀點來說，實在太可惜；而對於水土保持，卻具有甚深的影響，是一項助長災害的人為因素。

又，在諸羅縣誌卷二規制志，云：

所最宜加意者，莫如水利津梁。何則？地溥且長，田可以井。畏澇者秋漲驟怒，海潮滙

> 之，雖史起、鄭白，無所用其智力矣。畏旱者因山澤溪澗之勢，引而灌溉。先王之溝洫澮川，詎異是哉？然穿鑿泉源，旁通曲引，木石之用，工力之煩，既已不貲；而歲有衝決，修築之費，半于經始；故愚者怠於事而失其利，智者有其心而絀於力。且鄉井之衆，謀多不集；非官斯土者，激勸有道，考其成功，不委諸草莽，即廢於半塗耳。

這可表示水利事業的管理，尤爲重要；而其防治工作極爲艱鉅。然由於勞力資本的短缺，官吏放任不管，水利失修，河防廢弛，這亦是釀成災害的人爲因素。

技術原來不能超出其社會條件，而農耕大抵多沿襲傳統的技術，少有根本顯著的進步。社會愈未發展、生產力愈未提高、技術愈未發達時，人類對於自然條件的控制，愈難發揮顯著的作用。故在清代的技術水準，往往對於各種防洪疏濬工程頗感費力，而難有成效，致未能克服自然條件。雖輕微的自然現象的變化，在今日不致成災者，而往昔卻足以引起重大的損失。技術的落後，可謂對於自然災害具有密切的關係。

三　災害之損失

一　颱風與洪水侵襲實況

臺灣由於上述自然的條件和人爲的原因，致風災水患，災患頻起，自古以來記載不絕。惟所記皆甚簡單。茲就其記述較詳者試錄數則，以便窺知風雨肆虐的情況。

康熙三十六年郁永河自福州來臺灣，由臺南陸路至北投，採取硫黃，著有裨海紀遊一書。書中於七月十九日條記曰：

自十九日至二十一日，大風拔木，三晝夜不輟，草屋二十餘間，圮者過半。夜臥聞草樹聲與海濤聲，澎湃震耳，屋漏如傾，終夜數起，不能交睫。二十二日，風雨益橫，屋前草亭飛去，如空中舞蝶。余屋三楹，風至兩柱並折，慮屋圮無容身地，冒雨携斧斨自伐六樹支棟，力憊甚。而萬山崩流並下，汎濫四溢，顧病者皆仰臥莫起，急呼三板來渡。余猶往來岸上，尚欲為室中所有計，不虞水勢驟湧，急趨屋後深草中避之；水隨踵至，自沒脛沒膝，至於及胸。凡在大風雨中涉水行三四里；風至時時欲仆，以杖掖之，得山巖番室暫棲。暮，無從得食，以身衣向番兒易隻雞充餒。中夜風力猶勁。

二十三日，平明，風雨俱息；比午，有霽色，呼番兒棹莽葛至山下渡余登海舶，過草廬舊址，惟平地而已。余既倖生存，亦不復更念室中物。敝衣猶足蔽體，解付舟人，就日曝乾，復衣之；遂居舟中。

這可謂關於清代臺灣的颱風洪水的實況之早期紀錄。

恒春縣誌卷二建置，纂修者屠繼善記其經驗，云：

恒邑占風之先一二日必有朕兆。夕陽西下之時，紅雲彌天，海中湧激之聲，響聞數十里，如是者，不日即有大風；屢占屢驗。其初來也，自東北起，晝夜叫囂。時而如萬馬之犇騰，時而如銀河之倒瀉，風送雨勢，雨乘風威，不特拔木偃禾，竟是移山崩岳，驫駴飍矞，鞠雪警捷；其將止也，必轉南風，勢亦益洶湧，有雨皆彈，無孔不入。琅嶠室盧，向南者多，于是門之未破者，破且落矣，壁之未倒者，倒且化矣。床褥之間，炊爨之所，皆成澤國，遑問寢食，延性命于呼吸之間，落魂魄于雲霄之外；及其既也，天地變色，人民愴惶，溪流澎湃，海聲徹霄，敗屋頹墻，淒涼滿目。城內如是，村野可知，海上更可知。曩者，將之瑯嶠，有友告予，曰：「風之險惡，誠可畏也」。予應之，曰：「否，否，大王之雄風，吾披襟以當之，元規之塵風，吾舉扇以蔽之」。竊以為友之不壯也。茲則甫經一載，四歷險境，衣履泥滓，棐書齷齪，凡一次颶風，必半月浹辰，方能滌淨塵穢。當時之驚怖，事後之困憊，誠有不可以言語形容，始歎余友之言，為不我欺也。

據此可知，颱風侵襲時，風雨交加逞凶的情況。關於大水氾濫的情形，臺灣采訪冊祥異項水災條，曰：

乾隆，慧星散曜之年月，數日後，南路港東里遂有洪水之災。先一日巳刻，傀儡山黑雲四布，望之如墨雲，中有物，頭角鱗爪畢具，蜿蜒隱現，如世所畫雲龍狀，不數刻，大雨如霔，徹夜不止。蓋園莊四面皆溪，惟外館地勢頗高，三更後，水淹民舍，男婦老幼盡奔入外館，水亦漸漲滿，館中人在方榻坐，手攀門扉，水已及臍，環視他人，勢將滅頂。越翌日，水稍退。大武丁莊有阿妹者，粵人婦也，素常來館，知被淹，必無舉火，因其家未至浸淫，煮薄粥，駕竹筏，從竹上過而來館，蓋兩夜一日餘不得食矣。一滴如甘，始得不死。及郡聞之，益信星曜告異也。

又，臺郡進士施瓊芳（按係道光二十五年登進士），著有「石蘭山館遺藁」，現尚存於其子孫家中，近由臺南市文獻委員會黃典權先生點校，翻印於「臺南文化」第六卷第一期，其中有一首「六月望日水災書事」，係詠道光十九年發生的水災（按此年所發生的水災，查考各種文獻，尚未得相應的紀錄），曰：

媧皇畫蘆灰，堯時已無力；更閱四千年，灰暈全銷蝕！汪量稱海涵，有時器小溢，石犀莫為靈，朝宗尾閭窒。旬來山雨霖，郡城杲杲日；誰思萬壑泉，潛蓄勢力迫。昨夜礮車雲，半空魚龍色，颶母挾雨師，排海作山立。瀑響建瓴飛，濤驅澍江疾，下水上騰交，爭持狹路急：神符倏忽名，迅決果無匹。家在南濠湄，晨興訝流汩。須臾習坎盈，市塗為溝洫，柔物頓如錐，門垣鑽孔入。聊效孟津愚，彌縫捧土塞，幸他末力衰，支持延數刻。水退門漸開，歡聲動盈室！豈知窊下鄉，餘痕尚沒膝。官埔赤崁人，瀕水玩懦習，馮夷忽震威，一朝避不及。田廬尚如此，帆檣應更岌。鹿門估舟信，阻潮傳未悉。客乘陸地舟，倉皇來自北：始知嘉地災，餘波累吾邑。前月地震時，陽衰為陰尅。今茲遘洪流，彼都陰沴亟：城郭晋陽危，村落空桑泣！娶婦與下材，會逢豈在即？一片膏壤區，化作波臣國！財物事猶微，生靈堪太息！府江蛇莫求，杜林黿誰得？或藉木龍逃，或飽餓蚊吸！死者復何言，生者艱乃粒！賴此填堤誠，賢侯殫厥職，其魚拯昏墊，哀鴻勞撫輯！仰體九重心，如傷厪肝食。回思未水時，訛言笑不實。羊舞龜血謠，今朝始悟出。我懷古哲人，未雨綢繆密，穿渠以澹災，賈讓言堪述：高地預徙民，公沙具先識。奈何忽舊防，一潰難收拾！長輩為余言：嘉慶年二十，海嘯雖可憂，不似今番極。念茲隅溢民，居與水同域。於廓百川王，恩威深不測。朱衣乏僧褶，黃籙希道筆，難傳禁水方，誰解畫江術？美哉朝宗會，安瀾慶兆億。命蝺以切和，全荷天妃德！

從上引各例，可知一遇狂風豪雨，山洪暴發，河川短急，洪水氾濫多是突然而來的。其勢兇猛異常，致難預防，往往釀成嚴重的災害。

翟灝撰臺陽筆記，書中「濁水記」，曰：

且凡水之漲發，夏秋為盛。此水則陰雨連緜，無大泛溢；一至風起，乃沿江拍岸而下，勢如山傾。近水居民，猝不及防，房舍田廬，多被淹沒。

二 災情的紀錄

颱風和豪雨所引起的災害，大致可分爲風災、水災、海嘯、山崩等；而水災又可分爲浸水與洪水的氾濫。這各種災害原具有連繫性的，通常很少單獨成災，大都連在一起發生，釀成災害。一般而言，其中以水災爲最大最慘。

關於災情的紀錄，文獻可徵者頗多。惜其記載多爲斷片零碎，頗爲簡略。若欲求知災害詳細情形，似只能由當時從事救災工作的地方官之禀報、奏章裏面才能得到的。可是這種資料頗不易得；而前代紀錄之統計調查，不如現代調查之完備，故我們可想像其災害當較其報告較大。

康熙六十年朱一貴起事後，同年發生過一次颶災。其情形在藍鼎元撰平臺紀略中，曾有記載。

八月十有三日辛未，怪風暴雨，屋瓦齊飛。風雨中流火條條，竟夜燭天。海水驟漲，所泊臺港大小船，擊碎殆盡，或飄而上之平陸。拔大樹，傾牆垣，萬姓哀號，無容身地。

> 施世驃、藍廷珍各終夜露立風雨中。軍士蜂擁相携持，不敢動，稍舉足則風颺顛仆，或裂膚破面流血。翼日霽靜，郡無完宅，壓溺死者數千人，浮屍蔽江，瓦桷充路。署臺廈道陶範、府縣高鐸、孫魯等，躬歷民家，拊循流涕，發倉賑貸，瘞死扶傷。以風災飛報上聞，朝廷發帑金賜恤，殘黎始得更生。

據此可知：災因係颶風侵襲，並挾帶豪雨所造成的。災害種類為倒屋、船隻擊碎及因此而壓斃溺斃人口。此次颶災，雨水亦頗大。余文儀續修臺灣府誌記曰：『雨如注』，料亦有水災及山崩的發生，惟未詳。黃叔璥撰臺海使槎錄卷四，載有這次風、水災賑恤的內容。據此受賑地域，遍及臺、鳳、諸三縣（按當時臺灣行政區域僅分轄為一府三縣）。損害統計如下。

地域＼種類	倒屋	壓斃人口	受賑災民
臺灣縣	五、八八一（間）	三八（人）	五、〇五八（人）
鳳山縣	三、三六五	二九	八、八六七
諸羅縣	一、四四二	八	八、五六六
各營兵丁	—	一二〇	—
合計	一〇、六八八	一九五	二二、四九一

由上表可知：壓斃人口共七十五名，各營兵丁一二〇名，與倒屋之多相比擬，人數似偏少。平臺紀略的記載，則「壓溺死者數千人，浮屍蔽江」，而撰者藍鼎元其時身在行間，目覩其事，

所記視他人較爲切實。又諸羅縣誌纂修者陳夢林其時亦在臺，詠鹿耳門即事八首並自註，載於臺海使槎錄，又「黑風紅雨又漂搖」，而自註云：「八月十三夜，颶風發屋拔木，大雨如注；……民居倒塌無數，營帳船隻十無一存，死傷者千有餘人」。又余文儀續修臺灣府誌亦記曰：「軍民溺死無算」。故上面數字係受賑恤之名額，人民兵丁的實際遭難者，當不止此數。從這次倒屋與受賑災民的數目，再就當時臺灣的開發程度看來，可說是一次頗嚴重的災害。

乾隆十三年七月初二、三日臺灣中南部亦曾發生過水災。在高宗純皇帝實錄乾隆十三年八月癸未朔條，云：

又諭：臺灣府屬之彰化縣，七月初二夜半，狂風大雨。初三日水勢驟漲，城內水深數尺，倒壞民房三百數十間，附近大肚溪一帶村莊，盡行衝淹。因發蛟水勢驟湧，隄防不及，受災甚重。諸羅笨港等處，亦有衝壓田畝，倒壞民房之處，較之沿海各邑，被風更重，現據該督撫等具摺陳奏。……

在實錄，同年十月有福建巡撫潘思榘奏報賑恤，而此次閩撫潘思榘的「報彰邑被水偏災情形及賑恤事宜」之題本，幸尚存於中央研究院明清檔案中，近刊印於「明清史料」戊編第一本，云：

……玆據署布政使永寧詳，據署臺灣府知府方邦基稟報：彰化縣地方，乾隆十三年七月初二、三兩日，風雨狂驟，山水漲發。沿溪低窪民房被水衝倒一千八百餘間，淹斃男婦一十八名口；逼近溪尾之石東源田園，間有衝坍之處；苦苓腳、德興等莊田園沙壓零星無多；壇廟墻垣營房等項，亦有損壞。水勢已經消退，實屬一隅受災。……

當時並委員前往被災地區確勘成災程度，而「勘實被水衝陷沙堆田園共七十九甲四分七釐八毫零」。這次水災，在彰化縣誌卷十一雜識志菑祥項，有如次的記載。

乾隆十三年夏六月，大雨水。

彰化縣誌僅記「大雨水」三字，年月誤爲六月。關於災情，實錄所記與閩撫題本略有不同。因「水勢驟湧，隄防不及」，「彰化城內浸水高數尺」，「大肚溪一帶村莊盡行衝淹」；諸羅縣亦有受災，諒其災害相當嚴重。閩撫所報損失係受賑濟和豁免的對象。除此數目以外，當有不曾受賑的破損民屋、被浸田園，因之其災害之比此項數目更大，固不難設想。

乾隆五十五年六月六日澎湖遭風成災。澎湖廳誌卷十一舊事志祥異項，對其災情，云：

五十五年庚戌夏六月初六，夜大風雨。人家水暴溢，廬舍多陷。……是日，岸上小舟及車輪被風飄至五里外，壞廟宇民居無算，一日夜乃止。……知府楊廷理來澎勘賑。

此次風災，在「明清史料」戊編第二本收有：戶部「爲內閣抄出臺灣總兵奎林等奏」移會，係報告澎湖遭風情形的奏報。文中曰：

茲于七月二十日該委員同郡稟稱：會同黃象新、王慶奎查勘，確實造册前來。內開：倉廒倒壞二間，其餘二十間，瓦片全行掀落；鹽倉瓦片亦俱掀落，軍裝庫、火藥局及砲臺九座全行吹倒。文武衙署坍塌過半；城內及各汛兵房塌倒過半，餘俱損壞。壓斃兵丁洪國平一名。大小民房共倒壞一千六百五十六間，損壞九千五百六十二間。人口間有被傷，尚無壓斃。該協營哨船三隻篷索刮損，船身尚無損壞。又擊破商船□隻。……

又據「明清史料」戊編第九本所收工部「爲內閣抄出閩浙總督覺羅伍拉納等奏」移會及工部題本，有這次風災楊廷理赴澎查勘賑恤，勘估應建兵房六十八間並砲臺望樓等項，估計需工料銀

三、二一四兩的記載。在澎湖廳誌其災害僅記「廬舍多陷」，「壞廟宇民居無算」；而據這些紀錄，可知：僅民房即倒壞一、六五六間，損壞九、五六二間，合計一一、二一八間之多。

嘉慶二年八月二十八及二十九日，臺灣曾遭猛烈颶風成災。關於此次災害，續修臺灣縣誌卷二政志祥異賑卹項，嘉慶二年條僅記：「詔蠲本年正供租稅」。彰化縣誌並無記載。然據「明清史料」戊編第九本，載有福建水師提督哈當阿等的奏摺，據文中所載貧佃口食無資，應賑災戶，統計如下：

受災地域	應賑災戶	應賑人口		
		大口	小口	合計
淡防廳竹南保等鄉	九、八八八	二二、四〇〇	一八、〇八二	四〇、四八二
彰化縣大肚保等鄉	一九、一二〇	四一、七〇一	三三、一〇〇	七四、八〇一
嘉義縣大槺榔保等鄉	二一、九八一	四三、〇九〇	三九、〇〇〇	八二、〇九〇
臺灣縣大穆降等鄉	一五、三五九	三四、二五二	二五、〇〇〇	五九、二五二
鳳山縣竹山里等鄉	一七、六三四	三六、六八九	二九、〇〇〇	六五、六八九
合計	八三、九八二	一七八、一三二	一四四、一八二	三二二、三一四

從上面數目，我們可知此次受災地域幾達全島，受災貧戶頗多，可能是一次相當嚴重的颶災。道光二十五年六月初旬，颶風侵襲，大雨連宵，造成嚴重的風災水患，淹斃居民竟達

三、〇〇〇餘人之多。此次災害，在宣宗成皇帝實錄、宣宗成皇帝聖訓、明清史料、臺案彙錄甲集（收於臺灣文獻叢刊第三十一種）等書，均有諭旨、奏摺等文字，紀錄可謂比較完整，可稽其災害詳情。明清史料戊編第二本所收戶部「爲內閣抄出署臺灣總兵葉長春等奏」移會，曰：

> 竊照臺灣本年入夏以來，四月雨多，五月雨少。至六月初六日大雨連霄，田園正資灌漑；突于初七日酉刻颶風大作，猛烈異常。至初十日申刻風勢漸微，而大雨猶未止息。當查郡城內城垣、廟宇、衙署、民房、倉廒、監獄、營房，均被風雨損壞；其郡城外水深數尺，並無路徑可引。迨十二日雨勢稍減，臣隨督同臺灣府知府仝卜年飛查南北路各被風雨情形。
>
> 旋據附近之加升衔臺灣縣知縣胡國榮稟稱：該縣城內，前被風雨損壞處所，當經查明具報。現查城外盧舍、橋樑倒塌甚多，沿海人民被水漂沒及大小商哨各船遭風擊碎擱淺者亦復不少。並有呂宋夷船被風衝至二鯤身擱淺損壞，經會同安平水師救起難夷二十六名，妥為安置，日給口糧，容俟打撈失物，再行詳辦。查看離海漸遠之田疇園圃，幸臺邑尚無早稻，晚稻尚未插秧，不致成災。然各農民春夏二季栽種蔬菜雜糧，陸續收割以資糊口。現被風雨損耗各民戶，嗷嗷待哺，亟須量為軫恤。
>
> 又據署臺灣廳同知噶瑪蘭通判徐廷掄稟稱：該廳所轄鹿耳門港口停泊大小商哨各船，約有五十餘號，現在皆被風吹散，不知去向；其淹斃弁兵舵手若干，各容俟大水退落，船歸海口，再行確實查報。現在鹿耳門一帶及國賽港北，俱有漂流淹斃屍身，統計三百數十具，均經雇夫打撈，分別男婦掩埋。

又據准補清流縣知縣署嘉義縣知縣王廷幹稟稱：該縣六月初七日夜，狂風大雨，海漲異常。象苓澳內船隻擊碎十有八九，下湖街店屋全行倒坍，新港莊、萡阿藔、蚶阿藔、竹笛藔等處淹斃居民約計二十餘人（按二十餘人，當為二千餘人之誤），當即冒雨馳往該處，查明籌款，先將各屍身分別男女掩埋。所有被沖田園、廬舍、廟宇、橋樑、道路，容俟確查再行稟報。

又據代理鳳山縣知縣雲霄同知王庚稟稱：六月初七日申刻颶風陡發，大雨傾盆，至初八日風雖少息，雨尚未止。查看城垣、廟宇、衙署、倉廒、監獄、營房、軍裝火藥庫等處，均有滲漏倒坍；民間廬舍、橋樑、道路亦多坍塌；且有壓斃、淹斃人口為數尚屬無多。幸早稻已經收割，晚禾尚未播種，不致成災。

又據臺灣府各屬鹽場管事暨鹽管販戶報稱：鹽倉、鹽提堤岸被水沖塌，鹽多溶失；運鹽船筏遭風擊更多，已由該府分飭修整晒補各等語。

此外淡水、噶瑪蘭、澎湖三廳、彰化一縣，有無同被風雨，當經分檄行查，尚未稟覆，該廳縣現有先後到郡之人，詢問情形，均稱：六月初六、七等日，雖有風雨，尚（未）有妨礙。

臣等查臺地猝遭風雨，臺嘉兩邑海口，淹斃人民幾至三千餘口，恂堪憫惻。業經該廳縣等派令夫役撈獲埋葬，自可無虞暴露。惟各鄉小戶窮民，房屋半成平地，棲身無所；各處水猶未退，傭趁亦復無行，若不速加賑濟，勢必流為餓殍。現據臺灣府知府仝卜年稟請動用義倉谷一千石，發交臺灣縣知縣胡國榮，碾米赴運各鄉，按名發給半月口糧；再提府庫銀三千兩，易番銀三千九百圓，委員解交署嘉義縣知縣王廷幹，親詣各鄉，確查戶口，酌量賑濟。……臣等謹將臺地猝被風雨，農田不致成災，動用銀谷急賑失所窮民緣由，先行恭摺陳奏。伏乞皇上聖鑒。謹奏。

宣宗覽奏後，於道光二十五年九月十日諭內閣曰：

……着劉韻珂派委妥員，詳細查明被災輕重，妥速經理。所請動用倉谷銀兩，是否足敷賑濟，務使海溢窮民，不致一夫失所。其該縣倒塌城垣、衙署、營汛、監倉等所，及近山近海田園，有無衝壓情形，並着飭該鎮道確勘，迅詳核實辦理。欽此。（按此諭旨，亦見於實錄、聖訓、會典事例）

臺案彙錄甲集第三册所收「臺灣鎮武攀鳳、臺灣道熊一本會奏臺灣猝被風災情形摺」，即對此再行勘災的諭旨，於道光二十五年十一月二十六日所覆奏的。其所報告災情較爲具體而詳細。茲略加整理如下。

㈠ 水災與風災的實況

臺灣縣：六月初七日午後，大雨傾盆，陡起東南颶颸，猛烈異常；加以內山溪流冲出，海潮漲溢，平地一片汪洋，至卯刻風雨稍間，潮始漸退。

鳳山縣：海邊荒埔地面，窮民搭蓋草寮棲止，忽於夜間風雨交作，海水沸騰，草寮被風吹去，人民逃避不及者，被水淹斃。

嘉義縣：近海之下湖等九莊地勢較低，當風雨洶湧之時，淪入大洋者，無從稽核。淡、蘭、澎三廳及彰化縣，但未被災。

(二) 損失情形

一、人口的損失

死亡統計		計	小計
臺灣縣	鹿耳門海口一帶淹斃民人	三四二	
	遭風商船淹斃水手	四〇	
	哨船漂失兵丁	二八	
	陸地房屋壓斃	一〇三	五一三
鳳山縣	檢獲海岸遺屍	二三二	二三二
嘉義縣	民人淪入大洋者，無從稽核。		
	撈獲海邊及內港一帶遺屍	二、三〇〇	
	遺棺	一四	二、三一四
	總計		三、〇五九
難民統計			
臺灣縣	難民	三、四一六	
	呂宋夷船難民	二六	三、四四二
鳳山縣	難民	五八四	五八四
嘉義縣	逃走得生難民	一、二八八	
	擊碎商船逃生水手（係內地客民）	一六七	一、四五五
	總計		五、四八一

二、房屋的損失

臺灣縣	房屋倒塌	一、二五六
鳳山縣	房屋倒塌	一九四
嘉義縣	房屋倒塌	九五四
合計		二、四〇四

其他城垣、衙署、倉廒、監獄、兵房等不計

三、農業的損失

鳳山縣　早稻已收，晚禾尚未栽種，農事並無妨礙。

嘉義縣　雖下湖等九莊海水退後，土上積有沙鹵，尚可栽種雜糧，不至廢業。

上述損失，除農產物受災較輕以外，人口、廬舍的損失，可謂極為慘重。然在道光二十六年四月戊子，對此勘覆，宣宗諭曰：

又諭：武擧鳳等奏，勘明臺灣縣前被風雨，均不成災，業已籌卹周妥，毋庸接濟一摺；此項賑卹銀兩，着免其造册報銷。所有各營沉失損壞哨船，着即查照册報勘檢，分別造修；其淹斃管駕弁兵，並着查明照例議卹。（宣宗成皇帝實錄卷四二八）

據是可知：由於颶風猛吹，挾帶豪雨，降落連宵，雨量過多，山洪暴發；加以海面波浪浸入沿海，海水冲上陸地，淹沒農田民舍，對於人命房舍釀成嚴重的災害。

從上述各例，與地方志的記載相比較，我們可知各志書所記「大雨」、「大水」、「大風」或「大風雨」這一類的記載，雖甚簡略，但凡在紀錄上既然留有記載者，其所引起的風災水患，其實是相當慘重的。然由於臺灣的自然條件，處於颱風侵襲之要衝，風災水患疊次發生，災害次數之繁多，幾於無年無災。如姚瑩在「噶瑪蘭颱異記」，曰：

皇帝登極之元年六月癸未夜，噶瑪蘭風，颶也。或曰颱。雨甚，伐木壞屋，禾大傷，繼以疫。於是噶瑪蘭闢十一年矣，水患之歲五，颱患之歲三；蘭人大恐，謂鬼神降災，不悅人之闢斯土也，將禳之。（東槎紀略卷三）

據此可知風災水患之頻仍。玆就文獻所載，清代歷年風災水患，特爲統計如附表。但是由於風災水災資料的出處，其紀錄不完備，而詳簡又不一，欲加以統計，缺陷殊屬難免，惟尚可以獲得其梗概，足以顯示其歷史事實之眞實性。我們先將清代之歷年災害，以各月別統計彙集如下表。

種類＼月別	一	二	三	四	五	六	七	八	九	十	十一	十二	春	夏	秋	冬	年	計
大雨（大水）	｜	三	｜	三	五	八	一二	六	一	一	｜	｜	｜	一	一	｜	二四	六五
大風雨	｜	｜	一	一	三	一三	一四	一一	六	｜	｜	｜	｜	一	一	一	二	五四
小計	｜	三	一	四	八	二一	二六	一七	七	一	｜	｜	｜	二	二	一	二六	一一九
大風	一	｜	｜	二	二	二	一一	九	八	四	｜	｜	一	一	｜	｜	三	四四
合計	一	三	一	六	一〇	二三	三七	二六	一五	五	｜	｜	一	三	二	一	二八	一六三

上面所記月份係陰曆。而我們觀上表，極明顯地可看出：臺灣所發生的風災水患，集中於夏季，差不多是由於颱風與夏季連續的雷雨所造成的。

又以朝代爲單位，統計災害之頻數，則如下表。

種類＼朝代別	康熙	雍正	乾隆	嘉慶	道光	咸豐	同治	光緒	計
大雨（大水）	七	二	一八	一〇	一四	一	三	一〇	六五
大風雨	四	二	九	四	一〇	四	四	一七	五四
小計	一一	四	二七	一四	二四	五	七	二七	一一九
大風	五	三	一三	七	三	一	五	七	四四
合計	一六	七	四〇	二一	二七	六	一二	三四	一六三

早期紀錄雖缺略甚多，但我們從上表，尚不難看出其一般趨勢：在時間上是極普遍的發生，次數是極多。

水災與風災的紀錄所表示的地域頗簡略；又各廳縣，因年代前後，轄區略有不同，雖同一名字，是否指同一區域，亦甚難決定。以後新設之各廳縣，如恒春縣，分治以前，舊隸鳳山縣；苗栗縣舊屬淡水廳。將這些新設各縣，仍統計於原廳縣，將歷年災害，再依地域別加以統計如下：

種類＼地域別	鳳山縣	臺灣縣	諸羅縣	彰化縣	淡水廳	噶瑪蘭廳	澎湖廳	臺東州	總計
大雨（大水）	五	一三	一三	一七	一二	一二	一	—	七三
大風雨	一七	一四	一〇	九	一三	六	二〇	三	九二
小計	二二	二七	二三	二六	二五	一八	二一	三	一六五
大風	九	一二	六	一三	七	一	一三	二	六三
合計	三一	三九	二九	三九	三二	一九	三四	五	二二八

一次風雨災害，如災區達二縣時，即計算於該二縣；故總計數字較上列二表爲多。又上表所示地域，雖不十分精確，但由此項數字，仍可瞭解災害在空間上的大勢。除噶瑪蘭廳與臺東直隸州，因其設治較晚，其總計次數較少外，其他廳縣的次數甚接近；我們可推知颱風暴雨，在空間上殆全島都年年受其威脅。由於颱風暴雨所造成的各種災害，其實多爲同時交織發生，表現極複

雜的狀態，甚難單分爲水災或風災。但大致上澎湖風雨災項下，包括下鹹雨，其實水災似較少，風災頗烈。而彰化縣、嘉義縣、臺灣縣等中南部，由於大甲、大安、大肚、濁水等溪主要河川都在中南部，在自然條件上，自較他縣容易發生水災。

我們據上述災情的紀錄與統計的結果，可知歷年災害疊起，其頻數繁多，遭受損害頗爲慘重。

三　災害損失之種類

災害損失可分爲農業、水利、交通、工業、建築物、人口等項。茲略加分述如次。

(一)　農業方面的損失

1. 農作物的損害　因颱風暴雨而致使農作物損失，清代各府縣誌有許多紀錄。如：

乾隆十八年秋八月，大風，禾稼損傷。（余文儀續修臺灣府誌、彰化縣誌）

乾隆十九年秋九月，諸羅大風雨，禾稼損傷。（余文儀續修臺灣府誌）

乾隆二十三年冬十月，諸羅大風三晝夜，晚禾無收。（同前書）

乾隆二十八年九月十一日，颶風大作，自北而至。其風之暴，十餘年所未有。……鳳山北垂，稻田正值成熟，百僅存一。（小琉球漫誌、臺陽見聞錄）

光緒十五年五月，大雨，連下三日，五穀不登。（嘉義管內采訪册）

光緒二十年七月，大雨施行，五穀多損。（同前書）

據此可知：或由於風力强大，吹落稻粒，折毀枝幹；或由於降雨浸淹，影響農作物的成長；

或流失生產物，農產受損失。然在清代，其生產機構、社會組織是以農爲本，而農產物爲國家財政之所資，故當局頗注重農業方面的損失。如上所述，在道光二十五年六月，中南部曾發生嚴重的風雨災害，淹沒居民達三、〇〇〇多人，而因早稻已收，晚禾未栽插，對農作物未有大損害。故臺灣鎮道的題奏竟謂「未成災」，可知災害之涵義，殆只僅對於農產物的損失而言。按在清時，爲蠲賦、緩徵，對於田禾被損分有等級。在乾隆元年以前，被災至十分之六以上，始認爲成災，免其錢糧；在乾隆元年以後，改爲受損達十分之五以上，就算爲成災（詳情可參閱下文救災政策）。因之，上面所引各例，雖志書記載頗簡略，而既然謂禾稼損傷成災，我們可推知，農作物的損失，其實是相當厲害的。往往一遇颱風暴雨，禾稼即蕩然無存。

2.田土的損失　由於洪水氾濫或海潮漲入沿海低地，時常淹沒農田。在各種志書史籍，頗多有關「大水衝陷田園」或「豁免水災圮陷田園若干甲」等記載。可知由於風災水患，常有田土淹沒與流失，其所受損失頗重。

康熙三十七年，豁免水災圮陷田園一百六十甲四分二釐零。（續修臺灣府誌卷四）

乾隆二年，豁免水冲沙壓田園一千七百八十五甲四分七釐零。（同前書）

（乾隆）十四年秋七月，大雨水，臺灣保大東西二里田園被水冲陷（計八十四甲）。（同前書卷十九）

（乾隆）十五年秋七月，大雨水，臺灣永康、武定、廣儲、西新、化新、豐仁、德北、崇德等里田園，被水冲陷（計一百四十二甲零）。八月大風，……諸羅大雨水，土獅、麻豆等莊田園廬舍被水冲陷，知縣周芬斗詳請豁免。（同前書）

嘉慶十七年壬申夏六月有水為災（田園冲塌）。（噶瑪蘭廳誌卷五上）

嘉慶二十三年戊寅秋七月丙辰大水（田園冲壓）（同前書）

因颱風暴雨，田土受損頗多，據上引數例，可知其一斑。

光緒十六年六月上旬，臺灣遭颱風猛雨，各地均蒙受災害。據臺灣省立博物館所藏檔案，云：

此次颱風遍起，無不凶猛；且風息後，雨尚如注，有至五、六日始止者；以致後山積水湧發，所報遭風情形，以恒春為較重。……唯近山各處，如臺灣府屬之臺灣、雲林、苗栗各縣；臺南府屬之嘉義、鳳山、恒春各縣，因後山水漲，奔流不及，其低處積水高至丈餘，間有村舍冲成溪道者，沙石隨水滾流，冲壓田園不少。……（臺灣文獻第八卷第一期）

這次風災水患所引起田土的損失，據恒春縣誌卷六田賦志謂：（光緒）十六年六月上旬，颱風霪雨，內山溪水驟發，冲崩田園，不能墾復。總計爲二六○甲。這是僅在恒春一縣，爲地方官確勘造報之不能墾復田園的數字，其實際損失遍及全島，因此我們不難於推知其損失之慘重。

又，諸羅縣誌卷五學校志義學田項，曰：

在目加溜灣，康熙四十五年，本府同知孫元衡攝縣篆，因曾耀、陳儼請墾互控，撥四十甲充入本縣義學，實洲園也。每年定租銀五十兩，為義學延師脩脯之費。五十年，管事柯招報大水崩陷，教諭陳聲勘丈實存園二十甲，定租銀二十四兩。五十四年又報崩陷一十四甲，今存園六甲，仍在柯招分下，年納租銀一十二兩。

從此引文，在康熙四十五年諸羅縣義學田有四十甲，至康熙五十四年，即僅在十年之間，由於大水崩陷，僅存六甲。可知在同一地點，大水疊起，遭受災害損失之程度。

(二) 水利方面的損失

在清代，大陸不斷有移民入臺墾殖，故同時亦就注意到農業水利；頗多埤圳的修築經營，多係人民主動。其建築所用材料，大多是竹、木和石塊，按照當時情況說，已相當完備。惟臺灣常有颱風豪雨，以現時的工學技術，要建築一永久性工程，不特所費甚鉅，且尚有困難，故當時工程，稍見簡陋，自非意外。因此在夏季的狂風暴雨，臺灣的水利工程，常常蒙受很大的損害。水利方面的災害損失，可分為灌溉與防洪工程兩部份。

哆囉嘓大陂。源由內山九重溪出，長二十餘里，灌本莊及龍船窩、埤仔頭、秀才等莊，大旱不涸。康熙五十四年各莊民同土番合築，五十五年大水衝決。（諸羅縣誌卷二）

四百甲圳，在廳治東門外，業戶王世傑置。後被水衝，溫明源招佃重鑿。……灌溉隆恩息莊，及北莊田四百餘甲，故名。（淡水廳誌卷三）

永安陂又名張厝圳，在海山堡，距廳北一百里。圳長三十里。乾隆三十一年業戶張必榮捨地，張沛世出資，合置。……嘉慶二十三年七月，大水，陂壞。（同前書）

福安陂在海山堡，距廳北一百里。圳長八里許，業戶張必榮、吳際盛，合佃所置。……後因大水沖壞。……（同前書）

照得臺地本年（按係光緒二年）四月以來，雨水過多，颱風間作，郡城南路，自六月初九日以後，大雨滂沱，通宵達旦，至十七日始息。……據臺灣縣白鷺卿稟報，該縣各鄉民房草蓁，間有被風吹損，低窪道路，被水沖塌。直加弄莊水圳，亦被沖沒，現存圳岸

無錢。……（臺灣文獻第八卷第一期第七十七面所載檔案）

我果殺後，田土高下不齊，前築楓仔林埤，未竣已被衝壞。乾隆貳年，衆等呈請縣主戴，仍就原處填築設閘，開圳立規。嘉慶肆年復被衝壞，連年禾苗曝稿，見者心傷。……（臺南縣誌附錄之一古碑志第四十三號「觀音碑公記」）

觀上引諸例，可知灌溉設施遭受損害之一斑。又如：

濁水溪堤岸，在廳南八里。其堤自芭荖鬱莊直透闊嘴寮過嶺仔，高八尺，寬二丈四尺，長一千七百餘丈。因溪地稍高，凡傍溪一帶田園每遇颶風、大雨，即遭淹浸冲塌。（噶瑪蘭廳誌卷二上）

武荖溪堤岸，在廳東南三十五里，高七尺，寬二丈，長八百餘丈。自坑口由溪而下，至猴猴莊。因溪地稍高，每遇颱風暴雨，溪流漲，田園多受其害。居民因就地鳩築，每年仍按畝攤修。（同前書）

嘉慶十六年辛未秋九月有水為災（田園冲、堤堰決）。（同前書卷五上）

直加弄，在安定、新化二里中，上通曾門大溪，下達洲尾諸澗，地卑濕而人安居，則以有古岸存焉。道光二十年間，雨侵岸失，變成滄海，田不耕而俯仰無資，賦莫償而追呼孔亟，蕩析離居，所惻然也。……（臺南縣志附錄之一古碑志第五十九號「直加弄築岸碑記」）

從上引，可知堤岸等防洪工程的損害。

(三) 交通方面的損失

這是因颱風暴雨，引起山崩與洪水氾濫，致造成破壞道路、沖失橋樑、沉溺船隻等損失。

關於道路被水冲壞的紀錄如下：

照得臺地本年四月以來，雨水過多，颱風間作。郡城南路，自六月初九日以後，大雨滂沱，通宵達旦，至十七日始息。……張鎮軍所部分紮內山營堡及新開山路，亦有冲壞。吳鎮軍所開中路，被冲尤多。……北路自六月初九至十六日止，亦連日風颱，當飭各屬查勘。據臺灣縣白鸞卿稟報：該縣各鄉民房草寮，間有被風吹損，低窪道路被水冲塌。……（臺灣省立博物館所藏檔案，載於臺灣文獻第八卷第一期第七十七面）

至於橋樑的損失，各種志書或各地現存石碑有頗多紀錄。

臺灣無石，所有橋梁，皆磚草砌成；溪流水急，衝而易壞。如大橋頭、烏鬼橋、鐵線橋，今皆無存。（林謙光撰臺灣紀略）

磚仔橋，在西定坊，荷蘭所築，砌磚和灰而成，堅埒於石。今洪水衝崩，止存舊跡。（康熙修臺灣縣誌）

樂安橋在東安坊，架木為之，旁翼以欄。三十七年知縣盧承德建。今洪水衝崩，基址無復有存者。（同前書）

大甲溪橋在大甲溪，距縣南一百零二里；為後里莊往臺灣縣葫蘆墩之所。橋長□丈，寬約五、六尺。光緒七年，福建巡撫岑毓英捐資創建。後洪水衝壞，光緒二十四年重建。（新竹縣志初稿）

由於船隻的漂散沉沒，當影響臺灣大陸間、臺灣澎湖間或臺灣島內沿岸的交通。

（康熙）三十年秋八月，大風壞民居（船隻皆飄碎）。（續修臺灣府誌卷十九）

（康熙六十年）八月十三夜颶風大作，雨如注，……發屋碎舟，營盤傾倒，官哨商漁船俱覆，軍民溺死無算。……（同前書）

（乾隆）十五年秋七月，大雨水，……八月大風，壞民廬舍無算，擊碎商船百餘艘。……（同前書）

（乾隆）四十九年秋八月丁未夜，大風雨，拔大木，壞民舍，海舶登陸碎。（彰化縣誌卷十一）

（咸豐）九年己未夏，大風，海面覆船無數。（澎湖廳誌卷十一）

（同治十年）八月十六日風颱大作，港口船隻皆碎。（同前書）

從上引各例，可知交通方面損害之一斑。

(四) 工業方面的損失

清朝時代，工業尚未發達，微不足道，但由於颱風暴雨，鹽場、糖廍等時常遭受損害，可謂是工業方面的損失。

澇為示禁□，照以道光二十五年六月，颱風大作，洲北場被水冲坍□□□□。……（洲北場定界示禁碑，載於南瀛文獻第四卷下期第八十二面）

道光二十五年六月被水積聚沙泥，鹽埕舊地，希圖爭佔開墾。……（臺灣鹽專賣志第六面）

……又臺地向設鹽場五處，現瀨南、瀨北、洲南三處鹽埕，均被水冲崩，泥沙淤積，……（臺灣省立博物館所藏檔案，收載於臺灣文獻第八卷第一期第七十七面）

以上為因水災鹽埕受損失的記載。關於糖廍的損失，有如下述。

官莊雜稅者，以官地為糖廍蔗車，故稅之。……乾隆二年豁免沖陷糖租，（共罷徵銀四兩七錢五分二釐七毫零）。……（續修臺灣縣誌卷二）蔗車三百四十九張半，（每張徵銀伍兩陸錢）共徵銀一千九百五十七兩二錢。乾隆二年豁免蔗車一張，減徵銀五兩六錢；九年豁免蔗車一張八分零，減徵銀一十兩一錢零。（續修臺灣府誌卷五）

又題准：福建省臺灣，於乾隆十五年六、七、八月，猝被風潮衝陷，難以墾復田園五百四十九甲八分有奇，共無徵粟米一千九百八十石七斗二升，勻丁銀三十八兩二錢一分，官莊銀一百兩一錢五分；又衝陷糖廍三張半，共無徵廍餉銀十九兩各有奇，自乾隆十八年為始，均予豁免。（光緒會典事例卷二六八）

據此可知，由於風災水患，不但蔗園受損，製糖設備亦常受害。

㈤ 建築物的損失

每次風災水患，由於風力強大，吹倒房屋；或因溪水海潮暴漲，沖毀房屋甚多，在志書有頗多記載。

（康熙）三十年秋八月，大風壞民居。（續修臺灣府誌卷十九）

（乾隆十五年）八月大風，壞民廬舍無算，……諸羅大雨水，土獅、蔴豆等莊田園廬舍被水沖陷，知縣周芬斗詳請豁免。彰化縣大風，壞民廬舍無算。（同前書）

嘉慶九年秋七月癸未，暴風竟日，西定鎮北二坊高地水深四、五尺，涔地水深七、八尺，衝壞民舍無數。（續修臺灣縣誌卷二）

據署臺灣府知府方邦基稟報：彰化縣地方，乾隆十三年七月初二、三兩日，風雨狂驟，山水漲發，沿溪低窪民房，被水衝倒一千八百餘間。……（明清史料戊編第一本第九十葉）

又如上節所述，據臺海使槎錄的記載，在康熙六十年颶災時，倒屋達一〇、六八八間之多。又據明清史料戊編第二本所收奏報，乾隆五十五年澎湖遭風受損建築物，文武衙署坍塌過半外，民房倒壞一、六五六間，損壞九、五六二間，合計一一、二一八間之多。觀上述，可知建築物損失的大概。

(六)　人口的損失

因風害水災而引起的人口損失，各志書頗多記載。玆列舉數例，可見其大概。

（康熙六十年）八月十三夜，颶風大作，雨如注，……軍民溺死無算。（續修臺灣府誌卷十九）

（乾隆）二十有四年秋八月大水，南靖厝莊居民漂沒。（淡水廳誌卷十四）

（道光十二年）秋八月大風雨大水，田園損，人口淹沒。（同前書）

（道光）三十年夏六月大水，十二日午刻大雨，山顏水溢，海漲暴潮，淹壞民居，多溺死者。（同前書）

上面引文，很少有切實的數字可資統計，惟從上節「災情的紀錄」一項所介紹詳細災情的報告，可窺知所受的人口損失，其實爲數頗多，固不需贅言。

至於其他公私財物的損失，雖無紀錄可稽，惟從上面各方面損失看來，其所受損失，當亦頗慘重。這是我們不難於設想的。

四 災害之影響

清代臺灣之社會經濟比較落後，自然之支配力較强。故其由於狂風肆虐，洪水泛濫，造成風災水患，所受損害頗重，所受影響亦較深。其災害嚴重者，即發生饑荒、土地荒廢、人口流亡、疫癘流行等。直接間接影響社會經濟，破壞其繁榮，阻礙其發展。

一 饑荒

水災風害的結果，往往流失糧儲，損傷禾稼，稻穀失收；農作物嚴重損害的結果，致使糧食的供給告斷，發生饑荒。如：

（康熙）五十六年丁酉正月地震，秋九月大風，學宮頹壞，民居傾圮甚多。冬飢。（重修鳳山縣誌卷十一）

（嘉慶）二十二年乙亥秋八月二十五日，大風，下鹹雨。冬大飢。通判潘覲光設法平糶。（澎湖廳誌卷十一）

（道光）十一年辛卯，夏旱，秋八月大風，下鹹雨。冬大飢。……（同前書）

同治元年春地大震，……六月大風，饑。（淡水廳誌卷十四）

光緒十八年八月十八日，狂風暴作，損壞民房，五穀多損。是歲饑。（嘉義管內采訪册）

光緒十九年四月，大旱。六月，大雨，溪流湧漲，沖壞民舍甚多。旱田園被崩者數百甲。是歲大饑。（同前書）

光緒十九年四月，大旱。六月初七日，大雨，三日始止；溪水暴漲，沖壞民房甚多，崩旱園百甲。是歲，布嶼大饑。（雲林縣采訪册）

從上引斷片的紀錄，我們可知因農業方面遭受嚴重災害的結果，時常發生饑荒。尤其是澎湖，由於耕地面積狹小，生產力又低，本地糧食的生產，遠不足自給；加以風烈多災，而交通中斷，故最容易發生饑荒。在澎湖廳誌我們可以看到許多饑荒與賑濟的記載。在德宗景皇帝實錄卷一三九，光緒七年十一月甲辰條，云：

福建巡撫岑毓英奏：臺灣府屬澎湖地方，前遭颶風，業經附奏。現查饑民多至八萬餘人，由省城增廣倉義穀項下提穀二萬石，運往散給。得旨：即著督飭該地方官，妥為賑濟，毋任失所。

由上可知：饑民達八萬餘人之多，從澎湖的人口看來，可謂幾達澎湖居民的全部。

關於臺灣本島，在清初，因開拓區域尚限於南部的旱田地帶，歲僅能一熟，耕地面積有限，但糧食足供全島之需。如高拱乾修臺灣府誌卷七，云：

田園皆平原沃野，歲僅一熟，非凶年可以無饑。

其時餘糧尚不多，故如遇水旱交作，就發生饑荒。我們翻閱臺灣志書，饑荒的發生，大抵在清朝初期，次數較多。嗣後由於先民銳意墾殖經營的結果，開發日趨發展，成爲農業生產發達的地區，產米至爲豐富，年年由海運大量輸供內地，有「福建倉儲」之稱。因此雖常受風災水患，其災害遍及全島，惟產米既豐，自給有餘，很少發生饑饉；即有饑荒，亦多限於局部性的。

二　土地荒廢

臺灣因地層不堅固，容易崩壞，地勢陡峻，溪流湍急而含沙率頗大，其自然條件，本極容易造成土壤冲蝕現象。加以風兇雨暴、溪流泛濫、海潮浸漲、陂圳衝決，隄岸塌坍，因之土壤冲蝕現象，更加嚴重；其影響於水土保持，可謂實深且鉅。

由於洪水氾濫，甚至河川改道，挾帶泥沙，淹沒良田，致地面盡爲沙磧，寸草不生；或海水浸淹，土性受破壞；加以農村人口頗多死傷，農業勞動力銳減，一時甚難恢復原狀，終致使土地荒蕪。

陂圳之疏築，大者數千金，小亦不下數百，突遇洪流，蕩歸烏有，即陂去田亦荒矣。(諸羅縣誌卷六)

土壤肥沃，不糞種；糞則穗重而仆。種植後聽其自生，不事耘鋤，惟享坐獲；每畝數倍內地。近年臺邑地畝水衝沙壓，土脈漸薄；亦間用糞培養。(臺海使槎錄卷三)

土壤肥沃，不糞種。……惟近年如湯圍、辛仔罕、大湖口、白石山脚諸地，經有沙壓、水冲，土脈漸薄，亦間需培補之功。(噶瑪蘭廳誌卷五上)

道光二十八年戊申秋九月辛巳，連日風雨大作，山裂水涌。(自十一日起三日，連宵達旦，暴雨狂風，水涌山裂，……官為遣人收瘞賑卹，廬舍田園冲失無數，現雖屢次飭勘丈報墾復，而石埔溪道斷難施力矣)。(同前書卷五上)

房裏溪一帶，東至火燄山、南至大甲頂店前，皆平洋沃壤。萬頃田園中，只有一條大圳。道光二十三年，風雨大作，洪水氾濫，一望無際，縱橫十餘里變為沙石之地，誠罕見之水災也。邇來雖有浮復些少，不惟地磽土淺，亦旋耕旋沒；蓋自變溪以後，已不成業產矣。（苑裏志）

從上面紀錄，可知由於風雨成災，土壤冲蝕甚烈，致影響土壤的保肥，沃土變爲荒蕪，阻礙農業生產。在各種志書我們可看到許多良田被水冲崩，不能墾復，詳請奏豁的紀錄。可知由於風災水患，頗多已墾耕之熟地，變爲不能耕作的荒土，對於農業經濟影響頗深。

三　人口流亡

災害嚴重之結果，致田土漂失，禾稼歉收，糧食不足，無法維持生計，因此引起人口流亡，逃往別地覓食。如姚瑩「籌議噶瑪蘭定制」，曰：

一、西勢未墾埔地一百七十六甲，應請緩報陞科，以恤民隱而免漏賦也。志恒議曰：噶瑪蘭西勢原報荒埔二千零六十九甲，先經民人佔定分墾，勒限嘉慶十七年開透報丈征租。迨至限滿，先後丈報陞科田園一千八百九十餘甲，外未墾埔地一百七十六甲，現奉飭令入官，另行招佃墾種。卑職查此項未墾埔地，皆積水之區，每遇秋雨聯綿，即成窪穴。嘉慶十六、七年，屢遭水淹，各佃逃亡。通判翟淦令結首另招新佃。嘉慶十九年，佃戶始集，復定以二十一年開透，二十二年徵租並取結繪圖造冊，附同湯圍、白石山脚、新興等莊瘠地詳請豁減餘租。又為濁水溪流湧決，屢築堤堰，皆遭淹沒。本年八月大雨，田禾顆粒無收，佃戶紛紛退墾。（東槎紀略卷二）

在噶瑪蘭廳誌卷二賦役志蠲政項，亦云：

噶瑪蘭嘉慶十六年九月，水沖田園，……。又因西勢、辛仔罕尾等佃戶逃亡，奉旨准借給款項，築造堤堰處所。

上引可爲災害嚴重結果，無法維繫生活，發生災民流亡之例證。又澎湖廳誌卷十一舊事志，曰：

若澎民之赴臺謀生者，年以千百計，豈皆不肖者歟？地狹民稠，田不足耕，穀不給於養，不得不尋親覓友，以圖餬口，其情固可憫矣。

這表示澎湖因人口稠密，耕地狹小，而生產力又低，生計艱難，平時就有很多被迫外出謀生；如遇災荒，當有更多饑民流出謀生覓食，自不難於設想。又因遭受災害，土地生產力劇減，致使災民流亡，而災民逃散，益使土地難於恢復，終致荒廢；彼此互相關繫，因果循環，遂加深其損失，影響災後重建。

四　疫癘流行

如前說，臺灣原始景象，到處都是密林茂草，加以高溫多濕，對於傳播疾病之生物，生長繁殖極爲有利；自古以來，每稱瘴癘之地。

林箐深處，多飛蟲，着人即肌肉發痒，爪之肉爛，淡水以北皆然。行者或以皮包裹其頭項。（諸羅縣誌卷十二）

臺南北淡水均屬瘴鄉。南淡水之瘴作寒熱，號跳發狂，治之得法，病後加謹即愈矣。北淡水之瘴，瘠黝而黃脾，泄爲痞，爲鼓脹。蓋陰氣過盛，山嵐海霧，鬱蒸中之也深。

……（同前書）

時臺中癘疫盛行，從征將士冒炎威、宿風露，惡氣薰蒸，水土不服，疾病亡故者多。（平臺紀略）

如上我們在各載籍，可看到許多疫癘盛行，水土不合，戍兵罹病死亡的記錄，臺灣原非健康之地。

嗣後，由於開發進展，臺灣的衞生環境，雖有進步，而一遇水災，河水氾濫，逕流難洩，積水浸淹，衞生狀態轉劣。然因田園荒廢，農產歉收，糧食不足，民力摧殘；在這種極窘困的生活條件下，災民對於疾病的抵抗力本已低落，繼以疫癘爲虐，致舊創未復，新創又加，災害損失，更爲慘重。

皇帝登極之元年六月癸未夜，噶瑪蘭風，颶也，或曰颱，雨甚，伐木壞屋，禾大傷，繼以疫。於是噶瑪蘭闢十一年矣，水患之歲五，颱患之歲三；蘭人大恐，謂鬼神降災，不悦人之闢斯土也，將禳之。姚瑩自郡反，聞災馳至，周巡原野，傾者扶之，貧者周之，請於上而緩其征，製為藥而療其病，疫以止；民大悦。（東槎紀略卷三噶瑪蘭颱異記）

（光緒）十六年夏，四月，大水，田園損。六月，疫。（苗栗縣誌卷八）

於此，可知水災以後，往往繼以疫癘，民困加深。

五　其他直接間接的影響

風災水患以後，由於道路橋梁的損壞，交通斷絕，自影響救災賑濟及重建恢復的工作，並因物資交流的阻斷，物價上漲，災民更加艱困，固不難設想。

（光緒）四年戊寅春暴風，吉貝嶼小船不能往來，以書繫於桶內，隨流報饑困狀。（澎湖廳誌卷十一）

又，清代臺灣，是在農本思想而以主穀栽培的社會組織、生產機構之下。災害以後，田園崩陷，農產收穫大爲減少；其結果，不但關係民生至深，亦由於額賦無徵，反而須撥款賑恤，致國計財政支絀。如徐宗幹在「籌議目前酌濟各條」，曰：

一、為府庫稍輕籌墊也。府中經征叛產，多在嘉、彰兩縣。自道光二十五年風災案內，呈報水衝沙壓者不可勝計；勘驗清丈分別是否堪以墾復，一時未及詳辦。佃戶拖欠有因，而司庫則已全劃；營餉即須全支，佃首不能墊納，府中不得不籌款以應，以致日形支絀。……（治臺必告錄卷四）

此外民房廬舍的嚴重損害，不但傷民財，使災民無棲身之處，亦致引起災害區域之破壞，街市衰微，甚至變成廢墟。如：

新南港街在嘉義城西北二十五里，距打猫十二里，居民先世多由舊南港移來者，故名新南港街。……嗣因笨溪沖陷房屋街市甚多，故移至是地。（嘉義管內采訪册）

樹杞林堡內自下山九芎透入石壁潭等莊，於乾隆五十二年，佃首姜勝智開墾。市場建在九芎林街。……後樹杞林設市，而九芎林一帶屢被水沖，市遂衰微。（樹杞林志）

又由於災害發生，農產歉收，雖臺灣產米素豐，未致發生饑荒，但糧食缺乏，米價昂貴，停止運糶內地。因此漳泉福州等地，臺米接濟斷絕，致民情恐慌，社會騷動不安。如高宗純皇帝實錄卷四百七十七，乾隆十九年十一月丁酉條云：

又諭：聞得臺灣米價甚貴，每石至二兩三錢。臺郡素為產米之鄉，即內地之漳泉諸郡，方且資其接濟；價貴如此，該處民番雜居，風俗刁悍，一切彈壓地方，尤當豫為留心，毋致滋生事端。可傳諭該督喀爾吉善，令將臺郡米價，現在有無平減？民番情形是否安貼？並應作何設法調劑及如何撫綏彈壓，以裕民食、以安海疆之處，一面辦理，一面作速據實奏聞。尋奏：查臺郡商船每歲帶運糶濟漳泉餘米二十萬石。又北路社船十隻，帶穀回厦糶賣，亦有數萬石。又徵收供粟，運赴內地，支給各營兵穀八萬餘石。臣現將官穀停運、商船餘米減半、社船禁止，以裕臺屬儲備。至現在臺郡，及鳳山、諸羅、彰化等縣米價，每石二兩二錢及五錢不等，總由民間積穀之家，不肯廣糶，以致價未能平。至臺地災民，現在撫卹口糧，足資民食。惟該處青黃不接，轉在隆冬。查各屬現積穀四十萬石，當批飭速於歲內開倉，分廠平糶，並密飭鎮道大員，董率稽查。節據稟覆，各邑被災後，民番寧帖，實無滋事。得旨：覽奏稍慰。臺穀既不撥運，則漳泉青黃不接之時，亦宜一併慮及。

據是可知：臺灣在乾隆十九年九月大風雨，禾稼損傷，米價高昂，停運接濟內地。又如陳壽祺「與程梓庭制府書」，曰：

閩中土瘠民貧，產米有限，向來仰食上游。近生齒浩穰，上游又常禁鄉不糶，外境其來者亦不足以濟福州，則與泉漳同仰食於臺灣。去年浙撫奏開海禁，招運臺米，連艘以往不下數十萬石。自去冬迄今春，福州糧價騰涌，海米稀至，遂有今夏四月民變之事。

（左海文集卷五）

這雖非由於災害停運接濟內地，但臺米之輸出，與漳、泉、福州等地民食，是如何密切，至爲明瞭。由此可推知：福建素仰臺米，如一遇災荒，臺米歉收，減少接濟，則影響到漳、泉、福州等地的物價與社會安定。

五　救災政策與善後重建

一　政府的救災政策

清廷對於救災的政策，在乾隆會典卷十九戶部蠲卹條下，列有十二項目。曰：一、救災，二、拯饑，三、平糶，四、貸粟，五、蠲賦，六、緩徵，七、通商，八、勸輸，九、嚴奏報之期，十、辨災傷之等，十一、興土功，十二、反流亡。在嘉慶會典，其項目同爲十二，而乾隆會典的「嚴奏報之期」與「辨災傷之等」，在嘉慶會典不另立項目，移於文中，而增加「備祲」、「除孽」二項。「除孽」係除蝗害，與本文無關。其他各項目，名稱略有互異，但其實卻相同。茲對於拯救災荒的政策，依據會典各項，略加考察。

(一)　救災措施

1. 賑濟　臨災緊急的救濟工作，據乾隆會典，云：

一日救災。川澤水溢，湮田禾，漂廬舍，有司即率衆救濟；申報上官，視所壞民居，辨其為茅苫、為瓴甓，給修理費各有差。有傷人者加卹之。督撫立與施行，具疏聞。有急玩需遲，致民衆流離者，惟督撫之辜。

在嘉慶會典，亦曰：

三日救災。水災驟至，有司官即率衆救濟。漂沒房屋，給與搭篷修費銀。淹斃人口，給與葬銀。淹傷人口，給與撫卹銀。水衝沙壓地畝，給與挑培修復銀。皆按各省例定銀數散給。

嘉慶會典所記較具體明瞭。據是可知：對於災害損失，房屋即給修理銀，死傷給葬銀或撫卹銀，田土給與修復銀。然對於房屋分有瓦房、草房，及全部流失和部份流失的區別；對於災民又分有極貧、次貧之別，大口、小口之分；而依省份，給銀各有差別。據光緒會典事例卷二七〇，云：

（乾隆）四十一年議准：地方猝被水災，該管官查倒塌房屋，給予修費；淹斃人畜，分別撫恤。……福建省水衝民房修費銀，瓦房每間給銀五錢；草房瓦披，每間給銀二錢五分；草披每間給銀一錢二分五釐。淹斃人口，每大口給銀一兩，每小口給銀五錢。擊破漂沒民船，大船每隻給銀三兩，中船每隻給銀二兩，小船每隻給銀一兩。……

據此可知乾隆四十一年福建省賑銀的標準。

在康熙六十年八月十三日發生嚴重颶災，對此聖祖於十月丙寅，諭大學士等會同詳議急賑事宜，於十月己巳，戶部等衙門遵旨議覆，云：

臺灣被風災民，應照保安等處地震散給之例賑恤，其被災兵丁，照出兵病故綠旗兵賞給之例，賑恤伊等妻子。得旨：依議速行。（聖祖仁皇帝實錄卷二九五）

這次賑恤的詳細數目，見於臺海使槎錄卷四，即：倒房一間銀一兩，壞死大口一口銀二兩，小口一口銀七錢五分；壓死兵丁照出兵病故官兵，每名賞銀五兩。內開：

項目	倒厝	壓死人口	賬銀
臺灣縣	五、八八一（間）	三八（人）	五，九四四．五〇（兩）
鳳山縣	三、三六五	二九	三，四一九．二五
諸羅縣	一、四四二	八	一，四五六．七五
各營兵丁	—	一二〇	六〇〇．〇〇
計	一〇、六八八	一九五	一一，四二〇．五〇

可知：對於壓斃人口則給與葬銀，倒厝則給與修費銀。這種以銀錢賑恤災民，是救災之一項最通行之措施。茲列舉數例如下：

（乾隆五年十月己未）又議覆：署福建巡撫王恕疏報：臺灣、諸羅二縣，陡被風雨，除吹壞衙署、營房、倉廒、城柵，估計與修，並浸濕倉穀，設法變價易換外，其倒塌民房、淹斃人口，現經逐一履勘，動項賑恤，均應如所請。得旨：依議速行。（高宗純皇帝實錄卷一二九）

（乾隆）五年夏六月二十二日，諸邑鹽水港大風雨四日夜，民居損壞，賑銀二百兩。（續修臺灣府誌卷一九）

（乾隆）十年乙丑，秋，大風雨，衙署科房倒塌。八月，賑銀六百兩。（澎湖廳誌卷十一）

閩浙總督臣伍拉納跪奏，為澎湖一隅被風、委員勘辦恭摺奏聞事。……臣隨飛飭藩司提銀三千兩，派委署南勝同知曾中立，管帶起程配渡前往，並飭臺灣府楊廷理親赴澎湖，會同該廳協，加意撫卹，給發坍房修費以資棲止，並查明秋成是否成熟，及此外有無壓溺人口，一體殮埋，務期仰體皇仁，不使一夫失所，以副聖主痌瘝在抱之至意。容俟撫卹事宜完竣核實另奏。……（明清史料戊編第二本第一五〇葉）

由於風災水患，農產物受損，糧食往往發生供應困難。而民以食爲天，故自古以來，常由國家發積儲，以賑災民。這亦爲急賑中最普遍之一形式。在乾隆會典荒政中第二項爲「拯饑」，嘉慶會典則謂「發賑」，列於荒政之第四項。據乾隆會典：

二日拯饑。水旱成災，督撫疏聞，即行撫卹。先給饑民一月糧，以免待哺。乃察被災之輕重，及民之極貧者與其次貧者。除撫卹一月外，被災六分者，極貧予一月糧；被災七分、八分者，極貧予兩月糧，次貧一月；被災九分者，極貧予三月糧，次貧兩月；被災十分者，極貧予四月糧，次貧三月。每戶計口，日授米五合，幼弱半之。如米穀不足，則依時價以銀代給。州縣官親為省視，極貧之外，凡乏食者皆作次貧，毋許遺漏。具籍申府司、巡撫以達於部，豫為文告。列戶口姓名，首列農者，次游手無藝業者。書其發票、散財之數、與日月次第，使民周知。頒之票以為信，以防牙儈之冒領轉售者。設廠城中，必當四履之中，鄉村則視居人稠集之地。集待賑之民於廠，成戶者給以米，一月一發。煢獨不能自擧火者，為粥以食之，每日一發。饑民赴廠者，男左女右，老弱先，壯者後。其自遠鄉來赴者，令就食於廠。方冬為謀棲止，及春和而後遣還。寒士則學宮具籍牒縣官，移粟釁舍就給，以別於齊民。胥吏楮墨諸費，官為齎發，以杜其需索。若災出非常，督撫特疏以聞，則因時因地而量度之。或于極貧加至五六月、七八月；次貧加至三四月、五六月，不拘常格。有不盡心撫字及胥吏侵蝕，致澤不下逮者，論如法。

據此可知：賑穀、施粥，是謀災民不致饑餓流亡失所，為災後最急切的措施。因此，為防止劣官惡吏的舞弊，以期賑恤有效，災民能受實惠，實施辦法有詳細規定，亦有頗多名宦的論議。在清代臺灣，賑穀亦屢見於載籍。如：

（康熙）三十七年，福建臺灣地方水，撥穀賑濟。（清朝通志卷一二三）

（康熙六十年）……被災民番，大口給粟二斗。小口給粟一斗。臺灣縣民五千五十八口，共賑粟九百三十七石五斗；鳳山縣民番八千八百六十七口，共賑粟一千四百八十七石六斗；諸羅縣民番八千五百六十六口，共賑一千三百六十五石三斗。（臺海使槎錄卷四）

（乾隆十九年）臺灣澎湖颶風，壞商漁船及民田廬舍。諸羅、彰化二縣災。雲南易門石屏地震，壞人民廬舍。均飭大吏動倉穀賑濟。（清朝文獻通考卷四六）

嘉慶十六年九月，蘭地被水，委巡檢胡桂勳支正供穀一百七十六石八斗五升，給發化番口糧。內有西勢、辛仔罕、奇武暖、東勢、流流、辛仔羅罕、抵美福、奇立板等社。大口番男婦五百五十一名，各賑穀三斗。小口番男女七十七名，各賑穀一斗五升。經新設通判翟淦勘准詳銷在案。（噶瑪蘭廳誌卷五下）

以穀賑民，有時因米穀不足，有時因不便於流通，遂有以銀代穀，或以雜糧代穀，或有銀穀兼賑者。

嘉慶二年八月廿八及廿九日臺灣全島遭强烈颱風的侵襲，發生嚴重災害。仁宗於十月壬子諭：

哈當阿等，務須查明戶口，並成災分數，應行蠲緩之處，據實奏明辦理。其坍塌民房，照例給與修費，總期各使得所，不可靳費。所有應需賑卹銀兩，即於藩庫內動項撥解，以資接濟。（仁宗睿皇帝實錄卷二三，此諭旨亦見於聖訓卷二三）

於是總督魁倫委派糧道慶保，携帶賑銀廿萬兩來臺。這次賑恤詳情，據福建水師提督哈當阿等奏摺，則：

該府彙册詳報：……取具印、委各員切結；並加結前來。當經飭府，將慶保帶到銀兩，鑿碎稱準包封，並碾動各廳縣倉谷。按照奏明，半本半折一月口糧，分設城鄉各廠，于十一月初七、八、九等日，連日督同該府縣，分頭給放。大口月給本米七升五合、半折銀一錢五分；小口月給半，本米三升七合五勺、半折銀七分五釐。統計一廳四縣共應賑災戶八萬三千九百八十二戶，內：大口一十七萬七千一百三十二口、小口一十四萬四千一百八十二口，通共應賑半本一月口糧米一萬八千七百六十六石七斗二升五合、半折銀三萬七千五百三十三兩四錢五分，按戶放訖。旋於十二月初七、八、九等日，將奏明再給一月折色口糧，大口月給銀三錢，小口月給銀一錢五分。統計賑銀七萬五千零六十六兩九錢，均經臣季學錦督同該府遇昌，分頭親赴各廠，眼同印委各員，按口計口，逐名散給；不許假手書役地保人等，致滋弊端。臣哈當阿委派親信員弁，分往各屬訪查，委無尅扣及冒領漏領情弊；目覩各鄉男婦，扶老携幼，感激天恩，環跪歡呼，同聲頂祝，

實出至誠。……（明清史料戊編第九本第八七七—八七八葉）

這是臺灣較大一次颶災；災害區域計一廳四縣，幾遍及全島，受賑災戶八三、九八二戶，人口共達三二二、三一四名。所需米穀數量多，故半本半折，是銀穀兼賑之一例。

道光十一年八～九月間，澎湖屢遭颶風，多大饑，動項撫卹。這次救災撫卹的紀錄，有臺灣鎮總兵劉廷斌等查勘澎湖風災撫卹完竣的奏摺，收於「明清史料」戊編第二本，云：

……去後，旋據該廳蔣鏞節次稟報：委員徐必觀等于本年正月二十五、二月初九日，先後至澎登岸。與泉永道周凱亦于二月十九日抵澎。收到徐必觀等管解地瓜乾十萬觔、制錢一千串、番銀一千圓；隨將番銀按照市價易錢一千零三十串。又興泉永道應買地瓜乾一千石，因厦門一時無從採買，携銀三千兩至澎湖，按市價共換制錢四千二百八十串零六百四十文；並由府先後所發共合制錢九千七百七十八串六百四十文。當即查明被災各處大小六十二鄉，極貧大口一萬一千二百五十五丁、小口五千三百五十六口；次貧大口一萬三千六百六十八丁、小口六千七百七十一口。援照嘉慶十六年該處辦理災案章程，大口按日給地瓜乾半斤、小口四兩；極貧散給兩月、次貧散給一月。又聞賑歸來大口六百五十八丁、小口三百六十四口，各除小建一日口糧，通共應給地瓜乾六十七萬八千九百三十一斤。除委員徐必觀等帶得地瓜乾十萬斤外，不敷之數，查鹿耳門、笨港處商販，因聞澎湖歉收，均各販有地瓜等項雜糧前往售賣，是貧民得有錢文，即可就近買食；經該廳按照市價，每斤折給制錢十六文，均勻搭放，共計用錢九千二百六十二串八百九十六文，已于三月初七日一律散竣。……（第一七二—一七三葉）

這是以雜糧賑恤，但由於實物不足，遂折色。是以雜糧兼賑銀之例。

2.調節糧食　由於災害發生後，糧儲流失，禾稼損傷，糧食供給發生困難，糧價高昂，故須調節米價和米穀的供給，以安定災後社會。乾隆會典所列「平糶」（嘉慶會典作「減糶」）一項，係為調節米價的措施。

三曰平糶。穀賤傷農，則增價以糴；穀貴傷民，則減價以糶。倉名常平，此常法也。若歲或大饑，有司先酌時價、應減之數以報；督撫覈定具奏，即與施行，設廠城中及四鄉，示期出糶，以濟民食。其散糶之法，與拯饑同。如倉穀不足，則動庫帑，遣官告糴於鄰省。再不足則截留漕糧以濟之，俟市價既平而止。發倉儲者糴穀還倉；動庫帑者易銀歸庫；截漕糧者，或增入常入，或報部候撥，皆因時酌定。有經理不善者論如法。

（乾隆會典）

臺灣由於我們先人強有力的墾殖經營的結果，成為產米之區，經常輸往內地接濟。但因發生嚴重災害的結果，收成歉薄，米價騰貴，時亦有平糶之舉。如雍正十三年七月鳳山縣大水溪溢，時歲歉，知縣方邦基曾發粟平糶。

方邦基，字樂只，浙江仁和人，雍正庚戌進士。十三年知縣事。為人溫厚祥和，謹身節己，恬淡無欲。……時歲歉，米價貴，邦基發粟平糶，酌戶口，定穀數，親自散給。至孤貧老稚，尤憐卹之。（重修鳳山縣誌卷八職官志宦績）

又，乾隆十年八月，澎湖大風雨，於是在乾隆十一年二月青黃不接之時，曾撥穀平糶。

福建巡撫周學健奏：……至澎湖地方，上年八月被風後，業飭道府加意撫綏，無使民食

缺乏。現惟諭令撥運倉穀，豫籌平糶。……（高宗純皇帝實錄卷二五九）

嘉慶二年八月臺灣各地遭嚴重颶災，據福建水師提督哈當阿等辦賑奏摺中，亦云：

至各廳應需平糶米石，業經碾運齊備；俟市價增昂，即開廠減價出糶。（明清史料戊編第九本第八七八葉）

又，澎湖廳誌卷十一舊事志祥異項，曰：

（嘉慶）二十二年乙亥秋八月二十五日，大風，下鹹雨。冬大飢。通判潘覲光設法平糶。

（道光）十一年辛卯，夏旱，秋八月大風，下鹹雨。冬大飢。通判蔣鏞籌捐義倉錢三千餘串，先濟貧民。又借碾兵米，減價平糶。後通報請卹。

關於道光十一年澎湖風災，借碾兵米、減價平糶一事，亦見於明清史料戊編第二本所收臺灣鎮總兵劉廷斌等奏摺，云：

又據該廳蔣鏞稟稱：各澳素鮮蓋藏，加以上年入冬以後，北風勁發，商艘不通，乏食貧民，愈形困頓。不得已暫將碾備兵米，借給殷實舖戶，定價出糶，俾得隨時買食。現在商船俱已源源進口，當將借糶米石，截數停止。計共借出倉米九百石，已據各舖戶具限兩易買運還倉各等情。……

據上引諸例，可知災後碾穀平糶的事實；而澎湖耕地面積有限，生產力又低，故一遇天災，就發生饑荒，時常須發賑與平糶。

會典所列「通商」係為調節米穀供需的措施。

九曰通商。災區需米接濟，奏明招徠商販。有運米前往糶賣者，所過關口，免其納稅，給與印票。到境之日，呈送地方官蓋印，回空繳銷。如未到被災地方，先行糶賣，及偷運他省，加倍罰稅，仍照違禁例治罪。（嘉慶會典）

臺灣由於其本身爲產米之區，故除澎湖須由商販接濟外，臺灣本島雖常遇風災水患，糧食發生供應困難，亦不致招商販穀。但爲確保糧食的供應，時常停運接濟內地。

（乾隆十九年十一月丁酉）又諭：聞得臺灣米價甚貴，每石至二兩三錢，……。尋奏：查臺郡商船每歲帶運糶濟漳泉餘米二十萬石。又北路社船十隻，帶穀回廈糶賣，亦有數萬石。又徵收供粟，運赴內地，支給各營兵穀八萬餘石。臣現將官穀停運、商船餘米減半、社船禁止，以裕臺屬儲備。（高宗純皇帝實錄卷四七七）

（乾隆十九年十一月戊寅）諭：喀爾吉善等奏臺灣澎湖等處，颶風頓作，沉失商漁船隻，坍塌民房，田禾間有刮損。諸羅、彰化二縣，被災較重等語。臺灣地居海外，貧民猝被風災，殊堪憫惻。着該督撫，查明被災戶口，加意撫綏，……務使災黎均沾實惠。至應行撥運內地補倉米穀，並着暫停起運，留備賑卹之用，該部即遵諭行。（高宗純皇帝實錄卷四七六；又見於聖訓卷一四三、澎湖廳誌卷首）

從上面平糶與閉糶停運的事實，我們可知災後對於調節糧食所採取的措施。

（二）善後事宜

1.貸粟　在農民遇災，朝不保夕之時，當以保命爲先，應臨災急賑。迨生機未絕時，爲欲維持生計，須恢復生產。然災後農民窮乏，何來農本？於是有貸粟之法。乾隆會典荒政第四項曰「貸粟」（嘉慶會典謂「出貸」，在第七項）。

四曰粟。或歉收之後，方春民乏耔種，貧不能耕；或旱，禾初插，夏遇水旱，及既雨既霽，民貧不能補種，乃命府州縣，開常平倉或社倉出穀貸之，俾耕插有資，以待秋熟。其兵丁之貧乏者亦貸焉。及秋視其收成之豐歉，收成在八分以上者加息徵還；七分者免息徵還；六分者本年徵還其半，來年再徵其半；五分以下者均緩徵以待來秋之熟。若上年被災稍重，初得豐收，其還倉也准免息。直省有向不加息者，各從其土俗之宜。特本息均免者，率視督撫奏請，即與豁除。

在臺灣歷次風、水災的紀錄中，關於「出貸」，有如下記載。

乾隆十三年彰邑水災，閩撫潘思榘題本，云：

……一面查明衝倒民房、淹斃人口各實數，動撥存公銀兩，分別撫卹安頓；坍房被水之食極貧災戶，動支倉穀，照例先賑一月口糧，以卹災黎。餘俟察看情形，分別酌辦水衝沙壓田園，督勸業佃挑復補種；無力貧農，酌借社穀，以資工本。如有不能挑復者，勘明造册請豁。……（明清史料戊編第一本）

在高宗純皇帝實錄，乾隆十四年四月乙巳條，亦曰：

賑貸福建臺灣、鳳山、彰化三縣，乾隆十三年被災貧民；應輸額賦，並予緩徵。

對於乾隆十五年八月，臺灣發生水災，於十月甲午，高宗諭曰：

着該撫潘思榘，詳勘被災情形，就近督率該地方官實力撫綏，毋致失所。其地畝應免錢糧、房舍應給價值及酌借耔種、修理船隻各事宜，一面查明奏聞，一面照例辦理，副朕軫念災黎至意。（實錄卷三七五）

又，宣宗成皇帝實錄，道光元年十月癸卯條，云：

> 貸福建臺灣淡水、噶瑪蘭二廳風雨折損籽種銀，並給房屋修費。

上面各例，是出貸籽種，以資補種；亦曾酌借口糧。乾隆十九年臺灣澎湖等處颶災，於同年十一月戊寅高宗諭曰：

> 臺灣地居海外，貧民猝被風災，殊堪憫惻。着該督撫查明被災戶口，加意撫綏。……乏食貧民，酌借口糧，妥籌接濟。（見於實錄、聖訓及澎湖廳誌）

（乾隆十九年）是年臺灣澎湖等處風災，酌借災戶乏食貧民。（清朝文獻通考卷四五）

2.蠲免及緩徵　清代政府之財政收入，專賴租賦，賦從田出，而災後輸賦維艱。因此歷代政府於災荒之後，往往蠲免或緩徵租賦，輕徵薄斂，以紓民力，俾資恢復，殆成爲例行的政策。關於蠲賦與緩徵，在乾隆會典規定如下：

> 五曰蠲賦。年不順成，命有司察其實，而蠲其租賦。視被災之輕重以別。其宜蠲之數，被災十分者蠲賦十分之七；九分者蠲賦十分之六；八分者蠲賦十分之四；七分者蠲十之二；六分、五分者均蠲賦十之一。
>
> 六曰緩徵。如屢豐之後，忽遇偏災，雖民不重困，而輸賦維艱；或積歉之歲，舊負未償，新逋又至，乃緩其催科之期，以寬民力。被災八分以上者分作三年帶輸；被災五分以上者分作二年帶輸。均期至次年麥熟起徵；若次年又無麥，則期至秋收後徵之。應仍其應緩之年麥，後遞緩至秋後。其帶徵之數已多，亦視督撫奏請特旨，均與豁除。

至於免科，在乾隆會典，載於保息之政第二項，曰：

二曰免科。……江渚河洲海壖田圮於水者，……稽其賦稅，雖載在地官之籍，悉與豁除。

清代臺灣歷年水災風害，蠲免之策屢行，散見於各種載籍，茲列舉數例如下。

關於免科者：

康熙三十七年，豁免水災圮陷田園一百六十甲四分二釐零。（續修臺灣府誌卷四）

乾隆三年，奉旨豁免水冲田園一百五十餘頃。（彰化縣誌卷二）

又題准：福建省臺灣，於乾隆十五年六、七、八月，猝被風潮衝陷，難於墾復田園五百四十九甲八分有奇，共無徵粟米一千九百八十石七斗二升，勻丁銀三十八兩二錢一分，官莊銀一百兩一錢五分，……自乾隆十八年為始，均予豁免。（光緒會典事例卷二六八）

（乾隆三十三年三月辛亥）豁福建彰化縣水衝園地一百三十甲有奇額賦。（高宗純皇帝實錄卷八〇七）

關於蠲賦，則如下列。

（康熙三十八年三月甲寅）免福建臺灣、鳳山、諸羅三縣康熙三十七年分水災額賦有差。（聖祖仁皇帝實錄卷一九二）

（康熙）五十六年，江南沛縣、福建臺灣、鳳山、諸羅三縣水，免今年田租有差。（清朝文獻通考卷四五）

（康熙）五十六年，秋九月大風。……詔蠲免本年糧米十分之三。（重修鳳山縣誌卷十一）

（康熙六十年）……又敕下蠲免三縣六十年額征民番銀二萬二千二百十五兩四錢零，粟十三萬八千九百五十二石六斗零。（臺海使槎錄卷四）

（乾隆二十四年閏六月丙戌）蠲免福建臺灣、鳳山、諸羅三縣乾隆二十三年晚禾風災額賦。（高宗純皇帝實錄卷五九〇）

關於緩徵，如下列。

（乾隆二十年九月癸未）緩徵福建臺灣、諸羅、彰化等三縣、乾隆十九年被水田園蠲剩銀五千七百七十八兩有奇。粟四萬四千八百二十九石有奇。（高宗純皇帝實錄卷四九六）

噶瑪蘭嘉慶十六年九月，水淹田畝，由委員楊廷理勘詳。奉准緩至次年。……（噶瑪蘭廳誌卷二下）

（嘉慶十七年十二月乙巳）除福建噶瑪蘭，被水衝陷田園正供各穀石；並緩徵被淹田地穀石有差。（仁宗睿皇帝實錄卷二六四）

據這些引例，我們可知蠲免緩徵的一斑。

3.安輯當災荒之後，農民流亡，田土荒蕪，稼穡不成，對於國家財政的收入，以及農民生計、社會安寧，均有極大的影響。故歷代當局，常依環境的需要，竭力設法撫輯流亡；一者可安定社會，二者俾恢復重建。乾隆會典荒政「反流亡」（嘉慶會典謂「集流亡」）云：

十有二曰反流亡，使民生聚。郡邑猝被災侵，州縣官曉示百姓，毋得遠行覓食，輕去鄉土，即給一月糧以撫安之。其已出在外者，所在有司勸諭還鄉，以就拯貸；老弱被疾者，暫為留養，春和遣歸。欲歸無力者，計其費資給之。

其用意：一在防止流民的發生；一則救還既發流民。係一項災害善後最重要的工作。

道光十一年八～九月間，澎湖疊被風災，當局曾賑濟災民，其時，如：

又聞賑歸來大口六百五十八丁，小口三百六十四口，……（明清史料戊編第二本第一七三葉）

可知：離鄉覓食流民，因聞賑而歸來。賑飢係一項安輯流民的辦法。又如姚瑩撰東槎紀略卷二「籌議噶瑪蘭定制」，云：

一、西勢未墾埔地一百七十六甲，應請緩報陞科，以恤民隱而免漏賦也。……卑職查此項未墾埔地，皆積水之區，每遇秋雨聯綿，即成窪穴。嘉慶十六、七年，屢遭水淹，各佃逃亡。……嘉慶十九年，佃戶始集，復定以二十一年開透……又為濁水溪流湧決，屢築堤堰，皆遭淹沒。本年八月大雨，田禾顆粒無收，佃戶紛紛退墾。應請將此兩處低窪瘠地一百七十六甲緩報陞科，仍由廳每年查勘結報一次。如得水乾土潤，即諭令佃民上緊承墾陞科。如仍水淹，即據實結報請緩，以卹貧農。

這可表示：以蠲緩、減賦，防佃農逃散，亦為安輯之另一辦法。

(三) 重建工作

嘉慶會典新添「備祲」一項，列於荒政第一項，曰：

一曰備祲。凡勤耕務本之農，該管官時加獎勵，每州縣量設老農數人，以為董率。察其勤儉無過者，准給與八品頂戴。歲遇農忙，則停徵停訟，以勸農務。各省有實在可墾荒地，招徠報墾，酌借牛種；限以水田六年、旱田十年，准其陞科，永為己業。民有自費工力挑築池塘渠堰，准照定界蓄水灌溉。他人竊放灌田者，照盜種田畝律科罪，以勸墾荒。山隰土田阡陌相連宜穀之處，禁種煙草。官兵軍民行獵及出青馬駝踐躪田禾，除懲處外，仍追糧銀給主，以禁妨稼。令所在官司飭查製麴燒鍋，以禁糜穀。陂澤池湯蓄水處所，無論官地民地，概禁開墾。瀕臨江海湖河沙漲地畝，如有阻遏水道、為隄工之害者，禁其報墾，以禦旱潦。

以上共列有八條的救荒策，均注重於災荒之預防，着眼於災荒發生原因之防治；而實施在於災前，則爲防災，如實施於災後，就算是重建工作。這八條對策，我們整理一下，即如下：

1. 改良社會條件，包括勸農政策與糧食政策。

(1)勸農

第一條　農業的獎勵

第二條　農忙時，限制徵稅、訴訟

第六條　田土的保護

(2)糧食政策

第五條　禁止煙草的栽種，即禁特用作物，推行主穀栽培，以努力增產糧食。

第七條　限制釀酒，以防糜穀。

又會典另有「積貯」之政，亦爲確保糧食，以備災害的政策。

2. 改良自然條件，即墾荒與水利事業。

第三條　墾荒（在災後，當即爲墾復）

第四條　築池塘渠堰

第八條　限墾陂澤等處，以禦水旱。

嘉慶二年八月廿八及廿九兩日，臺灣遇強烈颶風的侵襲，受嚴重災害，同年十月壬子，仁宗諭曰：

哈當阿等，務須查明戶口，並成災分數，應行蠲緩之處，據實奏明辦理。其坍塌民房，照例給與修費，總期各使得所，不可靳費；所有應需賑卹銀兩，即於藩庫內動項撥解，以資接濟。至臺灣地方全藉晚收，以資口食。今猝被颶風，糧價未免增長。此或由朕政事有闕失；或愚民等平日不能共敦淳厚，感召祥和，致有此災。此時斷不可稍存怨尤之念，惟當省過學淳。又臺灣一歲三收，今北路嘉義、彰化等屬，雖晚稻多有損壞，而南路臺灣、鳳山等縣，受風較輕，地瓜番薯雜糧等項，尚可有收，當勸諭居民，廣為播種，亦足以資民食。且風災過後，勤於耕種，來春仍可稔收，尤當及時力作，不可稍有怠惰。再福、興、漳、泉四府，夙藉臺米接濟。今臺灣既被風災，目下僅堪自給，明歲春收後，或米穀充盈可以運售內地，固屬甚善。儻無餘米可運，魁倫等惟當於各屬豐收之處，豫為籌備，並勸令百姓等撙節衣食，家有儲蓄，不可再將米穀釀酒花費，致鮮蓋藏，豫為明歲之備。即內地四府，亦當勸諭上游豐收各屬，有無相通，隨時販運。以期民食有資，不致缺乏，方為妥善。將此傳諭知之。（仁宗睿皇帝實錄卷二三）

據此可知：對於災因有傳統的干傷天和的觀念；而對於災後，除照例賑卹蠲緩外，指示勸農、節約與糧食政策，可謂會與「備祲」中之關於改良社會條件之一例。

關於改良自然條件者，如：

水衝沙壓田園，督勵業佃挑復補種，無力貧農酌借社穀以資工本。（明清史料戊編第一本第九十葉）

以及上面既引之姚瑩籌議噶瑪蘭定制中，議緩報陞科，以恤民隱，雖另有妥輯逃戶之作用，其實即為勸墾荒。

又近年由朱鋒先生等於臺南縣新化鎮所採集之雍正九年四月大穆降庄民等立「倪公修築大埤碑記」，云：

去秋霖雨彌月，埤岸傾圮，漫溢于廣儲諸村里，間為沙邱水□，鄉民謀欲修□□，而力未謀及，竊竊焉憂之。而我太公祖大老爺倪公念切民依，心懷拯溺，飭員躧勘，詳請蠲輸，飭發帑金叁百兩，委員治事□工併力，于雍正捌年拾貳月貳拾日興工，本年叁月貳拾玖日完竣。……（臺南縣志附錄之一古碑志第三號）

這是災後由官修築水利工程之一例。

四　救災政策的實施

上述各種救災政策，對於其實施，據會典另有「奏報」、「勘災」與「勸輸」等規程。

1. 奏報　乾隆會典荒政第九項曰：

九曰嚴奏報之期。州縣官遇水旱，即申知府直隸州布政使司，達於巡撫具疏以聞。夏災不出六月，秋災不出九月，愆期及匿災不奏報者，論如法。巡撫疏聞下部，部行覆勘。逮其察實，請拯也以四十五日為期。其報可舉行造冊達部也以兩月為期。逾期者論。至督撫奏報水旱，每降旨先事綢繆，則較具疏部核之期，更為迅速。

對於災後諱匿不報，地方官則革職永不敘用；地方官詳報而上司不據實轉詳，或督撫不題奏，俱革職。如延遲報災，按其逾限罰俸、降級或革職。災情報告書的期限，原定為一個月，後在雍正六年延爲四十五日。嚴奏報之期，貴其迅速，當然其趣旨是在謀災後之賑恤、善後工作不致遷延，能及時收較大的效果，俾能迅速恢復重建。

在余文儀續修臺灣府誌卷三職官志列傳，有云：

靳治揚，……康熙三十四年知臺灣府。抵任蕩滌草竊，招撫土番，捐貲脩文廟，詳免傾陷田課。……

王敏政……仁厚不苛，事悉就理；尤加惠番民。……遇歲荒歉，申請賑恤，民賴生全。

據是可知，遇災申請賑恤、蠲免，被認爲名宦愛民惠政；同時亦有遇災不肯報災請賑之劣官。如澎湖廳誌卷十一舊事志，謂：

（光緒七年）閏七月初七日，颱颶交作，下鹹雨。……至十三、四、念一、二等日，狂風連作。一月之間，下鹹雨三次，徧野如洗，洵非常災變也。諸生蔡玉成等請賑。通判李翊青不許。乃赴臺灣道府告災請卹。

2.勘災　災害發生，督撫接到報告後，須一面向朝廷題奏；一面委員親至災區勘災，調查災害損失實情、饑民的多少與救恤所需銀兩米穀等。乾隆會典有如下的記載。

十日辨災傷之等。為水、為旱、為風、為雹、為蟲，各有輕重。夏災旣告，如晚禾可種，及田有一歲再熟者，俟秋熟旣穫，再定分數。若夏種秋收之田，災後不及晚耕者，則不俟秋後，即以成災論。秋災旣告，督撫委鄰邑官，會本邑牧令履畝親勘，辨其成災。五分至十分，以別其為蠲、為緩之宜，及拯濟多寡之數，疏聞。即命舉荒政之宜行者，速布於民。其受災重者，或特命廷臣，或該督撫經紀其事。未及分數者，雖不成災，亦視民力，以酌行緩貸之政。

可知當時是依災害的輕重分等級，作爲蠲緩、賑卹的基準。至於辨災傷之等，清代，在順治十年、康熙十七年、雍正六年曾屢次改訂。前引會典所規定蠲賦之數，是乾隆元年所定的。對於勘災，如不實隱瞞，或勘報逾限，均依例懲戒有關官吏。

3. 勸輸　災害救卹的費用，本來是由國庫支出，惟在於實行之時，單靠賦稅等經常歲入，時感拮据，政府爲欲充實其力量，並圖減輕政府的負擔，往往勸獎捐納，以爲展開賑濟的手段。在乾隆會典，云：

八曰勸輸。縉紳士民，有敦任卹之風者，遇歲之不登，或輸粟，或輸銀，糶穀，或助官拯飢，或依官價減糶，或利及族姻，或施及鄉里，由州縣而府而司道而督撫，為表其閭，視所輸之多寡以為差等。過二三百石者，以聞於朝，官予紀錄，民予品銜以旌獎之。

關於官民捐資助賑，如「臺案彙編甲集」卷三所收臺灣鎮武攀鳳等奏臺灣風災情形摺，另有「附奏捐銀撫卹各員請予議敍摺」，治臺必告錄卷四亦收有徐宗幹「會奏紳民捐資助賑附摺」。又據澎湖廳誌卷十一舊事志祥異項，在光緒七年颶風下鹹雨，澎民大饑時，除由政府散賑銀穀外，亦有臺灣鎮道、興泉永道、安海厦門等地紳士郊商等，頗多官民出力捐輸銀米。對於助賑官民，照例予以獎敍。

從上面各節所述，我們可知清代政府所實施的各種救災政策的大概。玆就歷年蠲卹，史籍之可稽者，列表擧示，則有如附表。年表所據紀錄，因詳簡不一，缺略在所難免，彙計之，則如下列。

賑濟	三七	平糶	五
蠲免	二八	貸粟	五
緩徵	一五	興工築埤	一

以上統計，雖不十分精確，但我們可看出：清代政府所實施的救災對策，雖對事先預防與災後重建，並不忽視。但仍比較側重於事後救濟之消極性的賑濟災民與蠲緩租賦等項。

二　民間的自力重建

關於恢復重建工作，據史籍與現存各地碑記，有許多由地方官捐款倡導造修的。如：

哆囉嘓大陂。……康熙五十四年，各莊民同土番合築，五十五年大水衝決。知縣周鍾瑄捐穀一百石，另發借倉粟八百餘石重修。（諸羅縣誌卷二）

楊公橋，在鹿港街尾，溪流冲決，崩壞甚多。嘉慶十七年，命令楊桂森兼署分府篆捐俸倡造，兩旁築堤。由是鹿港永無水患，里人名曰楊公橋。（彰化縣誌卷二）

然每次受災破壞之後，對於重建復舊，其實由民間積極採取步驟，分別實施進行者爲多。其中農民對自己的田園房舍等之損害，當然會積極修復外，至於其他較大的公共工程，亦頗多由莊民合力重建。如關於水利事業，則：

凡陂圳開築修理，皆民計田鳩費，不縻公帑焉。（彰化縣誌卷二）

陂頭圳，在廳東南二十五里，寬八尺，長四百餘丈，……其圳由民人攤資合作，……每

年修築，聽該地戶按畝鳩資。（噶瑪蘭廳誌卷二上）

馬賽圳，……乃民人合就是地開成圳道，……每年佃戶貼納圳長水租穀，以為修築之資。（同前書）

羅東北門圳，……每年修築水欄，聽民就各莊攤資。（同前書）

武荖溪堤岸，在廳東南三十五里，高七尺，寬二丈，長八百餘丈。自坑口由溪而下，至猴猴莊。因溪地稍高，每遇颱風、暴雨，溪流漲溢，田園多受其害。居民因就地鳩築，每年仍按畝攤修。（同前書）

車城清港溪，在縣城西十二里。……緣溪之田，皆資利也。光緒十六年水災，在車城莊上游向西直沖，一溪到（？），歷年，愈沖愈坍。近日溪流，距莊不及半里。地係沙性，水勢洶湧，廬舍庄基，岌岌可危。光緒十九年，知縣陳文緯，勸經該莊殷紳董蘭香，舖戶業戶等，集款一千一百六十餘緡，於前被沖決溪口，用極大竹筐，每筐實以石塊，砌隄一道，計長一百五十丈。亟來水仍行故道。一面通詳立案，並請獎在事人等，以資鼓勸，而昭激勸。（恒春縣誌卷十六）

從上述我們可知，對於水利損失，由民間自力恢復重建工作的一斑。又關於橋樑、廟宇等之重修碑記，現在頗多尚存於各地；我們據此亦可很清楚地知道，由民間合力災後重建的事實。

又彰化縣誌卷二規制志街市項，曰：

東螺北斗街。故東螺街被水沖壞，舉人楊啓元、林煥章、武舉陳聯登、監生陳宣捷、總理高培洪等議移建於此。街分東西南北，中為大街，縱橫整齊，距邑治三十五里。

即東螺溪氾濫成災，冲壞街市，損害頗重。於是在該庄紳董相聚倡議之結果，遂購地遷徙，重建街市。北斗鎮現尚有「東螺西保北斗街記」、「建北斗街記」與「北斗街義塚碑」（碑文均收於文獻專刊第五卷第三、四期，臺灣中部古碑文集成第三五、第五二、第五三號）。據道光二年彰化縣知縣吳性誠撰「建北斗街記」，云：

> 凡事之有利乎，不必費自己出，但力能倡建集成，其功不小。剏從立街衢、整理風俗，其興利之功，更有大者乎！如東螺之有街、由來久矣。先在舊社，丙寅歲，始遭兵燹焚毀，繼被洪水衝崩。士女失棲依之所，商賈無鬻販之區。建街首事陳聯登、楊啓元、陳宣捷、高培紅、吳士切、謝嘐等，爰相聚而議曰：是不可以不謀從建。因於距街里許，得一地焉。名曰寶斗，相厥形勢，可以興建。遂與地主定議經營規畫，內則築宮作室，通塗巷以象井字之形；外則插竹濬溝，設門柵以叶豫卦之意。復出己貲，購買園地，充建廟宇，崇祀天上聖母，名曰奠安宮。蓋取奠定厥居，安集手民之義焉。街成之日，更名北斗，則取酌量元氣，權衡爵祿之義焉。而且欲獎斯文，家塾為蠲地稅；思清盜賊，此匪不許聚居。異日戶誦家絃，夜門不閉，不由斯而兆乎，於是士女商賈，以手加額曰：向之苦失棲依者，今幸得所矣；向之嗟無鬻販者，今成輿區矣。吾儕所以獲有寧宇而安居樂業者，非六首事鼎建之力，不至此。街衆蒙庥思報厥功未果。余適蒞彰，觀風問俗，見夫黎民淳厚，街里振興者，莫如北斗。知由總董等之約束有方，因即手書匾額，以示褒嘉；而諸父老且為余詳述建街之由。余不禁喟然興曰：有是哉！前之日，擇地鼎新，既有以善其始；今之時，留心整理，復有以善其終。洵撫綏之翊佐，治化之贊

裏也，豈得以利在一鄉，遂毋庸表述其功哉！爾衆等盍為立祿位於奠安宮，以誌不朽。諸父老對曰：衡衆有心久矣，敢不承命舉行！爰就所述，援筆而為之記，俾勒諸石。

據此可知，許多災後各項工程，多由紳董街耆倡議，莊民合力重建而成。

民國四十九年四月二十一日脫稿

原載臺灣銀行季刊第十一卷第二期八七水災特輯民國四十九年六月

附表：清代臺灣歷年風災水災與蠲卹年表（註）

康熙	
三〇、八	大風，民屋及船隻多被飄頽。11 12 13 14 15 16
三六、七、一九～二二	大風雨；大風拔木，萬山崩流並下，汎濫四溢。29
〃、〃、二九	大風雨四晝夜，洪水。29
三七、	臺灣、鳳山、諸羅三縣水災，崩陷田園。2 6 9 12 撥穀賑濟。6 豁免諸羅縣水災崩陷田園一六〇甲四二〇 12
三八、二、一四	免臺灣、鳳山、諸羅三縣上年分水災額賦有差。2 9
五〇、	大水，衝陷田園。13
五四、九、一五	大風，民居倒塌甚多。12 13 15 16 19 21 43
〃、	大水，衝陷田園。13
五五、	大水。哆囉嘓大陂被衝決。發借倉粟重修。13

（註）本表所據資料，均注明其出處。惟因時間倉卒，若干罕見文獻不及參考，缺略在所難免，尚希讀者鑒諒！

五六、九	大風，民居傾圮甚多。蠲免本年糧米十分之三。15
一、	臺灣、鳳山、諸羅三縣水災，免今年田租有差。5 7
五七、七	霖雨浸淫，颶風大作。14
一、	大肚溪漲，阿束社幾遭淹沒。31
六〇、五、二八~六、六	大雨如注，山摧川溢，田園沖壓。12 15 16 19 21 31（按除臺海使槎錄以外，均作三月己丑（廿八日）至六月丙申（六日），今日期從臺海使槎錄。）
一七、	大風。糯黍歉收。31
一、八、一三	颶風大作，雨如注。傷損人民田禾，倒塌房屋。發帑開倉賑給災民，蠲免本年額賦。2 4 5 7 9 12 15 16 30 31
六一、五、一六~一八	大風。18 31
雍正	
元、七、一六~二〇	鳳山縣颱風驟雨，漲水數處民田衝陷。31
三、七	大風。12 15 16 17 19 21
五、	豁免水沖沙壓田園三二甲七七。12
七、七、二〇	大風。12 15 16
一、閏七、二三	又大風，壞商哨船，兵民有溺死者。12 15 16（按余志、鳳山志均作雍正六年誤。因雍正六年不是閏年，而是在雍正七年。今從臺灣縣誌。）
八、	霖雨彌月，水冲圮陷田園45，豁免臺灣縣水冲圮陷田園五五甲三九。12 興工築埤。45
九、	大風雨，衙署倒塌。20 豁免彰化縣水冲沙壓舊額、新墾田園一、三九八甲三四12。鳳山縣被水衝陷官莊園地，自雍正四年起豁免。4

年、月、日	記事	出處
乾隆 一三、七	颶風，大水溪溢，賑卹難民，詔蠲民欠，發粟平糶。	2 15
二、五、	大風。	20
一、九、	大風。	20
一、	豁免水冲沙壓田園一、七八五甲四七，與水冲無徵官莊租銀。	12 17
三、六、	大水；奉旨豁免水冲田園一五〇餘頃。	17
五、閏六、二三～二四	大風雨，倒塌民房，淹斃人口，動項賑卹。	1 2 12 17 20
七、	濁水溪水，冲決圳道，淹陷田園。	44
八、夏	臺灣府屬廳縣，被風被水。	2
九、七、	臺郡，風雨猛驟，損壞商船，淹斃人口，撫卹災民。	2
一〇、八、	澎湖大風雨，賑銀六百兩。	2 16 20
一一、二、三〇	澎湖地方，上年八月被風，諭令撥運倉穀，豫籌平糶。	2
一三、七、二～三	諸羅、彰化二縣洪災，大肚溪一帶村莊，盡行衝淹。賑貸被災貧民，並豁免緩徵水冲田園額賦。	1 2 12 17
一四、七、二	大雨水，冲陷田園。	12 16 17 45
一五、七、	大雨水，被水冲陷田園。	12 16 17
八、	大風，諸羅縣大雨水，壞民舍、冲陷田園。	12 16 17 19 21
	賑貸臺灣所屬各廳縣被水災民，並豁免水衝沙壓田園額賦。	2 17
一六、一、一四	大風。	16
一七、七、	大風。	12 17
一八、五、	大雨水。	17

日期	事件	資料
一、八、	大風，損傷禾稼。	12 15 17
	詔賑貧民，蠲免風潮衝陷田園。	2 4 5 7 9 12 15 16 17
一九、九、	臺灣、澎湖、諸羅、彰化等處大風雨。	2 3 7 12 17 20
一、一〇、	彰化縣大風。	17
	賑貸臺灣澎湖等處災民，並緩徵租粟。	2 3 7 12 20
二〇、	臺灣縣水，沖陷田園。	16
一、六、二三	緩徵臺灣、諸羅、彰化等三縣風災額賦。	2
一、九、二、	豁除諸羅縣，乾隆一五年衝陷田園官莊一二二甲三，銀一二七兩有奇、粟三一七石有奇；蠲免臺灣、諸羅、彰化三縣，乾隆一九年被水田園官莊二〇、一六五甲，銀一、六六〇兩、粟一一、七四〇石。	2
一、一、一二	緩徵臺灣、諸羅、彰化等三縣，乾隆一九年被水田園蠲剩銀五、七七八兩，粟四四、八二九石。	2
二三、一〇、	臺灣、鳳山、諸羅、彰化等四縣，大風三晝夜，晚禾無收，賑饑民，併蠲免及緩徵租賦。	2 12 17
二四、八、	大水，南靖厝莊居民漂沒。	19 21
一、	鳳山縣大水，豁除被水衝塌地畝額賦。	2
二八、四、八	豁除鳳山縣水衝田園額賦。	2
一、九、一一	颶風大作，商舶漁舟，擊破飄沒無算；損傷禾稼，百僅存一。	32 41
三〇、二、	大雨，沖陷田園。	44
一、六、	大雨，沖陷田園，橋樑漂流殆盡。	44 45

一、七、一二~一三　府治颶作。32

一、九、二三　大風，覆沒商船。20

三一、八、　大風，覆溺多船。20

三三、三、二三　豁彰化縣水衝園地一三〇甲額賦。2 17

一、六、　大雨水。17

三七、七、　大雨水。17

一、　奉旨豁免水冲田園額賦。17

三八、　水溢爲災，田園崩陷。16

四〇、　奉准豁免三十八年水冲崩陷田園二一七甲六七。16

四一、　豁除臺灣縣冲坍田地租賦。5 7

四七、四、二二　臺灣地方猝被颶風，海潮驟漲，官民房屋、田禾人口，均被傷損成災，詔卹災民。1 2 3 4

四九、八、二四　大風雨，拔大木，壞民舍，海舶登陸碎。16 17

五二、八、　霪雨連旬，平地水深三尺。17

五三、二、　大雨水。17 21

五四、七、二~三　澎湖颶風大作。2

五五、六、六　澎湖颶風，人家水暴溢，廬舍多陷；賑恤被災民戶。1 20

五八、　豁免水冲田園。17

五九、一〇、　大風。17

六〇、七、　大水。19 21

嘉慶 元、九、	大風。17
二、八、二八～二九	臺灣廳縣，猝被颶風，吹損晚稻民居，撥銀二十萬兩賑卹，碾穀平糶。1 2 3
四、	臺灣縣大水。45
六、六、	大風。17
七、七、	大雨數日，濁水溪氾濫，民舍多被漂流。23
九、七、	暴風竟日，高地水深四、五尺，洿地水深七、八尺，衝壞民舍無數。16 17
一一、	彰化縣東螺街，被水冲壞。17 44
一二、	賑澎湖廳風災，緩徵新舊額賦又雜款銀。9
一四、六、	臺灣郡城及鳳山、嘉義、彰化一帶，六、七月間，先遭颶風，繼被霖雨，撫卹貧民。4 18 23
一五、六、二四～二五	大風雨。1 18
一六、八、二一	澎湖廳颶風連作。賑卹災民。2 3 4 8 20
〃、九、	噶瑪蘭廳大水，田園冲，堤堰決，豁免水冲田園，緩征額賦，動支賑穀卹番。18
一七、六、	噶瑪蘭廳大水爲災；除被水衝陷田園正供各穀石，並緩徵被淹田地穀石。2 18
〃、	緩徵被風之澎湖廳新舊地種等銀。4
一八、七、二〇	澎湖廳大風，海水驟漲，壞民廬舍，沉覆海船無算。20
一九、	洪水橫流，橋樑冲崩。45
二〇、八、	大水，冲壓田園；豁免及緩征水冲沙壓田園。18
〃、一〇、	大風，損禾稼。17
〃、	免臺灣縣沙壓地畝一七〇甲。4

二一、	緩徵上年被災之澎湖廳新舊額賦。	4
二三、八、二五	澎湖廳大風，下鹹雨，多大饑，設法平糶。	20
二三、七、二〇	大水，田園冲壓；豁免水冲田園。	18 19
二五、八、二七～二九	大水爲災，田園冲壓；豁免水冲沙壓田園。	18
道光 元、五、	彰化縣大雨水。	17
｜、六、五	淡水、噶瑪蘭二廳，颶風大雨，田禾損，廬舍倒壞；貸籽種銀，給房屋修費。	2 3 18 19 21 33
｜、七、	大雨水。	17
二、七、一二	颶風大水。	18 19 21
三、七、	大風雨，鹿耳門內，海沙驟長，變爲陸地。	33
｜、八、	噶瑪蘭廳大雨。	18 33
六、八、	大風。	17
｜、九、二六～二八	大風雨爲災，田園冲壓，晚禾損。	18 19 21
八、九、	大風，壞民舍。	17
｜、	水冲田園。	18
九、	大水，冲壞橋樑。	17
一一、八～九	八、九月間，澎湖疊被風，秋收歉薄；賑濟貧民，借碾兵米，減價平糶，並緩徵地種等銀。	1 20
一二、八、	大風雨大水，海水大漲，田園損，人口淹沒；賑災民，緩徵新舊額賦。	1 4 17 19 20 21

年月日	災情
一三、	噶瑪蘭廳水，沖壓田園。18
一、	彰化縣大風雨，橋樑道路多被沖毀。17
一九、六、一五	臺灣、嘉義兩縣水災。47
二〇、	大水、衝決堤岸，沖毀田園。45
一、	大風，船隻擊碎。20
二一、	大水，沖陷田園。18
二二、	大水，沖陷田園。18
二三、	風雨大作，洪水氾濫，沖陷田園。18 26
二四、	大水，沖陷田園。18
二五、六、七	大雨連宵，颶風間作，淹斃居民三千餘人，動用倉穀銀兩，賑濟災民。1 2 3 4 34
二六、二、	大水。19 21
二八、九、一〇~一四	淡水、噶瑪蘭二廳，連日風雨大作，倒壞民房，淹斃人口，甚多蓋藏米粟，悉被漂流，橋道塘汛亦多沖塌；賑卹災民。3 9 18 19 35
三〇、六、一二	大雨水，山頹水溢，海漲暴潮，淹壞民居，多溺死者。19 21
咸豐元、三、四	澎湖廳大風靄，下鹹雨，以致雜糧枯萎。撥銀賑濟，並緩徵災民地種等銀。2 3 9 20 35
二、六、	大風颱。20
一、七、	風颱。20
一、	大水，沖毀田園。27

年號	年月日	紀事
	三、六、一七	大風雨，溪水漲，沙壓田園，民居傾沒。19 24
	四、	緩徵本年被災之淡水、噶瑪蘭、臺灣、嘉義、彰化等縣新舊額賦。4
	九、夏	大風，海面覆船無數。20
	一〇、七、	撫卹澎湖廳遭風災民。2
	｜、八、	颶風鹹雨爲災。20
同治	元、三、二八	緩徵澎湖廳被風災區地種船網滬繒銀。2
	｜、五、五～七	嘉義縣霖雨颶風，溪水橫冲，兵勇多被漂沒。10 35
	｜、六、	大風，饑。19 21
	三、五、一	大雨翻盆，三晝夜不止，溪漲滔天，衝壞田園無算。39
	四、九、二八	大風，壞民廬舍。24
	｜、一〇、	風伯爲虐，壞民廬舍。28
	五、秋	颱風，下鹹雨三次，民大饑，撥銀賑卹。20
	｜、	大水，冲毀田宅無數。27
	九、一〇、	下鹹雨。20
	一〇、八、一六	風颱大作，港口船隻皆碎。20
	一一、八、	暴風鹹雨爲災，民饑困，發米三千石散賑。20
	一三、六、	暴風猛雨迭作，城垣多倒塌。36 38
	｜、八、一九～二〇	颱風，停泊海口輪船，被風浪擊沉，城垣坍塌。37 38
光緒	二、四、一五～一六	颶風大作，覆舟無數。20
	｜、六、九～一七	風雨成災46，賑撫臺灣各屬被風被水災民。2

三、夏	澎湖大風，下鹹雨。	20
｜、	臺灣北路，遭風情形甚重，分別撫卹。	2
四、四、	臺灣府及澎湖暴風成災，賑卹災民。	2 9 20
六、六、	臺灣、臺北兩府，颶風大雨，溪水陡漲，淹沒民田，並傷死人口。	9 24 28
｜、八、二〇～二三	颱風大作，壞民廬舍甚多。	24 28
七、閏七、	恒春縣、澎湖廳颱風狂雨，房屋倒塌；賑卹澎湖饑民。	2 20 22
八、六、一六～二一	連日風雨大作，房屋倒塌，賑卹災民。	2 20 22 40
｜、九、	臺北大雨颶風。	2 9
九、五、七～八	大風雨，損壞城垣衙署房屋。	22
｜、六、一五	大風雨，損壞房屋。	22
一〇、閏五、	狂風猛雨，城垣等受損壞。	22
｜、七、	大風，禾損木折，多壞民居。	21
一一、七	大風雨，城垣損壞。	22
一二、七、	暴風狂雨。	22
一三、冬	城垣遭風損壞。	22
一四、四、	大雨，山頹田損，淹壞民居，多溺死者。	21
｜、七、	臺東州大雨，溪水漲有七、八尺之深。	10
一五、五、	大雨連日，浸害五穀。	24 28
｜、七、	臺東州颱風，營署草房全行吹倒。	25
一六、四、	大水，田園損。	21

一、六、	臺灣全島，風雨爲災，恆春較重，低處積水高至丈餘，吹倒民房，冲坍田園，淹斃人口；賑卹災民。22 25 46
一、七、	大雨水。24
一七、四、	大水。21
一、七、一七	颱風。25
一、	大雨，冲壞村莊埤圳。24
一八、六、	大風雨三日，平地水深三尺，壞房屋等。20
一、七、	大風雨。21 42
一、八、一八～二一	颱風暴雨，倒壞房屋，冲崩田園，賑卹貧民。20 22 24 28 41
一九、六、七	大雨，溪流湧漲，冲壞民舍，被崩旱田數百甲，是歲饑。24 28
一、八、	颱風暴雨，吹壞房屋，冲陷田園。22 25
二〇、七、	大雨施行，五穀多損。28

年表資料來源

(1) 明清史料戊編
(2) 清歷朝實錄
(3) 清十朝聖訓
(4) 光緒會典事例
(5) 清朝通典
(6) 清朝通志

(7)清朝文獻通考
(8)清朝續文獻通考
(9)福建通紀
(10)光緒臺灣通志（臺灣叢書第五種）
(11)高拱乾：臺灣府志（方氏慎思堂影印本）
(12)余文儀：續修臺灣府誌（臺灣方誌彙刊卷八）
(13)周鍾瑄：諸羅縣誌（臺灣方誌彙刊卷六）
(14)王禮：臺灣縣誌（臺灣叢書第六種）
(15)王瑛曾：重修鳳山縣誌（臺灣方誌彙刊卷四）
(16)薛志亮：續修臺灣縣誌（臺灣方誌彙刊卷七）
(17)周璽：彰化縣誌（臺灣方誌彙刊卷三）
(18)陳淑均：噶瑪蘭廳誌（臺灣方誌彙刊卷二）
(19)陳培桂：淡水廳誌（臺灣方誌彙刊卷一）
(20)林豪：澎湖廳誌（臺灣方誌彙刊卷五）
(21)沈茂蔭：苗栗縣誌（臺灣方誌彙刊卷十）
(22)陳文緯：恒春縣誌（臺灣叢書第二種）
(23)陳國瑛等：臺灣采訪册（臺灣文獻叢刋第五五種）
(24)倪贊元：雲林縣采訪册（同右第三七種）
(25)胡傳：臺東州採訪修志册（寶桑叢書第一種）
(26)蔡振豐：苑裏志（臺灣文獻叢刋第四八種）

(27) 樹杞林志（臺灣文獻叢刊第六三種）
(28) 嘉義管內采訪册（同右第五八種）
(29) 郁永河：裨海紀遊（同右第四四種）
(30) 藍鼎元：平臺紀略（同右第一四種）
(31) 黃叔璥：臺海使槎錄（同右第四種）
(32) 朱仕玠：小琉球漫誌（同右第三種）
(33) 姚瑩：東槎紀略（同右第七種）
(34) 臺案彙錄甲集（同右第三一種）
(35) 丁曰健：治臺必告錄（同右第一七種）
(36) 同治甲戌日兵侵臺始末（同右第三八種）
(37) 王元穉：甲戌公牘鈔存（同右第三九種）
(38) 沈葆楨：福建臺灣奏摺（同右第二九種）
(39) 吳子光：臺灣紀事（同右第三六種）
(40) 劉璈：巡臺退思錄（同右第二一種）
(41) 唐贊袞：臺陽見聞錄（同右第三〇種）
(42) 蔣師轍：臺游日記（同右第六種）
(43) 臺灣教育碑記（同右第五四種）
(44) 劉枝萬：臺灣中部古碑文集成（文獻專刊第五卷第三、四合期）
(45) 吳新榮等：臺南縣志附錄之一古碑志　民國四十六年臺南縣文獻委員會印行
(46) 馮用：劉銘傳撫臺檔案整輯錄（臺灣文獻第八卷第一期）
(47) 施瓊芳：石蘭山館遺稿（臺南文化第六卷第一期）

清季在臺灣之自強運動

——沈葆楨之政績

一

在十五世紀末年，葡萄牙人繞非洲好望角到達印度，開闢了歐亞直接航路，同時在世界歷史也開啓了一個新紀元。過去歐亞的關係除了蒙古帝國短暫時期外，一直是間接的，自此以後，遂成爲直接的交通，歐力東漸，亞洲各地逐漸蒙受其勢力的衝擊。

其時，歐洲即自從文藝復興和宗教改革以後，近代國家興起，各國無不以提倡海外發展，採取重商主義的經濟政策，以世界爲市場，求貿易出超，以裕國庫。歐洲各國中，葡萄牙東來最早，十六世紀的歐亞貿易爲其所壟斷。十六世紀後半期西班牙人也自美洲出太平洋，佔據菲律賓，以馬尼拉爲基地，與葡萄牙爭逐亞洲貿易之利。稍後，在十六、十七世紀之交，新興的荷蘭與英國，又侵蝕着葡西兩國的勢力圈而漸漸東進。最初，荷英兩國合作以對抗西班牙。十七世紀是荷蘭海權最强盛的時期，獨覇世界各水域，但其所最注重是南海香藥貿易，竭力擴展其勢力於東南亞諸島嶼與交通要衝基點；而勢力較弱的英國無法與荷蘭抗衡，即於十七世紀末，自東南亞撤退，致力印度貿易。因此嗣後有一百多年，西歐勢力凝滯於南亞與東南亞的幾個地區。如此，十六、十七世紀在歐洲勢力擴張的第一波時，西歐各國僅奪取較未開化的美洲大陸與亞洲若干重點及一些東南亞諸島嶼，作爲殖民地以外，對已具有其本身的農業文明國家，如中國、日本、越南、暹羅、緬甸、印度、波斯等地，却尚未受很大衝擊的影響。

另一方面，在東亞即自古以來，以中國爲核心，佛敎爲共同的宗敎，以儒敎爲生活的基準，產生一個共同文化單元，自成一個世界。東亞各國均深受中國文化的感染，無論其國土、物產、文化均沒有一個國家可與中國比擬。因此由於歷史和文化背景，中國各朝代的皇帝自認是受天命來統治天下的天子，而亞洲其他各國也承認中國的優越地位。所以中國傳統的處理對外關係的方式，僅視爲朝貢國和藩屬，而不承認有對等國家的存在。然在歐洲卻由於一統的神聖羅馬帝國滅後，敎皇聲威又降低，自近代以來造成了許多獨立國家的興起。各國間的關係，是基以主權平等的原則，依據國際法或其國際慣習，藉談判或戰爭調整處理。這兩種對外採取完全不同方式的中國和歐洲，雖在十六、十七世紀時曾有過接觸，也發生過若干磨擦，但其時與西人接觸的規模並不大，重商主義下的西歐勢力尚未成强大到能强迫東亞的文明大國，也尚未至動搖中華帝國的皇權，況且十七世紀是清朝勢力正在伸張之時，故東亞的世界秩序，仍大體上得以維持朝貢制度的舊觀，一直到十九世紀中葉爲止。

這個時候，在歐洲經過了法國革命與工業革命，促進了民族主義和民主政治，重劃歐洲版圖，工商業有史無前例之擴展，教育、學術、藝術以及科學等各方面都有極顯著的進步，遂再次啓開了歐洲文明的世界性擴張。工業生產自手工業生產變爲由機器之工廠大量生產，工業資本主義興起。由於生產率倍增，需加緊開闢更大市場，以銷售其產品，也須覓求更大原料供應地。加以交通方法也有革命性的進步，水上有汽輪，陸上有鐵路，運輸分配之效能更促使列國致力於控制較前更大市場，發生西歐列强帝國主義的殖民與貿易之劇烈競爭。於是全世界再次蒙受歐洲强大勢力的衝擊。各地雖曾倔强抗拒，但終於非洲被瓜分，西亞爲所囊括，印度帝國瓦解，東南亞淪爲殖民地，中國、日本的門戶也被打開，世界局勢完全改觀。

其時，清朝自定鼎以來，延續已二百餘年，經康、雍、乾的盛世以後，自嘉道以來國勢陵夷，國內多亂，積弱已久，險象環生。而適在此時，因禁煙，中英之間發生了鴉片戰爭，清廷連戰連敗，終于道光二十二年（一八四二年）簽訂南京條約，被迫割地賠款，開放五口通商。但因鴉片戰爭規模不大，僅局限於東南沿海，清廷尚未受直接的威脅，一般守舊朝臣未親受西洋砲火之洗禮，昧於國際情勢，囿於傳統觀念，不肯更改處理對外關係的方式。稍後，再被迫與各國簽訂各種不平等條約，被奪了領事裁判權，關稅協定，片面的最惠國待遇等，損失了許多中國主權。

但是其時清廷守舊的勦夷派得勢，仍不肯適應情勢，釀成了英法聯軍，清廷更是屢遭敗績，京師被攻佔，清文宗蒙塵熱河，終於咸豐十年（一八六〇年）在北京簽訂城下之盟。於是在列强窺伺之下，一部份如恭親王奕訢與文祥等清廷有識人士，深知不能再執迷不悟，故步自封，固執守舊，而不得不面對現實。適在此時，曾國藩、李鴻章、左宗棠等疆吏因平定太平天國，免不了與外人發生關係，他們也得了同樣敎訓，奮起救亡，效法西洋，自强圖存。因此全國都籠罩在這個自強運動之中，國內充滿了許多新事物。此一運動推行延續三十餘年，而至光緒二十年（一八九四年）甲午戰爭勃發，清朝遭敗，這個自強運動終于受挫失敗。

如上所述，在歐洲勢力的第二波衝擊之時，由於西方不理解中國的文化背景，而中國又不能適應西方的外交處理方式，加以歐洲帝國主義正在昂揚，而清朝却盛極轉衰，積弱已深之時，中西問題層出不窮，外患頻仍，於是有自强運動的掀起。然對於這種東亞局勢和中國命運的變局，臺灣當然也深受其影響。

二

臺灣西部與福建之間，祇有一衣帶水之隔，北通琉球、日本，南隔巴士海峽與菲律賓相望，再向南去，便是世界寶庫的南洋，其形勢至為優越。然國人發現臺灣為期雖甚早，其間曾有吳、隋、元三次政府的經略，但由於臺灣一直處於國際海上貿易交通線之外，又產無奇貨，故始終未引起外界所注目。

到了十六、十七世紀，西力東漸，亞洲受其第一波的衝擊時，遠東海上變為劇烈國際商戰的舞臺。加之明廷又不准貢舶以外之通商，臺灣遂顯出其在中國貿易的位置上的重要性，終為荷蘭與西班牙所分別佔據。然西班牙於一六四二年（明崇禎十五年）為荷蘭所逐，臺灣遂成為荷蘭之世界商業中對中日貿易和歐亞貿易的一個重要據點，頗為繁盛。後因明清鼎革，大陸事態變化，荷蘭人為鄭成功所驅逐，臺灣成為鄭氏的恢復基地，也變為鄭氏經營海上貿易之根據地。嗣後鄭氏保持臺灣，到了康熙二十二年（一六八三年）鄭克塽薙髮投降，臺灣始入了清朝的版圖。

清廷所以派施琅征臺攻鄭氏，其目的是在於消滅臺灣之抗清復明的勢力，本無領有臺灣之意圖，故施琅攻克臺灣，把鄭氏勢力盡遷，安插於內地後，就發生了遷民棄地之議。復經施琅力陳其利害，始決保留；於康熙二十三年四月十四日（一六八四年五月二十七日）明詔設臺灣府隸屬於福建省，領臺灣、鳳山、諸羅三縣，至是臺灣始歸屬與大陸同一個行政單位。但清廷唯恐臺灣成爲逋逃之藪，再度成爲反清復明之根據地，只求安定，並無積極開發經營之意，其政治措施採極消極政策。

臺灣歸清後，因將鄭氏文武官員將卒及眷口內遷安插，又有許多各省難民相率還鄉，一時人口減少，農業衰落，許多從前所墾田土，除了府治及其附近地區外重歸荒蕪。然鄭氏尙據臺抗清時，清廷曾實施遷界禁止出海，鄭氏納土後，即翌康熙二十三年（一六八四年）開海禁，准人民出海貿易與捕魚，只需領給關票而盤查其出入，故人民來臺其初並非嚴禁。所以清初幾位有政聲的臺灣官吏，多致力於招徠墾殖，由是閩粵流民，接踵而至，墾闢漸廣。其時大陸因清平臺後經過一二十年的太平日子，人口普遍增加，與糧食之供應脫節，然臺灣値雨水充足，連年大有，又有一片沃壤未開，於是大陸沿海人民，未領照偸渡來臺者激增，漸爲地方治安隱憂。於是清朝政府一面嚴禁偸渡來臺，一面定界封禁私越偸墾。康熙五十五年（一七一六年）知府周元文曾申禁無照偸渡客民，諸羅知縣周鍾瑄有清革流民以大甲溪爲界之請，鳳山令宋永清亦有棄琅璠之議。康熙五十七年（一七一八年）總督覺羅滿保又有申禁偸渡。嗣後屢次重申禁偸渡越界，時禁時弛，可知在這時期大陸人口壓力增高，偸渡來臺越界偸墾甚多。於是臺灣開發由人民冒清廷禁令之下，大爲進展。

開拓的一般趨勢，大致至康熙四、五十年間，臺灣縣境開發殆盡，分別向南北分頭開拓。至雍正年，南已至琅璚下淡水一帶，嗣後即全由南而北，西部平原北至雞籠淡水，肥沃易耕之地，大多經人開拓。開拓開始時，作點狀的分佈，點逐漸擴展，遂與其他各點互相連接，再經擴展而變爲面，面逐漸伸展，至乾隆末年西部肥沃平原地帶開盡，以後漸及較瘦地區或山麓，再進去交通不便之隔離地方。乾嘉年間即進展去開拓宜蘭平原，自嘉慶末年至道光年間，開始進入埔里地方，至咸豐年間已成爲漢人部落。又此時也漸入東部卑南開墾，清廷對於人民之越界拓墾番地，無可爲力，只有跟在民間墾拓之後，設官經理，安輯居民。雍正元年（一七二三年）析諸羅縣，設彰化縣、淡水廳，其時淡水同知與彰化知縣在同城設治，至雍正九年（一七三一年）始劃大甲以北歸淡水廳，改治竹塹。嘉慶十五年（一八一〇年）設噶瑪蘭通判。總之，清廷對於臺灣，棄之恐生患，守之嫌生煩，其政策一意將臺灣隔絕置之爲封閉之區，非有積極開闢草萊，發展生產，以裕國富民之意。於是歐洲勢力尚凝滯於南亞及東南亞若干地點，中國尚能閉關自守的時代，臺灣只是閩粵流民冒禁渡海來臺越界偷墾之區，而更與外國隔絕。但歐洲列强以更優勢力量，再來衝擊東亞時，臺灣由於其在地理上的優越地位，再受到列國所覬覦。

三

列國中首先以武力打開中國門戶是英國，而列强之中首先來侵犯臺灣也是英國。當鴉片戰爭英艦攻佔厦門鼓浪嶼，再陷定海，中國處處損兵折將，喪師失地時，英船也曾來侵擾臺灣。在臺灣官兵合力保衞之下，打過勝仗，並處斬了俘虜一百餘人。南京條約訂結後，英人始知而抗議：

英國兩船係遭風遇難，臺灣鎮道冒功殺非戰鬥人員。雖彼此各執一詞，不易判定，但適正由耆英力求和局之時，遂將臺灣總兵達洪阿與臺灣道姚瑩革職，以結束此次爭執。

其時，歐美列國正在全球各地擴張其帝國主義的商業權益，競相爭逐，垂涎中國廣大的市場。同時對於臺灣他們也早知道：島上西部的大部份由閩粵移民，在清廷抑壓限制之下，墾闢殆盡，產米豐富，成爲福建省的穀倉。但山後東部地區，仍爲「生番」所居，不順服清廷。所產除米以外，蔗糖、樟腦、硫磺、煤炭等貨也是輸出貨物，對臺灣的經濟價值已爲列強所重視。又自中國沿岸各港埠開放給歐美列強後，其輪船東來日多，需用煤炭浩繁，爲圖就近補給，道咸年間英美兩國均曾有勘探採礦之嘗試，雞籠的煤礦更爲各國注意的目標。尤其是美輪來東亞需橫越太平洋，更感有在臺灣北部煤產區設立一個儲煤站的必要。加之，其時許多船隻道經臺灣近海，往往遭風觸礁遇難，船上人員下落不明，時有傳聞。經英美駐華使館人員，一再設法探尋而無結果，於是竟有若干美國人認爲清廷的治權並不能及於整個臺灣，大部爲「番人」所有，應謀攫取臺灣，來與香港對抗，作爲美國在東亞的基地，以期美國的發展。惟其時美國國內黑奴問題漸趨嚴重，美總統任期將滿；又在中國適有太平天國戰事和「亞羅」號事件以及法國神父被殺，引起英法聯軍，列國又藉口迫清廷修約，鈎心鬥角，互相牽制，所以美國政府摒棄取臺建議，終未成事實。

在天津條約和北京條約，清廷也允增開臺灣港口爲通商港埠，於是臺灣正式設關開市貿易，各國商船紛紛而至，外人居留及傳教者也漸多，外事糾紛也頻起。在這個時候，日本原來自一六三九年頒鎖國令以來，閉關自守，僅許中國商船與荷蘭船隻可駛到長崎貿易，而遂在西力再來衝擊之下，於一八五四年其門戶也被美國所打開。又一八六〇年清廷被迫增開口岸，因此東亞海上來航外舶突增。然臺灣近海一向以風濤險惡，「生番」兇悍著名。於是一八六〇年代以來在臺灣近海遇難失事激增，福建、臺灣地方官又未能及時採取適當有效措施，中央清廷對臺灣又不重視，對這類事件却採用推拖的辦法，爲此也時常發生外交糾紛。

到了一八六七年三月十二日（同治六年二月初七日）美國商船「羅妹」號在紅頭嶼洋面，觸礁擊碎，逃生者登陸於琅璚，而悉被龜仔角生番戕害，僅華人水手一人倖獲逃生。駛往出事地點調査的英砲艦亦遭攻擊。厦門美國領事李讓禮及北京美使蒲安臣聞報，即分別向福州與臺灣當局以及總理衙門抗議，要求查辦而無結果。六月美艦二艘竟到現地直接行動，美軍失利受挫，副艦長陣歿。李讓禮不滿臺灣當局處理延宕空談，九月再度來臺，於是臺灣鎭總兵劉明燈即統兵進至琅璚。然當地閩粤莊民及熟番即請罷兵，而李讓禮却私入番地，十月十日與十八社酋長卓杞篤會晤協議訂約。嗣與劉明燈議訂章程，並取得當地閩粤各莊及熟番頭人保結不再有類似行爲而結束此次糾紛。然對於此次事件，對美方的設法救回或倖存人員及迅派官兵緝兇懲辦的要求，清當局却以「臺地生番，穴處猱居，不隸版圖，爲王化所不及」，或遇害地點「係生番界內，其行刼兇犯，又係生番，並非華民，該處既未收入版圖且爲兵力所不及，委難設法辦理」等爲辭，而推卸責任，拖延時間，却召致了歐美日後在臺的砲艦外交，引起臺灣番地究竟是否屬中國的爭論，也種下了同治十三年日軍犯臺懲番有個藉口。

日本自一六三九年以來「鎖國」閉關自守以維持武士爲統治階級的「幕藩體制」的極權封建社會。但由於國內商業發展，武士變爲窮困，農村疲弊，封建社會動搖。恰好此時，歐美勢力也衝擊到日本，遂於一八五三——五四年放棄祖法，實行開國。於是在內憂外患交迫之下，國內掀起尊王、攘夷、討幕的運動。終於一八六七年德川將軍奉還政權，明治維新政府成立，於是結束了自源賴朝開幕府以來延續六百七十六年的武家政治。明治政府成立後，即革新國內的封建體制，步向建成中央集權的天皇制統一國家，殖產興業，育成近代工業，積極吸收西洋文物制度與文化，並於一八六八年以來佈告開國，撤除對基督敎的禁令，派遣使節團到歐美考察，交涉修約等採取各種措施，積極參加國際社會，於是日本的維新政治雖比清朝的自強運動起步較晚，但其政府却比清廷較進取積極，成績顯著。

中日兩國間，自明嘉靖年間絕貢以來，一直沒有正式邦交，明治維新政府成立後，於一八六九年以來日本即遣使求好，於一八七一年九月，中日間簽訂了修好條約及通商章程。其時兩國同受歐美列强不平等條約束縛之苦，欲攜手共禦外侮，初意尙善，故此次條約有平等的通商關係。但不久却爲朝鮮和琉球的問題，兩國發生了糾紛。按琉球自洪武五年（一三七二年）奉表入貢於明廷以來，一直到清末仍稱臣入貢，無有間斷。然由於明廷的海禁政策阻礙了東亞各國間物資交流，琉球即利用朝貢貿易所得中國貨品與日本、朝鮮及東南亞各國經營貿易，獲利頗豐。到了一六〇九年（明萬曆三七年，日本慶長一四年）薩摩藩主島津氏經德川幕府許可，出兵討琉球擄琉球國王，遂以琉球爲其屬領，年收貢賦。而明廷却不曾採取積極有效對策，因此琉球變成了兩屬。到了一八七一年十二月琉球宮古島人六十六名遭風漂至臺灣南端，其中五十四人被牡丹社番殺害，翌年日本獲知消息，乘機爲確立其對琉球的支配，進而窺覦臺灣，以薩摩派人士爲中心，有犯臺懲番之議發生。適李讓禮返美途次，路經日本，更從中鼓勵，尋任日本政府顧問。一八七三年（同治一二年）三月外務卿副島種臣赴淸換約，並派其副使柳原前光向總理衙門提出有關臺灣生番戕害琉民事項，總理衙門駁覆琉球爲中國藩屬，並云生番原爲化外，未便窮治。柳原卻以聲明日本擬遣人赴生番處說話，未經深論而還國。但日本犯臺之議，卻因征韓論的沸騰，冲淡了其視聽，一時被擱置。

其時，日本廢封建制，改採中央集權，實施徵兵制後，二百餘萬過去武士階級失去世襲祿秩，雖其中不少成爲官吏，或改業，而處於指導地位，但許多凋零失意，成爲國內隱憂。在這時候，中日等國已相繼開國，僅朝鮮仍閉關自守，成爲一項東亞外交之主要問題。日本維新政府成立後，曾要求開國通交，而朝鮮在王父大院君執權下，採取鎖國攘夷政策，日本要求被拒，於是爲失意武士尋找出路，竟有征韓論的發生。但此時，岩倉具視、大久保利通等要人考察歐美回來，認爲應刷新內政爲先，征韓廟議一變取消，西鄉隆盛、副島種臣等辭官下野，維新政府領導層分裂，日本國內頗呈不穩。翌一八七四年二月，佐賀之亂起，內治派政府雖鎮壓了這個失意士族的蜂起，爲了安定內部，勢須爲一般武士覓一出路，使向外發展，以轉移其目光。犯臺已有了藉口，可併琉球之實，又進而可侵佔臺灣，加以有李讓禮的協助策劃，內治派大久保利通等人也贊同犯臺征番，繼承副島一派的計畫，於四月四日即授陸軍中將西鄉從道爲臺灣番地事務都督，派兵侵臺。

日本僱用外人和外船、載運軍兵侵臺的行動，駐日英使巴夏禮，即對日美過份親密感覺不快，且鑒於英國在臺灣商務利益繁巨，即詰問日本政府遣軍犯臺目的，致電北京英使威妥瑪，並禁止英人與英船受僱日本參與犯臺。嗣而駐日本俄、意、西等國公使也相繼詰問，美國駐日公使原本同情日本的行動，至是新任公使也採取中立，向日抗議，撤回美人美船的參加。因之日本政府感到躊躇，決定暫緩啓航進兵，大久保利通親到長崎制止。但西鄉從道卻以事到如今，不能遵命，大久保未到長崎時，已派遣其先頭部隊出發。其後逕自開船赴臺，五月二十二日登陸琅璚灣，日軍即與牡丹等社戰於石門。六月二日，日軍三路進攻，焚牡丹等社，於龜山設營作久駐計。

清廷對於日人的一切，事先全無所聞，四月十八日（三月初三日）從英使威妥瑪獲得消息，後從各方面續有報告。因時閩浙總督兼署巡撫，公務較繁，不能遽離省城，即於一八七四年五月十四日（同治十三年三月二十九日）派熟洋情的船政大臣沈葆楨帶領輪船兵弁，以巡閱爲名，前往臺灣生番一帶察看，不動聲色，相機籌辦。嗣因日兵已赴臺，事機緊急，授沈葆楨爲欽差辦理臺灣等處海防兼理各國事務大臣，以重事權，福建省鎭道各官均歸節制，江蘇、廣東沿海各口輪船准其調遣，俾得與日本及各國按約辯論。沈葆楨奉命後，於六月十四日（五月一日）即與福州將軍文煜，閩浙總督李鶴年上疏建議四事：一爲聯外交，將日軍犯臺眞相，照會各國，以國際公論，使日本斂兵撤退；二爲儲利器，購置鐵甲輪船及水雷槍彈，以充實軍備；三爲儲人才，調用提督羅大春及前臺灣道黎兆棠等會籌一切；四爲通消息，安設福州、厦門間之陸路電線及臺灣、厦門間之水線，清廷從之，並命迅速辦理。沈葆楨於六月十七日（五月初四日）到臺後，悉心籌度，認爲時下所宜行者三；一是理諭；二是設防；三是開禁。惟開禁非旦夕所能猝辦，必外侮稍定，乃可圖之。於是六月二十一日（五月初八日）沈葆楨派福建布政使潘霨、臺灣道夏獻綸及洋將日意格、斯恭塞格等帶沈葆楨照會，赴琅璚，晤西鄉從道商議退兵。然西鄉從道一味推諉此事由柳原前光做主，兼露欲賠贖兵費，未肯撤兵。於是沈葆楨乃積極調兵設防，以備一戰。清廷即通令沿海各省籌防，並命南北洋大臣調撥新軍前往增防，先後東渡者一萬多人。

臺灣事變起，日本即派柳原前光任公使，柳原於五月二十八日（四月十三日）到上海，一度與道臺沈秉成、潘霨等會晤，嗣至天津於七月二十四日與李鴻章談臺灣事件，後至北京，於八月七日（六月二十五日）開始與總理衙門談判。柳原則謂臺灣生番爲無主野蠻，而中國總署堅持臺灣生番，係中國地方，應由中國自辦，並駁以琉球之事，應由該國王清理，要求日本退兵，雙方堅持不下，問題僵持。雙方均積極備戰，劍拔弩張。

就在此時，日本特派全權辦理大臣內務卿大久保利通到北京談判。大久保於九月十日（七月三十日）到京，自九月十四日（八月初四日）起與總署屢次會談，堅持生番不服歸化，地非中國所屬，又生番屢害漂民，曾不懲辦，而總理衙門反覆詰駁，談論毫無歸宿。嗣後彼此晤論數次，仍爭辯不休。大久保竟提出最後通牒，限期解決，如無辦法，即欲回國。後大久保明白吐露眞情謂：日本初意「本以生番爲無主野蠻，要一意辦到底。因中國指爲屬地，欲行自辦，日本若照前辦去，非和好之道，擬將本國兵撤回，由中國自行辦理。惟日本國民心、兵心，難於壓服，必須有名目，方可退兵。該國於此事費盡財力，欲臺番償給，臺番無此力量，中國如何令日本兵不致空手而回」。然清廷拒絕賠兵費，但允對被害人酌量撫卹。後對銀額又引起爭執，日方索銀洋五百萬，至少亦須銀二百萬兩，而清廷拒絕，中日談判瀕於破裂。

當時英美等列國不希望中日發生戰爭，恐危及它們的商業利益，又如中國敗仗，利爲日本獨得，並且又怕中日兩敗俱傷，予俄帝以可乘之機。於是各國駐華公使見情勢惡化，及時出面調停，結果英使威妥瑪居間斡說，提出臺事公斷建議。其時，犯臺日軍，以疫癘流行，病死五百多人，又自知尚無力與歐美爭衡。結果清廷允給卹銀十萬兩，日本在臺地修道造房，留爲中國之用而另給銀四十萬，並承認臺灣生番，曾將日本國屬民等妄爲加害，日本此次所辦，原爲保民義擧起見，中國不指以爲不是」，達成協議，於十月三十日（九月二十一日）簽專約，並談定十二月二十日（十一月十二日）爲撤兵交銀日期。這次日軍的犯臺，死傷六百多人，其餘將兵幾全罹疫病，花費了七百六十餘萬，而只獲五十萬兩銀子的補償，金錢上實在是得不償失。但對於中國來說，等於承認琉球爲日本所有，又中日雖倖免於戰，但卻也暴露了清廷的弱點。

四

如前所述，清廷對於臺灣，自鄭氏降清，收歸爲版圖以來，未曾重視，一直採取消極的政策。對以往歐美列強的窺伺，尚不曾眞正認識，對番害所引起外事糾紛也每以事屬界外，生番係化外之民，王化所不及，未便懲治等爲辭，因循姑息，推拖卸責。至是由於原爲清廷所輕視東洋小國日本的犯臺，提醒了清廷，不得不捨棄過去的錯誤政策，考慮多行興革，臺灣始受到清廷的重視。然臺灣的自强新政，多爲沈葆楨以欽差大臣受命保臺時所首倡，事平後更規劃善後，積極推行，嗣再由丁日昌、劉銘傳承繼於後，曾使臺灣的建設，出現一個新的局面。

沈葆楨奉命保臺時，已是中興名臣之一，繼左宗棠，總理福建船政，興辦海軍學堂多年，熟悉洋務，名聲素著。他授命爲欽差大臣後，未渡臺前便如前述與文煜、李鶴年聯名建議：聯外交、儲利器、儲人才、通消息等四事，鞏固防務，運用外交，以迫日軍撤退，確保臺灣。對於運用外交一事，沈葆楨一到臺灣，即派潘霨、夏獻綸等，持他的照會，往晤日軍都督西鄉從道，交涉撤軍，但西鄉一味推諉，嗣後外交的交涉重點移到北京，所以沈葆楨即致力於設防和撫番。

日軍犯境，中國事前一無所知，消息得自西人，故沈葆楨受命以後只好臨時抱佛脚，銳意設防。這雖是治標工作，他一來臺，鑒於郡城爲根本，即在安平籌三合土大礮臺一座，安放西洋巨礮，使海口不得停泊兵船，以守郡城。並奏請自內地調撥久練洋槍新軍增援，添招勁勇，分布各路，加緊防禦；派輪船周遊並到後山東部測量水深，探其形勢，添調內地各輪船，以加强海防的布置。又多籌備子藥、煤炭等軍需品，奏請截留臺灣鹽課、關稅、釐金等，以籌措軍費。因爲沈葆楨調兵設防得宜，日軍勢孤理虧，知難不得逞，只好在外交上找一個面子，終於收兵。

日本撤兵，沈葆楨即於是月着手辦理善後，於同治十三年十一月十五日上「請移駐巡撫摺」，陳善後之策，謂：「因思洋務稍鬆，即善後不容稍緩。惟此次之善後，與往時不同。臺地之所謂善後，即臺地之所謂創始也。善後難，以創始爲善後則尤難」，請移駐巡撫，以專責成，以經久遠事，然尤以開山撫番爲要務。他認爲撫番與開山須同時並進，在日軍未撤時，就已分兩路進行：北路先後由巡道夏獻綸、提督羅大春負責；南路則由同知袁聞柝、總兵張其光任之。北路自蘇澳至岐萊約百里；南路由赤山至卑南約一百七十里，平路以横寬一丈爲準，山蹊以六尺爲準；沿途設碉堡，派屯營哨，安撫良番，平服兇番，募民隨往耕墾。於是數月以來，南北諸路，縋幽鑿險，斬棘披荆，各著成效。對於開山，他訂應辦事項有十四：屯兵衞、刊林木、焚草萊、通水道、定壤則、拓墾戶、給牛種、立村堡、設隘碉、致工商、設官吏、建城郭、設郵驛、置廨署。對於撫番，他同時也訂有十一項：選土目，查番戶，定番業，通語言，禁仇殺，教耕稼，修道塗，給茶鹽，易冠服，設番學，變風俗。同治十三年十二月初五日再上「臺地後山請開舊禁摺」謂：

日來招集墾戶，應者寥寥，內地人民向來不准偷渡，嚴禁臺民私入番界，際此開山伊始，招墾方興，乃奏除一切舊禁盡與開豁，以廣招徠，俾無瞻顧。於是清廷遂於翌光緒元年一月十日，詔除內地人民渡臺入山耕墾例禁。後於厦門、福州、汕頭、香港各設招墾局，往臺者免費乘船，官予口糧、耕牛、農具、種籽，以廣招徠。又於光緒元年正月命總兵吳光亮任中路開山事宜，自林圮埔而東，經一年至璞石閣，共二百六十五里，橫貫內山，以通山前至山後之路線。由於沈葆楨在臺時間甚短，又事實上的阻難尚多，其開山撫番尚未能全部見諸實現而內渡。旋有獅頭社番亂，勢頗猖獗，光緒元年二月十三日沈葆楨再度來臺，督軍進剿，歷時四閱月而平。於是設招撫局，示約七條：遵薙髮、編戶口、交兇犯、禁仇殺、立總目、墾番地、設番塾，南部大定。

臺灣自康熙年間收入版圖，設一府三縣，雍正時，增設彰化縣與淡水廳，再於嘉慶年添設噶瑪蘭廳，臺灣建置只有一府四縣兩廳而已。極南的琅璚經美艦日軍侵擾，事平後沈葆楨親至其地查勘，築城設官，定名恒春縣。嗣開山撫番工作進展，他更認爲經久之謀，須進一步來整頓吏治和營政，建議仿江蘇巡撫分駐蘇州之例，移福建巡撫駐臺。翌光緒元年六月，沈葆楨更奏請：臺北口岸四通，荒壤日闢，外防內治，政令難周，擬增建臺北府，統轄三縣，即噶瑪蘭廳改爲宜蘭縣，淡水廳爲新竹縣，另於艋舺設淡水縣，而雞籠則改名基隆，設通判。又以內山日益開闢，南路理番同知改爲撫民理番同知，移紮卑南，原駐鹿港之北路同知改爲中路，移紮水沙連。於是臺灣始有二府八縣四廳，規模既具，外防內治，就可兼籌並顧了。

雞籠的煤礦早受外人注意，沈葆楨在福州總理船政時，於同治六年六月曾派員駐臺採購煤炭及木料。由於船廠需煤浩繁，在同年冬即有設立官煤廠，由船政局自行營採之議。同治七年間，且曾派船政局煤鐵監工法人都逢來臺勘察。但由於此事牽涉多方，遲遲未見付諸行動。至是日本藉口犯臺，再度引起清廷內外官員對臺灣煤礦的重視，李鴻章、李宗羲、丁日昌等人，都曾陳議以開發臺灣等處煤礦爲籌辦海防的一項要務。沈葆楨來臺後，更淸楚全臺之利，以煤礦爲始基，奏請廣開臺煤，並請將出口土煤稅率，每噸減爲稅銀一錢，爭取銷路，鼓勵民間煤窰的開採。繼又聘英籍礦師翟薩在北部臺灣一帶勘察，結果決定在老寮坑一帶地方，擇地籌購全副開礦機器，開辦西式煤廠。其時適沈葆楨調遷爲兩江總督，接續負責督率籌辦臺灣官煤廠的福建巡撫王凱泰突告積勞成疾內渡，不久身故，丁日昌繼任福建巡撫，認眞經理，而沈葆楨即與李鴻章從旁協助，遂開創了中國第一座西式煤廠。沈葆楨致力掘煤之外復擬鍊鐵，對於煤油亦建議開採，並委丹麥人計畫架設電線，推行新政。

沈葆楨又於同治十三年十二月初五日，奏請賜謚勅建專祠，褒鄭成功之忠節，一者以順從輿情，平服人心；一爲振作忠義，正勵風俗。至是原爲民間私祭僅附叢祠，始列祀典。於是在臺灣府城興建了延平郡王祠，沈葆楨並自撰自書一副楹聯，云：「開萬古得未曾有之奇，洪荒留此山川，作遺民世界；極一生無可如何之遇，缺憾還諸天地，是創格完人」。從此，臺灣人民雖淪於日人的統治，但其精神有所寄托，保持漢人的社會文化於不墜，迄至光復。

五

沈葆楨先後來臺兩次，第一次爲日軍犯臺時，是同治十三年五月初四日（一八七四年六月十七日）至同治十三年十二月二十四日（一八七五年一月三十日）；第二次以獅頭社番亂，光緒元年二月十三日（一八七五年三月二十日）再度來臺，四月二十六日（五月三十日）受命爲兩江總督，七月二十二日（八月二十二日）離臺，總計在臺期間不過爲一年又半個月，卻鞏固防務，開山撫番，增置郡縣，殖產興業，推行新政，斐然可觀。然究爲時間短促，許多僅爲籌制，尚未見付諸實施，臺灣諸項新政，自須另謀適當人物接辦。

丁日昌早年入幕於曾國藩處，後與李鴻章共事多年，也爲當時對洋務熟悉幹才之一。沈葆楨調任兩江總督，他即繼任主理福州船政，不久王凱泰病卒，接任閩撫。日軍犯臺時，丁日昌曾條議海防，引起朝野反響。故他早就留意臺事，對臺灣的重要性較同時諸人更清楚了解。所以繼沈葆楨後經營臺灣，可謂是最適當人選。丁日昌於光緒二年十一月，離閩巡視臺灣，至次年四月，以健康欠佳返回福州。其時臺灣事事始創，李鴻章、沈葆楨都對於臺灣經營，對丁日昌寄以殷望，並多從旁協助。丁日昌在臺期間，親自巡視南北路，刷新吏治，整頓營伍，改革財稅，盡力撫番，興辦礦務，獎勵墾務並籌制辦理鐵路電線防務等，對臺灣各項建設開發多有所建樹，但財力不夠，籌款受到限制，許多事項志不得行，終獲病乞休而退。嗣後，臺灣各項經營計畫，因清廷財政困難，支應浩繁，受到經費等的限制，竟一拖十年，直到中法戰爭後，方由劉銘傳來完成。

因越南問題，中法戰爭起，臺灣也成爲戰場，臺灣的重要性復爲清廷所重視。於是起用劉銘傳主持防臺，事後又辦理善後；臺灣建省，劉銘傳始任巡撫，專力經營。過去臺灣的自强新政，沈葆楨籌劃奠基，其後丁日昌繼之，策劃推行，然沈、丁二氏既無充裕時間，又因財源短絀，遭壓抑掣肘，不能盡展抱負，以致擬議計畫，未能全部付之實施。待劉銘傳接辦彼等遺留之自强新政，始見實現。劉銘傳竭盡所能，銳意經營，尤致力於撫番、清賦、設防、煤礦、輪船、電訊、鐵路以及殖產興業等各項建設。劉銘傳主臺六年，臺灣面目一新，終成爲近代化最快最有成就的省份。

然自沈葆楨的創始興革以來，臺灣的面目轉變，成爲清帝國最進步，近代化最有成就的省份，反而引起列强的注意，他們乘機擴展在臺商務，參與開發資源等工作。甲午戰爭起更誘引日本攫取臺灣的慾望，終淪於異族統治。日本掠取臺灣後，作爲其殖民地，後藤新平等確有其建樹，以利日本帝國主義的經濟剝削，然其各種建設，許多卻是承繼沈、丁、劉三氏以來的近代化建設事業。經八年抗戰，臺灣光復，現在成爲中國現代化最有成就省份，能擔當中華文化復興基地，確實有其淵源。

中國的自强運動，通常被認爲起於英法聯軍攻佔北京（一八六〇年）之後，而結束於甲午中日戰爭（一八九四年），其時間三十餘年，可分爲三期。第一期是一八六一年至一八七四年，各項建設注重於軍械、輪船的製造等軍需工業；第二期是一八七五年至一八八四年，洋務建設，除前期的直接國防有關工業外，也對其餘與國防有關聯的交通、礦務等項建設；第三期是一八八五年起至一八九四年，除上項各項建設以外也開始注意到其餘富國裕民有關工業的建設。

清季在臺灣的自强運動，是起於日軍藉口犯臺之後，同爲外患所引起，其起因本質相同。然臺灣一向不受清廷所重視，屬於邊境，其展開是在內地的自强運動第二期時，所以在臺灣的自强運動，有與本土相同之處，也有不同之點。第一是在中國本土的自强新政的各項建設是依對歐美的認識的程度，逐次擴大其改革，展開其建設。當初無論朝野官紳以至士民，都以天朝大國，有

「鄙夷」的觀念，面對西洋武力受挫後，仍不承認西洋的文物，僅承認其砲火的威力，所以對於興辦製造機器火器等開始，一次受挫，逐次擴大其餘項目建設，是自器物技能的模倣開始，再進至其餘制度之模仿。因爲依項目逐次又分於各地改革，故所收效果較小，而臺灣的自强運動起步較晚，但對於各項興革，卻多方面較有系統之全面性計畫，所以效果較大。第二是中國自强運動的不能成功，其失敗最大原因之一是朝野守舊派人士之反對。因此自强新政，處處遭受其抑壓掣肘，又或後繼乏人，未能收效。臺灣却因地孤懸海外，爲中國邊疆，一向未受清廷重視，反受守舊派的阻力比內地本土較輕。然臺灣的自强運動，自沈葆楨奠基創始以來，繼之有丁日昌迄至劉銘傳，可謂主持者得其人，在朝又有李鴻章等從旁協助，大致可以說一直承繼推行，中斷時間較少，而其間雖非大員，尙有夏獻綸、劉璈等人繼續推行。所以較有成績。第三是臺灣的居民，過去是在清廷的禁令限制之下，離鄉背井，偷渡越界，斬棘披荊，開發臺灣。所以比大陸本土人士較富進取積極。大陸的居民卻比較保守，多爲自給自足的鄉村社會，其農業雖也有商業性的，但其與市場的關係，範圍較少。然臺灣自開發伊始，就是商業性農業。農作物的米，並非爲自給自用，而是對大陸輸出的商品農作物。所以內地本土一受歐美勢力入侵，本土的貿易入超，經濟被摧殘，民族資本的工業難於形成生長。臺灣的經濟，起初也受西力擴展，臺米無法與洋米競爭，一時處於困況，但民間也能應變，積極對樟腦、茶、蔗糖、煤等努力增產，有能力抵抗洋藥「鴉片」等的入侵，貿易上可維持出超。人民又較進取積極，曾自動引進新式製糖機器等，經濟不但未受摧殘，反促進民族資本的工業，臺灣的社會經濟較有朝氣繁榮。民族資本的製糖業被摧殘是在於日治時代。第四是由於臺灣的特殊環境，每位的主持新政官員，均致力於開山撫番墾荒。尤其是對於沈葆楨的此項工作來說，其意義不只在於其創辦，或在於保持安寧秩序。過去臺灣的外患，許多是由船難遭受番害所引起的。然由於清廷的對臺灣政策消極，其郡縣建置，一向是在民間墾拓之後。對於這些引起番害地界以及東部確尚未曾有效統轄治理。從傳統觀念是「王化未及」之界外之地。對於每次番害，外國之懲兇約束生番，保障不再發生類似情事的要求，清廷也是以這種傳統觀念「臺地生番」是「王化所不及」或謂「化外之民」「不隸版圖」或「未歸順未收入版圖」等語，推拖卸責，顢頇支飾，對番害未採取有效措置，致使列國從歐美通行的國際慣例，對於臺灣全境屬中國管轄發生疑問。有「臺灣西部屬清帝國治理，但生番獨立，其番境及東部不隸中國版圖」的論調，便有美領事李讓禮曾直接會晤卓杞篤談判之舉，遂使日軍犯臺有所藉口。自日軍犯境後，總署雖在外交上承認包括番界臺灣全境屬中國治理管轄，但如無沈葆楨致力於東部開發和對生番的撫綏，以造成中國治理臺灣全境的事實，恐難使外國信服，也恐難使日本知難而退。所以際此沈葆楨在臺開創新政一百周年，對於其𠜱始的偉業值得紀念外，對於其能保全臺灣疆域完整，粉碎了臺灣半屬中國，半屬番境無主之地的謬論，其豐功更值得感謝懷念的。

原載中華文化復興月刊第八卷第十二期，民國六十四年十二月

後記

這部書是彙集我過去二十多年來，於職業工作之餘，先後發表於各種刊物有關臺灣史事文章共十一篇，最早的刊於民國四十三年，最晚的刊於民國六十五年。這本書裏所收文字，除了末後兩篇之外，幾乎全部是討論清代以前的臺灣，因此我就以「臺灣早期歷史研究」為這本書的書名。

我記得臺灣光復後，於民國三十七年五月，陳奇祿先生主編的公論報副刊「臺灣風土」開始每周出版。於三十八年臺灣省通志館改組為臺灣省文獻委員會，各縣市文獻委員會也相繼成立，並各有其刊物的發行。加之，又有「臺灣文化」、「臺灣風物」等期刊的出版，於是對於臺灣的歷史，地方文物的研究一時熱鬧起來。因而也觸發了我對研究臺灣歷史的興趣。

我想臺灣的歷史，其基本性格無疑是國人如何渡海來臺，披荊斬棘，開發經營，建設了漢人社會的過程。所以臺灣的開發史遂成為環繞着我研究的主題。由於先儒連雅堂先生的「臺灣通史」和日人伊能嘉矩的「臺灣文化志」都頗詳於清代，而清代以前卻較疎，於是我決意先去摸索追求早期我們先人的活動。當初我選定的題目是「近世臺灣鹿皮貿易考」，期以探討農業開發以前的我們先人進入土著民部落交易貿易，作為開發先鋒的情況，而於民國四十年七月勉強完成了初稿。惟那時我的中文發表能力太差，不堪發表，於是至今尚收於篋底。

隨後，我仍對於早期開發的一些問題繼續摸索。最先發表第一篇有關這個主題的文章是本書第五篇「明代臺灣漁業誌略」，脫稿於民國四十一年一月十六日，第二篇是「鄭氏時代之臺灣墾殖」，即本書第七篇，成稿於民國四十一年六月三日，兩篇均於民國四十二年九月刊載於「臺灣銀行季刊」第六卷第一期。

我發表這兩篇之後，開始嘗試翻閱荷蘭未刊資料，繼續探索明末臺灣漁業的情況，連帶也追溯荷據前臺灣開發的端緒。於是寫了一篇「早期臺灣之開發與漁業——明代漁業誌略補說」，脫稿於民國四十三年十一月二十一日。後來把這一篇的後半部「明末臺灣的漁業」，即以「明代漁業誌略補說」為題，民國四十四年九月發表於「臺灣銀行季刊」第七卷第四期，也就是本書的第六篇。另外的前半部「早期臺灣大陸間的關係與漁業」卻因篇幅以及與後半部立論方法不同，又其時未找到適當發表的園地，遲至民國五十二年四月，改稿以「早期臺灣的開發與經營」為題，發表於「臺北文獻」第三期，就是本書的第四篇。

如此，本書第四篇至第七篇的文章，其誕生經過有一個共同的主題，是臺灣早期開發史的研究。這個主題始終縈纏於我的腦子裏。我仍想對臺灣鹿皮的貿易以及清代農業開發等幾個主要問題繼續摸索下去，希望做到對臺灣開發史能有一系列的探討。

本書第一篇「中華民族的擴展與臺灣的開發」一文，原載於臺北市文獻委員會編中華民國開國六十年紀念論集「中原文化與臺灣」，可以說是我所未完成的臺灣開發史研究的一幅素描。第二篇「荷蘭與西班牙佔據時期的臺灣」一文，脫稿於民國四十二年六月二十七日，改稿成於民國四十三年五月三十日，刋載於是年九月出版的「現代國民基本知識叢書」的「臺灣文化論集」，是一篇應編者方杰人教授之邀，撰寫荷西佔據時期的概述，而文中所注重仍是我先人的活動。第三篇「荷據時期臺灣開發史略」一文，是刋載於民國六十五年三月發行的「臺灣文獻」第二十六卷第四期、第二十七卷第一期合刋臺灣光復三十周年紀念特輯。這一篇雖為本書所收最晚的文章，其實是曾用英文，以"The Acceptance of Western Civilization in China: A Brief Observation in the case of Taiwan, with Special Emphasis on its interrelation in the Settlement of Chinese in Taiwan"為題，於民國五十五年（一九六六年）十月四日，在聯教組織東亞文化研究中心於東京所擧辦的「東亞各國接受西方文化研討會」（An International Symposium on East Asian Countries' Acceptance of Western Culture）發表過論文的翻譯。

這前三篇所論年代，第一篇是自古代至清末，第二篇和第三篇只是荷西佔據時期，但均為通論性的概述。其中心觀點還是我先人的活動為主，所以難免有許多記述重複。本書第四篇至第七篇，如前述可成為一個單元，是臺灣早期開發史的各論，那麽這前三篇也可認為一個單元，是臺灣開發史的導論或其斷代的通論。

臺灣由於其地理位置，在東亞至為優越，所以每一時代的重要時期均顯出了它的重要性。過去如在十七世紀的重商主義時代，十九世紀末的帝國主義時代，臺灣的位置均為各國所重視，也為列強所覬覦，於是曾為荷西兩國所佔據，也曾淪陷於日本。因此，明末清初和清末時期的臺灣歷史之研究，如不把當時的國際社會的背景研究清楚，就很難對於當時的臺灣有清晰的瞭解。因此，臺灣歷史的研究，西文資料卻格外地重要。西文有關臺灣的資料是自十六世紀以來纔有零細的紀錄，但到了十七世紀荷西兩國佔據臺灣後就有大量翔實而具體的原始資料，其數量與其史料價值均有超越了當時的中文資料，這一段時期的臺灣研究，非靠這類西文資料是不能做的。我開始研究臺灣早期歷史時，也就注意到這一點。本書第八篇和第九篇就是這種早期西文資料的介紹為主的。

第八篇「歐洲古地圖上之臺灣」是民國五十一年春脫稿，是年六月發表於「臺北文獻」第一期，係介紹十六、十七世紀歐洲的臺灣古地圖和十六世紀歐洲人有關臺灣地理知識的記述。原來民國五十、五十一年間，為着鄭成功的登陸地點，地方人士分派爭論，鬧得滿城風雨，雙方均頻向我查詢荷蘭時代的古地圖。為避免個別回覆之煩，於是順便整理我所看到早期歐洲地圖，撰寫這一篇介紹的文章。

民國五十年三月四日，臺灣省文獻委員會為紀念鄭成功復臺三百周年，舉行過紀念座談會。本書第九篇「從荷蘭文獻談鄭成功之研究」即當時的談話，並增添一些有關研究劄記而成，是介紹有關鄭氏的荷蘭文獻，並引例從中文資料不能看到的鄭氏當時在國際貿易上的活動情況及其引起的影響。這一篇原載於「臺灣文獻」第十二卷第一期鄭成功復臺三百年紀念特輯。

本書最後兩篇均是關於清代的文章。第十篇「清代臺灣之水災與風災」是於民國四十九年六月「臺灣銀行季刊」在其第十一卷第二期刊出了八七水災特輯，應邀以「臺灣水災史」為題撰寫發表過的。第十一篇「清季在臺灣之自強運動——沈葆楨之政績」是為紀念臺灣光復三十周年暨沈葆楨開山一百周年，應邀撰寫，民國六十四年十二月發表於「中華文化復興月刊」第八卷第十二期。

過去我所寫這些文章，由於分別登載於各種刊物上，不免於分散，其中有一些已絕版，不容易看到。因此，時有友朋希望把它們結集印成論集，以便供參考之用。這些鼓舞和慫恿使我有了出版這本書的勇氣決心。所收文章，除了改正錯字，以及應出版者的希望，為一般讀者方便計，西文名字改譯中文，又所收古地圖，部份改採自較清楚的圖版外，保留各文的原貌，沒有任何更動，也沒有增訂。這並不是由於自滿，而實在是因為這些舊文章，除了完全重新改寫以外，覺得無法補綴了。同時這樣把過去的文字，原封不動印成一本書，也可作為我過去二十多年來所走過歷程的忠實紀錄，也可供為作進一步檢討探索之用。書中許多主題相同，立論重複，又難免錯誤之處，敬請讀者原諒與教正。

在過去的歲月裡，我得到許多國內外前輩及師友的指導、教誨和鼓勵。他們是楊雲萍、陳紹馨、戴炎輝、方杰人、陳奇祿、于景讓、周憲文、陳荊和、賴永祥、黃得時、宋文薰、劉枝萬、黃典權；岩生成一、桑田六郎、榎一雄、箭內健次、生田滋、長岡新治郎、岡田章雄、沼田次郎、金井圓、加藤榮一、小葉田淳、中村孝志、日比野丈夫、藤原利一郎、船越昭生等諸教授以及 Madam Inez de Beauclair, Professor Harry J. Lamley, Professor Edgar B. Wickberg, Professor John Wills, Jr., Drs. Leonard Blussé 等諸位。此外，尚有許許多多的知友之鼓勵，在此謹表由衷感謝。

指導教誨我最多者是恩師岩生成一博士。他收我為其門下，幫助我得到了聯合國文教組織獎補金（Unesco Fellowship）到東洋文庫和東京大學史料編纂所研究。其時，岩生師每週撥冗自他服務的大學到東洋文庫來，把會議室關起來，為着我開只有我一個人的特別課堂，指導我利用荷蘭未刊文書的研究。到傍晚一起自東洋文庫的歸途上，仍諄諄教誨，殷懃照顧，這些光景我一生是不會忘記的。岩生師對我的特別愛護與栽培，在此致無限的謝意。又我與中村孝志教授初尚未相識，於民國四十二年我發表「明代臺灣漁業誌略」後，始獲知中村教授也碰巧作過同樣研究，已發表過荷據時期臺灣的烏魚漁業和鹿皮貿易等篇研究。嗣後我的研究一直都蒙受他的提携和啓發甚多，也在此致謝教益。我內人張若華女士持家，長年累月使我安心走這種路程，她的內助也在此一併感謝。

這本書僅是我在歷史研究的其中一個方向的一點粗淺努力的成果。對於前輩師友的期望，感覺作的太少。希望這本書的出版，對於我不但是一塊里程碑，也對於我是一項鼓勵，是這一研究方向的一個重新出發的開端。我仍希望加倍努力，探索研究，百尺竿頭，俟之來日。

最後，我也要感謝聯經出版事業公司的好意，使這部書能順利出版。又承臺靜農教授題字，同事夏麗月小姐幫我作索引，併此致謝。

曹永和 識于民國六十六年九月十八日

國家圖書館出版品預行編目資料

臺灣早期歷史研究 / 曹永和著．
--二版．--新北市：聯經，2016年
600面；14.8×21公分．(臺灣研究叢刊)
ISBN 978-957-08-4725-3（精裝）
[2019年1月二版二刷]

1.臺灣史 2.臺灣開發史

733.24 105006559

臺灣研究叢刊

臺灣早期歷史研究

1979年7月初版
2006年10月初版第十一刷
2016年4月二版
2019年1月二版二刷

定價：新臺幣650元

著　者　曹　永　和

總 編 輯　胡　金　倫
總 經 理　陳　芝　宇
社　　長　羅　國　俊
發 行 人　林　載　爵

出 版 者　聯經出版事業股份有限公司
地　　址　新北市汐止區大同路一段369號1樓
台北聯經書房　台北市新生南路三段94號
電話　(02)23620308
台中分公司　台中市北區崇德路一段198號
暨門市電話　(04)22312023
郵政劃撥帳戶第0100559-3號
郵撥電話　(02)23620308
印 刷 者　世和印製企業有限公司
總 經 銷　聯合發行股份有限公司
發 行 所　新北市新店區寶橋路235巷6弄6號2F
電話　(02)29178022

行政院新聞局出版事業登記證局版臺業字第0130號

本書如有缺頁，破損，倒裝請寄回台北聯經書房更換。　ISBN 978-957-08-4725-3 (精裝)
聯經網址 http://www.linkingbooks.com.tw
電子信箱 e-mail:linking@udngroup.com

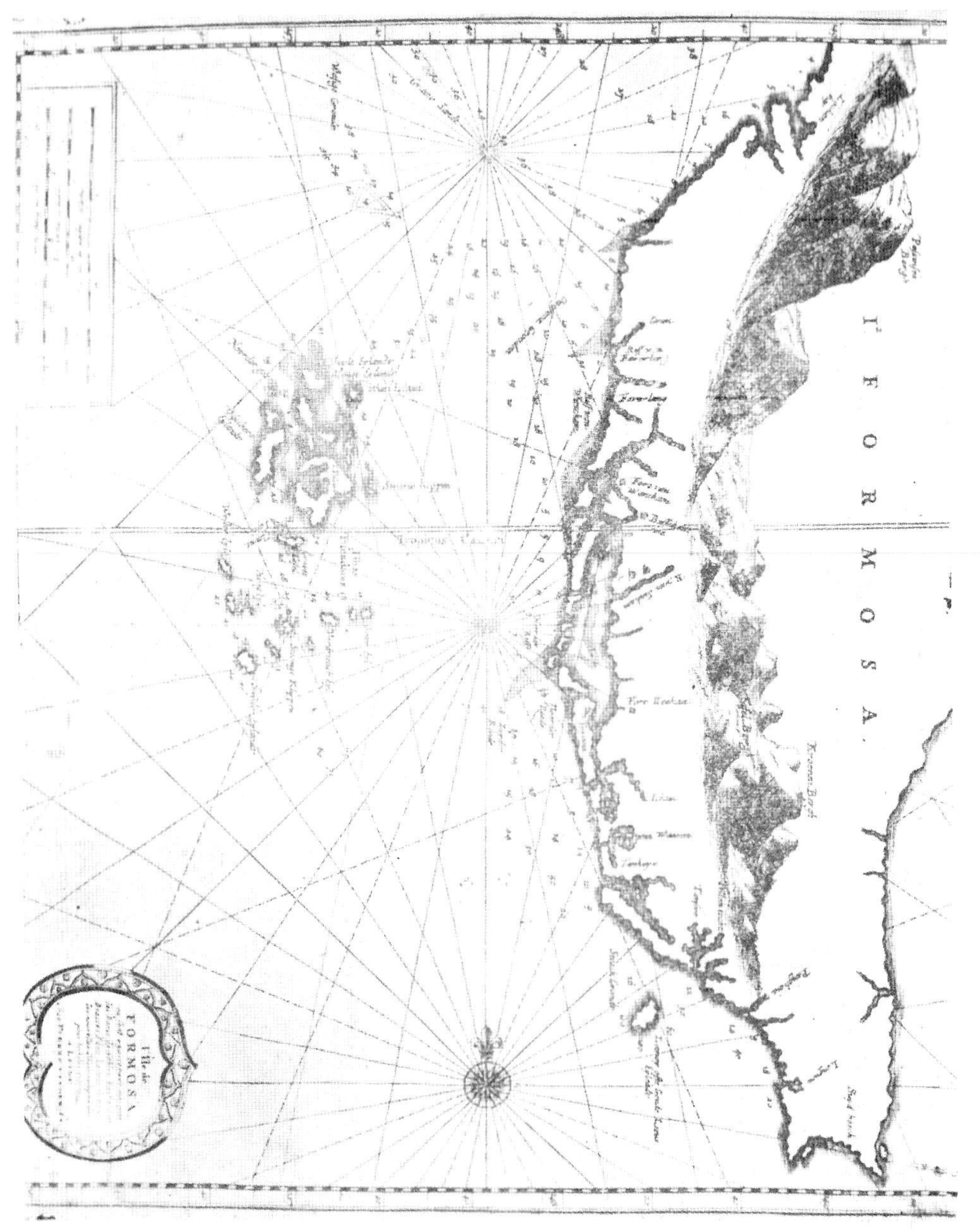

圖版45　十七世紀臺灣島圖（採自臺灣省立博物館所藏照片）

圖版48Ａ　十七世紀雞籠島 Noord Holland 城等圖（採自荷蘭海牙市國立檔案館）

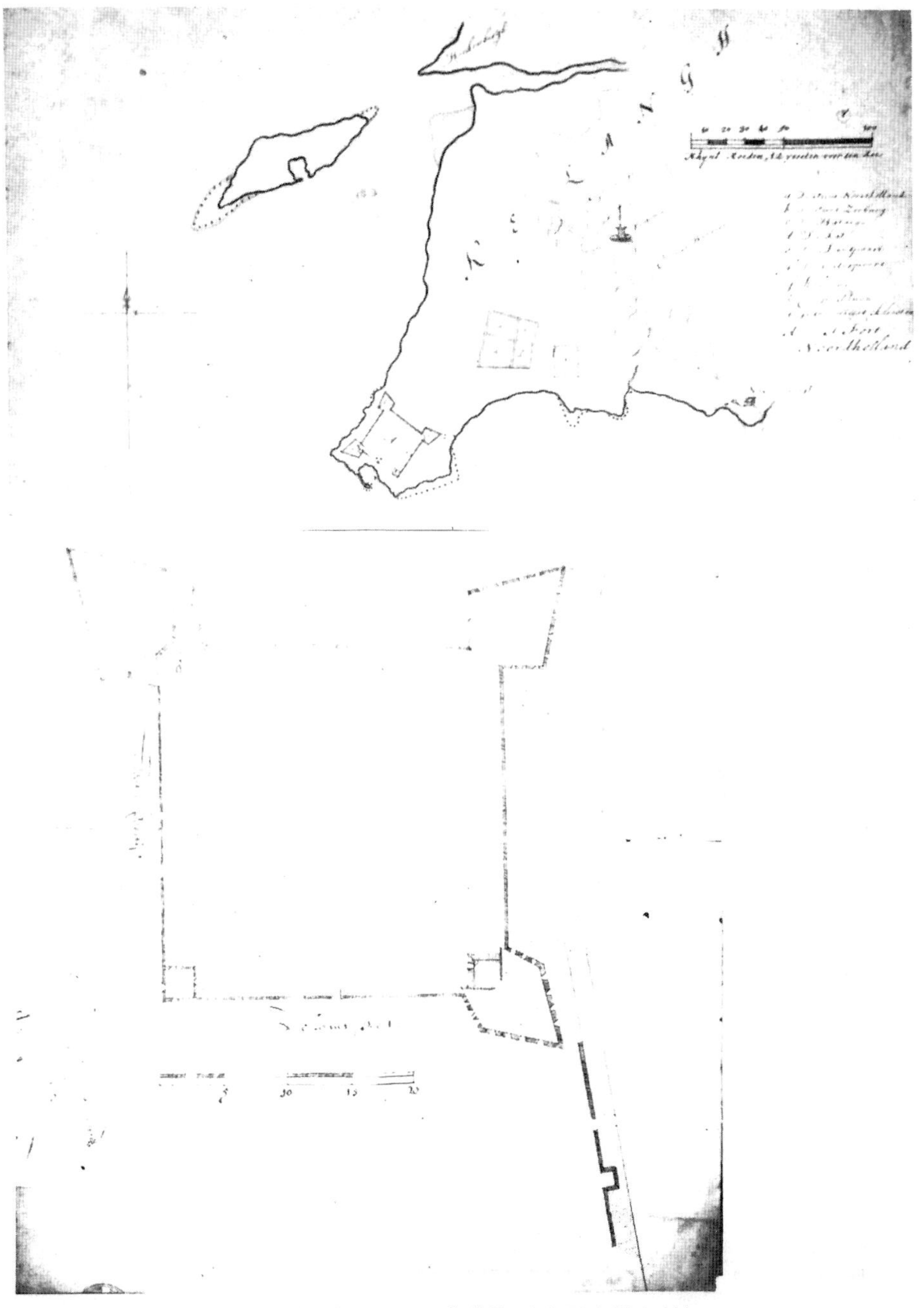

圖版48Ｂ　一六六七年雞籠城圖（攝自荷蘭海牙市國立檔案館）

圖版47　一六五四年所繪淡水附近村社及雞籠島圖(攝自荷蘭海牙市國立檔案館)

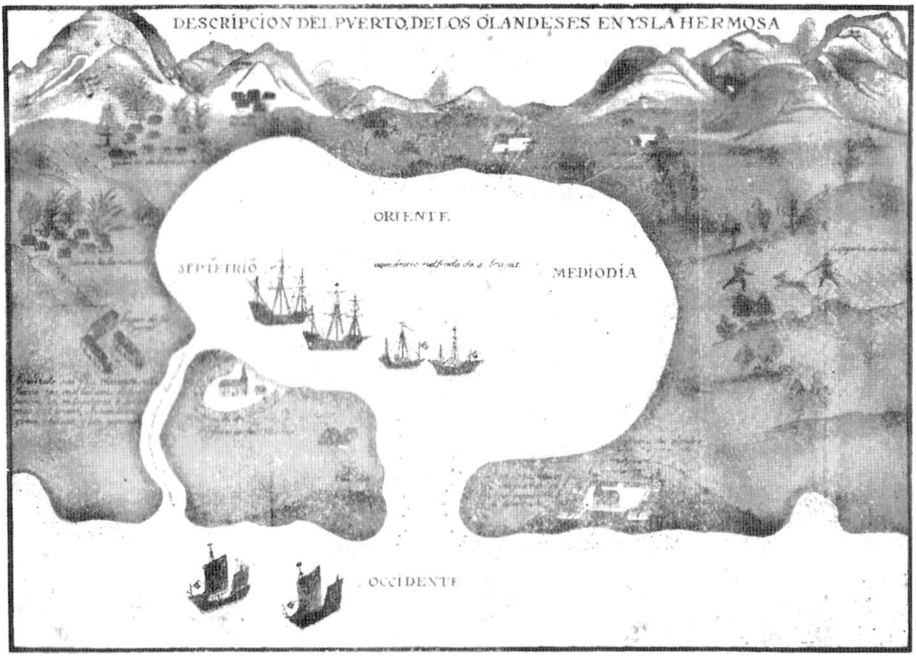

圖版51　約在一六二六年間西班牙人所繪臺灣之荷蘭人港口圖（採自：Alvarez, José María: Formosa. tom. II. p. 416-417）

圖版52　約在一六二六年間西班牙人所繪臺灣島西班牙人港口圖（採自：Alvarez, José María. 前引書）

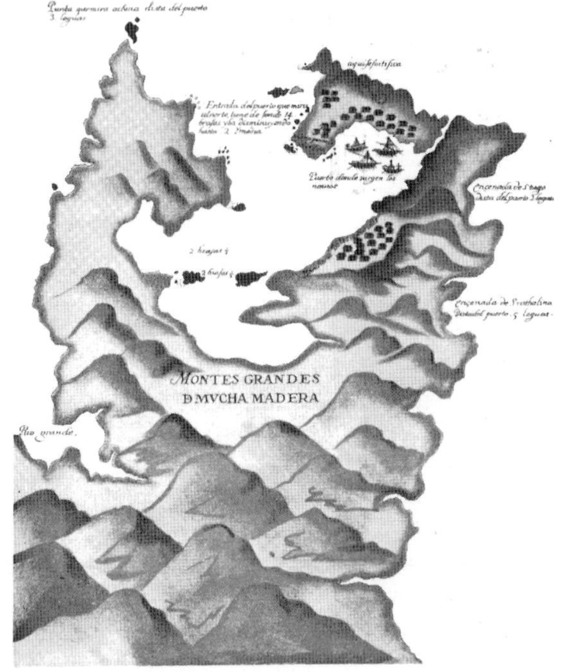

圖版49　十七世紀雞籠灣圖（撮自荷蘭海牙市國立檔案館）

圖版50　十七世紀雞籠灣圖（攝自荷蘭海牙市國立檔案館）

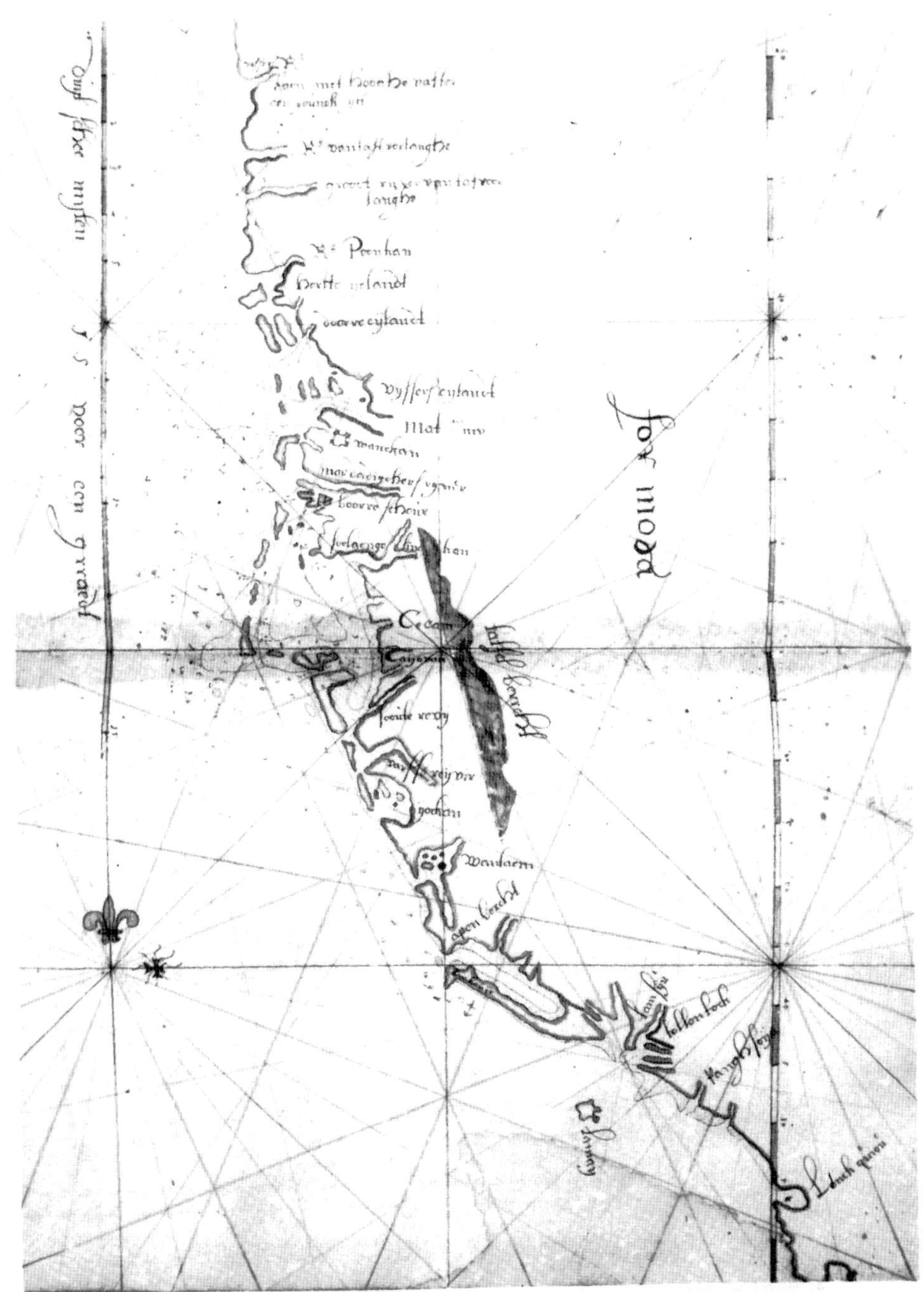

圖版44　十七世紀南部臺灣圖（攝自荷蘭海牙市國立檔案館）

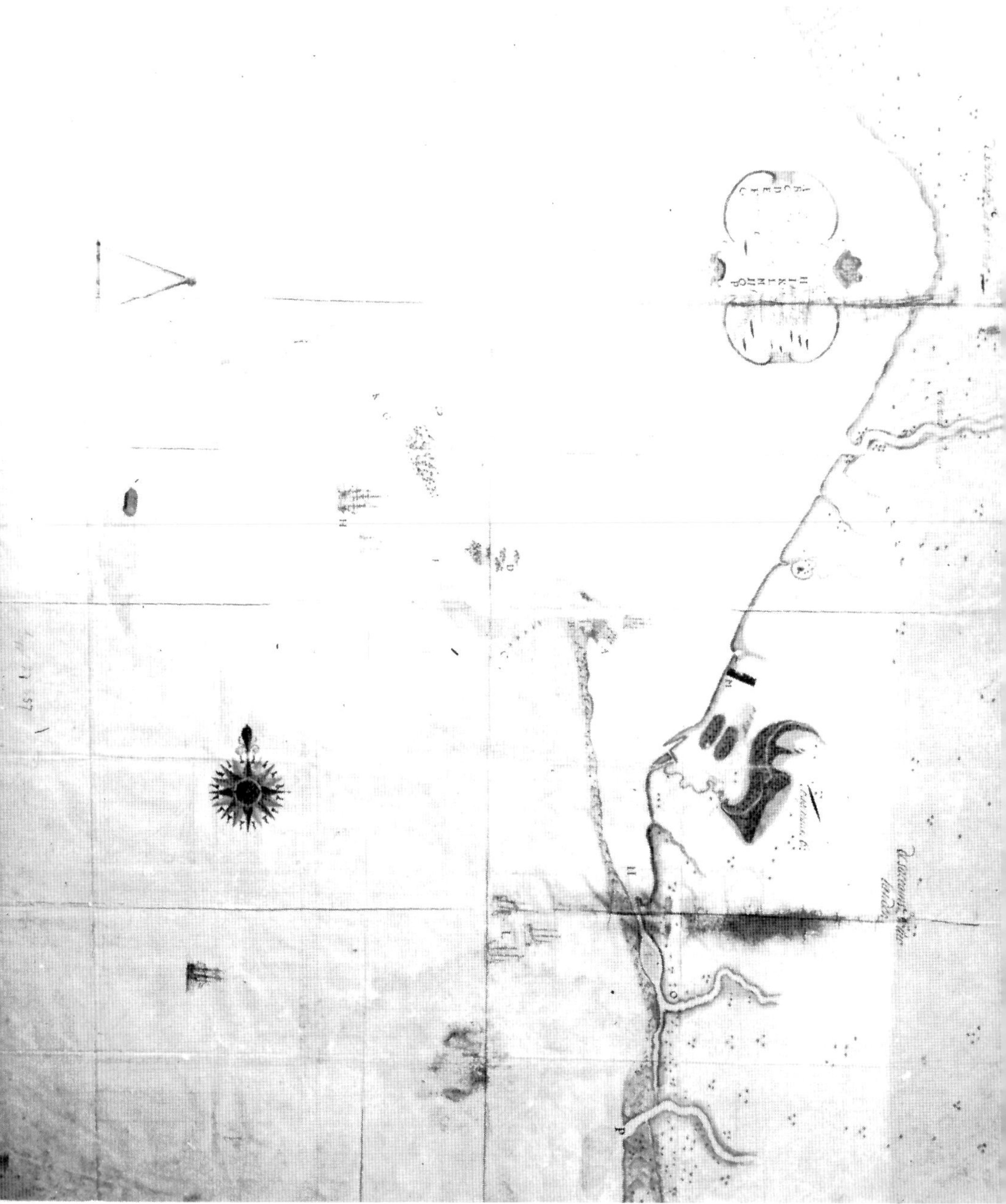

圖版43　一六五二年 Cornelius Plochoy 所繪 Zeelandia 市等地之海圖
（攝自荷蘭海牙市國立檔案館）

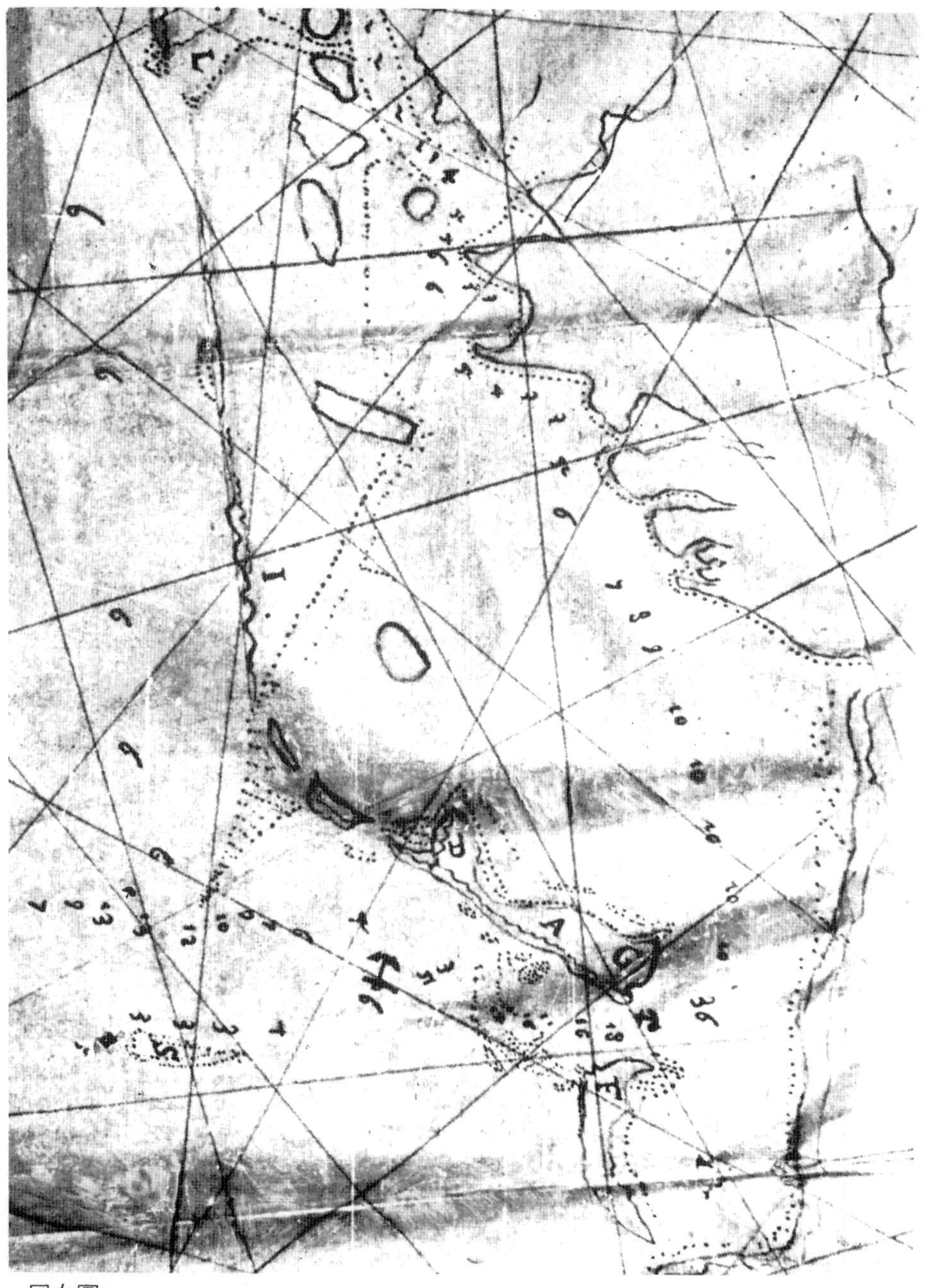

同右圖

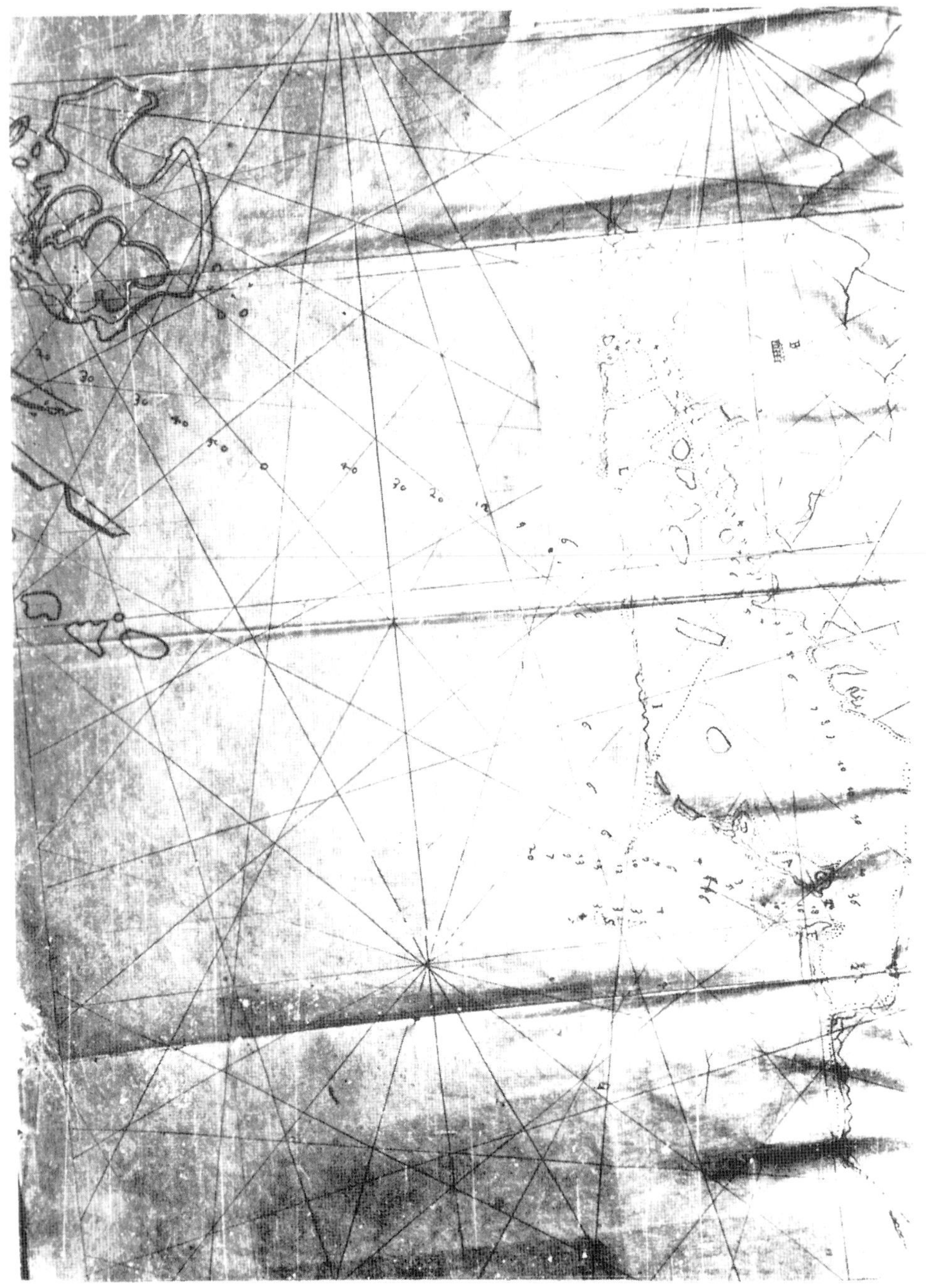

圖版39　一六二四、二五年間 Heyndrick Ariensen 所測繪大員等地之海圖
（攝自荷蘭海牙市國立檔案館）

同右圖

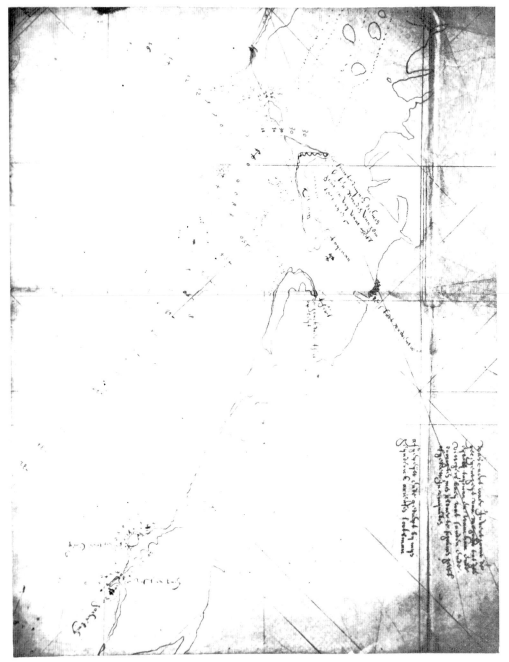

圖版40　一六二四、二五年間 Heyndrick Ariensen 所測繪澎湖島至大員島魍港、堯港等地之海圖（攝自荷蘭海牙市國立檔案館）

圖版42　十七世紀 Zeelandia 市等地之海圖（採自荷蘭海牙市國立檔案館）

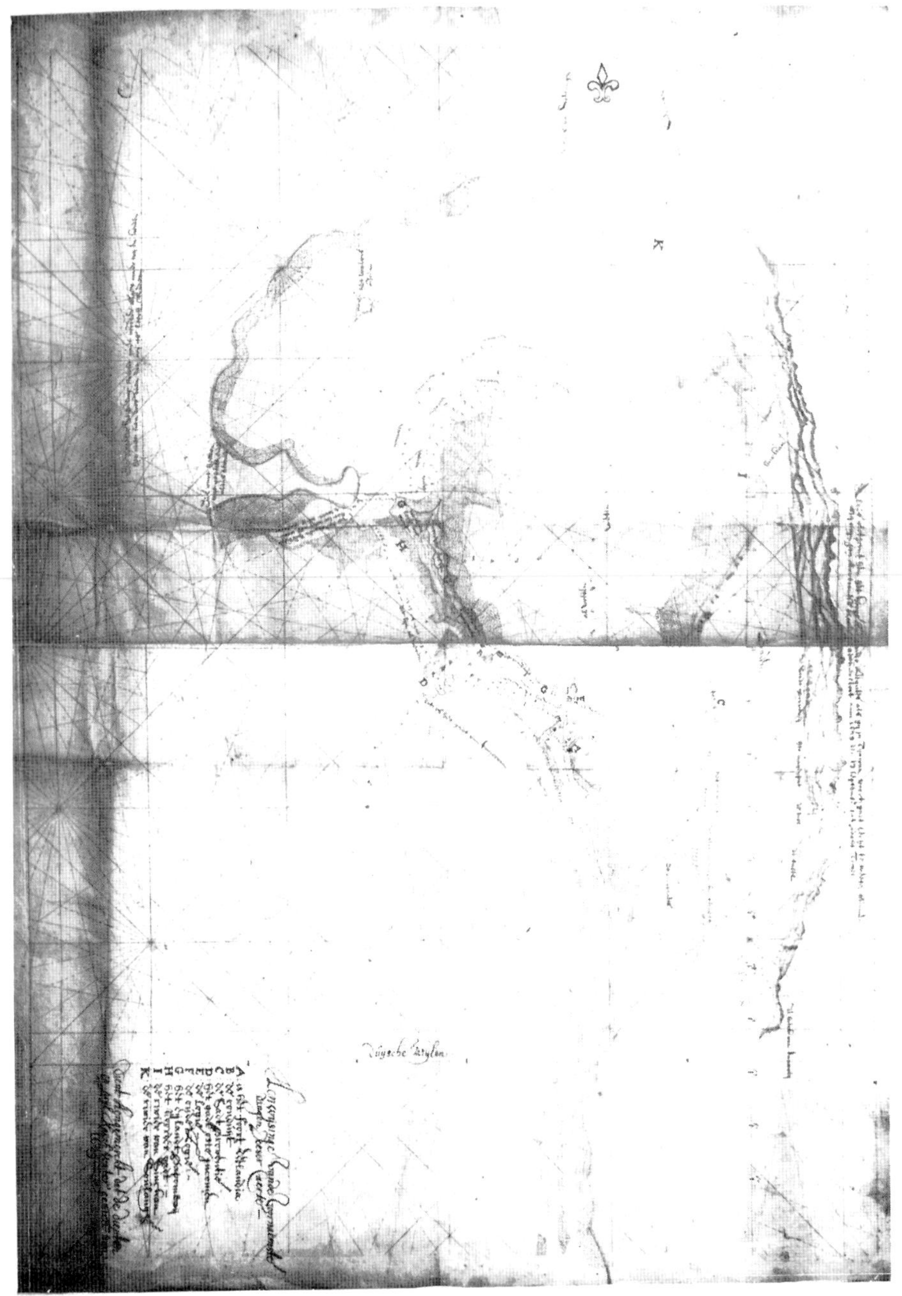

圖版41　一六二九年 Jan Garbrantsz. Block 所測繪大員圖
(採自荷蘭海牙市國立檔案館)

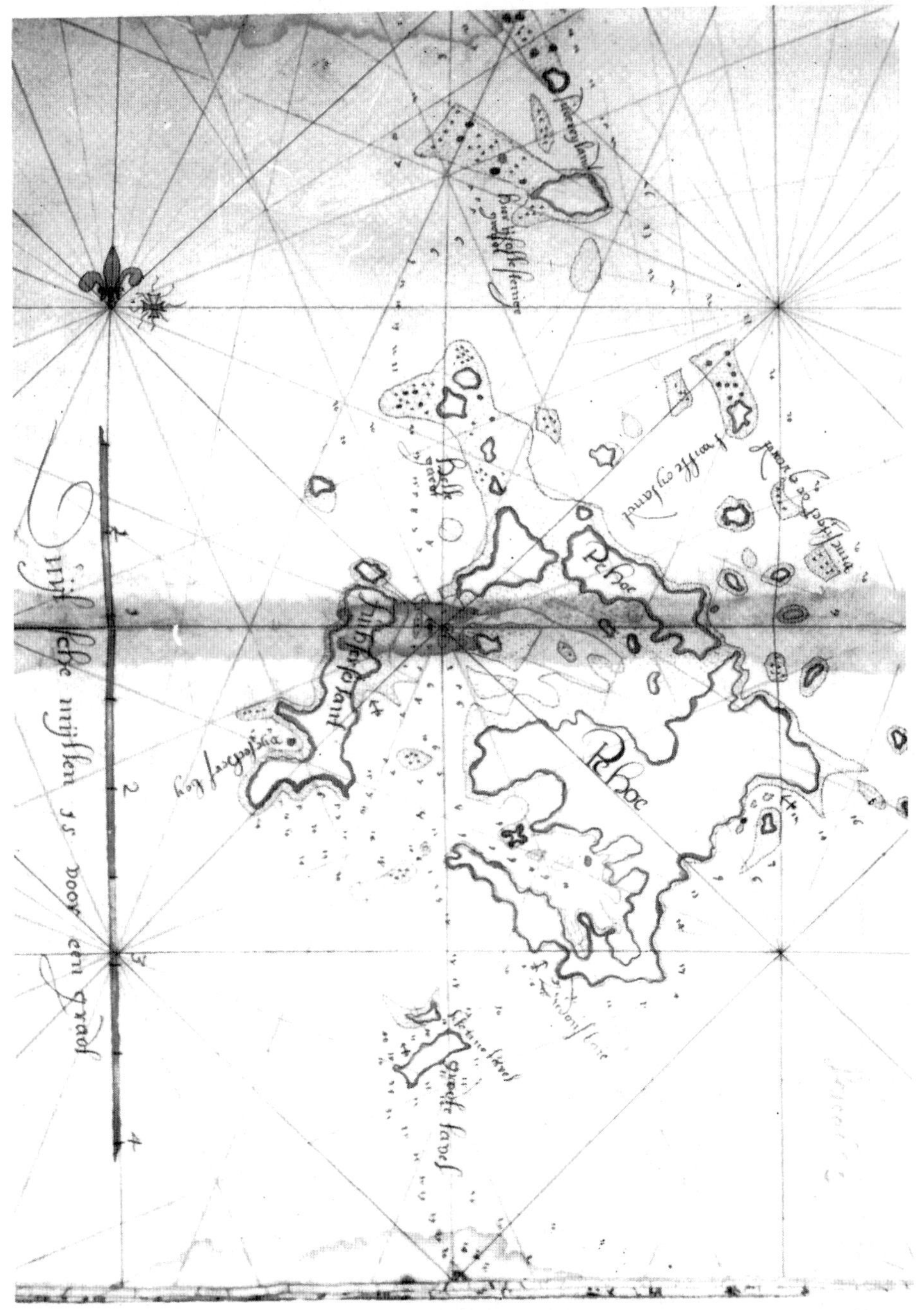

圖版38　十七世紀澎湖島圖（攝自荷蘭海牙市國立檔案館）

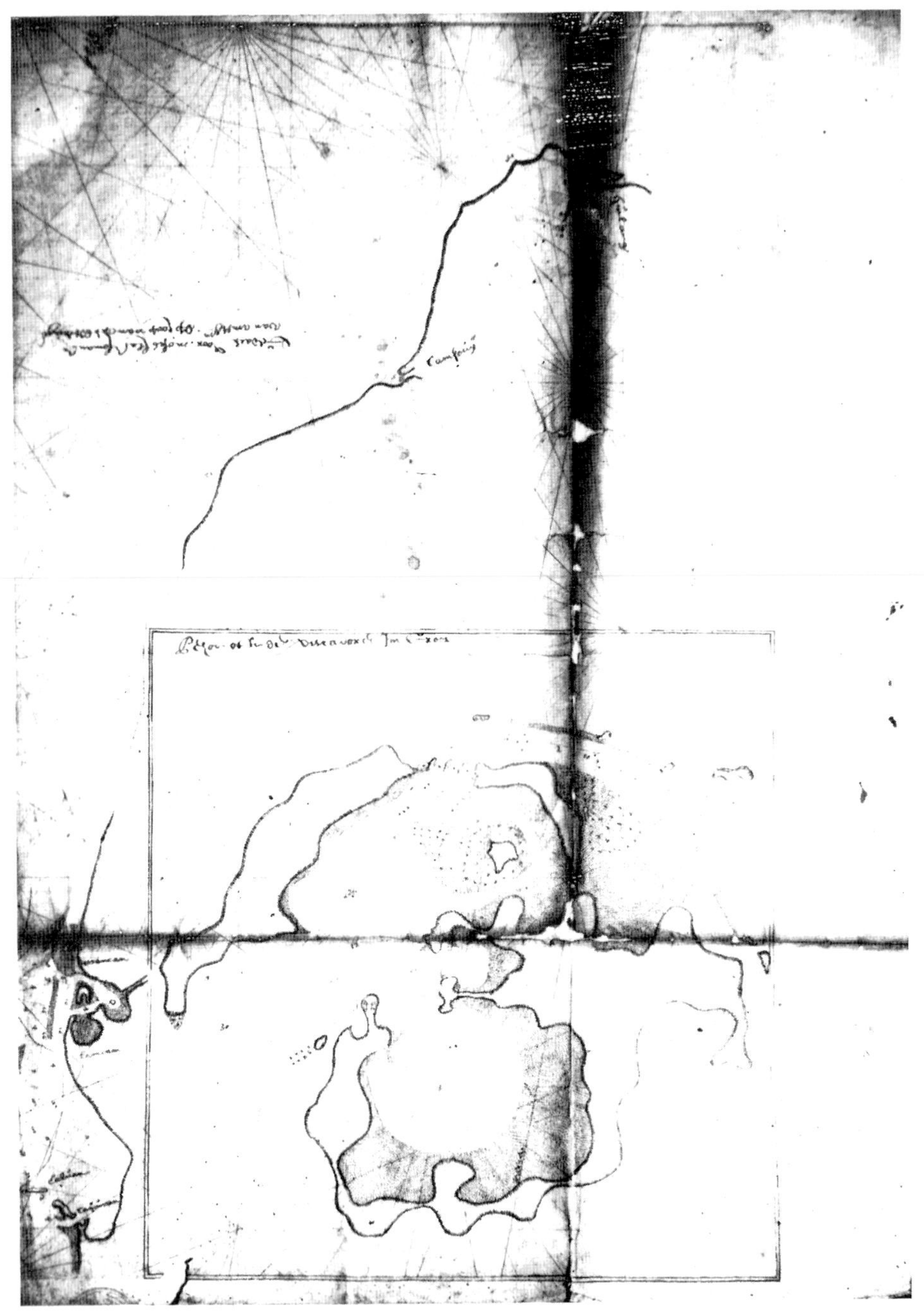

圖版37　一六二四年、二五年間 Moses Claesz. Coomans. 所測繪澎湖島圖（攝自荷蘭海牙市國立檔案館）

圖版32　十七世紀臺灣島圖（攝自荷蘭海牙市國立檔案館）

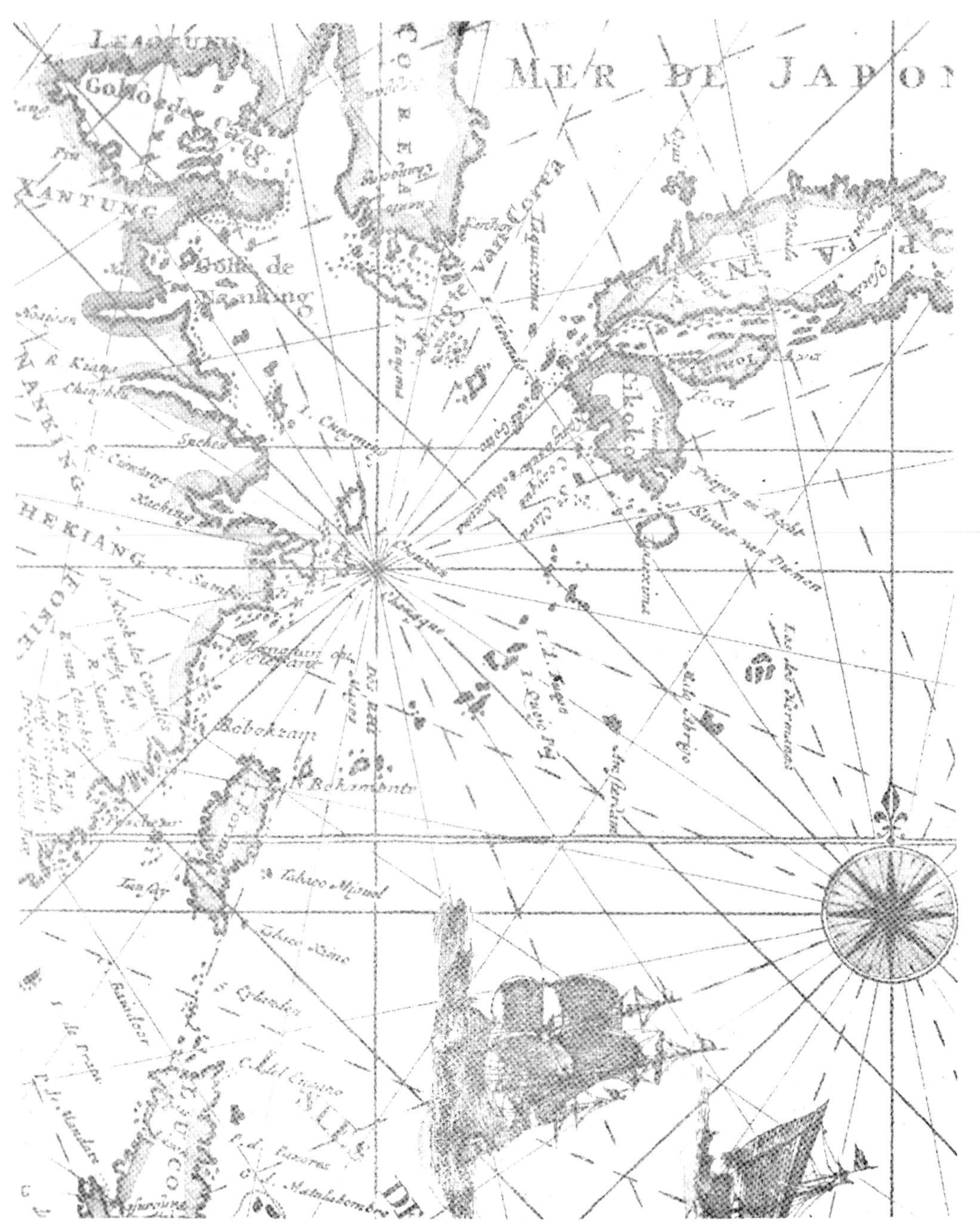

圖版31　約在一七〇〇年R. & I. Ottens所刊東印度東部圖之一部份
（攝自國立臺灣大學圖書館所藏原圖）

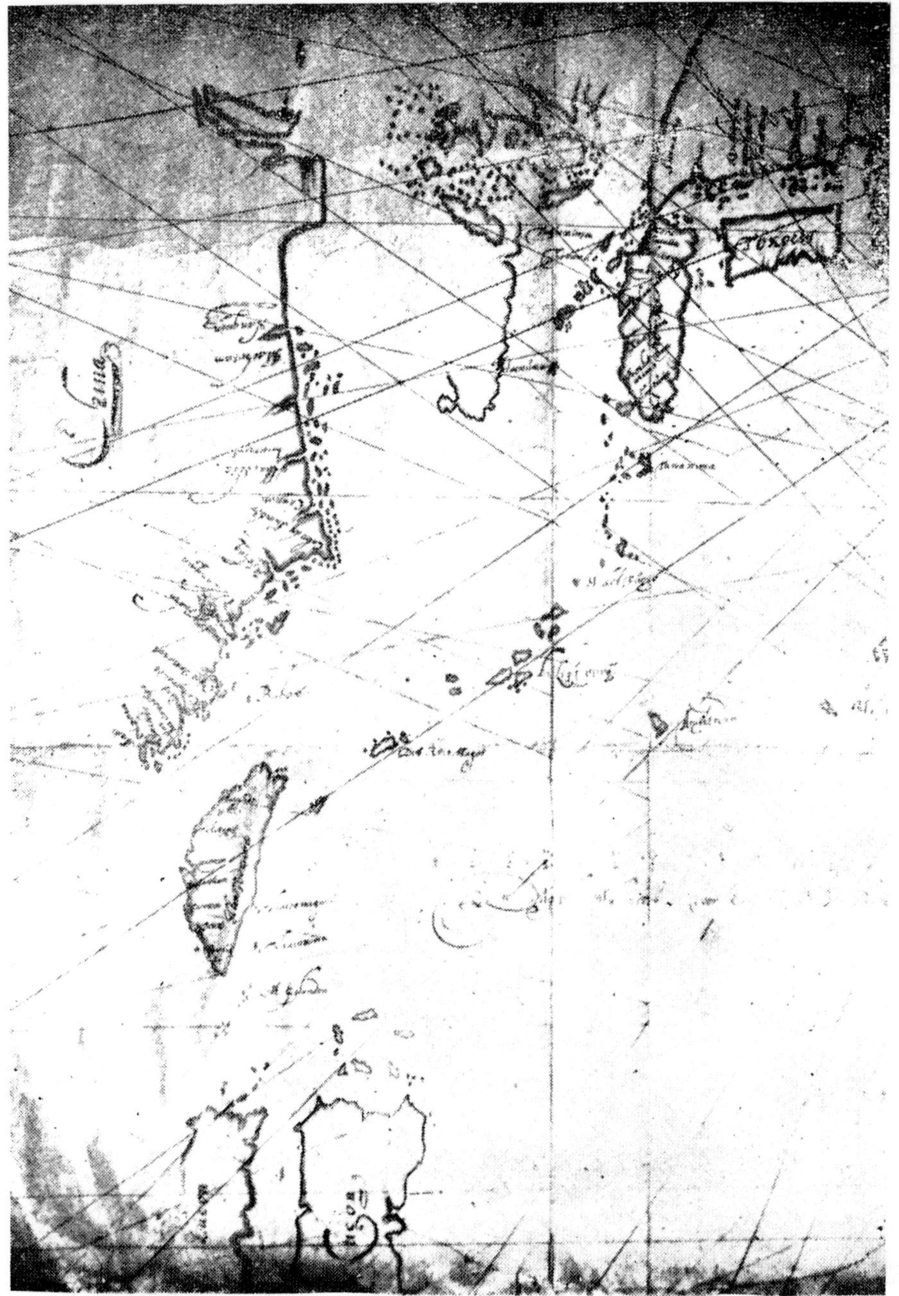

圖版34　十七世紀東亞圖之一部份（攝自荷蘭海牙市國立檔案館）

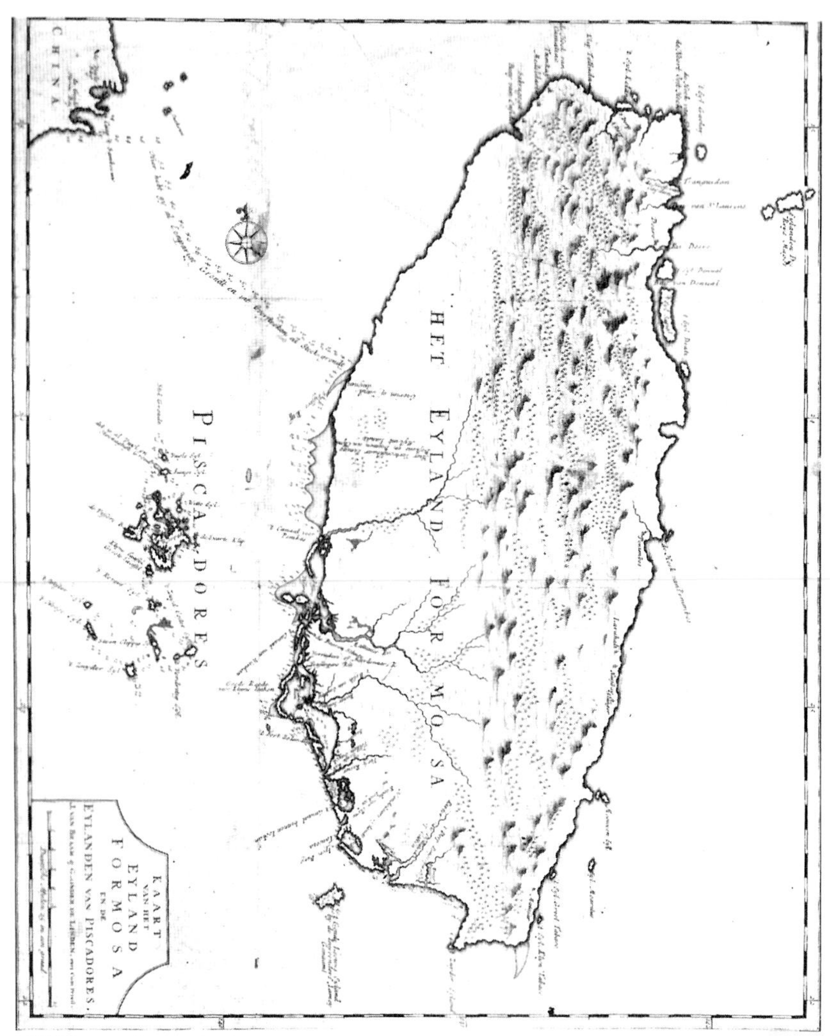

圖版33　十七世紀臺灣島圖
（採自：Valentijn, F., *Oud en Nienw Oost-Indien*）

圖版36　康熙五十三年（一七一四年）De Mailla 所測繪之臺灣地圖
（採自：J.B. du Halde 之中國全誌）

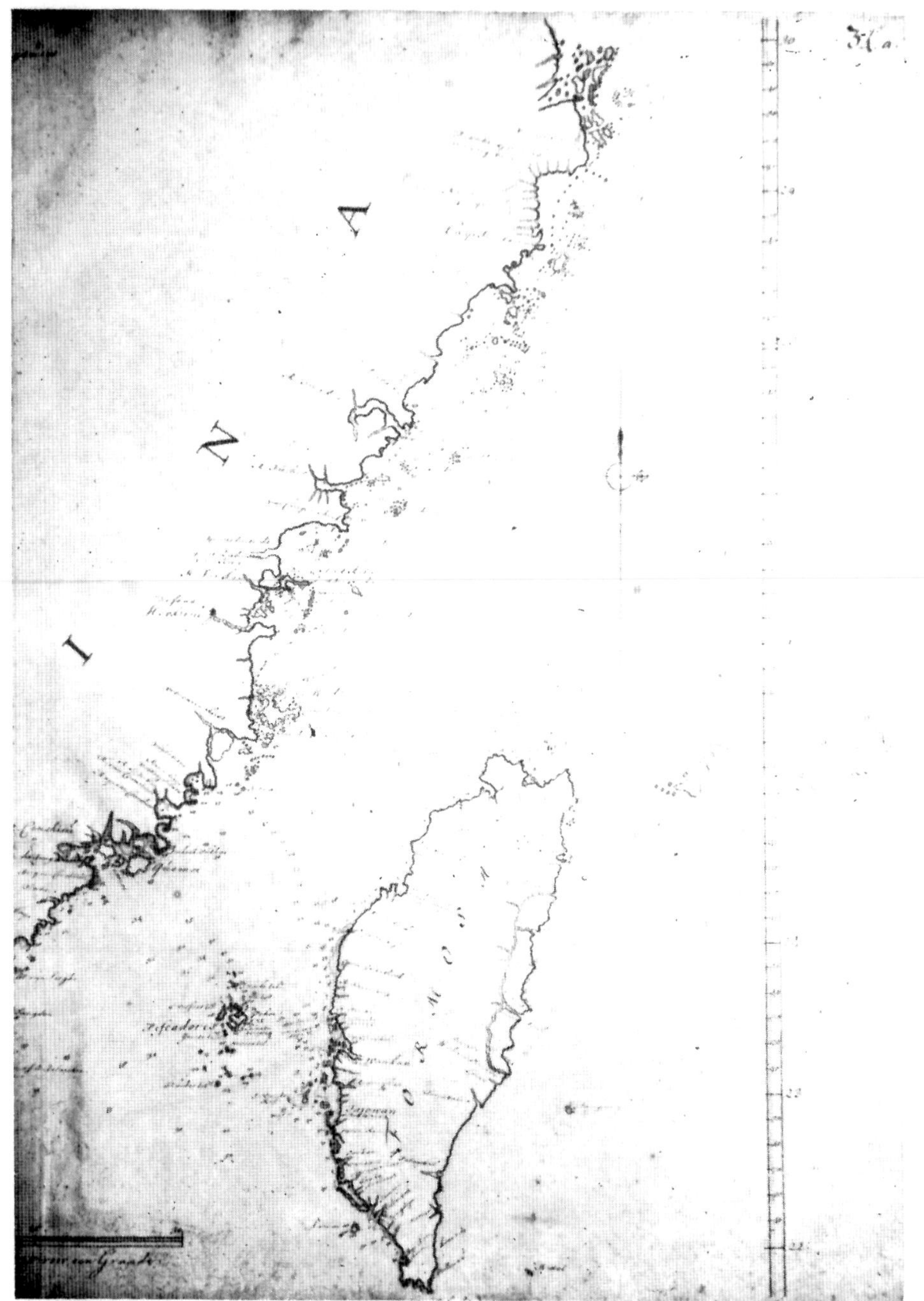

圖版35　十七世紀中國大陸沿海及臺灣島圖（攝自荷蘭海牙市國立檔案館）

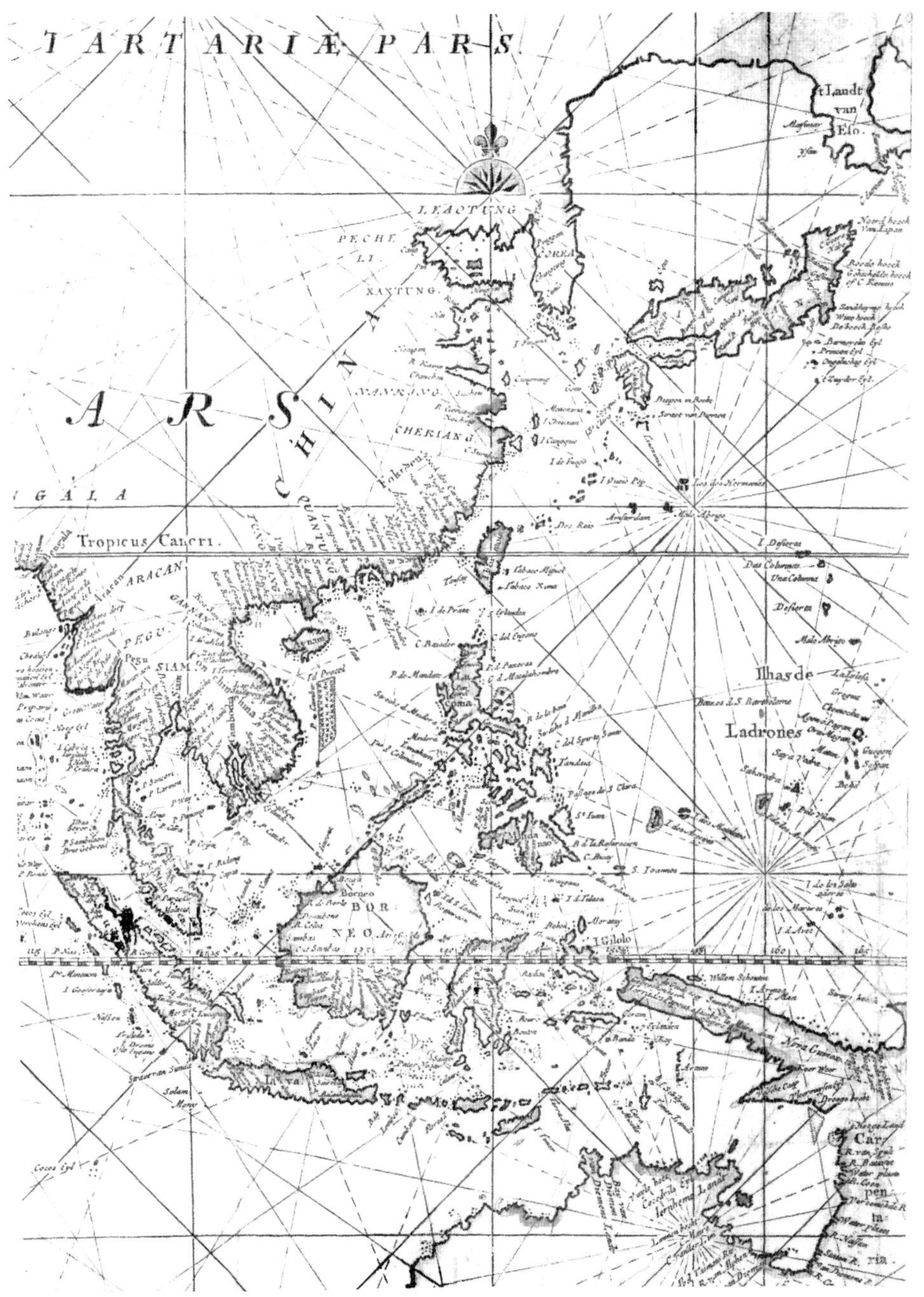

圖版30　一六八〇年Ioannes van **Keulen**所刊東印度新海圖
（攝自國立臺灣大學圖書館所藏原圖）

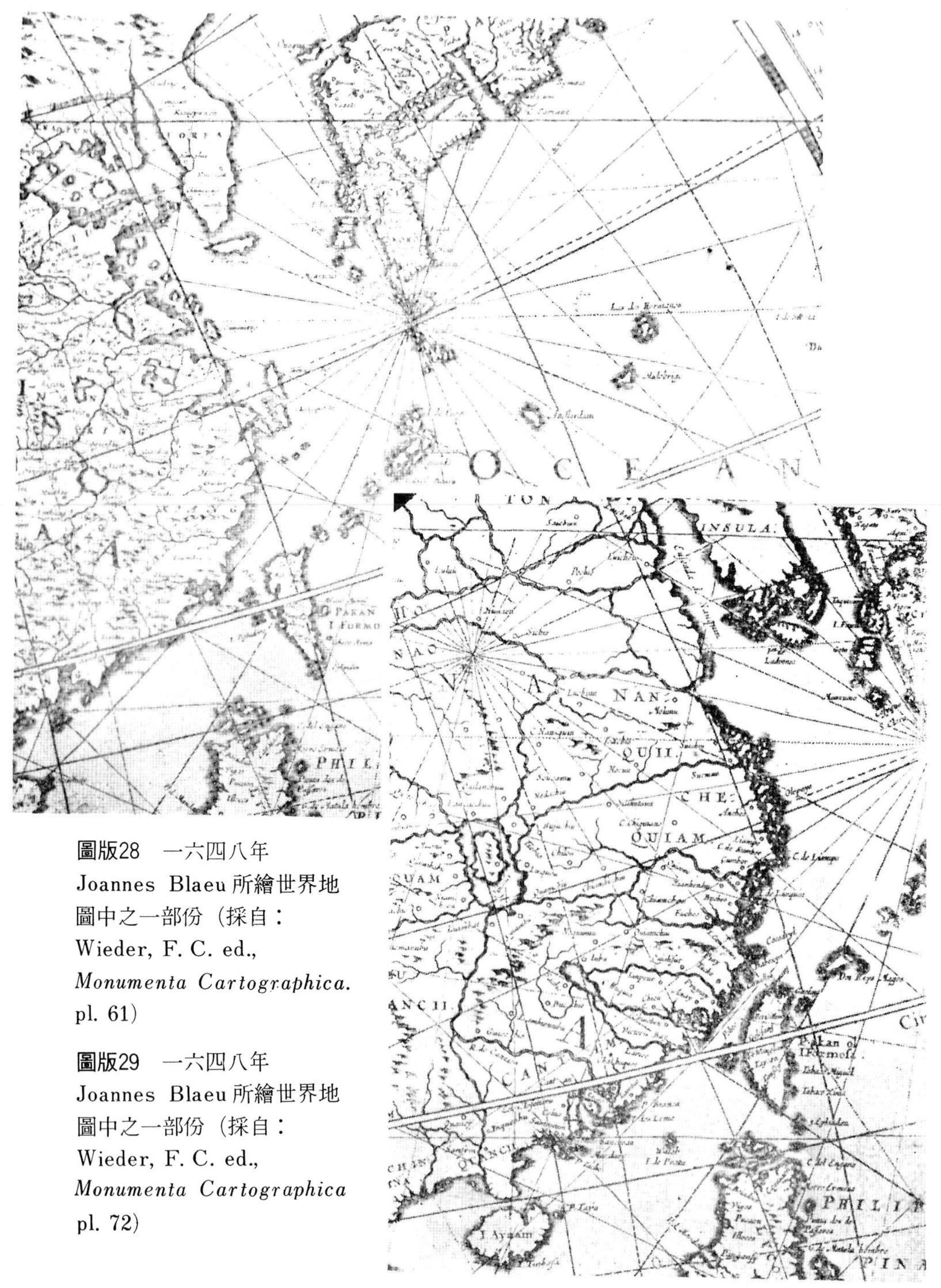

圖版28　一六四八年
Joannes Blaeu 所繪世界地圖中之一部份（採自：Wieder, F. C. ed., *Monumenta Cartographica*. pl. 61）

圖版29　一六四八年
Joannes Blaeu 所繪世界地圖中之一部份（採自：Wieder, F. C. ed., *Monumenta Cartographica* pl. 72）

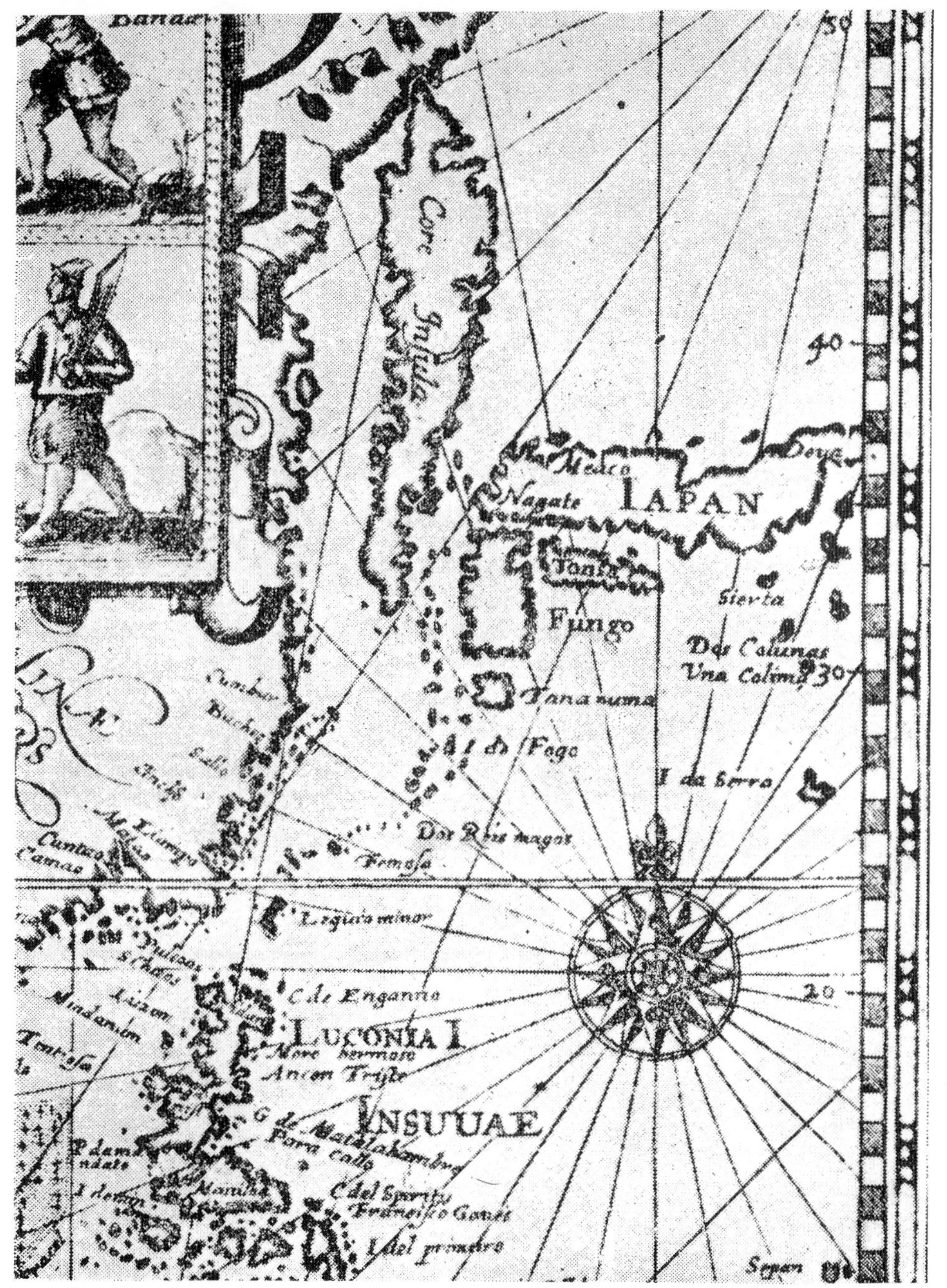

圖版23　一六〇〇年之 Jacob Cornelisz. van Neck 航海水路圖之一部份（採自：*De tweede schipvaart der Nederlanders naar Oost-Indie……*V, 2de stuk）

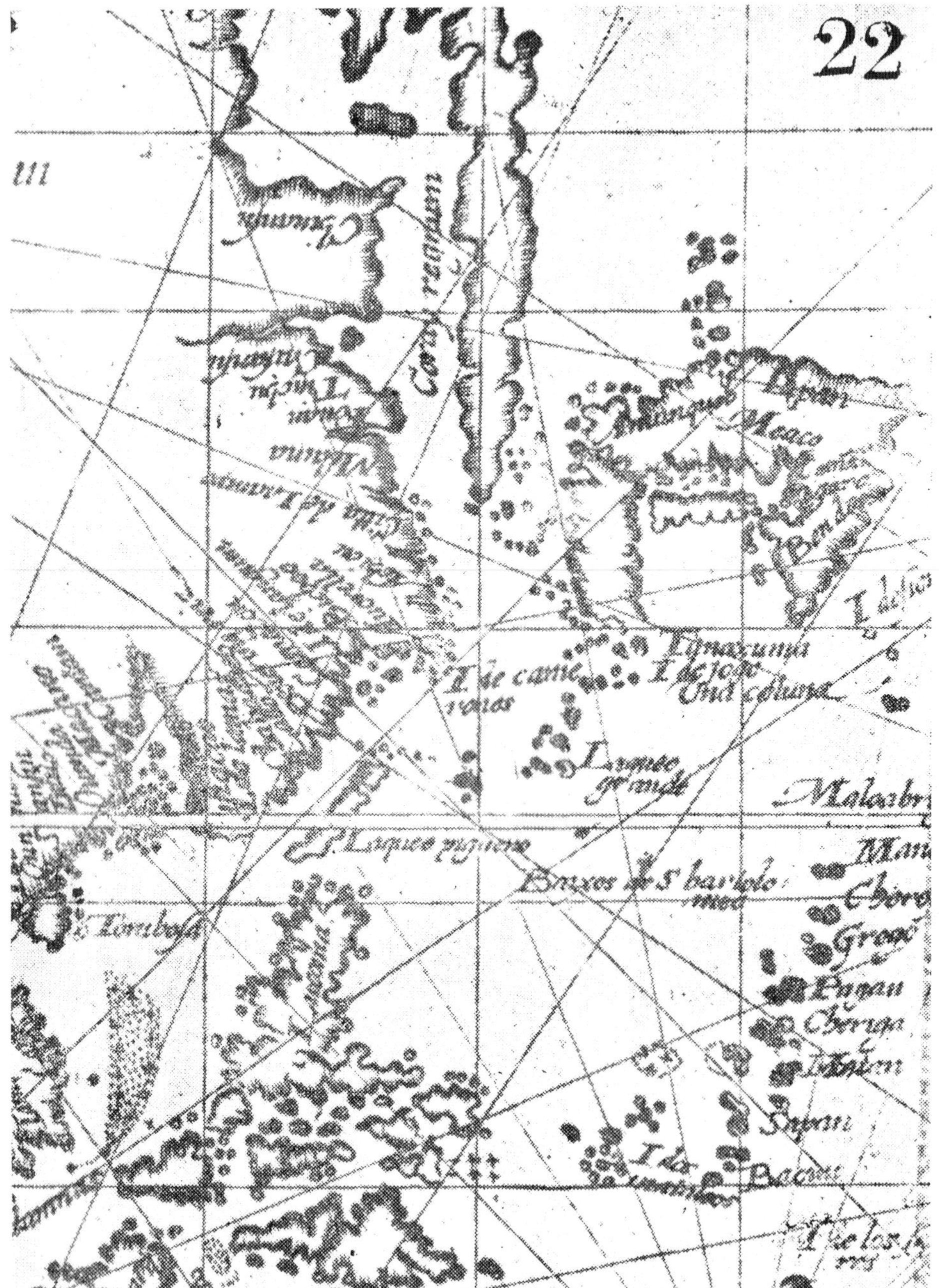

圖版22　一五九九年 Richard Hakluyt 所刊印世界地圖之一部份
(採自：Hakluyt's voyages, vol. I)

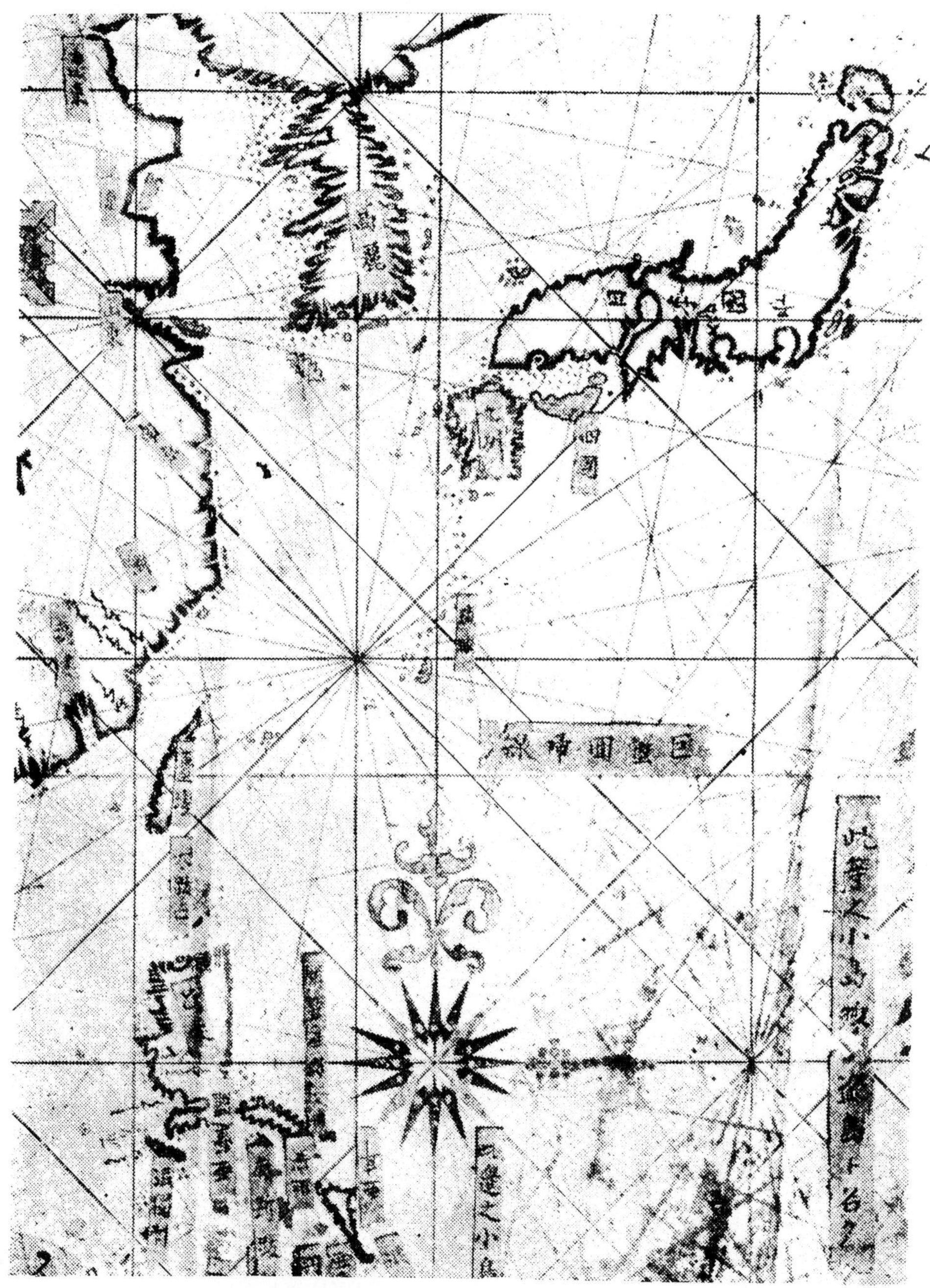

圖版25　末吉氏所藏東亞航海圖
（採自：大阪府立圖書館編南方渡海古文獻圖錄第一圖）

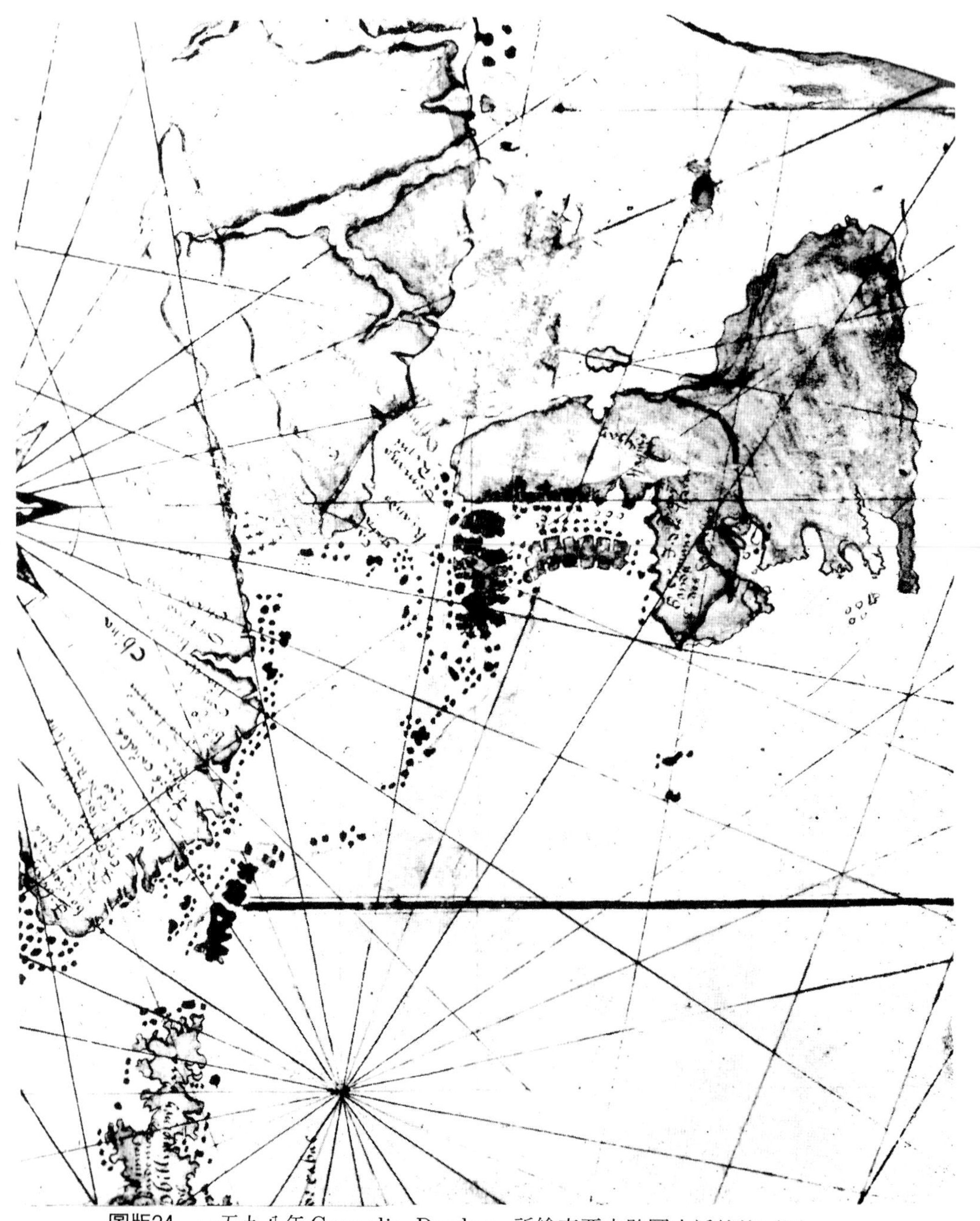

圖版24　一五九八年 Cornelis Doedtsz. 所繪東亞水路圖之添筆修正圖
（採自：中村拓著前引書，Ⅲ，圖五十二）

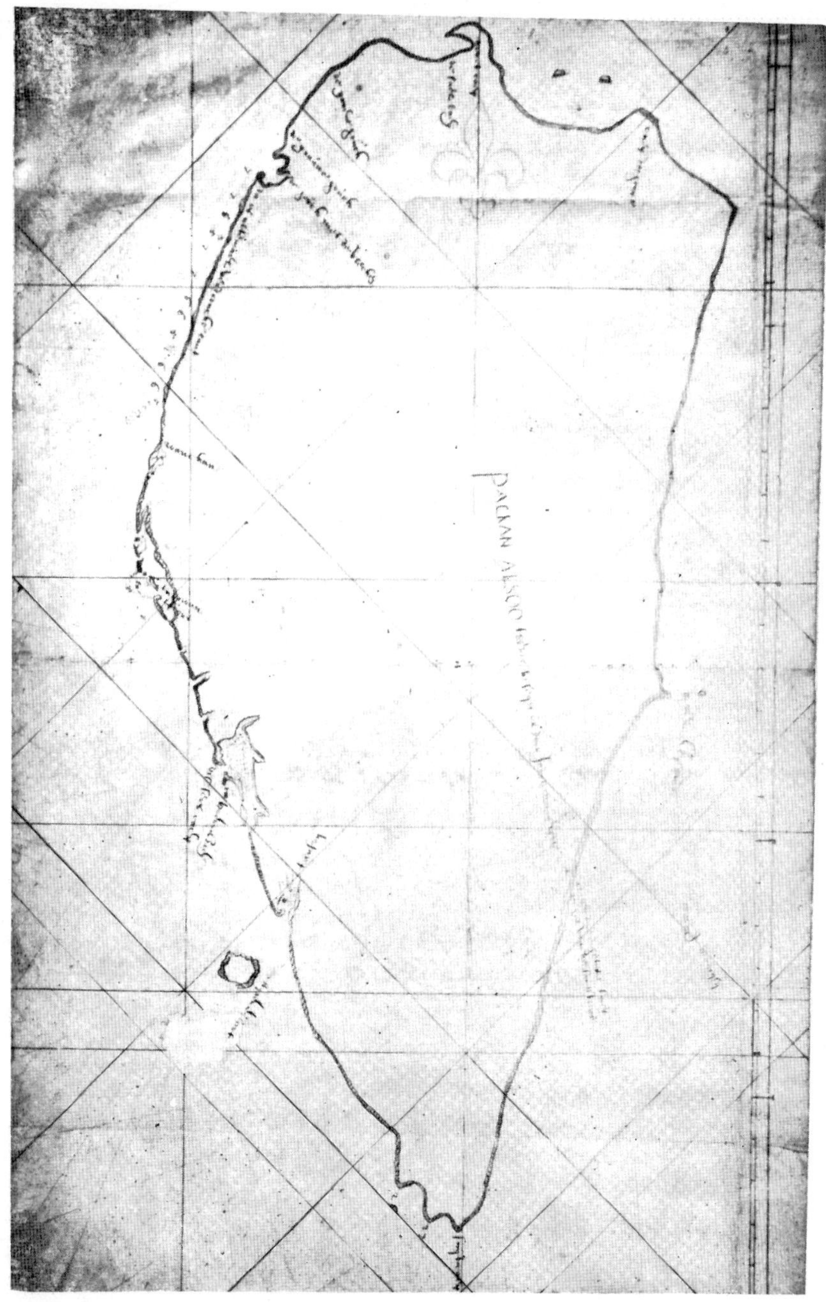

圖版27　一六二五年三月 Jacob Noordeloos 所繪臺灣島圖
（攝自荷蘭海牙市國立檔案館）

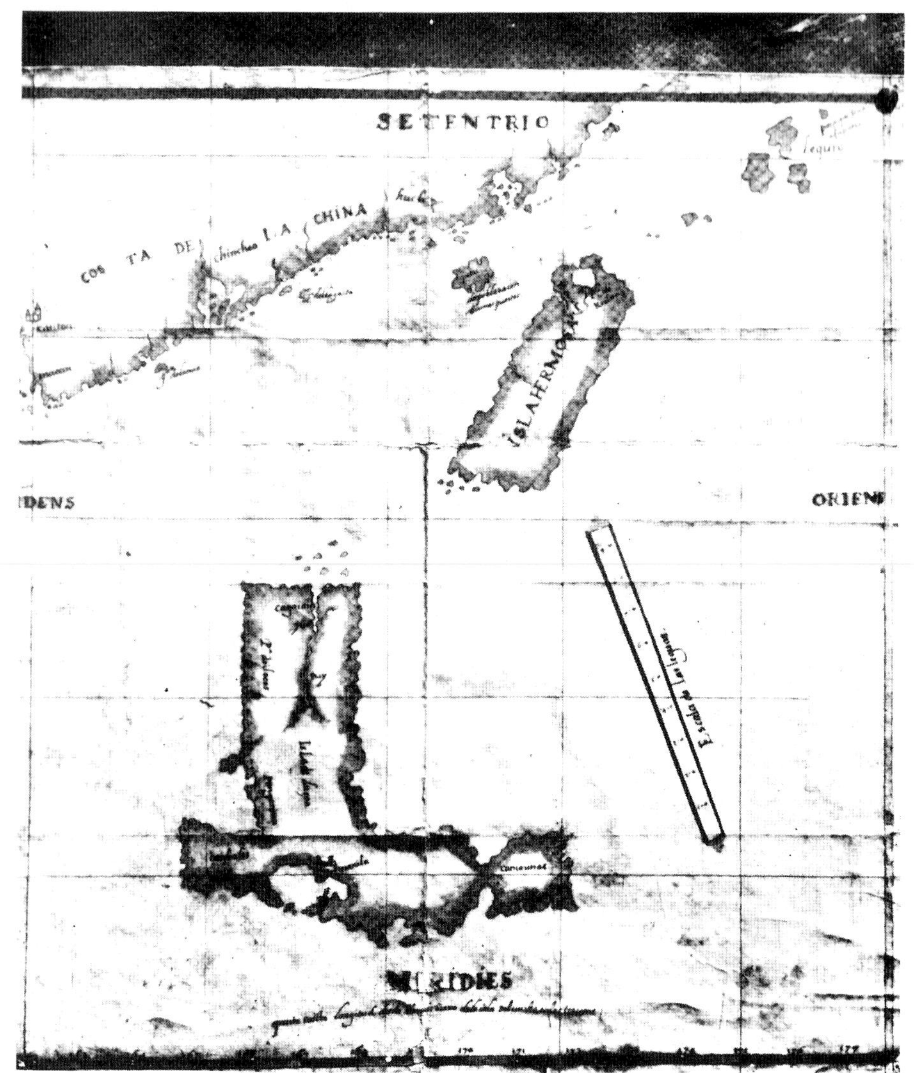

圖版26　一五九七年 Hernando de los Ríos Coronel 所繪臺灣島、菲律賓以及一部份中國海岸圖（採自：中村拓著前引書，Ⅰ，圖四十六）

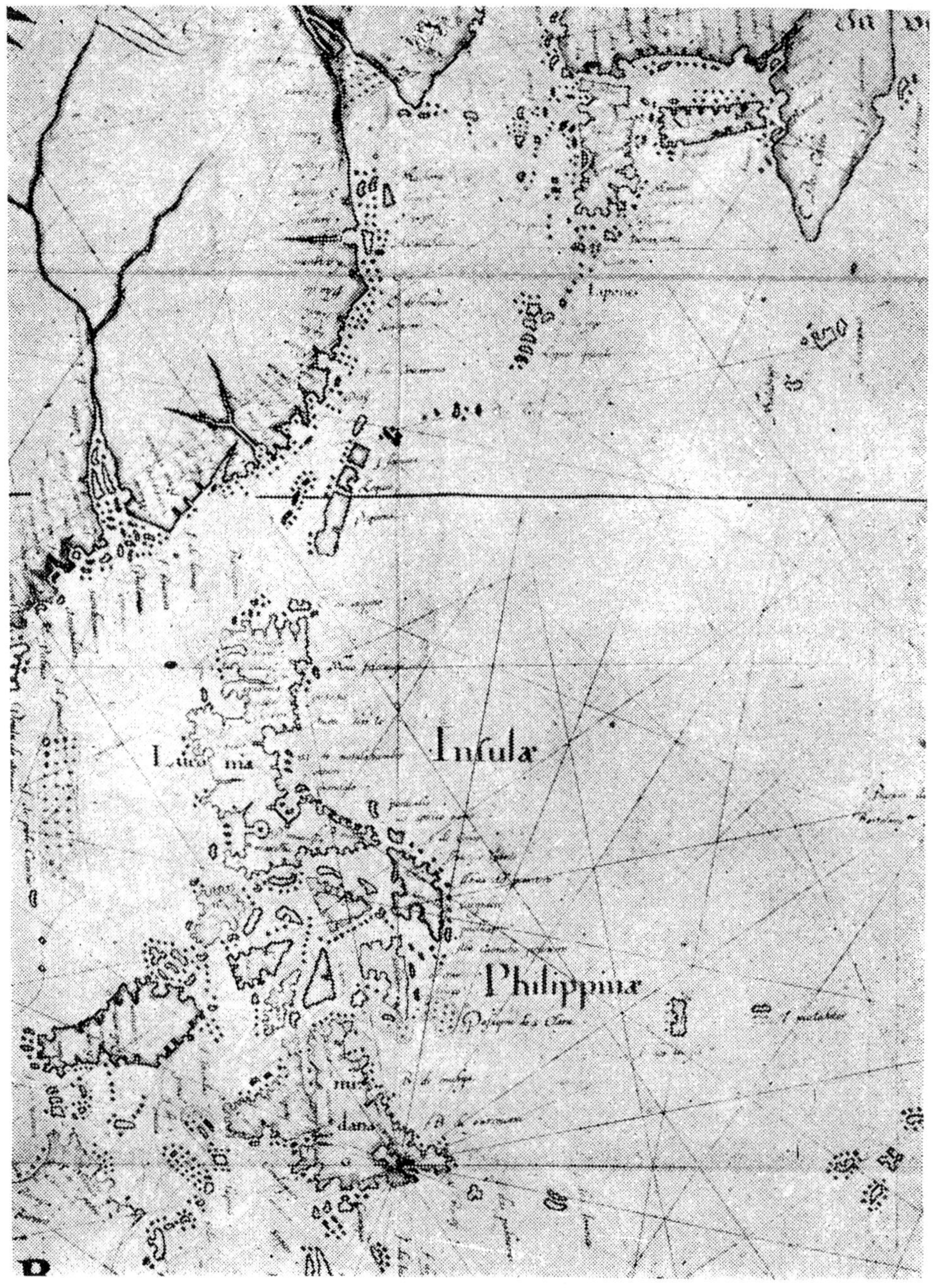

圖版21　一五九八年Cornelis Doedtsz.所繪東亞水路圖（採自：*De tweede schipvaart der Nederlanders naar Oost-Indië*……II. Kaarten）

圖版19　一五九五年 A. & H. ã Langren 所刻東印度圖（採自：*Itinerario. Voyagie ofte schipvaert van Jan Huygens van Linschoten naer Oost ofte Portugaeles Indiën 1579-1592*. Caart V.）

圖版20

一五九八～一六〇〇年間 Henricus ã Langren 之世界圖之一部份

（採自：Wieder, F. C. ed., *Monumenta Cartographica* pl. 40 bis.）

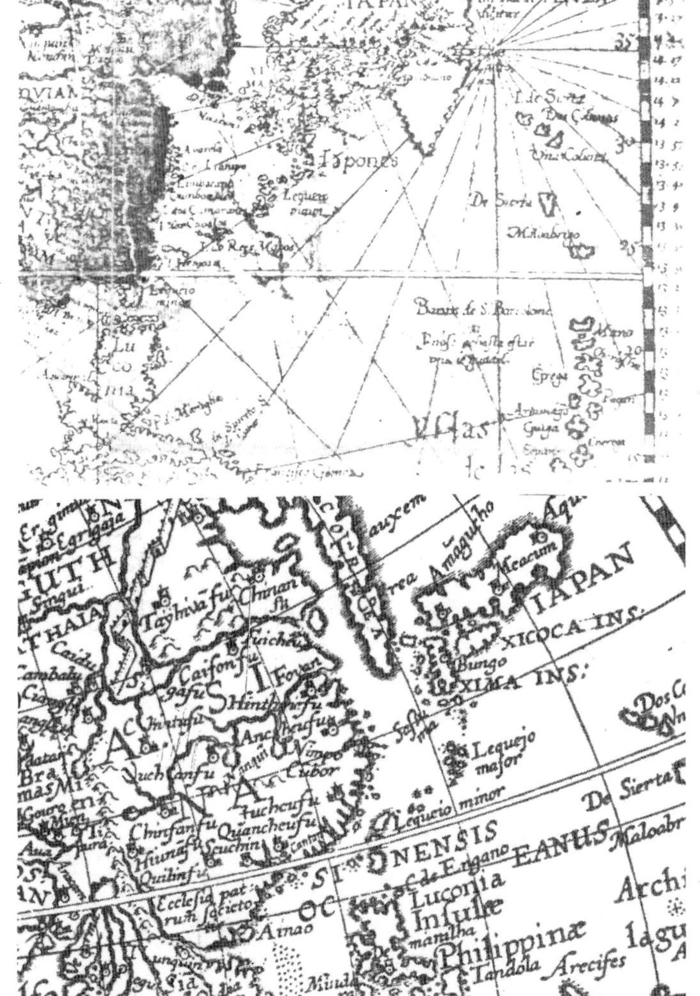

圖版17　一五九二年
Petrus Plancius 所繪世界圖之一部份（採自：*De tweede schipvaart der Nederlanders naar Oost-Indië* ……V, 2de stuk, Kaart 13)

圖版18　一五九四年
Petrus Plancius 所繪世界圖之一部份（採自：*De tweede schipvaart der Nederlanders naar Oost-Indië*……V, 2de stuk, Kaart 13)

圖版15　一五八四年 Abraham Ortelius 及 Ludovico Georgio 所繪中國圖（採自：中村拓著前引書，II，圖一〇七）

圖版16　一五八九年 Abraham Ortelius 所繪太平洋圖（採自：中村拓著前引書，II，圖一〇八）

圖版13　一五七〇年 Abraham Ortelius 所繪新亞細亞圖之一部份（採自：中村拓著前引書，Ⅱ，圖一〇一）

圖版14　一五七〇年 Abraham Ortelius 所繪韃靼圖之一部份（採自：中村拓著前引書，Ⅱ，圖一〇二）

圖版12　一五七〇年 Abraham Ortelius 所繪東印度圖之一部份
（採自：大阪府立圖書館編南方渡海古文獻圖錄第七圖）

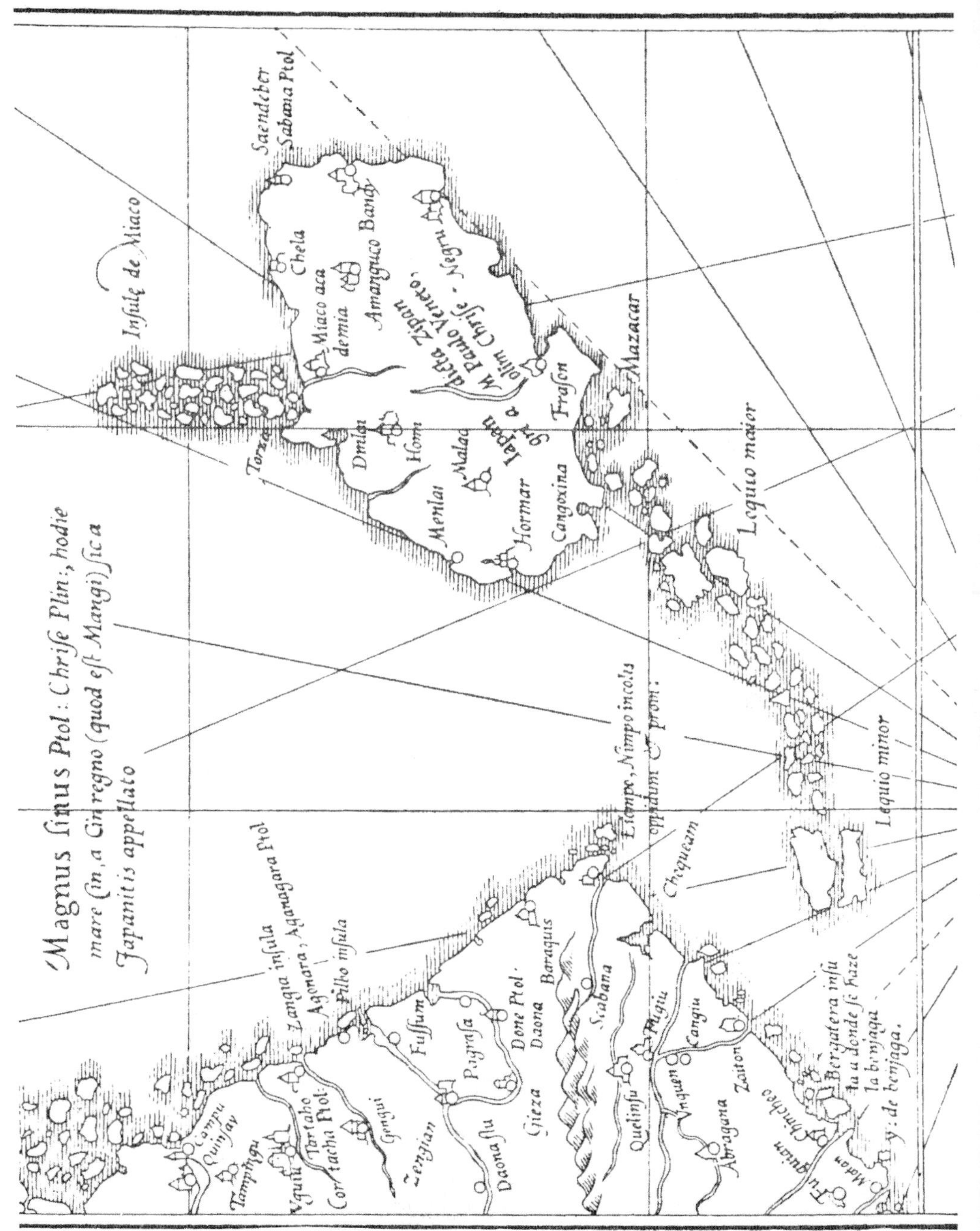

圖版11　一五六九年 Gerald Mercator 所繪世界圖之一部份
(採自：中村拓著前引書，I，圖二)

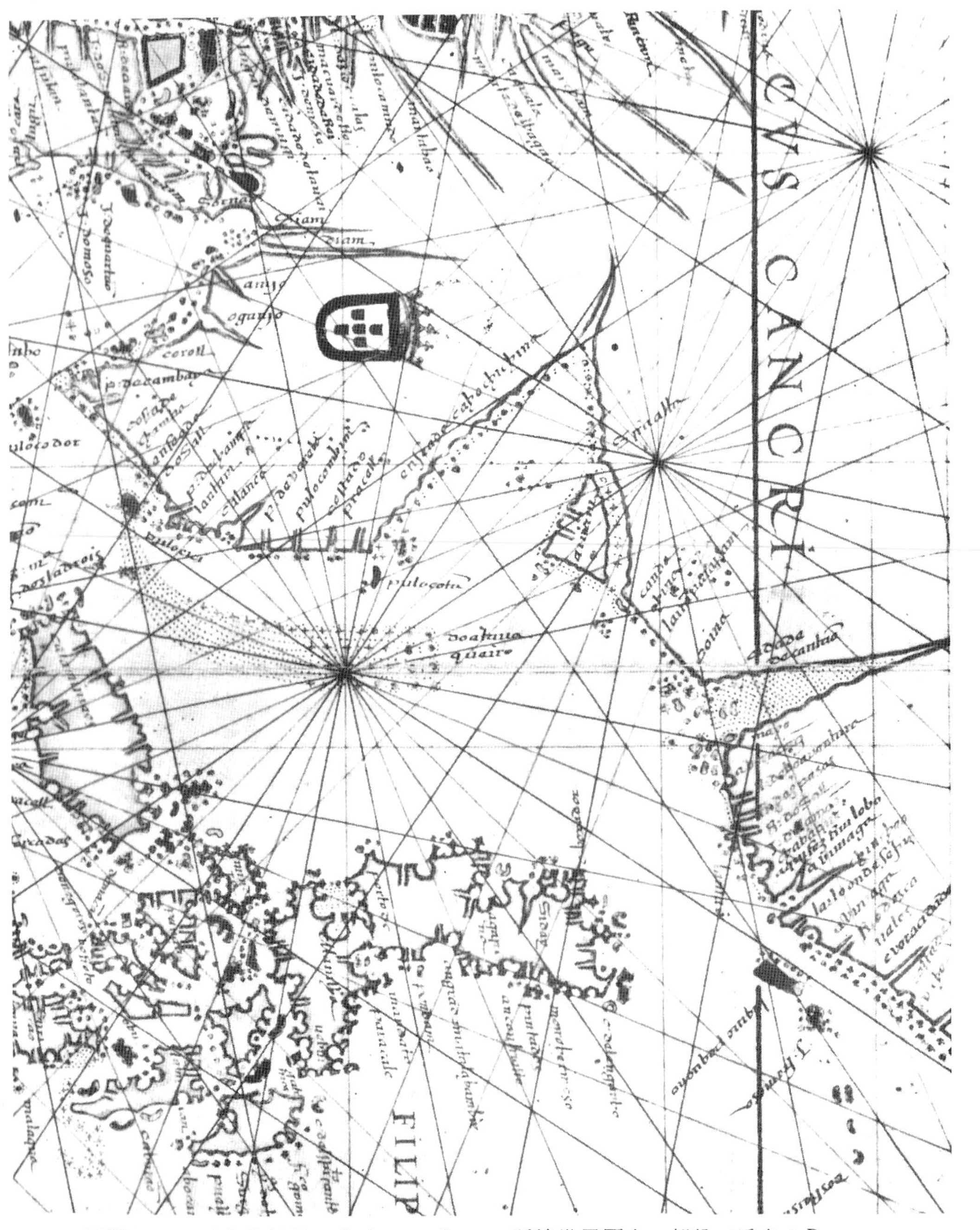

圖版10　一五九〇年 Bartholomeu Lasso 所繪世界圖之一部份（採自：***De tweede schipvaart der Nederlanders naar Oost-Indië***……II. Kaart 5）

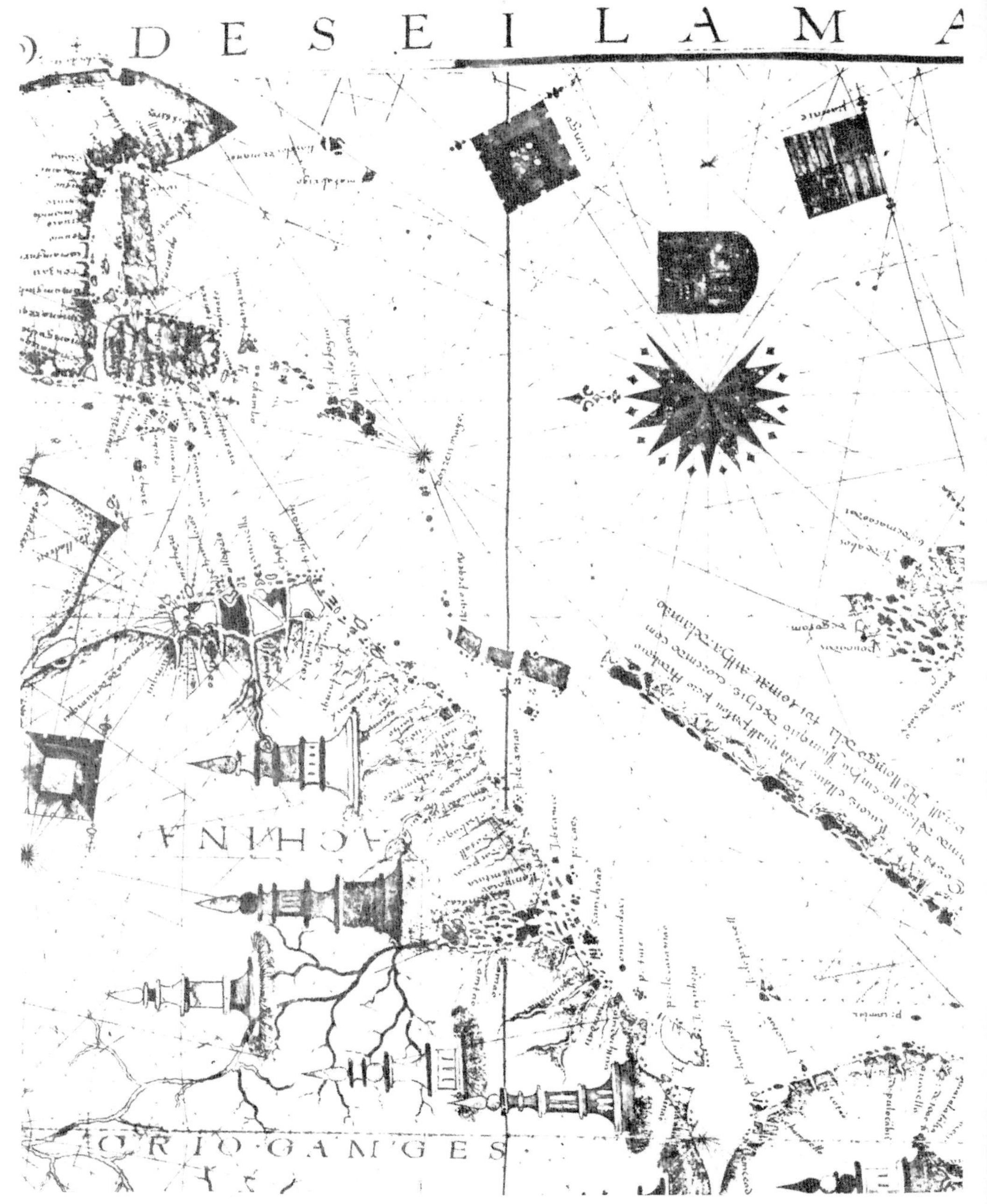

圖版9　一五七三年 Fernao Vaz Dourado 所繪東亞圖之一部份
（採自：中村拓著前引書，Ⅲ，圖四十一）

圖版８　一五七一年 Fernão Vaz Dourado 所繪東亞圖之一部份
（採自：中村 拓著前引書，Ⅲ，圖四十）

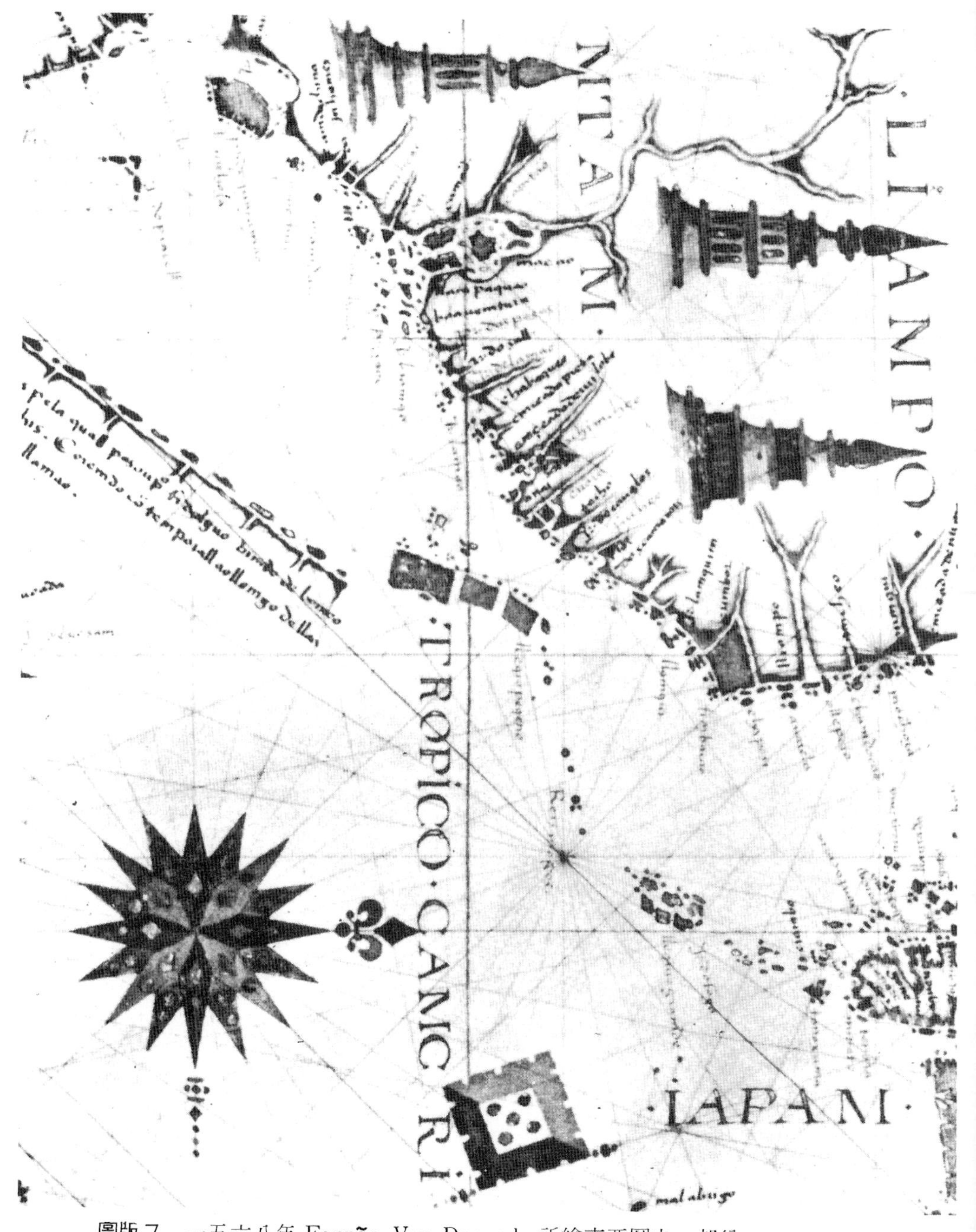

圖版7　一五六八年 Fernão Vaz Dourado 所繪東亞圖之一部份
(採自：中村拓著前引書，Ⅲ，圖三十九)

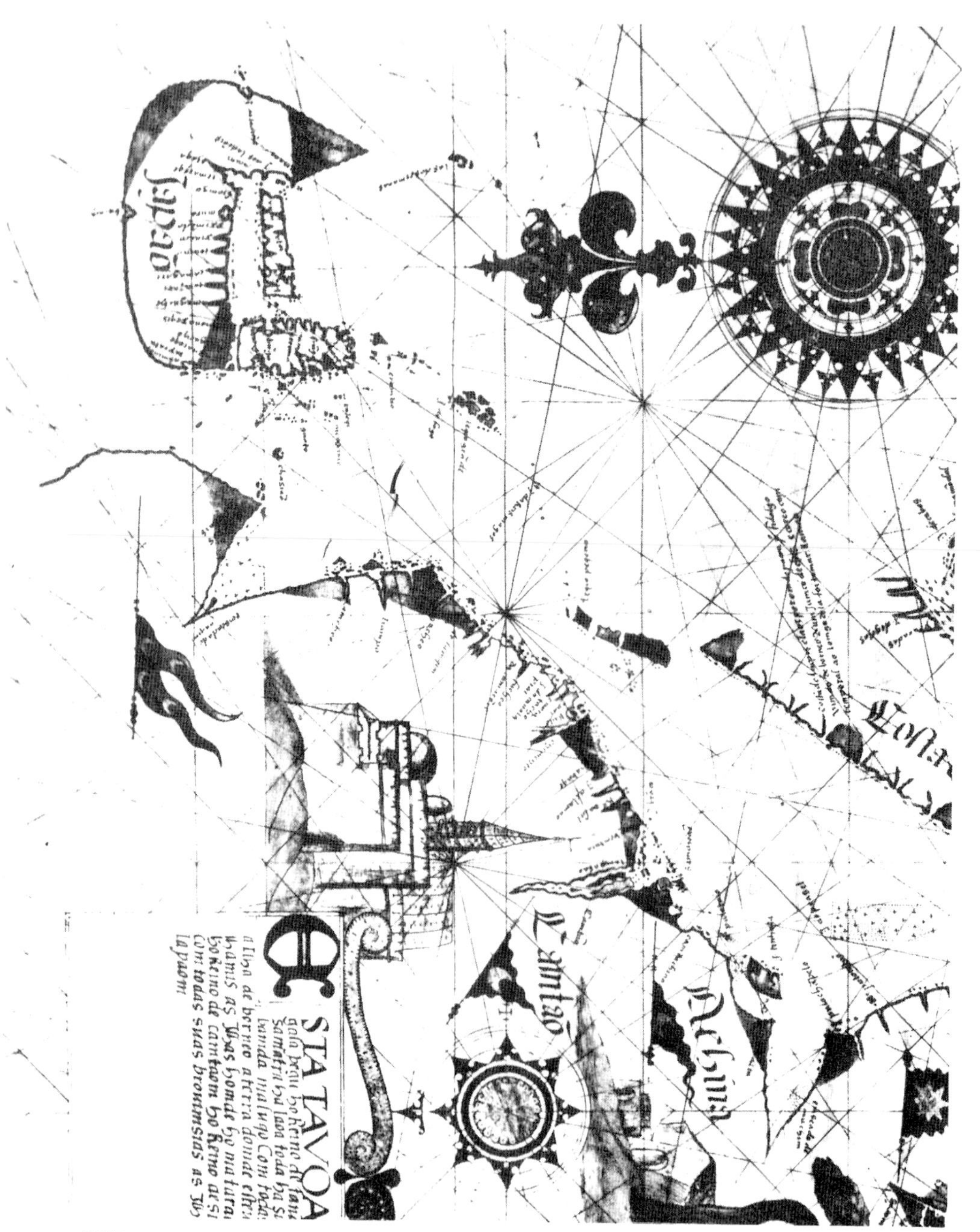

圖版6　一五六三年 Lazaro Luiz 所繪東亞圖之一部份
(採自：中村拓著前引書，Ⅲ，圖三十七)

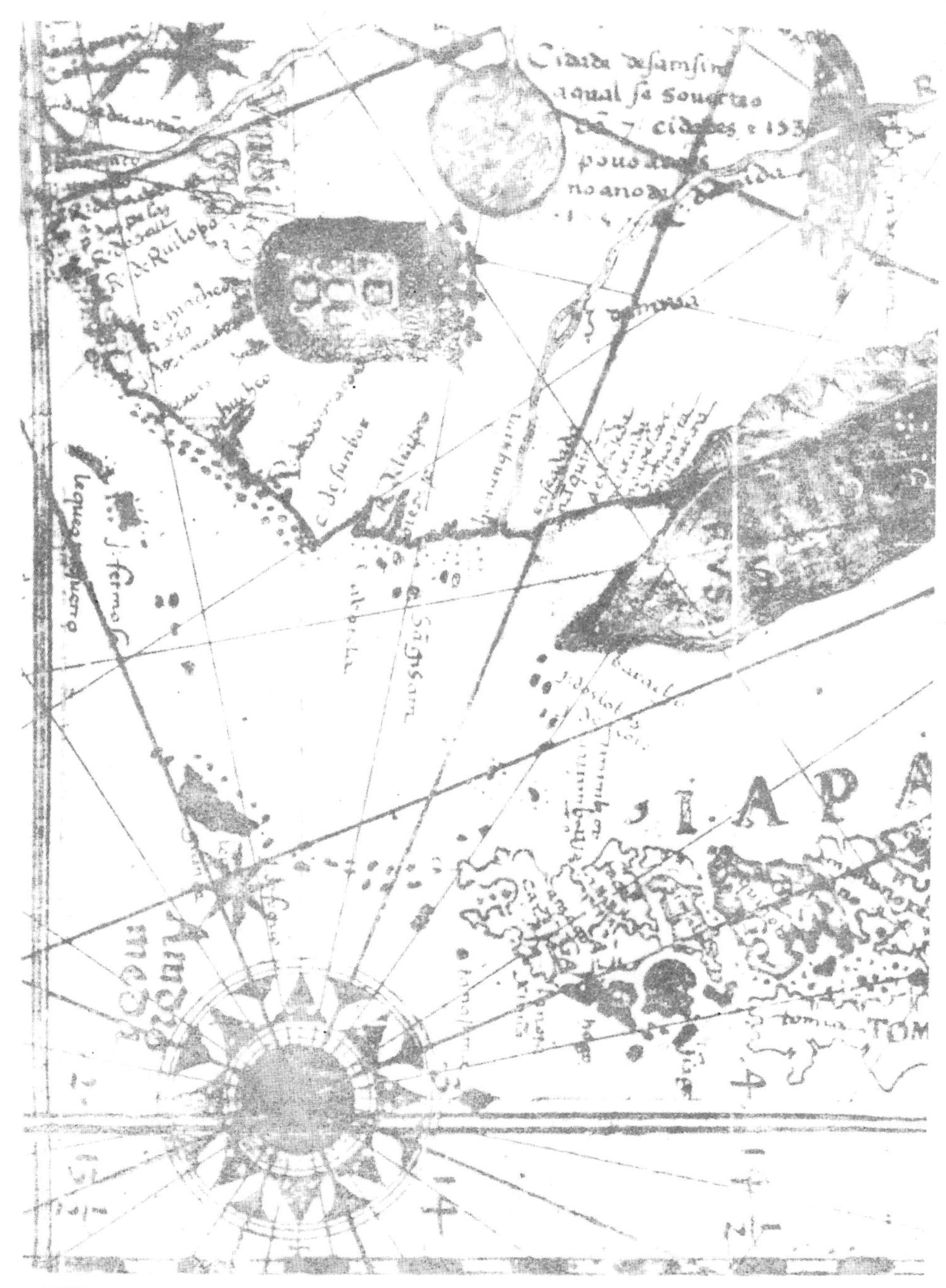

圖版5　一五六一年 Bartholomeu Velho 所繪世界圖之一部份
（採自：中村拓著前引書，Ⅲ，圖二十一）

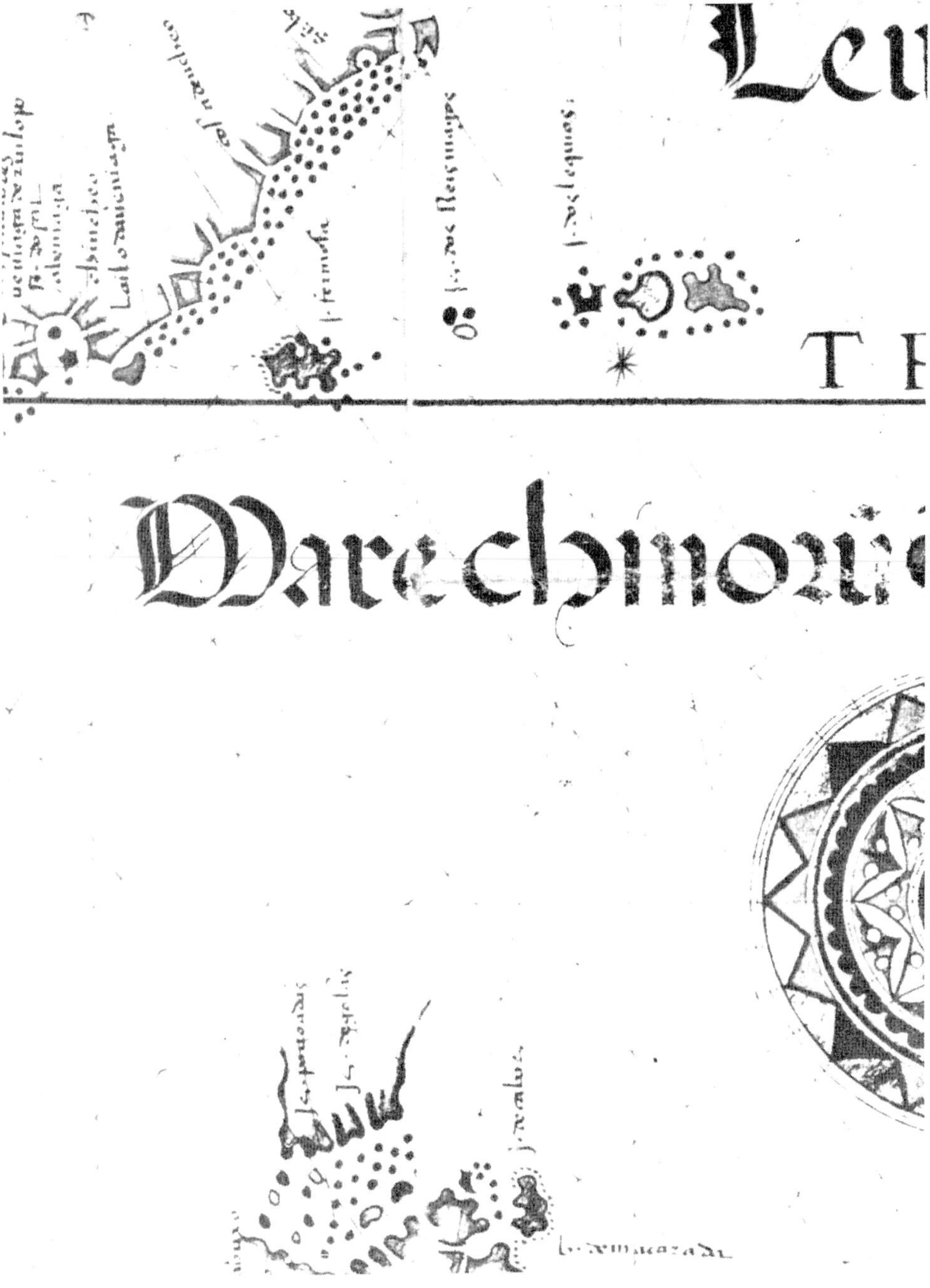

圖版４　一五六八年 Diogo Homem 所繪世界圖之一部份（採自：*De tweede schipvaart der Nederlanders naar Oost-Indië onder Jacob Cornelisz. van Neck en Wijbrant Warwijck, 1598-1600.* V, 2de stuk. Kaart 10）

圖版３Ｂ　一五五八年 Diogo Homem 所繪亞洲圖之一部份

(採自：中村拓著 前引書，Ⅲ，圖十六)

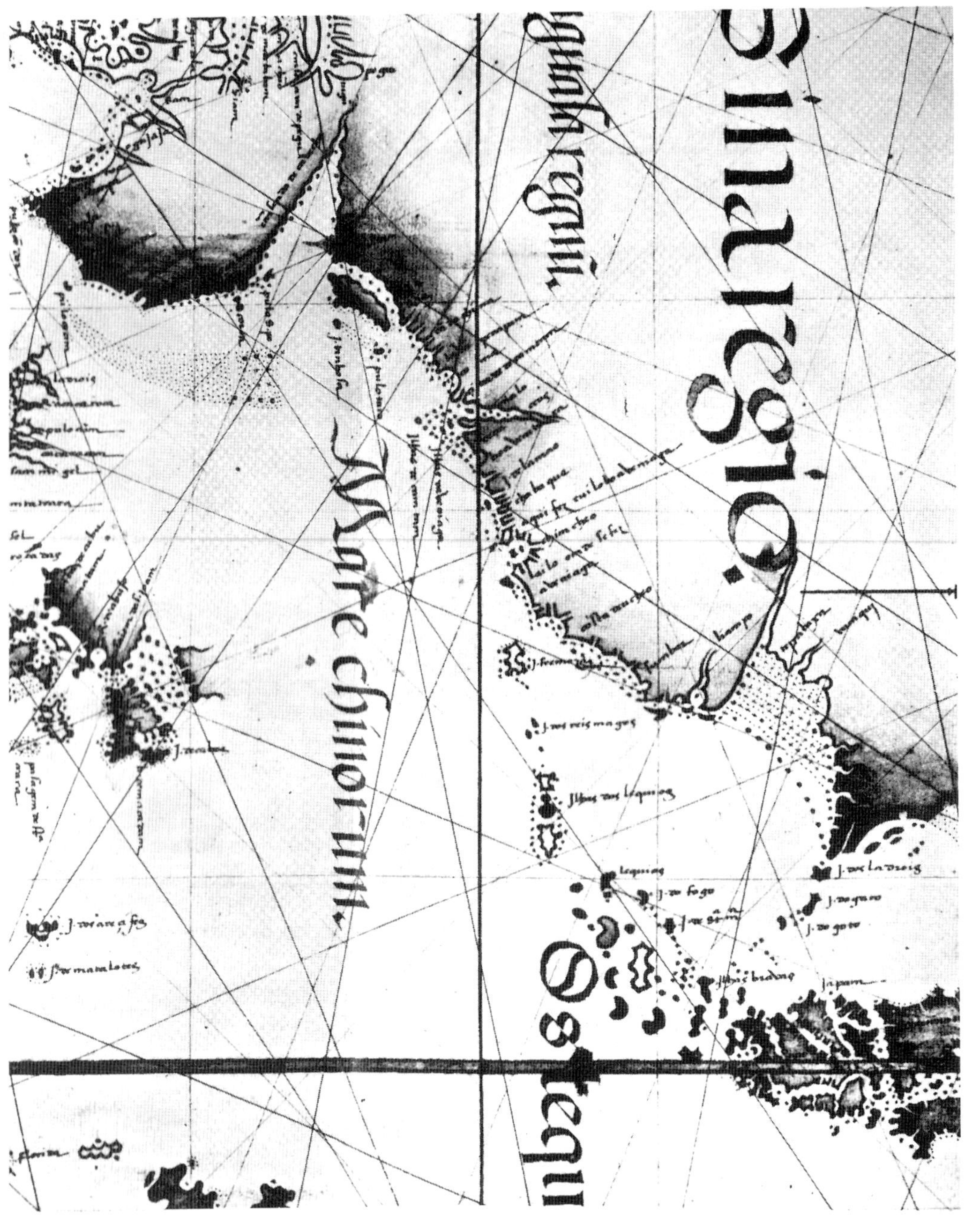

圖版３Ａ　一五五四年 Lopo Homem 所繪世界圖之一部份

(採自：中村拓著鎖國前に南蠻人の作れる日本地圖，東京，一九六七年，Ⅲ，圖十四)

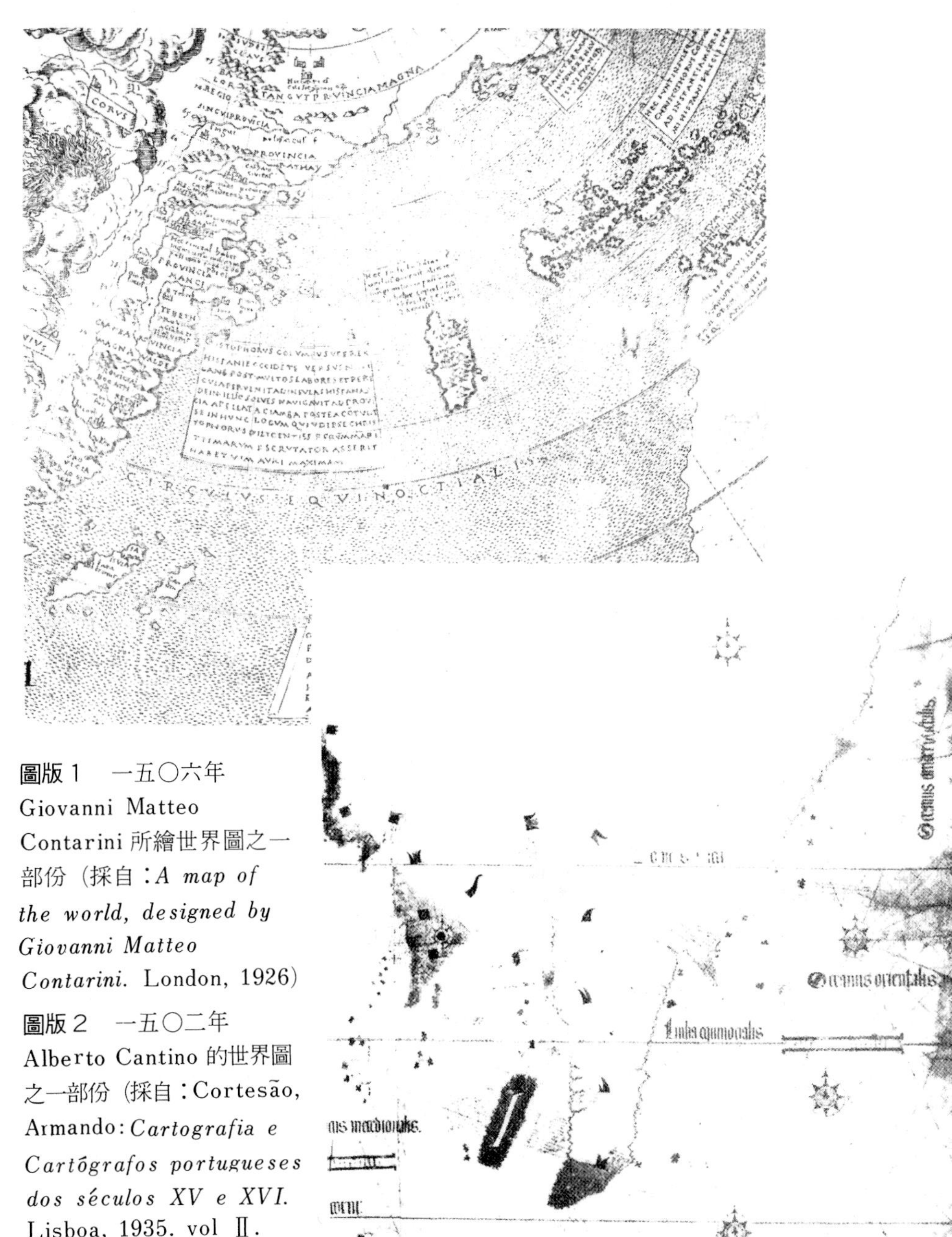

圖版１　一五〇六年 Giovanni Matteo Contarini 所繪世界圖之一部份（採自：*A map of the world, designed by Giovanni Matteo Contarini.* London, 1926）

圖版２　一五〇二年 Alberto Cantino 的世界圖之一部份（採自：Cortesão, Armando: *Cartografia e Cartógrafos portugueses dos séculos XV e XVI.* Lisboa, 1935. vol Ⅱ. pl. Ⅱ）

索　引

四　劃

五　劃

六 劃

七　劃

八　劃

9

九劃

十一劃

十二劃

十三劃

十四劃

十五劃

十六劃

十七劃

十八劃

十九劃

二十劃以上

25

INDEX

C

D

H

I

J

K

O

P

Q

R

S

V

W

Y

Z